Bernd Kleine-Gunk & Stefan Lorenz Sorgner

HOMO EX MACHINA

GOLDMANN

BERND KLEINE-GUNK & STEFAN LORENZ SORGNER

HOMO EX MACHINA

DER MENSCH VON MORGEN

CHANCE UND RISIKEN
DES TRANSHUMANISMUS

GOLDMANN

MIX
Papier | Fördert
gute Waldnutzung
FSC® C014496

Penguin Random House Verlagsgruppe FSC® N001967

1. Auflage
Originalausgabe Juni 2023

Umschlaggestaltung: UNO Werbeagentur, München,
unter Verwendung einer Illustration von © FinePic®
Redaktion: Eckard Schuster
MP · Herstellung: CF
Satz: Uhl + Massopust, Aalen
Druck und Einband: GGP Media GmbH, Pößneck
Printed in Germany
978-3-442-31669-4

www.goldmann-verlag.de

Inhalt

Ein Buch – zwei Autoren

Dieses Buch wurde von zwei Autoren geschrieben. Das ist nicht ganz unproblematisch. Auch wenn beide im Grundsätzlichen übereinstimmen, so kann die Einstellung des einen Autors zu einzelnen Aspekten des Themas doch deutlich von derjenigen des anderen abweichen. Gleiches gilt für den Schreibstil. Wenn sich dann auch noch der berufliche Hintergrund unterscheidet, dann ist es naheliegend, dass sich auch unterschiedliche Einschätzungen ergeben können.

Das zeigt sich auch in diesem Buch. Es macht aber auch seinen besonderen Reiz aus. Und es ist wahrscheinlich genau die richtige Art und Weise, sich einem solch komplexen und kontroversen Thema wie dem Transhumanismus zu nähern. Denn worum handelt es sich dabei? Ist es eine philosophische Denkrichtung? Ja – aber eine, die im Wesentlichen auf Fortschritten der Technik und der Naturwissenschaften beruht. Ist es eine Technikutopie? In vielen Fällen ja – aber eine, die fundamentale philosophische Fragen aufwirft. Und dann gibt es natürlich nicht wenige Kritiker, die den Transhumanismus nicht als Zukunftsvision, sondern eher als eine existenzielle Bedrohung ansehen.

Vor diesem Hintergrund ergibt es durchaus Sinn, das Thema von zwei unterschiedlichen Autoren behandeln zu lassen. Da haben wir auf der einen Seite einen Geisteswissenschaftler mit philosophischem Hintergrund, der sich selbst als überzeugten Transhumanisten sieht. Auf der anderen

Seite steht ein Mediziner mit naturwissenschaftlicher Ausbildung, der sich als skeptischen Transhumanisten betrachtet.

Stefan Lorenz Sorgner ist studierter Philosoph und setzt sich seit über zwanzig Jahren mit dem Transhumanismus auseinander. Als ausgewiesener Nietzsche-Kenner führte ihn dessen Konzept des Übermenschen zur transhumanistischen Ideenwelt. Seit 2016 hat er an der John Cabot University in Rom eine Philosophieprofessur inne und ist intensiv daran beteiligt, die akademische Auseinandersetzung mit dem Transhumanismus zu fördern. Von einem deutschen Journalisten wurde er deshalb auch als »Bad Boy der Philosophie« bezeichnet.

Bernd Kleine-Gunk ist Arzt, sein besonderes Interesse gilt seit über zwanzig Jahren der Anti-Aging-Medizin. Er hat zu diesem Thema eine ganze Reihe fach- wie auch populärwissenschaftlicher Bücher geschrieben, ist Präsident der Deutschen Gesellschaft für Anti-Aging Medizin (GSAAM – German Society of Anti-Aging Medicine) und mit diesem Thema ebenfalls weltweit unterwegs.

Persönlich kennengelernt haben sich die beiden erstmals nicht in einer der weltweiten Hightech-Metropolen, sondern auf einem Symposium im eher beschaulichen fränkischen Fürth. Dort fand im Oktober 2019 in der Stadthalle ein Symposium mit dem Titel »Bessere Menschen? Technische und ethische Fragen in der transhumanistischen Zukunft« statt. Sorgner plädierte engagiert für ein Umdenken im Umgang mit persönlichen digitalen Daten, da diese dazu beitragen können, eine gesunde Lebensführung zu ermöglichen. Bei der Mehrzahl der Zuhörer führte dies zu erwartbarer Empörung. In der Konferenzpause kamen Sorgner und Kleine-Gunk jedoch ins Gespräch, fanden viele Übereinstimmungen und begannen eine Zusammenarbeit, die nun zu dem vorliegenden Buch geführt hat. Schnell waren auch weitere Gemeinsamkeiten gefunden: die Nietzsche-Begeisterung, das

Interesse an innovativen Technologien, die Überzeugung, dass es vor allem das wissenschaftliche Denken ist, das Fortschritt ermöglicht.

Was den Transhumanismus angeht, war die gemeinsame Schnittmenge zunächst das Konzept der radikalen Lebensverlängerung, das für die Anti-Aging-Medizin essentiell ist und für Transhumanisten eines der wichtigsten Anliegen. Verbindend wirkte sich sicherlich auch die Erfahrung aus, sich frühzeitig für ein Themenfeld engagiert zu haben, dessen Anfänge sich durchaus holprig gestalteten. Der Transhumanismus war vor zwanzig Jahren noch eine Bewegung, die von einer kleinen Gruppe von Intellektuellen getragen wurde, aber weder im akademischen Bereich noch in der breiten Öffentlichkeit große Resonanz fand. Heute ist es die vorherrschende Denkrichtung im Silicon Valley, der Transhumanismus wird in Dan Browns Bestsellern und in Hollywood-Filmen thematisiert, und internationale Celebrities wie Elon Musk verstehen sich als Transhumanisten.

Die Anti-Aging-Medizin startete vor 25 Jahren ebenfalls als eher belächelte Außenseiterdisziplin. Altern galt als unabwendbares Schicksal und nicht als gestaltbarer Prozess. Über die biologischen Prozesse des Alterns war so gut wie nichts bekannt. Inzwischen hat sich herumgesprochen, dass Altern durchaus beeinflussbar ist, die wissenschaftliche Spitzenforschung widmet sich intensiv diesem neuen Gebiet, und nicht zuletzt – auch hier hat das Silicon Valley wieder einmal die Nase vorn – gilt die *Longevity Industry* als eine der vielversprechendsten Zukunftsbranchen überhaupt.

Bei allen Gemeinsamkeiten bleiben dennoch Differenzen. Während Sorgner nach eigenen Angaben im Transhumanismus seine »geistige Heimat« gefunden hat, betrachtet Kleine-Gunk die Entwicklung weiterhin aus einer eher kritischen Distanz. Die Positionen können dabei durchaus erheblich voneinander abweichen, etwa wenn es um die Einschätzung der ersten genetisch veränderten Neugeborenen in China geht. Daher haben es die Autoren vorgezogen, zu einzelnen Themen jeweils eigene Kapitel zu schreiben, wobei bei denjenigen von Kleine-Gunk der Fokus auf der Beschreibung der Techniken liegt und bei den von Sorgner verfassten auf der transhumanistischen Bewertung. Durchaus kontrovers geht es auch in den Dialogen zu, die den jeweiligen Kapiteln angehängt sind. Hier zeigt sich einmal mehr am Beispiel einer neuen philosophischen Strömung, dass man mit einer alten – spätestens seit Sokrates – kultivierten philosophischen Technik immer noch den größten Erkenntnisgewinn erzielt: mit der kritischen Gegenrede.

Abschließend noch ein Punkt, bei dem beide Autoren relativ schnell Einigkeit erzielten. Wir haben auf ein konsequentes Gendern verzichtet, allerdings aus unterschiedlichen Gründen. Eine gute Gelegenheit also, das Prinzip der Mehrstimmigkeit gleich an diesem praktischen Beispiel zu erproben. Hier die unterschiedlichen Motive:

Stefan Lorenz Sorgner: »An einem sachlich treffenden Sprachgebrauch ist mir gelegen. Der Gender-Doppelpunkt (Student:innen), das Gendersternchen (Mediziner*innen) und auch das Binnen-I (JuristInnen) entsprechen jedoch nicht meinem persönlichen Sprachstil. Eine Weiterentwicklung von sprachlichen Konzepten zur Vermeidung von diskriminierenden Strukturen erachte ich durchaus für eine angemessene Vorgehensweise, um auf gesellschaftliche Herausforderungen zu reagieren.«

Bernd Kleine-Gunk: »Inzwischen dürfte es eine Selbstverständlichkeit sein, dass bei der Nennung unbestimmter Personen immer beide Geschlechter gemeint sind, Männer und Frauen, einschließlich derer, die sich irgendwo dazwischen oder jenseits davon einordnen. Um das zu betonen, muss man unsere Sprache – die Sprache Goethes, Heines und Nietzsches – nicht systematisch verhässlichen.«

Womit wir dann auch bereits beim eigentlichen Thema wären. Und gleich im ersten Kapitel werden wir feststellen: Die neue Denkrichtung Transhumanismus hat eine erstaunlich weit zurückreichende Geschichte.

Vorwort

Wir gehen herrlichen Zeiten entgegen. Das zumindest prophezeien die Anhänger des Transhumanismus, jener Mischung aus Philosophie und Technikutopie, die sich anschickt, zu einer der wichtigsten geistigen Strömungen des 21. Jahrhunderts zu werden.

Die Visionen des Transhumanismus sind durchaus vielseitig. Ganz oben auf der Agenda steht zunächst einmal die radikale Lebensverlängerung. Der Begriff »radikal« ist dabei durchaus wörtlich zu nehmen. Es geht nämlich nicht darum, 10 oder 15 Jahre älter zu werden. Angestrebt wird vielmehr eine Lebenserwartung von 250, 500 Jahren und mehr. Der bekannte britische Biogerontologe Aubrey de Grey sagt voraus: Der erste Mensch, der 1000 Jahre alt wird, ist bereits geboren. Und das Ganze soll natürlich bei guter Gesundheit erfolgen. Die Tausendjährigen werden sich nicht mit dem Rollator über die Straße schieben, sondern am Strand surfen.

Die Methoden dafür werden bereits entwickelt. Unter anderem soll uns dabei die Nanomedizin helfen. Die verspricht, dass in Zukunft sogenannte Nanobots unser Immunsystem unterstützen. Zusätzlich zu den weißen Blutzellen werden diese in unserem Gefäßsystem patrouillieren und dabei Bakterien, Viren, aber auch Krebszellen gezielt aufspüren und eliminieren.

Aber wir werden nicht nur bei guter Gesundheit steinalt. Wir optimieren auch unsere bisherigen biologischen Fähigkeiten. Das fängt zunächst einmal bei der Genetik an. Lange

Zeit galt die genetische Ausstattung des Menschen als unveränderbar. Das ist inzwischen Geschichte. Die Transhumanisten sehen auch hier viel Spielraum für Verbesserungen. Sie wollen nicht länger auf zufällige Mutationen warten, die ja auch nur in den wenigsten Fällen mit einem evolutionären Fortschritt einhergehen, sondern meistens nur zu einem sehr geringen Prozentsatz einen Fortschritt bringen. Sie haben sich vorgenommen, die genetische Weiterentwicklung selbst in die Hand zu nehmen. Das bedeutet zum einen, dass wir schädliche Gene aus unserem Erbgut eliminieren. Zum anderen aber auch, dass wir unsere DNA optimieren und dadurch Fähigkeiten erlangen, die bisher außerhalb unseres Vorstellungsvermögens lagen.

Mit der Genetik hört die Optimierung noch lange nicht auf. Der Mensch zeichnet sich vor allem dadurch aus, dass er von allen lebenden Wesen auf der Erde dasjenige ist, das am besten denken kann. Der Transhumanismus sieht da allerdings noch viel Luft nach oben. Eine neue Generation von Pharmaka könnte wie eine Art »Viagra fürs Gehirn« wirken und uns so besser, effektiver und konzentrierter denken lassen. Noch größeres Potenzial bieten die vielfältigen Möglichkeiten, Schnittstellen zwischen dem Computer und dem Gehirn zu schaffen. Die künstliche Intelligenz (KI) hat in den vergangenen Jahren enorme Fortschritte gemacht, indem sie zunehmend das menschliche Gehirn nachahmt (Deep Learning). Umgekehrt könnte aber auch unser Gehirn davon profitieren, wenn wir die künstliche Intelligenz direkt mit unserem Zentralnervensystem verbinden. Die Verschmelzung von biologischer und künstlicher Intelligenz würde völlig neue Möglichkeiten an kognitiven Fähigkeiten eröffnen. Neuroprothesen werden uns zunehmend zu Cyborgs machen.

Damit noch nicht genug: Vielleicht ist es ja auch möglich, sich vollständig von seinem biologischen Körper zu trennen. Das sogenannte »Mind-Uploading« ist eine der ganz großen

Visionen des Transhumanismus. Dabei wird das menschliche Bewusstsein aus dem Gehirn auf ein Speichermedium übertragen. Das ermöglicht eine Art »Sicherheitskopie« unseres Bewusstseins. Es ermöglicht aber auch eventuell das folgende Szenario: Völlig losgelöst von etwas so Störanfälligem wie einem biologischen Körper wird unser Bewusstsein in eine Cloud hochgeladen, wo es sich dann mit anderen Bewusstseinen vernetzen kann. Wir verlassen unsere kohlenstoffbasierte Biologie und verwandeln uns in eine neue, siliziumbasierte Existenzform.

Klingt alles wie schlechte Science-Fiction? Oder wie die Fantasien von Computer-Nerds, die nachts zu viele Netflix-Serien gesehen haben? Vieles von diesen Visionen ist bereits heute Wirklichkeit. Zumindest in Ansätzen. Die Lebenserwartung hat sich in den letzten 150 Jahren verdoppelt. Forscher in der ganzen Welt arbeiten intensiv an Anti-Aging-Strategien, die auch die maximale Lebenserwartung deutlich weiter steigen lassen.

Die genetische Diagnostik ist in den letzten zwanzig Jahren bereits zur Routine geworden. Dauerte die vollständige Entzifferung des menschlichen Genoms im Rahmen des *Human Genome Project* noch fast ein Jahrzehnt und verschlang dabei drei Milliarden Dollar, so analysiert Ihnen heute ein gutes genetisches Labor Ihr vollständiges Genom an einem Vormittag, und das für weniger als 1000 Euro. Mit der CRISPR/Cas-Methode steht darüber hinaus inzwischen auch ein Werkzeug zur Verfügung, das genetische Therapien mit geradezu chirurgischer Präzision ermöglicht.

Bereits heute nehmen an US-amerikanischen Universitäten 10 bis 20 Prozent aller Studenten Medikamente, von denen sie sich versprechen, dass sie ihre Konzentrationsfähigkeit bei Prüfungen erhöhen. Und auch die Hirncomputerschnittstellen gibt es bereits. Sogenannte Cochlea-Implantate sind Neuroprothesen, die es Menschen mit Innenohrschäden ermöglichen, wieder zu hören. An sogenannten Retinaprothesen, die es Blinden wieder möglich machen zu sehen, wird intensiv gearbeitet. Aber warum sollte man es bei diesen Prothesen belassen? Ist die Technik einmal etabliert, lassen sich zum Beispiel auch Memory-Chips mit dem Gehirn verbinden. Niemand wird sich dann noch Quizshows ansehen, weil jeder sowieso alles weiß.

Und auch wenn das Mind-Uploading noch in ferner Zukunft liegt: Digitale Kopien von verstorbenen Menschen gibt es heute bereits. Avatare geistern durch das Internet. Und die virtuelle Reanimation von Verstorbenen ist inzwischen so realistisch, dass längst verblichene Rockstars auf Musikveranstaltungen digital reanimiert werden und mit ihren lebenden Kollegen ein Duett singen.

Nicht nur transhumanistische Ideen breiten sich aus. Auch ihre menschlichen Vertreter werden immer präsenter. Elon Musk, der inzwischen als der reichste Mann der Welt gilt, ist bekennender Transhumanist. Er beschränkt sich längst nicht mehr darauf, elektrische Autos zu bauen. In seiner Firma »Neuralink« arbeitet er an genau jenen Gehirn-Computer-Schnittstellen, welche die Grundlage für die Cyborg-Technologien darstellen. Erste Erfolge hat er bereits vermeldet.

Technischer Direktor von Google, dem größten und einflussreichsten Internetkonzern der Welt, ist Ray Kurzweil. Er zählt zu den Pionieren und Vordenkern der internationalen transhumanistischen Bewegung. Das Silicon Valley insgesamt entwickelt sich zu einem Hotspot transhumanistischer Ideen. Gleiches gilt auch für Technologiezentren in anderen Teilen der Welt, wie zum Beispiel das chinesische Shenzhen. Auch dort träumt man vom neuen Menschen – dank neuer Technik.

Doch nicht alle glauben, dass wir durch die konsequente Nutzung neuer Technologien herrlichen Zeiten entgegengehen. Es gibt auch heftige Kritik. Die kommt von den unterschiedlichsten Seiten. Konservative Denker wie der amerikanische Politologe Francis Fukuyama sehen das klassische Menschenbild durch transhumanistische Ideen massiv gefährdet. Fukuyama selber spricht von »der gefährlichsten Idee der Welt«. Eher linke Kritiker befürchten, dass sich durch transhumanistische Techniken eine neue Zweiklassengesellschaft bilden wird: Da gibt es dann auf der einen Seite die »Optimierten«, die ihre Fähigkeiten durch technische Möglichkeiten erweitern. Auf der anderen Seite finden sich dann diejenigen, denen diese Technologien – auch aus finanziellen Gründen – nicht zur Verfügung stehen und die dann zu den Abgehängten dieser Erde werden. Quer durch alle politischen Lager gibt es Bedenken, das »genetische Enhancement-Projekt« der Transhumanisten wecke doch gewisse Erinnerungen an das Eugenikprogramm der Nationalsozialisten. Die Diskussion über diese Fragen gestaltet sich durchaus temperamentvoll.

Wir werden Ihnen in diesem Buch sowohl die entscheidenden transhumanistischen Projekte als auch die wichtigsten transhumanistischen Denker vorstellen. Und immer wieder werden wir uns dabei die Frage stellen: Was ist der Mensch, und was bleibt von ihm im Zeitalter seiner technischen Optimierung? Letztlich stellt sich damit natürlich auch die Frage: Wie human ist der Transhumanismus?

Folgen Sie uns auf unserem Streifzug durch das wahrscheinlich aufregendste philosophisch-naturwissenschaftliche Projekt unseres Jahrhunderts.

Wir garantieren Ihnen: Es wird eine Abenteuerreise.

Bernd Kleine-Gunk — Stefan Lorenz Sorgner

1.

Das Who is Who des Transhumanismus

Transhumanismus – Wie alles anfing

Bernd Kleine-Gunk

Ohne Zweifel ist der Transhumanismus eine relativ neue Bewegung. Dennoch gibt es intensive Diskussionen darüber, wann seine Geschichte beginnt und wer an ihrem Anfang steht. Ist der Transhumanismus eine Erfindung amerikanischer Computer-Nerds und Science-Fiction-Fans der 1980er-Jahre? Reichen seine philosophischen Wurzeln sehr viel weiter zurück? Oder ist das Ganze vielleicht nur eine aktuelle Marketing-Strategie von Silicon-Valley-Firmen, um völlig neue Geschäftsfelder zu erschließen?

Einigkeit besteht zumindest darüber, wer den Begriff – in seiner heutigen Bedeutung – geprägt hat. Im Juli 1951 veröffentlichte Julian Huxley (1887–1975) einen Text mit dem Titel »Knowledge, Morality and Destiny«, der 1957 noch einmal in überarbeiteter Form in der Anthologie *New Bottles for*

New Wine erschien. Darin heißt es: »Die menschliche Rasse kann, wenn sie es will, sich selber transzendieren – nicht nur sporadisch, ein Individuum hier auf die eine Art, ein Individuum dort auf die andere Art, sondern in ihrer Gesamtheit als Menschheit. Wir brauchen einen Namen für diesen neuen Glauben. Vielleicht könnte Transhumanismus dazu dienen: Der Mensch bleibt Mensch, aber er transzendiert sich, indem er die neuen Möglichkeiten der menschlichen Natur realisiert.«[1]

Julian Huxley war ein führender Evolutionsbiologe und Verhaltensforscher der ersten Hälfte des 20. Jahrhunderts. Als Autor beschäftigte er sich intensiv mit ethischen und philosophischen Fragen. Dieses Engagement trug mit dazu bei, dass Julian Huxley zum ersten UNESCO-Generaldirektor gewählt wurde und maßgeblich an der »Allgemeinen Erklärung der Menschenrechte« beteiligt war.

Nicht zuletzt war er auch der Bruder des bekannten Schriftstellers Aldous Huxley (1894–1963), der vor allem für sein Werk *Brave New World* (*Schöne neue Welt*) berühmt ist. Pikanterweise gilt dieser Zukunftsroman inzwischen als die klassische Horrorvision einer transhumanistischen Gesellschaft. Der Roman spielt im Jahr 2540 nach Christus und beschreibt eine Gesellschaft, in der Krankheit und Altern weitgehend besiegt sind. Alle Menschen sind nicht nur gesund und leistungsfähig, sondern bleiben – auch die Kosmetik hat Fortschritte gemacht – ihr Leben lang auch äußerlich attraktiv.

Allerdings gibt es in dieser schönen neuen Welt durchaus Unterschiede. Die Menschen werden industriell produziert und schon im Embryonenalter auf ihre spätere Rolle in der Gesellschaft hin geprägt, sodass sie diese perfekt ausfüllen können. Das Ergebnis ist eine Art Kastensystem, das die Menschheit in fünf Kategorien aufteilt – von Alpha bis Ypsilon. Damit in der unteren Kaste keine Ressentiments aufkommen, wird eine Glücksdroge namens Soma großzügig eingesetzt. Eine zufriedene Gesellschaft dank Psychopharmaka. Neben George Orwells *1984* gilt Aldous Huxleys *Brave New World* heute als die Zukunftsdystopie schlechthin.

Es entbehrt dabei sicher nicht einer gewissen Ironie, dass auf der einen Seite Julian Huxley den Begriff »Transhumanismus« prägte und damit große Hoffnungen verband, während sein eigener Bruder fast zeitgleich einen Roman schrieb, der die wohl beklemmendste Version davon schuf, wie es werden könnte, wenn das Projekt Transhumanismus schiefläuft.

Bezüglich des Namensgebers besteht also schon einmal Einigkeit. Doch obwohl er den Begriff prägte, hat Julian Huxley das Konzept des Transhumanismus inhaltlich nicht sehr viel weiter ausgearbeitet. Das übernahm sein britischer Landsmann, der Physiker und Molekularbiologe John D. Bernal (1901–1971) ohne den Begriff »Transhumanismus« dezidiert zu benutzen. Bernal kann man mit Fug und Recht als schillernde Persönlichkeit bezeichnen. An der englischen Eliteuniversität Cambridge leistete er als Forscher Pionierarbeiten im Rahmen der damals noch jungen Wissenschaft der Röntgenkristallografie. Er beschäftigte sich aber auch zeitlebens mit militärischen Fragestellungen. So half er unter anderem dabei, die Operation »Overlord«, die Landung der Alliierten 1944 in der Normandie, wissenschaftlich vorzubereiten. Bekanntlich führte diese dann zum endgültigen Sieg über die Nazi-Herrschaft.

Nicht zuletzt war Bernal aber auch zeit seines Lebens glühender Kommunist. Eine Tatsache, die ihm in den folgenden Jahren des Kalten Krieges das Leben nicht unbedingt leichter machte. Die Zukunft der Menschheit sah Bernal aber nicht nur bestimmt durch ein siegreiches Proletariat, das eine klassenlose Gesellschaft errichten würde. Auch von den Naturwissenschaften erwartete er sich große Dinge. In seinem Buch *The World, the Flesh and the Devil: An Enquiry into the Future of the Three Enemies of the Rational Soul* von 1929 sagte er voraus, dass viele der technischen Errungenschaften, welche die Wissenschaft gerade erst ermöglicht hatte, von der Menschheit nicht nur genutzt, sondern in den menschlichen Körper integriert werden würden. Bernals Vorschläge für den Menschen der Zukunft würden selbst Superman vor Neid erblassen lassen, auch wenn der als Comicfigur erst knapp zehn Jahre später entstand.

John D. Bernal beschreibt jedenfalls einen optimierten Menschen, der dank künstlicher Prothesen Radiowellen mit seinen Sinnen entdecken kann, dessen Augen so hochgerüstet sind, dass sie auch im Infrarotbereich sehen können, und dessen Ohren Ultraschallwellen wahrnehmen. Darüber hinaus verfügt dieser zukünftige Mensch auch über die Fähigkeit, sich in eine Art »Larvenstadium« zu versetzen, um nötigenfalls ein paar Jahrzehnte zu überdauern, in denen es gerade einmal nicht so spannend ist. Revitalisiert nimmt er dann wieder in alter Frische am Alltagsleben der nächsten oder übernächsten Generation teil. Nicht minder erstaunlich: Jahrzehnte vor der ersten Mondlandung, die in ihrer Folge ein kollektives Weltraumfieber auslöste, entwarf Bernal bereits in den 1920er-Jahren sehr detaillierte Pläne, wie man nicht nur andere Himmelskörper kurzfristig besuchen, sondern den Kosmos dauerhaft mit Weltraumstationen kolonisieren kann.[2] Der Mensch als Cyborg, die Kryonik als Überbrückungshilfe in künftige Zeitalter, und als letzter Schritt die Besiedlung des gesamten Weltalls – das liest sich auch nach knapp 100 Jahren wie ein aktuelles transhumanistisches Programm. John D. Bernal gehört zweifellos zu den großen, wenn auch selten gewürdigten Pionieren der Bewegung.

Obwohl sich die Namensgebung und die ersten dezidiert transhumanistischen Veröffentlichungen auf den Beginn des 20. Jahrhunderts datieren lassen, stellt sich auch hier die

Frage: Gibt es einen »Transhumanismus avant la lettre«? Darauf deutet zumindest einiges hin. Das Verlangen des Menschen, seine gegebenen Grenzen zu überschreiten und sich »übermenschliche Fähigkeiten« anzueignen, reicht offensichtlich bereits sehr weit zurück. Die Mythen aller Völker und aller Zeiten sind voll von entsprechenden Geschichten. In denen erhält man übernatürliche Fähigkeiten zumeist nicht durch die Verschmelzung mit einer Maschine, sondern üblicherweise durch die – zumeist sexuelle – Verbindung mit einem Gott oder einer Göttin. In der griechischen Mythologie etwa wimmelt es von Halbgöttern, deren göttliches Erbe ihnen außergewöhnliche Fähigkeiten verleiht. Dazu gehören ungewöhnliche Körperkräfte ebenso wie heldenhafter Mut oder eine überragende Intelligenz. Herakles (auch Herkules genannt) ist wohl der bekannteste dieser Halbgötter. Sein Name ist auch heute noch ein Synonym für all diejenigen, die übermenschliche Aufgaben bewältigen.

Der Zeit entsprechend waren vor allem kriegerische Qualitäten gefragt. Unverwundbar zu sein war so etwas wie das antike Versprechen von Unsterblichkeit. Genutzt wurden dazu die zur Verfügung stehenden mythologischen Technologien. Achilles etwa wurde von seiner Amme, der Nymphe Thetis, in den Fluss Styx getaucht, der die Unterwelt von der Oberwelt trennt. Der germanische Held Siegfried badete im Blut des zuvor von ihm erschlagenen Drachen. Beides sollte dazu führen, dass die Haut für Waffen jeglicher Art undurchdringbar wird. Geringfügige Nachlässigkeiten, die dann letztlich aber tödlich endeten, unterliefen in beiden Fällen. Bei Achilles war es die Ferse, bei Siegfried das Schulterblatt, die nicht komplett bedeckt wurden.

Tödlich ging auch eine andere antike Geschichte aus, die Teil des kollektiven Gedächtnisses geworden ist. Der junge Ikaros wurde zusammen mit seinem Vater Daidalos vom König Minos auf dessen Insel Kreta gefangen gehalten.

Flucht erschien unmöglich, dazu war die Insel zu abgelegen. Doch Daidalos – offensichtlich ein Anhänger fortschrittlicher Technologien – erfand Flügel für sich und seinen Sohn. Die Federn darauf befestigte er mit Wachs an einem Gestänge. Unmittelbar vor der Flucht schärfte er seinem Sohn ein, nicht zu hoch zu fliegen, da sonst die Hitze der Sonne das Wachs zum Schmelzen bringen würde. Typisch Teenager wird dieser jedoch angesichts der neu erworbenen Fähigkeiten zunehmend übermütig und tut genau dieses: Er fliegt immer höher. Es kommt, wie es kommen muss und wie von Daidalos vorhergesagt: Die Sonne lässt das Wachs schmelzen, die Federn lösen sich, Ikaros stürzt ab und stirbt. Die Tatsache, dass nach seiner Absturzstelle eine Insel – Ikaria – benannt wurde, ist da allenfalls ein geringer Trost. Zugegeben, die Geschichte wird weniger von Transhumanisten selbst als eher von ihren Gegnern zitiert. Denn die Moral ist im wahrsten Sinne des Wortes sonnenklar: Wer es mit der Hybris übertreibt und neue Techniken nicht richtig beherrscht, dem droht der Totalabsturz.

Eine weitere mythische Figur, die es vor allem in der deutschen Literatur zu Ruhm gebracht hat, lässt sich ebenfalls als eine frühe Verkörperung transhumanistischer Ambitionen interpretieren: Doktor Faust. Der leidet schwer darunter, dass ihm die eigene Gelehrsamkeit und das Wissen seiner Zeit letztlich doch keine tiefere Erkenntnis ermöglichen. Von der Verzweiflung darüber fast in den Selbstmord getrieben, verkauft er schließlich seine Seele dem Teufel, um endlich jene Fähigkeiten zu erlangen, die es ihm ermöglichen »zu erkennen, was die Welt im Innersten zusammenhält«. Dass er diese neu gewonnenen Fähigkeiten zunächst einmal dazu benutzt, ein junges Mädel zu verführen und ins Unglück zu stürzen – nun ja, das steht auf einem anderen Blatt. »Faustischen Charakteren« werden wir in diesem Buch jedenfalls noch vielen begegnen.

Von den mythischen und literarischen Figuren zu den realen Philosophen und Wissenschaftlern: Da wird von den Transhumanisten gern der italienische Philosoph Giovanni Pico della Mirandola (1463–1494) als Urahn angeführt, dessen vielseitige Begabungen und außergewöhnliche Schönheit ihn zu einer Art Wunderkind der frühen Renaissance machten. In seiner 1486 veröffentlichten programmatischen Abhandlung *De hominis dignitate* (*Über die Würde des Menschen*) preist Pico della Mirandola die Sonderstellung des Menschen:

> »Alle übrigen Geschöpfe sind von Natur aus mit Eigenschaften ausgestattet, die ihr mögliches Verhalten auf einen bestimmten Rahmen begrenzen, demgemäß sind ihnen feste Wohnsitze zugewiesen. Der Mensch hingegen ist frei in die Mitte der Welt gestellt, damit er sich dort umschauen, alles Vorhandene erkunden und dann seine Wahl treffen kann. Damit wird er zu einem eigenen Gestalter, der nach seinem freien Willen selbst entscheidet, wie und wo er sein will. Hierin liegt das Wunderbare seiner Natur und seiner besonderen Würde, und insofern ist er Abbild Gottes. Er ist weder himmlisch noch irdisch, demnach kann er nach seiner Entscheidung zum Tier entarten oder pflanzenartig vegetieren oder auch seine Vernunftanlage so entwickeln, dass er engelartig wird.«[3]

Der Mensch als sein autonomer Gestalter, der die Grenzen seiner eigenen Natur überschreitet. Auch wenn die wenigsten Transhumanisten den dann erreichten Zustand heute als »engelartig« beschreiben würden, so ist das doch genau das, was sie anstreben. Kein Wunder also, dass Pico della Mirandola in der Ahnengalerie der Prototranshumanisten einen Ehrenplatz einnimmt. Kein Wunder auch, dass der glänzende Philosoph zu seiner Zeit rasch unter Häresieverdacht geriet und unter dubiosen Umständen verstarb. Die Exhumierung seiner Gebeine im Jahre 2007 bestätigte eine Arsenvergiftung.

Als ein weiterer Vorläufer des Transhumanismus wird immer wieder Francis Bacon (1561–1626) genannt. Der englische Philosoph, Jurist und Staatsmann gilt als der Begründer der naturwissenschaftlichen Methode. An die Stelle des Glaubens und des Studiums der »Autoritäten«, wie sie die Scholastiker praktizierten, setzte er die Erkenntnis durch Experimente und wissenschaftliche Forschung.

Beflügelt durch die neuen Möglichkeiten, die das aufziehende Zeitalter der Wissenschaften den Menschen eröffnet, verfasste Bacon gleich auch noch einen utopischen Roman namens *Nova Atlantis* (*Neu-Atlantis*), der fragmentarisch blieb und ein Jahr nach seinem Tod erschien. Gemäß seinem wohl bekanntesten Motto »Wissen ist Macht« beschreibt Bacon darin eine Zukunft, in der Forscher die Gesetze der Natur nicht nur begreifen, sondern diese auch verändern – nämlich zum Wohle des Menschen. Hier ein kleiner Auszug von dem, was uns in Neu-Atlantis erwartet: »Das Leben verlängern, die Jugend bis zu einem gewissen Grad zurückbringen. Das Altern verlangsamen. Krankheiten heilen, die als unheilbar gelten. Den Schmerz abschaffen. Den Körper verändern. Das Gehirn verbessern. Völlig neue Geschöpfe schaffen.« Sehr viel anders ist das im transhumanistischen Manifest von 2009 auch nicht formuliert. Und den »Vater der modernen Wissenschaft« zählt man natürlich ganz gern zu den eigenen geistigen Gründervätern.

Etwas problematischer wird es schon, wenn es um Friedrich Nietzsche (1844–1900) geht. Dessen Konzept des »Übermenschen« lässt sich natürlich als eine frühe transhumanistische Vision betrachten. Erstmals vorgestellt hatte er es in seinem Werk *Also sprach Zarathustra* mit den Worten: »Ich lehre Euch den Übermenschen. Der Mensch ist Etwas, was überwunden werden soll. Was habt ihr gethan, ihn zu überwinden?« Nach Nietzsche jedenfalls viel zu wenig. Für ihn ist der Übermensch das eigentliche Ziel der Geschichte, für den es gilt, die Bahn frei zu machen. Der jetzige Mensch ist lediglich eine Zwischenstufe, »ein Seil, geknüpft zwischen Thier und Übermensch«. So sehen das die meisten Transhumanisten heute auch. Insbesondere im deutschsprachigen Raum wird Nietzsche daher gern als Gründer eines neuen, transhumanen Zeitalters gesehen.

Im angloamerikanischen Raum ist man davon weniger begeistert. Zu dunkel und politisch unkorrekt erscheint Friedrich Nietzsche dort vielen. Insbesondere die Tatsache, dass ihn die Nationalsozialisten posthum zu einem ihrer Haus- und Hofphilosophen erklärten, wird immer noch als Makel empfunden. Die Grenze vom »Übermenschen« zum »Herrenmenschen« erscheint vielen nicht klar genug gezogen. Auch einige Äußerungen Nietzsches zur Eugenik und zur »Menschenzüchtung« werden als problematisch empfunden. Transhumanisten wie der in Oxford lebende Schwede Nick Bostrom lehnen die Rolle Nietzsches als die eines transhumanistischen Ideengebers daher kategorisch ab. Für sie ist der Transhumanismus eher eine Fortführung der Aufklärung.

Diese geistig soziale Bewegung des 18. Jahrhunderts setzte bekanntlich stark auf rationales und wissenschaftliches Denken und stellte beides ganz bewusst in den Dienst des menschlichen Fortschritts. Den größten Einfluss auf die Aufklärung hatten zweifellos die Franzosen. Und es sind auch zwei prominente französische Aufklärer, auf die sich die Transhumanisten hauptsächlich berufen. Der eine ist Denis Diderot (1743–1794), der Herausgeber der *Encyclopédie*, eines der zentralen Projekte der französischen Aufklärung. Der andere ist der Marquis de Condorcet.

So schrieb etwa Diderot im Jahre 1769 drei fantastische Essays, die als *D'Alemberts Traum* bekannt sind. In diesen imaginären Dialogen mit seinem Freund D'Alembert spekuliert

Diderot zum Beispiel über das Bewusstsein. Streng materialistisch sieht er es als alleiniges Produkt der Hirnsubstanz. Dies wiederum bietet die Möglichkeit, diese zu zerlegen und wieder neu zusammenzufügen – eine frühe Vision des Mind-Uploading. Auch Tiere und Menschen können nach Diderot in einer absehbaren Zukunft zu intelligenten Geschöpfen umgeformt werden. Die Menschheit selbst werde durch eigene Anstrengungen eine große Typenvielfalt hervorbringen, was sich sowohl auf das Bewusstsein als auch auf den Körperbau bezieht.

Der wahrscheinlich radikalste Materialist der französischen Aufklärung ist dabei Julien Offray de la Mettrie. Sein Konzept des »L'Homme Machine« (Die Mensch-Maschine) beeinflusst noch heute reduktionistische Neurowissenschaftler und Molekularbiologen wie den Medizin-Nobelpreisträger Francis Crick (»Sie sind nichts weiter als ein Haufen Neurone«).[4]

Ein weiterer einflussreicher Vertreter der Aufklärung war der französische Philosoph und Mathematiker Marquis de Condorcet (1743–1794). Sein *Entwurf eines historischen Gemäldes der Fortschritte des menschlichen Geistes* (1795) ist die wahrscheinlich einflussreichste Formulierung der wissenschaftlichen Fortschrittsidee, die jemals geschrieben wurde. Unter anderem formuliert Condorcet darin bereits die Idee, dass die wissenschaftliche Medizin die menschliche Lebensspanne deutlich verlängern wird. Die Medizin der Zukunft wird danach nicht nur alle Krankheiten besiegen, sondern auch das Alter selbst behandeln. Die Menschen künftiger Zeitalter werden demnach also nur noch durch Unfall, Mord oder Selbstmord zu Tode kommen. Eine Idee, die derart konsequent erst wieder die Vertreter der *Radical Life Extension* zweihundert Jahre später formulieren werden.

Fassen wir zusammen: Vorläufer des transhumanistischen Denkens finden sich in den unterschiedlichsten Kulturen und Zeitaltern. Trotzdem bleibt die Frage: Wann beginnt der Transhumanismus zu einer eigenständigen Bewegung mit entsprechenden organisatorischen Strukturen, Institutionen und Medien zu werden? Diesen Beginn müssen wir tatsächlich im Kalifornien der frühen 1980er-Jahre verorten.

Die fünfzehn Jahre zuvor hatten einen beispiellosen politischen und kulturellen Umbruch gebracht. Hauptsächlich ausgelöst durch den Vietnam-Krieg trugen Studenten und junge Menschen ab der zweiten Hälfte der 1960er-Jahre in vielen Ländern weltweit ihre Unzufriedenheit mit den politischen Verhältnissen auf die Straße. In den USA verbanden sie sich mit der amerikanischen Bürgerrechtsbewegung, in Frankreich suchten die Studenten den Schulterschluss mit der organisierten Arbeiterschaft, in Deutschland schlossen sie sich als »außerparlamentarische Opposition« (APO) zusammen. Ob in Berkeley, Paris oder Berlin – an den Universitäten brodelte es. Der Marxismus wurde zur neuen Heilslehre. Auch wenn es über den richtigen Weg zum angestrebten Sozialismus erbitterte ideologische Grabenkämpfe gab – links war damals so ziemlich jeder, den die Geschehnisse seiner Zeit nicht kaltließen.

Doch die politische Aufbruchstimmung verflog schnell. Allzu ernüchternd erschien die Entwicklung in all jenen Ländern, in denen die so heiß ersehnte sozialistische Gesellschaft bereits real existierte. Die Sowjetunion und ihre Vasallenstaaten verkörperten einen rigiden und repressiven Funktionärssozialismus, der wenig mit den anarchischen Freiheitsträumen der revoltierenden Studenten zu tun hatte. Aus China, dessen politischer Führer Mao Zedong vielen in den Anfangsjahren noch ein leuchtendes Vorbild war, drangen zunehmend Nachrichten über massive Menschenrechtsverletzungen und Massentötungen ins öffentliche Bewusstsein. Innerhalb der Protestbewegung selbst radikalisierten sich immer mehr Gruppen. Manche wurden zu politischen

Sektierern, einige wenige schlugen den blutigen Weg in den Terrorismus ein. Vom »Summer of Love« des Jahres 1967 bis zum »Deutschen Herbst« von 1977 verging gerade einmal ein Jahrzehnt.

Enttäuscht von dem ausgebliebenen politischen Umbruch setzte in den 1980er-Jahren eine Art Rückzug in die Innerlichkeit ein. Wenn sich die Gesellschaft schon nicht verändern ließ, dann konnte man sich ja vielleicht selber ändern. Wenn die politischen Verhältnisse nicht besser wurden, dann ließ sich ja vielleicht ein persönliches Optimierungspotenzial entdecken. Experimentiert wurde dabei in die unterschiedlichsten Richtungen. Indische Weisheitslehren erlebten ebenso einen Boom wie psychedelische Drogen. Unübersehbar war auch eine Tendenz zur Flucht aufs Land und ein zunehmendes Interesse für die Umwelt. Die ökologische Bewegung nahm langsam Fahrt auf, daraus entstand im Jahr 1980 in Deutschland die Partei »Die Grünen«, die 1983 erstmals in den Bundestag einzogen. »Alternativ« wurde zu einem neuen Schlüsselbegriff.

Eine besondere Art von Alternativkultur entstand in Kalifornien. Dort experimentierte eine Gruppe namens »Human Potential Movement« schon seit einigen Jahren mit unterschiedlichen Psychotechniken, um das menschliche Bewusstsein auf eine neue, höhere Stufe zu heben. Nun kam ein weiterer Faktor hinzu: die Technik. Beides verschmolz zunächst unter dem Begriff »New Age«. Wissenschaft und Spiritualität wuchsen zusammen. Technischer Fortschritt und persönliche Entwicklung gingen nun Hand in Hand.

Der Zeitpunkt hätte nicht besser gewählt sein können: Mondlandung und Raumfahrt hatten eine landesweite Begeisterung für Zukunftsthemen ausgelöst. Die Science-Fiction-Literatur boomte. Die Computertechnologie begeisterte immer größere Kreise vor allem junger Leute. Es entstand der Typus des Computer-Nerds. Viele von denen, die sich nächtelang Programmieranleitungen ausdachten und in der Garage ihrer Väter entsprechende Apparaturen zusammenbastelten, wurden später zu schwerreichen Unternehmern im benachbarten Silicon Valley. Es war diese neue Generation von »Tech-Geeks«, die den Transhumanismus zu einer eigenständigen Bewegung machte. Das Politische verlor zunehmend an Bedeutung, die Technik wurde immer wichtiger. »Nicht rechts, nicht links, sondern aufwärts« lautete der neue Slogan.

Dazu beigetragen hatte eine Reihe von Publikationen, die völlig neue Perspektiven eröffneten und die heute noch für den Transhumanismus Schlüsselwerke darstellen. Der amerikanische Hochschullehrer Robert Ettinger (1918–2011) etwa hatte 1964 ein Buch mit dem etwas reißerischen Titel: *The Prospect of Immortality* (»Die Aussicht auf Unsterblichkeit«) veröffentlicht. Darin postulierte er zum ersten Mal, dass Menschen bei tiefen Temperaturen eingefroren und auf unbestimmte Zeit konserviert werden könnten. Zu einem beliebigen späteren Zeitpunkt ließen sie sich dann wieder auftauen, um in einer künftigen Zeit weitgehend unbeschädigt weiterzuleben.[5] Das war eine Idee so ganz nach dem Geschmack der Technikfreaks und Science-Fiction-Fans der kalifornischen Alternativszene. Ettinger gilt heute unbestritten als »Vater der Kryonik«, die – wie wir noch sehen werden – den Transhumanisten ein zentrales Anliegen ist.

Obwohl die Computertechnologie noch in den Kinderschuhen steckte, gab es auch damals schon Wissenschaftler, die der neuen Technologie eine alles überragende Zukunft prophezeiten. Der aus Österreich stammende kanadische Wissenschaftler Hans Moravec (geb. 1948) war einer der ersten Experten auf dem Gebiet der Robotik. In seinem Buch *Mind Children* entwarf er bereits 1988 ein Szenario, in dem »intelligente Maschinen« den Menschen schon in naher Zukunft in vielen Bereichen überlegen sein werden.[6] Eine durchaus kühne These zu einer Zeit, in der die ersten Heimcomputer den Markt eroberten und dabei gerade einmal über einen Arbeitsspeicher von 64 KB (Commodore 64) verfügten. Aber es war auch eine These, die genau in das Weltbild all jener Computer-Nerds passte, die sich sicher waren, dass das, was damals viele nur für simple Videospiele nutzten, sich zu einer die Welt beherrschenden Schlüsseltechnologie entwickeln wird. Intelligente Maschinen, *Brain-Computer-Interfaces* – das alles gehörte von Anfang an zur transhumanistischen Agenda.

Etwa zur gleichen Zeit erschien ein Werk, das die Grundlage legte für eine Wissenschaft, die das Potenzial hat, die übernächste Schlüsseltechnologie zu werden. 1986 veröffentlichte der US-amerikanische Ingenieur Eric Drexler sein Werk *Engines of Creation*, in dem er die Möglichkeit beschreibt, sogenannte »Nanomaschinen« zu konstruieren.[7] Nanomaschinen sind computerisierte Roboter von der Größe eines Virus, die in der Lage sind, Dinge auf einer molekularen beziehungsweise atomaren Ebene zu konstruieren oder zu verändern. Drexlers Buch war die Geburtsstunde der Nanotechnologie. Auch die stellt heute einen der großen Hoffnungsträger dar, vor allem auch wenn es um die Entwicklung von Quantencomputern geht. Für die Transhumanisten war die Nanotechnologie von Beginn an ein Lieblingsprojekt – »The next small thing« sozusagen.

Damit war der Rahmen abgesteckt: eine Subkultur von Weltverbesserern, die statt auf politische Utopien auf technologische Innovationen setzte. Eine Reihe von Publikationen aus der Hand von Experten, die zwar hochspekulativ zu Werke gingen, aber trotzdem über die entsprechenden wissenschaftlichen Grundlagen verfügten. Die wichtigsten Themen waren formuliert: Unsterblichkeit, künstliche Intelligenz, Nanotechnologie, Kryonik. Nun fehlte nur noch jemand, der aus dieser Gemengelage eine gesellschaftliche Bewegung machte.

Einer der Ersten, der diese Aufgabe anging, war der 1930 in Brüssel geborene iranisch-amerikanische Autor und Philosoph Fereidoun M. Esfandiary. Er begeisterte sich früh für futuristische Themen und arbeitete sowohl publizistisch als auch organisatorisch daran, der noch jungen Bewegung den Weg zu ebnen. Sein 1989 erschienenes Werk *Are You a Transhuman? Monitoring and Stimulating Your Personal Rate of Growth in a Rapidly Changing World*[8] gilt neben Max Mores 1990 erstmals publiziertem *Transhumanism: Towards a Futurist Philosophy*[9] als einer der Gründungstexte des Transhumanismus. Um seine neue transhumanistische Identität zu betonen, änderte Esfandiary seinen Namen in FM-2030. Die Zahl bezieht sich auf das Jahr 2030, in dem er seinen hundertsten Geburtstag feiern wollte und von dem er erhoffte, dass dann bereits viele seiner Visionen Realität geworden sind.

Die hochfliegenden Pläne wurden dann leider von einem Pankreastumor durchkreuzt, an dem FM-2030 im Jahr 2000 starb. Als guter Transhumanist hatte er aber natürlich vorgesorgt. Sein Körper liegt heute in einem der Kryoniktanks der Firma Alcor und wartet auf seine Wiederbelebung. FM-2030 ist nicht nur vor der Zeit gestorben, er hat auch vor der Zeit gelebt. Ein Umstand, den er einmal in den schönen Satz gefasst hat: »Ich bin eine Person des 21. Jahrhunderts, die durch unglückliche Umstände in das 20. Jahrhundert geboren wurde. In mir lebt eine tiefe Nostalgie für die Zukunft.«

Eine weitere Vorreiterrolle übernahm ein junger Mann, der ebenfalls nicht in Kalifornien, sondern 1964 in Großbritannien geboren wurde. Max O'Connor machte zunächst einen Abschluss in Philosophie und politischen Wissenschaften an der englischen Eliteuniversität Oxford, übersiedelte dann allerdings rasch in Amerikas »Golden State«, wo er ein sehr viel passenderes Umfeld für seine futuristischen Ideen fand. Zusammen mit einigen Freunden gründete er dort 1992 das *Extropy Institute*. Der Name ist ein Kunstbegriff, der sich von dem Terminus »Entropy« absetzen soll. Mit Letzterem bezeichnet man in der Thermodynamik die Tatsache, dass in geschlossenen Systemen das Maß an Unordnung stetig zunimmt, solange nicht künstlich Energie von außen zugeführt wird. Hat die Entropie einen Maximalwert erreicht, befindet sich das System im thermodynamischen Gleichgewicht, und es herrscht Stillstand. Ein Würfel Zucker wird sich in einer Tasse Tee auflösen, bis alle Zuckermoleküle gleich unordentlich darin verteilt sind. Der Zweite Hauptsatz der Thermodynamik besagt, dass es aufgrund der Entropie, die immer nach einem Maximalwert strebt, unmöglich ist, dass sich die Zuckermoleküle im Tee auf natürliche Weise wieder zu einem Würfel vereinigen.

Der von Max O'Connor geprägte Begriff »Extropy« soll dagegen verdeutlichen, dass eine kontinuierliche Verbesserung des menschlichen Zustands durchaus möglich ist. In seinen *Principles of Extropy* fasst O'Connor die wesentlichen Punkte dieses Denkens zusammen: kontinuierlicher Fortschritt, rationales Denken, Selbsttransformation, intelligente Technologien und eine offene Gesellschaft. Diese fundamentalen Prinzipien arbeitete er dann 1990 in einem Essay mit dem Titel *Transhumanism: Towards a Futurist Philosophy* weiter aus. Viele sehen in diesem Text das eigentliche Geburtsdokument des Transhumanismus.[10]

Zur Selbsttransformation gehört nicht zuletzt auch die Freiheit, seinen Namen zu ändern, wenn dieser nicht mehr als passend empfunden wird. In dem gleichen Jahr 1990, in dem sein fundamentaler Artikel über den Transhumanismus erschien, änderte auch Max O'Connor offiziell seinen Namen in Max More. Zwischen FM-2030 und Max More gibt es ein weibliches Bindeglied. Natasha Vita-More unterhielt beziehungsweise unterhält zu beiden Pionieren sowohl eine persönliche als auch eine enge Arbeitsbeziehung. Das macht sie ihrerseits zu einer der wichtigsten Gründungsfiguren der Bewegung. Im Kapitel »Die Pionierin: Natasha Vita-More« stellen wir sie ausführlich vor.

Neben dem Extropy Institute wurde auch das gleichnamige Magazin gegründet. Der Transhumanismus wurde nicht nur theoretisch ausformuliert, er nahm auch organisatorisch Gestalt an. Der Siegeszug des Internets zu Beginn der 1990er-Jahre war dabei durchaus hilfreich. Umständliche »Mailing Lists«, in denen alle Interessenten und Sympathisanten verzeichnet werden mussten, konnten nun ersetzt werden durch die direkte Vernetzung aller, die an diesem Thema interessiert waren.

Nun wäre es definitiv zu kurz gegriffen, wenn man die Ursprünge des modernen Transhumanismus lediglich in Kalifornien verorten würde. Auch in Europa, insbesondere in England, gab es Pioniere, die wesentlich dazu beigetragen haben, den Transhumanismus sowohl als geistige Strömung als auch als organisierte Bewegung zu etablieren. Als Erster ist da sicherlich Nick Bostrom zu nennen. Der schwedische Philosoph lehrt an der University of Oxford und hat sich vor allem auf die Disziplinen Bioethik und Technikfolgenabschätzung spezialisiert. 1998 gründete er zusammen mit David Pearce die WTA (World Transhumanist Association). Ziel der Organisation war es, transhumanistische Ideen und Ideale weltweit bekannt zu machen. Die Tatsache, dass ein Dozent mit der wissenschaftlichen Reputation Nick Bostroms sich offen zum Transhumanismus bekannte, hat sicherlich viel dazu beigetragen, der noch jungen Bewegung einen Platz in der akademischen Welt zu sichern.

Auch wenn der Transhumanismus sich keiner politischen Bewegung zuordnen lässt, kam es innerhalb der WTA doch zu den offensichtlich unvermeidlichen ideologischen Streitereien. Als Sieger aus der Auseinandersetzung ging der eher linksliberale Flügel hervor, der seitdem auch die Richtung bestimmt. Im Jahr 2008 änderte die WTA ihren Namen in »Humanity+« und gab erstmals auch ihre Zeitschrift *H+ Magazine* heraus. Bis heute ist sie eines der wichtigsten publizistischen Organe des Transhumanismus.

Trotz der vielfältigen Aktivitäten diesseits und jenseits des Atlantiks: Der Transhumanismus wäre wahrscheinlich doch nur eine Sektierergruppe oder zumindest eine philosophische Randerscheinung geblieben, wenn mit dem Beginn der 2000er-Jahre nicht eine entscheidende Entwicklung dazugekommen wäre: Das Silicon Valley entdeckte seine Liebe zu transhumanistischen Ideen.

Die Region im Süden von San Francisco hatte sich zu Beginn des neuen Jahrtausends als das weltweite Zentrum für Informations- und Computertechnologie etabliert. Firmen wie Google, Apple, Facebook und Amazon (GAFA) waren nicht nur zu weltweit führenden Tech-Unternehmen geworden. Sie verfügten auch über eine nahezu unbegrenzte Kapitalkraft. Hinzu kam eine Vielzahl von ambitionierten Start-up-Unternehmen, die das Silicon Valley zum wohl kreativsten Ort der Welt machten.

Viele der Tech-Milliardäre des Silicon Valley wiesen dabei einen recht ähnlichen Lebenslauf auf. In ihrer Jugend waren sie Computer-Nerds, die jahrelang kaum jemand ernst nahm. Danach gelang es ihnen mit Fleiß, Geschick und nicht selten auch hartem unternehmerischem Kalkül, aus ihren oft futuristischen Ideen begehrte Produkte zu machen und so die Grundlage für ihre Firmenimperien und ihr märchenhaftes Vermögen zu legen.

Den IT-Milliardären des Silicon Valley musste also niemand erklären, dass die verlachten Ideen von gestern häufig die Erfolgsmodelle von morgen sind. Sie hatten gelernt, dass es vor allem der technologische Fortschritt ist, der neue revolutionäre Perspektiven eröffnet. Ihr Wahlspruch lautete: »The Sky is the Limit.« Kein Wunder also, dass sie sich für eine philosophisch-technologische Bewegung begeisterten, deren erklärtes Ziel es ist, so ziemlich alle Grenzen zu überwinden.

Einer der ersten und profiliertesten Transhumanisten des Silicon Valley ist sicherlich Ray Kurzweil. Wir werden ihm noch in den unterschiedlichsten Zusammenhängen begegnen. Als Computerspezialist, Erfinder, Futurist und erfolgreicher Buchautor hat er in den letzten zwanzig Jahren wie kaum ein anderer dazu beigetragen, transhumanistische Ideen zu verbreiten. Vor allem aber ist Kurzweil auch Leiter der technischen Entwicklung (Director of Engineering) bei Google. Und als solcher sorgt er dafür, dass der weltgrößte und einflussreichste IT-Konzern die Bewegung nicht nur wohlwollend, sondern auch logistisch und finanziell großzügig unterstützt.

Eine weitere Silicon-Valley-Legende ist der deutschstämmige Peter Thiel. Er hat sein Vermögen vor allem mit dem Online-Bezahldienst Paypal gemacht, den er mit gegründet hat. Heute betätigt er sich hauptsächlich als Risikokapitalgeber. Bevorzugt fördert er dabei Firmen, die transhumanistische Projekte auf der Agenda haben. Auch theoretisch beschäftigt sich Thiel viel mit dem Transhumanismus und vertritt dabei teilweise dezidiert libertäre bis antidemokratische Ansichten, die ihn auch in der Bewegung selbst umstritten machen. Auch auf ihn werden wir noch näher zu sprechen kommen.

Nicht zuletzt muss an dieser Stelle auch Elon Musk erwähnt werden. Er hat es in den letzten Jahren geschafft, zum reichsten Mann der Welt aufzusteigen. Durch seine Medienpräsenz ist er darüber hinaus zu einer Art Superstar unter den Unternehmern geworden. Sein Geld verdient er dabei bekanntermaßen nicht nur mit Elektroautos. Elon Musk investiert auch massiv in seine Raumfahrtaktivitäten sowie in seine Firma Neuralink, die an *Brain-Computer-Interfaces* arbeitet. Wo andere über Transhumanismus philosophieren, setzt

Musk das transhumanistische Programm – Kolonisierung des Weltalls, Cyborgisierung des Menschen – in konkrete Unternehmenspolitik um. Und er ist damit unglaublich erfolgreich. Mehr dazu im Kapitel »Der Macher: Elon Musk«.

Die Affinität des Silicon Valley zur transhumanistischen Bewegung hat unterschiedliche Gründe. Das bisherige Geschäftsmodell des Valley – die Informations- und Computertechnologie – ist zwar auch weiterhin erfolgreich. Dennoch elektrisiert die dort ansässigen Unternehmen keine Frage so sehr wie: »What's the Next Big Thing?« Und da kristallisiert sich seit einigen Jahren eine klare Tendenz heraus. Die Möglichkeit einer deutlichen Lebensverlängerung zeichnet sich ab und verspricht ungeahnte Gewinne. Mehrere Jahrzehnte länger bei guter Gesundheit zu leben wird für immer mehr Menschen erstrebenswerter, als noch mehr Speicherplatz auf ihrem Smartphone zu haben. Nach Infotech kommt nun also Biotech. Das haben die großen Firmen erkannt. Das belegt nicht zuletzt die ständig wachsende Zahl von Biotech-Startups im Silicon Valley selbst.

Besonders effektiv wird es offensichtlich dann, wenn man Infotech und Biotech miteinander verbindet. Die neue Langlebigkeitsmedizin wird eine Unmenge an Daten generieren. Die sogenannten »-omik«-Wissenschaften boomen. In naher Zukunft wird eine große Zahl von Menschen umfangreiche Daten über das haben, was die individuelle biologische Existenz ausmacht. Dazu gehört die Genomik (die Gesamtheit aller Gene), die Epigenomik (die Gesamtheit aller die Gene steuernden Faktoren), die Proteonomik (die Gesamtheit aller Eiweiße im Körper), die Mikrobiomik (die Gesamtheit aller Bakterien in und auf unserem Körper), die Metabolomik (die Gesamtheit aller Stoffwechselprodukte) etc. Dabei werden riesige Datenmengen anfallen, die nicht nur erfasst und gespeichert, sondern auch zueinander in Beziehung gesetzt werden müssen. Wer könnte das besser als die IT-Giganten des Silicon Valley, die schon heute enorme Datenmengen verwalten und immer neue Algorithmen entwerfen, um diese optimal auszuwerten?

Und natürlich ist auch die Verschmelzung von biologischer und technischer Intelligenz ein Thema, das wie geschaffen ist für das Silicon Valley. Die Neurowissenschaften helfen uns ja nicht nur dabei, das Gehirn – die wahrscheinlich komplexeste Materie des Universums – besser zu verstehen. Sie helfen auch der Computertechnologie, ihre Geräte immer effektiver zu gestalten. »Deep Learning«, die derzeit erfolgreichste Technologie im Bereich selbstlernender Programme, wäre nicht möglich ohne ein verbessertes Verständnis der Funktionen unseres Gehirns.

Eher kapitalismuskritische Vertreter der Bewegung mögen das vielleicht nicht unbedingt gern hören. Dennoch lässt es sich nicht bestreiten: Der weltweite Siegeszug des Transhumanismus verdankt sich weniger den akademischen und intellektuellen Bemühungen ihrer Vordenker, sondern vor allem den Tech-Milliardären des Silicon Valley, ihrem Geld und ihrer medialen Präsenz.

Dialog: Transhumanismus – Wie alles anfing

BKG: Fangen wir gleich einmal bei unserem gemeinsamen philosophischen Hausgott an. Ist Friedrich Nietzsche tatsächlich der geistige Ahnherr des Transhumanismus? Verkörpert sein Konzept des »Übermenschen« im 19. Jahrhundert bereits das, was die Silicon-Valley-Elite jetzt im 21. Jahrhundert durchsetzen will? Du hast ja sogar ein Buch mit einem »Plädoyer für den Nietzscheanischen Transhumanismus« geschrieben.

SLS: Über die Frage, ob Nietzsche der Vater des Transhumanismus ist, wird heftig gestritten. Diese Debatte wurde durch einen Vortrag von mir ausgelöst, der auf einer Veranstaltung, auf der auch Nick Bostrom und Julian Savulescu zugegen waren, gehalten wurde und sehr kontroverse Diskussionen hervorgerufen hat, nachdem er unter dem Titel »Nietzsche, the Overhuman, and Transhumanism« 2009 publiziert wurde. Mittlerweile ist dieser Vortrag einer der meistzitierten Artikel zu Nietzsche überhaupt. Darauf haben Transhumanisten sehr unterschiedlich reagiert. Auf der einen Seite ist da zum Beispiel Max More, der meine These unterstrichen hat, dass Nietzsche eine wesentliche Vorläuferrolle zukommt. Er selbst wurde stark durch Nietzsche beeinflusst. Dem gegenüber stehen die Aussagen von Nick Bostrom, der die Ahnherrschaft von Nietzsche bestreitet. Ich vermute allerdings, dass in diesem Zusammenhang eher politische Interessen eine gewisse Rolle spielen. Man will nicht mit den ganzen Konnotationen, die mit Nietzsches Denken einhergehen, identifiziert werden. Bostrom versucht sozusagen, den Transhumanismus vor den gefährlichen Ressentiments zu retten, die mit dem Namen Nietzsche verbunden sind.

BKG: Sicherlich gibt es immer noch diese Vorbehalte gegen Nietzsche, weil er ja sozusagen posthum von den Nazis für ihre Vorstellungen vereinnahmt wurde. Obwohl es sicherlich keinen deutschen Philosophen gibt, der sich derart dezidiert von dumpfem Nationalismus und Antisemitismus abgegrenzt hat. Ich würde aber gern noch einen anderen Aspekt diskutieren. Transhumanisten ist ja vor allen Dingen die Weiterentwicklung des Menschen durch Technik wichtig. Und da fällt auf: Nietzsche hat in der zweiten Hälfte des 19. Jahrhunderts geschrieben. Das war ja in Deutschland die Hoch-Zeit der Industriellen Revolution. Nietzsche hat sich aber für den technologischen Fortschritt in Deutschland bemerkenswert wenig interessiert. Da standen ihm die griechischen Vorsokratiker doch viel näher als die deutschen Industriebarone.

SLS: Da muss ich dir natürlich recht geben. Aber die Frage ist, wie weit man den Technikbegriff fasst. Die entscheidende Frage ist: Ist Erziehung nicht auch schon eine Technik? Man könnte ja genauso von Folgendem ausgehen: Im Prinzip sind die neuesten Möglichkeiten der gentechnischen Veränderung des eigenen Nachwuchses nur eine Erweiterung des traditionellen Erziehungsbegriffs. Ursprünglich haben Eltern ihren Nachwuchs über Erziehung ausgeformt. Diese Möglichkeit der Gestaltung des Nachwuchses und der Erhöhung der Wahrscheinlichkeit, dass der Nachwuchs ein gutes Leben führt, wird nun durch die Möglichkeiten der Gentechnik erweitert. Das ist durchaus eine Überlegung, die innerhalb der Debatten zur Gentechnik eine Rolle spielt. Dass Erziehung also eine gewisse Anthropotechnik darstellt, ist durchaus naheliegend. Und Erziehung war bei Nietzsche ein wichtiger Vorgang, um die Wahrscheinlichkeit zu erhöhen, dass der Übermensch entstehen kann.

BKG: Aber das beginnt doch nicht erst bei Nietzsche. Das ist ja eigentlich das klassische humanistische Menschenideal: die Weiterentwicklung des Menschen durch Erziehung und Bildung. Dazu brauchen wir doch nicht unbedingt den Transhumanismus.

SLS: Die Frage ist sozusagen: Was ist die zugrunde liegende Vorstellung vom Menschen? Dem Humanismus liegt da vor allem die Vorstellung zugrunde: Der Mensch besteht letztendlich aus diesem göttlichen Funken und seinem weniger bedeutsamen Körper. Nietzsche hingegen – im Unterschied zu den ganzen traditionellen Humanisten – ist als einer der wenigen Philosophen davon ausgegangen, dass die Seele nur ein Teil des Körpers ist. Damit hat er radikal mit der traditionellen humanistischen Tradition gebrochen. Das ist dann schon ein entscheidender Unterschied zur humanistischen Gedankenwelt. Die Frage ist ja: Was ist der Mensch? Besteht der Mensch aus dem göttlichen Funken und dem Körper? Oder ist das, was Vernunft etc. ausmacht, letztendlich ein Teil des Körpers? Das ist etwas, was Nietzsche als einer der wenigen Philosophen seiner Zeit vertrat, weswegen ich ihn so spannend und anregend finde. Er hat mit dieser langen dualistischen Tradition von Platon über Descartes bis zu Kant gebrochen und als einer der wenigen einen naturalistischen Ansatz ernst genommen.

BKG: Nun gut, damit hätten wir Nietzsche schon einmal erfolgreich in die Ahnenhalle des Transhumanismus eingegliedert. Aber die Gründungsmythen gehen ja noch sehr viel weiter zurück.

SLS: Richtig, die reichen weit über das 19. Jahrhundert, die Renaissance und das Mittelalter zurück. Eigentlich müssten wir in der griechischen Antike anfangen. Für den Transhumanismus ist der Prometheus-Mythos besonders wichtig. Bei Prometheus spielen eigentlich zwei Motive eine zentrale Rolle: Im ersten hat er den Menschen das Feuer gebracht. Das Feuer, das mit dem Intellekt oder mit der Vernunft identifiziert wird. Die Vernunft gilt traditionell als etwas Jenseitiges. Seit Darwin ist die Vernunft jedoch zu etwas Diesseitigem geworden, etwas, das vielleicht evolutionär mit dem Körper entstanden ist. Das zweite Motiv, das sich bei Prometheus finden lässt und das auch in Goethes »Prometheus«-Gedicht eine zentrale Rolle spielt, ist die Idee, dass Prometheus sozusagen derjenige ist, der als Mensch andere Menschen erschafft. Die Vorstellung, Leben zu erschaffen, Menschen zu erschaffen, neue Geschöpfe zu realisieren. Das ist schon revolutionär. Und bei den neuesten Technologien sehen wir ganz aktuell, dass diese Aufgabe von Menschen selbst in die Hand genommen wird. Das ist ein Beispiel für die heutige Realisierung eines prometheischen Strebens.

BKG: Machen wir mal einen Sprung vom Geschichtlichen zum Geografischen. Wir haben uns in unserer Darstellung im Wesentlichen auf Europa und Amerika konzentriert. Es gibt aber zum Beispiel auch eine russische Tradition. Schon im 19. Jahrhundert gab es dort Nikolai Fjodorow. Den bezeichnet man heute zumeist als Begründer des Kosmismus. Viele seiner Ideen decken sich aber mit denen des Transhumanismus. Auch in der frühen Sowjetunion herrschte eine große Begeisterung für Dinge wie Lebensverlängerung oder sogar Wiederauferstehung. Der neue sozialistische Mensch sollte eben auch ein fundamental verbesserter Mensch sein. Wir konnten dies aufgrund des begrenzten Umfangs unseres Buches nicht sehr ausführlich darstellen. Aber es ist schon interessant zu sehen, wie in unterschiedlichen Sphären der Welt solche Ideen auf unterschiedliche Weise formuliert wurden.

SLS: Absolut richtig. Es ist unglaublich beeindruckend, was gerade im Russland des 20. Jahrhunderts für Ideen vorhanden waren, die sozusagen als Vorläufer des Transhumanismus oder als seine Inspiration angesehen werden müssen. Die russischen Kosmisten, die ganze Science-Fiction-Literatur, die in Russland in der ersten Hälfte des 20. Jahrhunderts entstand, ist unglaublich beeindruckend. Sowohl was die Fragen nach Privatheit angeht in dem dystopischen Roman *Wir* von Jewgeni Samjatin, der ja auch als Inspiration von George Orwells *1984* gilt. Auch im Science-Fiction-Roman *Der Amphibienmensch* von Alexander Beljajew werden transhumanistische Visionen thematisiert. Hier verändert ein Wissenschaftler seinen Sohn, sodass dieser unter Wasser und auf der Erde leben kann. Man könnte eine komplette Einführung zum Transhumanismus bestreiten, indem man sich mit der russischen

Science-Fiction-Literatur und den Filmen auseinandersetzt, die im 20. Jahrhundert in Russland entstanden sind. Dieser Umstand liegt wahrscheinlich auch darin begründet, dass man dort von einem materialistischen Weltbild ausging und die Hoffnung, durch Technik die Lebensqualität zu verbessern, in der frühen Sowjetunion eine große Rolle spielte.

BKG: Eine höchst interessante Figur ist ja auch Isaac Asimov, der russisch-amerikanische Autor. Der hat nicht nur überaus spannende Science-Fiction-Romane geschrieben, sondern sich auch ganz konkret mit moralphilosophischen Fragen auseinandergesetzt. Er hat zum Beispiel schon vor über fünfzig Jahren »ethische Regeln für Roboter« diskutiert. Das sind Themen, worüber man jetzt sehr intensiv nachdenkt. Aber auch in anderen Ländern sind zahlreiche Autoren zu finden, wie etwa Stanislaw Lem aus Polen, der auch eine Art früher Ideengeber des Transhumanismus war. Nicht zuletzt gibt es auch in der Gegenwart schillernde Zeitgenossen: Dmitri Izkow ist ja fast eine Art Parallelfigur zu den Transhumanismus-Gurus im Silicon Valley. Auch er ist durch die Internettechnologie zum Multimilliardär geworden. Auch er interessiert sich für die Unsterblichkeit, transhumanistische Ideen, die Konstruktion von Avataren, die uns dann demnächst in virtuellen Welten ersetzen sollen. Im Prinzip ist er eine russische Version von Ray Kurzweil. Auf der anderen Seite muss man konstatieren: Sosehr es eine russische und osteuropäische Tradition des Transhumanismus gibt, so erstaunlich ist doch, dass in Asien transhumanistische Ideen nur wenig verbreitet sind. Und das, obwohl in asiatischen Ländern, nehmen wir zum Beispiel einmal China, Japan oder Südkorea, ja eine große Begeisterung für neue technische Entwicklungen, künstliche Intelligenz etc. herrscht. Der Transhumanismus als intellektuelle Bewegung ist aber in Asien kein großes Thema.

SLS: Das ist in der Tat so. Der Transhumanismus als kulturelle Bewegung und organisierte Strömung ist dort nicht stark vertreten. Es gibt allerdings eine wissenschaftliche Zeitschrift zum

Thema, die in Seoul entstanden ist, das *Journal of Posthuman Studies*. Ihre Zielsetzung ist es, das Thema zu fördern und es einer breiten Öffentlichkeit als kulturelle Strömung nahezubringen. Entscheidend ist jedoch, dass im Unterschied zur westlichen Welt der Transhumanismus in den ostasiatischen Ländern sehr viel stärker gelebt wird. Man sieht das zum Beispiel auch daran, dass Südkorea einer der weltweiten Hotspots für plastische Chirurgie ist. Es ist dort gang und gäbe, dass sich schon Teenager in der Mittagspause eine neue Nase oder Augenoperationen gönnen. Die »morphologische Freiheit« wird dort sehr viel stärker gelebt. Auch Projekte wie etwa das Klonen eines Mammuts werden von koreanischen Forschern vorangetrieben. Ich würde hier also von einem gelebten Transhumanismus sprechen. Das sieht man nicht zuletzt auch daran, in welchem Ausmaß die entsprechenden Themen in koreanischen Filmen, Serien etc. eine ganz wichtige Rolle spielen.

BKG: Transhumanistische Ideen werden ohne Zweifel weltweit populärer. Für den Transhumanismus als organisierte Bewegung gilt das aber nicht unbedingt. Wenn man sich die Mitgliederzahlen von transhumanistischen Organisationen anschaut oder auch die Teilnehmerzahlen an transhumanistischen Kongressen, so sind die ja nicht unbedingt beeindruckend. Ist das ein Manko, oder reicht es, wenn sich die Ideen durchsetzen?

SLS: Der Begriff »Transhumanismus« wird teilweise ja selbst unter Transhumanisten kritisch gesehen. Es war kein Zufall, dass die »World Transhumanist Society«, sich letztendlich in »Humanity+« umbenannt hat. Also selbst die Hauptorganisation des Transhumanismus sagt: Wir merken, dass Menschen in der Öffentlichkeit irgendwie Angst vor dem Begriff »Transhumanismus« haben. Er scheint irgendwelche Befürchtungen hervorzurufen, mit denen man nicht identifiziert werden möchte. »Humanity+« klingt hingegen nach: Wir wollen uns alle steigern, verbessern und leistungsfähiger werden. Das scheint auf eine sehr viel höhere Akzeptanz zu stoßen. Andererseits sieht man aber, dass transhumanistisch geprägte Ideen sich unwahrscheinlich schnell verbreiten. Das gilt für öffentliche Diskussionen, Romane, Kinofilme und Netflix-Serien. Die Phänomene werden also immer stärker angenommen, auch wenn mit dem Begriff offensichtlich viele Probleme haben.

BKG: Anders ausgedrückt: Am Wording und Framing wird noch gefeilt. Aber die Ideen setzen ihren Siegeszug fort.

Der Prophet: Ray Kurzweil

Bernd Kleine-Gunk

Unter den vielen Vordenkern des Transhumanismus ist er wahrscheinlich der bekannteste. Auf jeden Fall ist er mit seinen Themen in den Medien präsent wie sonst niemand. Ray Kurzweil hat 2005 mit *The Singularity is Near* (deutscher Titel: *Menschheit 2.0 – Die Singularität naht*) das wohl wichtigste Buch zum Transhumanismus der letzten Jahrzehnte geschrieben, das umgehend Kultstatus erlangte. Als Leiter der technischen Entwicklung bei Google hat er darüber hinaus die Möglichkeiten, viele seiner Visionen auch in die Tat umzusetzen. Mit der Singularity University – keine klassische Universität, sondern Gründerzentrum und Agentur für Innovationsberatung – schuf er eine Art transhumanistische Kaderschmiede. Und auf seiner Internetseite www.kurzweilai.net sowie den diversen Social-Media-Kanälen versorgt er eine ständig wachsende Gemeinde nahezu täglich mit neuen Erfolgsmeldungen aus der transhumanistischen Welt.

Entsprechend überschwänglich fallen auch die Etikettierungen aus. Das *Forbes Magazine* nannte ihn »The ultimate thinking machine«, das *Wall Street Journal* »A restless genius«. US-Präsident Bill Clinton verlieh ihm 1999 die *National Medal of Technology*, die höchste Technologieauszeichnung der USA. Die Zahl seiner Ehrendoktortitel beläuft sich auf mittlerweile mehr als zwanzig.

Natürlich gibt es auch Kritiker, die ihm »New-Age-Geschwurbel« vorwerfen oder ihm unterstellen, er wolle einen »Cyber-Totalitarismus« etablieren. Andere stoßen sich an seinem ausgeprägten Sendungsbewusstsein. Die intellektuelle Brillanz spricht Ray Kurzweil allerdings niemand ab.

Dabei war seine Karriere als Transhumanist, Futurologe und Technikpionier keineswegs vorgezeichnet. Kurzweil wurde 1948 als Sohn einer jüdischen Familie im New Yorker Stadtteil Queens geboren. Den Eltern war es 1939 noch kurz vor Ausbruch des Zweiten Weltkriegs gelungen, vor den Nazis aus Wien zu fliehen. Der Vater arbeitete als Musikprofessor, Dirigent und Komponist, die Mutter als Klavierlehrerin. Für den kleinen Ray war eigentlich eine Karriere als Pianist vorgesehen. Der interessierte sich aber eher für Computer als für Klaviere und wusste nach eigenen Angaben bereits im zarten Alter von fünf, dass er einmal Erfinder werden wollte.

Was er dann auch schon sehr früh erfolgreich umsetzte. Auf YouTube lässt sich heute noch ein Schwarz-Weiß-Videoclip anschauen, auf dem der siebzehnjährige Ray 1965 in der damals sehr populären TV-Rateshow »I Have a Secret« auftritt. Er spielt dabei ziemlich virtuos eine kurze Klavierpassage vor. Das Geheimnis, welches das Rateteam dann auch tatsächlich lüftet, ist der Umstand, dass ein Computer das Stück komponiert hat. Den Computer hat Ray selbst gebaut und die entsprechende Software eigenhändig programmiert. Die Nation wurde erstmals auf Ray Kurzweil aufmerksam. Es war die mediale Geburt eines Wunderkindes.

Und das Wunderkind enttäuschte auch im weiteren Verlauf nicht. Schon während seines Studiums am renommierten Massachusetts Institute of Technology (MIT) spezialisierte sich Ray auf Zeichenerkennung. Daraus entstand ein Lesegerät für Blinde, bei dem der entsprechende Text lediglich eingescannt und dann von einem Sprachcomputer vorgelesen wird. Blindenverbände sind sich noch heute einig, dass dies für die Betroffenen der größte technologische Fortschritt seit der Erfindung der Blindenschrift im 19. Jahrhundert ist. Das Lesegerät für Blinde inspirierte auch einen berühmten Nutzer, mit Kurzweil Kontakt aufzunehmen. Musiklegende Stevie Wonder schlug Kurzweil vor, einen Musiksynthesizer zu entwickeln. Der »Kurzweil Synthesizer K250« imitierte und sampelte den Sound diverser Instrumente so perfekt, dass selbst Fachleute die Unterschiede kaum heraushören konnten. Für seine Erfindungen gründete Kurzweil jeweils eigene Firmen (Kurzweil Computer Products, Kurzweil Music Systems), die er dann wenig später für mehrstellige Millionenbeträge an größere Technologiefirmen verkaufte. Was einen weiteren Charakterzug des Universalgenies deutlich macht: Kurzweil ist auch ein begnadeter Unternehmer.

Wie breit er in seinen Aktivitäten aufgestellt ist, zeigt sich nicht zuletzt auch an Kurzweils intensivem Interesse an medizinischen Fragen. Wir haben ja bereits gesehen, dass die radikale Lebensverlängerung zu den Lieblingsprojekten des Transhumanismus gehört. Kurzweils Buch *Fantastic Voyage. Live Long Enough to Live Forever*, das er zusammen mit dem Präventivmediziner Terry Grossman geschrieben hat, war in den USA ein Riesenerfolg und galt lange als Bibel der Anti-Aging-Medizin.

Kurzweils Interesse an dem Thema war dabei nicht nur ein theoretisches. Sein Vater starb bereits mit 58 Jahren an einem Herzinfarkt. Jahre zuvor litt er schon unter schweren Herzproblemen und an Typ-2-Diabetes. Ray Kurzweil hatte also – zumindest was die Gesundheit angeht – nicht unbedingt die beste genetische Mitgift mit auf den Weg bekommen. Was sich im Übrigen schon recht früh zeigte. Bereits mit 35 wurde bei ihm Prädiabetes, also eine Diabetes-Vorstufe, diagnostiziert. Grossman arbeitete daraufhin für Kurzweil ein Regime aus, das auf der täglichen Einnahme von fast 250 Nahrungssupplementen beruhte und durch wöchentliche Infusionen komplettiert wurde.

Zehn Tassen Grüner Tee über den Tag hinweg und zwei Gläser Rotwein am Abend sind ebenfalls Bestandteil dieser Diät. Auch wenn manche Ärzte darüber den Kopf schüttelten, für Kurzweil schien es gut zu funktionieren. Sein Blutzucker normalisierte sich, und mit 75 Jahren leistet er ein Arbeitspensum, das auch deutlich Jüngeren Respekt abnötigt. Im Übrigen bereichert dieses Regime das an Auffälligkeiten nicht gerade arme Leben Ray Kurzweils um eine weitere Besonderheit. Bei Sitzungen, Meetings und längeren Essen liegt auf seinem Tisch stets eine durchsichtige Plastiktüte mit Supplementen, die er unentwegt konsumiert. Auch wenn er diese von anfangs 250 auf derzeit etwa 100 reduziert hat, ist deren Konsum noch immer eine herausfordernde Aufgabe. In einem Interview hat seine Frau Sonja – mit der er ganz traditionell seit 1975 in erster Ehe verheiratet ist und zwei Kinder hat – auf die Frage, was sie an ihrem Mann am meisten bewundere, einmal ironisch geantwortet: dass er es schafft, jeden Tag so viele Pillen zu schlucken.

Der frühe Tod seines Vaters hat Kurzweil aber nicht nur bezüglich seines Interesses für medizinische Fragen geprägt. Er empfindet dessen Ableben noch heute als eine biologische Ungerechtigkeit. Mit seinem ausgeprägten musikalischen Talent hatte Kurzweil senior eigentlich eine große Musikkarriere vor sich. Die schwächelnde Gesundheit und damit in Zusammenhang stehende finanzielle Probleme vereitelten allerdings den großen Durchbruch. Doch Ray Kurzweil wäre natürlich nicht der Mann, der er inzwischen ist, wenn er sich damit einfach abfinden würde. In einer eigens dafür angemieteten Lagerhalle hat er den gesamten Nachlass seines Vaters gesammelt. Und der ist umfassend: Kompositionen, Korrespondenz, Schallplattenaufnahmen, Tagebücher etc. Das Material füllt Hunderte von Kisten. Und es wird nach Kurzweils Vision eines Tages dazu dienen, seinen Vater als Avatar wiederzubeleben. Vom Chatbot zum Dadbot – an der digitalen Auferstehung Verstorbener arbeitet inzwischen eine ganze Industrie. Ist die Technik erst einmal ausgereift, wird Ray Kurzweils Vater zweifellos zu den prominentesten Auferstandenen gehören.

Mit seinem 1990 erschienenen Buch *The Age of Intelligent Machines* festigte Kurzweil dann seinen Ruf auf einem Feld, das nicht unbedingt zu den klassischen akademischen Disziplinen gehört: dem der Futurologie. Zu einer Zeit, in der das Internet sich gerade erst etablierte, prophezeite Kurzweil dem World Wide Web ein exponentielles Wachstum. Auch seine Vorhersage, wonach Computer die besten menschlichen Schachspieler im Jahr 2000 schlagen werden, wurde bei Erscheinen des Buches belächelt. Bereits im Mai 1997 jedoch besiegte dann der IBM-Computer »Deep Blue« in einer spektakulären Schachpartie den damals amtierenden Weltmeister Garri Kasparow. Kurzweil hatte wieder einmal genau richtiggelegen.

In *The Singularity is Near* entwirft Kurzweil seine Vision eines zunehmenden Zusammenwachsens von biologischer und technologischer Intelligenz. Er verleiht darüber hinaus einem ursprünglich aus der Astrophysik stammenden Begriff eine völlig neue Bedeutung. Wer immer seitdem über Transhumanismus spricht, kommt an der »Singularität« nicht vorbei. Kurzweil selbst hat diesbezüglich auch noch einmal nachgelegt. Für 2024 ist der Folgeband angekündigt: *The Singularity is Nearer*. Grund genug, diesem ebenso schillernden wie missverständlichen Konzept in diesem Buch ein eigenes Kapitel zu widmen (siehe Seite 239).

Wer der künstlichen Intelligenz bereits so früh eine grandiose Zukunft voraussagt, der muss zwangsläufig auch denjenigen auffallen, die damit ein Vermögen verdienen. Im Dezember 2012 verpflichtete Google-Gründer Larry Page höchstselbst Kurzweil als Googles Director of Engineering. Der bekannteste Vordenker des Transhumanismus und der mächtige Ex-CEO des einflussreichsten IT-Konzerns der Welt pflegen seitdem eine enge Zusammenarbeit. Davon profitiert nicht zuletzt die 2009 von Kurzweil und Peter Diamandis gegründete Singularity University. Google gehört neben der NASA zu ihren Hauptgeldgebern.

Geht da noch mehr? Offensichtlich ja. Obwohl er ein erklärter Agnostiker ist, kann Ray Kurzweil vor allem in den letzten Jahren seine spirituelle Ader kaum noch verleugnen. Der Mann, der seine Karriere damit begann, Blinde zwar nicht wieder sehend zu machen, aber ihnen zumindest das Lesen zu ermöglichen, steckt seine Ziele immer höher. Den Lebenden verspricht er, den Tod abzuschaffen. Die bereits Verstorbenen – wie seinen Vater – möchte er wiedererwecken. Und spätestens wenn er voraussagt, im Zeitalter der Singularität würde durch die sich exponentiell ausbreitende Intelligenz »das gesamte Universum erwachen« nimmt der Prophet Kurzweil allmählich messianische Züge an. In dem Film »Transcendent Man«, einer 90-minütigen Dokumentation über sein Wirken, stellt er sich dann am Schluss folgerichtig selbst die Frage: »Existiert Gott?« Und er findet darauf eine Antwort, wie sie so originell wohl selten formuliert wurde: »Nun, ich glaube: noch nicht.«

Der Pate: Peter Thiel

Bernd Kleine-Gunk

Peter Thiel ist in jeder Hinsicht eine Ausnahmepersönlichkeit. Unter den Multimilliardären des Silicon Valley ist er vielleicht nicht der reichste, aber ziemlich sicher der einflussreichste. Als transhumanistischer Geld- und Ideengeber taucht er in den Medien seltener auf als der omnipräsente Ray Kurzweil. Gleichwohl gilt er aber als der eigentliche Strippenzieher im Hintergrund. Als Philanthrop fördert er großzügigst Menschen und Projekte, wenn diese seinen Überzeugungen entsprechen. Gleichzeitig geht er mit einer kaltblütigen Brutalität gegen all jene vor, die es wagen, sich mit ihm anzulegen. Eine Eigenschaft, die ihm nicht zuletzt den Beinamen »Der Pate« eingebracht hat. Wo sich die überwiegende Mehrheit der Firmenchefs des Valley eher linksliberal positioniert, vertritt er eine knallhart rechtslibertäre Auffassung. Er überrascht selbst Transhumanisten immer wieder mit Ideen, die diese für gewagt halten, und pflegt einen Humor, der ebenfalls für viele gewöhnungsbedürftig ist. Einer kürzlich erschienenen (unautorisierten) Biografie über Peter Thiel gab der US-amerikanische Autor Max Chafkin den Titel *The Contrarian*. Übersetzt bedeutet das so viel wie »Jemand, der immer konträr zur herrschenden Übereinkunft agiert«.

Um die komplexe Persönlichkeit Peter Thiels zu verstehen, lohnt sich ein Blick in seine Anfangsjahre. Geboren wurde er am 11. Oktober 1967 in Frankfurt am Main. Sein Vater war

Chemiker. Aus beruflichen Gründen wechselte die Familie häufig den Wohnort. Nach Aufenthalten in Südafrika und Namibia ließ sie sich schließlich in Kalifornien nieder. Die ständigen Schulwechsel machten es für Thiel schwierig, Freunde zu finden. Schnell zeigte sich aber seine besondere Begabung für Mathematik. Darüber hinaus wurde er ein exzellenter Schachspieler. Da ist es schon ein wenig erstaunlich, dass Thiel zunächst einmal Philosophie studierte – ein Studium, das er 1989 mit einem Bachelor abschloss. Da dieser Abschluss jedoch nur wenig Aussicht auf eine finanziell erfolgreiche Karriere verhieß, hängte Thiel rasch noch ein Jurastudium dran. Auch dieses beendete er mit Bestnoten, was ihm umgehend eine Anstellung in einer der angesehensten New Yorker Anwaltskanzleien verschaffte. Doch auch hier hielt es ihn wieder nur ein knappes Jahr. Danach wechselte er in einen Beruf, der noch deutlich höhere Einkünfte versprach: Thiel wird Devisenhändler bei der Bank Credit Suisse, wo ihm seine ausgeprägte Begabung für Zahlen und Mathematik zugutekam. Auch hier war er erfolgreich. Und wie üblich kam ihm auch hier der Gedanke, dass er sein Talent wohl noch effektiver in klingende Münzen umwandeln könnte. 1996 kehrte er nach Kalifornien zurück und gründete dort seinen eigenen Anlagefonds: Thiel Capital Management.

Damit war der richtige Mann zur richtigen Zeit am richtigen Ort. Und er beweist den richtigen Riecher. Thiel setzt auf die jungen Start-up-Unternehmen des Silicon Valley. Rund 280 000 Dollar fließen etwa in den Online-Bezahldienst PayPal. Nach nur drei Jahren bringt Thiel das Unternehmen an die Börse und erlöst dabei 55 Millionen Dollar. Als lukratives Investment erweist sich auch sein Einsatz für ein Unternehmen, das ein junger Computer-Nerd namens Mark Zuckerberg groß machen will. Thiel steigt als erster externer Investor mit 500 000 US-Dollar bei Facebook ein und sichert sich sieben Prozent der Firmenanteile. Erst Anfang 2022 verlässt er den Verwaltungsrat von Metaverse, wie sich der Dachkonzern von Facebook mittlerweile nennt. Wenig später stürzt die Aktie um rund 25 Prozent ab. Facebook verliert 250 Milliarden Dollar seines Marktwerts.

Thiels privates Vermögen wird inzwischen auf etwa 2,5 Milliarden US-Dollar geschätzt. Sein Geld nutzt Peter Thiel hauptsächlich dazu, sich als Venture Capitalist, als Risikokapitalgeber, zu betätigen. Bevorzugt investiert er dabei in Unternehmen, die transhumanistische Ziele verfolgen: künstliche Intelligenz und radikale Lebensverlängerung. Aubrey de Greys SENS Foundation erhält jährlich einen etwa zweistelligen Millionenbetrag. Wie viele andere Investoren interessiert das Thema Lebensverlängerung Thiel nicht nur als Investor, sondern auch ganz persönlich. Als 2016 im Silicon Valley die Ambrosia Clinic erstmals die »Young-Plasma-Therapien« anbietet, bei der sich alternde Menschen durch die Transfusion von Plasma deutlich verjüngen sollen, gehört Peter Thiel wohl zu den ersten Kunden. Die Kosten von 8000 US-Dollar pro Infusion dürften ihn nicht wirklich gestört haben. Eher schon die Tatsache, dass die Klinik 2019 bereits wieder schließen musste, nachdem die amerikanische Arzneimittelbehörde FDA das Young-Plasma-Verfahren als »nicht sicher« eingestuft hatte.

Dass die Presse zumeist negativ über ihn berichtet, stört Peter Thiel nach eigenen Aussagen wenig. Es gibt allerdings Grenzen. Als ihn 2007 der US-Klatschblog *Gawker* als homosexuell outete, war Thiel nachhaltig verärgert. Nicht weil Thiel seine Homosexualität als Makel betrachtet – er heiratete 2017 öffentlich seinen langjährigen Partner Matt Danzeisen. Thiel ist aber der festen Überzeugung, dass es nicht Aufgabe der Presse sei, private Dinge von Menschen ohne deren Einwilligung öffentlich zu machen.

Wie er dann gegen *Gawker* vorgeht, verrät einmal mehr den exzellenten Strategen und Schachspieler. Statt seinen eigenen Fall vor Gericht zu bringen, mischt er sich einfach in einen ganz anderen ein. Der ehemalige amerikanische Wrestler Hulk Hogan lag ebenfalls mit dem Online-Portal im Clinch, weil dieses gegen seinen Willen ein privates Sexvideo von ihm veröffentlicht hatte. Thiel übernimmt Hogans Anwaltskosten, investiert zehn Millionen US-Dollar in den Fall und gewinnt spektakulär. *Gawker* wurde zu einem Schadensersatz von 115 Millionen Dollar verurteilt. Hulk Hogan schwamm danach im Geld, *Gawker* musste sein Erscheinen einstellen, und Peter Thiel genoss seine Genugtuung. Spätestens seit dieser Affäre hat sich im Valley für Racheaktionen, die zu Vernichtungsfeldzügen ausarten, der Begriff »jemanden thielen« eingebürgert.

Für Schlagzeilen sorgt auch immer wieder Peter Thiels politisches Engagement. Die Tatsache, dass er im US-Wahlkampf 2016 Donald Trump unterstützte, nahmen ihm viele Medien nachhaltig übel. Dabei ist Thiel keinesfalls ein klassischer Republikaner. Er versteht sich politisch vor allem als »libertär«. Konkret bedeutet das, dass er den Einfluss des Staates soweit wie möglich zurückdrängen will, um der Entwicklung des Einzelnen maximale Freiräume zu eröffnen.

Wie wenig er von Politik hält, machte er in einer Dankesrede deutlich, die er 2021 in Berlin anlässlich der Verleihung des Frank-Schirrmacher-Preises hielt. Die Rede ist nicht zuletzt ein Beispiel für Thiels speziellen Humor. Kurz und knapp entwarf er drei mögliche politische Zukunftsszenarien: »Wenn Deutsche in die Zukunft schauen, dann sehen sie diese Möglichkeiten: Hinter der Tür Nummer 1: Islamische Theokratie, jede Frau ist gezwungen, eine Burka zu tragen. Hinter der Tür Nummer 2: Chinesischer Überwachungskommunismus, jede Bewegung von jeder Person wird jederzeit von einer zentralen KI registriert. Schließlich, hinter der Tür Nummer 3: Gretas grüne Zukunft, jeder fährt Fahrrad.« Wer Donald Trump unterstützt und über Greta Thunberg spottet, der macht sich in der deutschen Presse nicht unbedingt viele Freunde. Das merkt man der Berichterstattung über Peter Thiel an. Es bereitet ihm aber wenig Kopfschmerzen.

Interessanter ist da schon die Frage: Wie sehen denn nun seine praktischen Alternativen aus? Auch da hat er durchaus eigenwillige Vorstellungen: Man entzieht sich einfach dem Zugriff des Staates, indem man in internationalen Gewässern autonome Gemeinschaften auf schwimmenden Plattformen gründet. Dieses *Seasteading*-Projekt erlaubt es den dort lebenden Gemeinschaften, ihre libertäre Gesinnung ohne jede staatliche Bevormundung zu leben und fortschrittliche Technologien ohne limitierende Auflagen weiterzuentwickeln. Selbstverständlich lässt sich dort auch die »Young Plasma Clinic« wieder neu eröffnen. Die Tatsache, dass dort auch keine Steuern bezahlt werden müssen, ist vielleicht ebenfalls ein nicht unerwünschter Nebeneffekt.

Das Ganze ist dabei durchaus keine reine Fantasie. Vielmehr besteht bereits ein entsprechendes Institut, das dieses Vorhaben gezielt vorantreibt. Man muss sicherlich nicht weiter erwähnen, dass es von Peter Thiel mit massiven Finanzmitteln unterstützt wird. Letztlich weist das Vorhaben deutliche Parallelen zu einer weiteren transhumanistischen Zukunftsvision auf: der Besiedlung des Weltalls. Auch auf anderen Planeten haben die klassischen Nationalstaaten und deren Politik ja zunächst einmal keinen Einfluss. Doch auch wenn Elon Musk intensiv daran arbeitet – bis zur ersten Kolonie auf dem Mars wird es wohl noch ein wenig dauern. Da ist eine Plattform auf hoher See eine durchaus praktikable Zwischenlösung.

Der letzte große Coup von Peter Thiel bestand zweifellos darin, den ehemaligen österreichischen Bundeskanzler Sebastian Kurz als Mitarbeiter zu verpflichten. Schon wenige Wochen nach dessen Ausscheiden aus der Politik wurde im Dezember 2021 bekannt, dass Kurz als »Global Strategist« in die Dienste von Thiel tritt. Dem ist es im Silicon Valley schon lange zu eng geworden. Großes Potenzial – sowohl für seine unternehmerischen als auch seine transhumanistischen Aktivitäten – sieht er vor allem in den osteuropäischen Staaten. Mit seinen exzellenten Kontakten und seiner geschliffenen Rhetorik ist Kurz da sicherlich ein idealer Botschafter. Stellen wir uns also darauf ein: »Der Pate des Silicon Valley« erweitert sein Imperium und wird zunehmend auf internationaler Bühne aktiv.

Die Pionierin: Natasha Vita-More

Bernd Kleine-Gunk

Natasha Vita-More ist ganz vieles zugleich: Autorin, Künstlerin, Philosophin, Wissenschaftlerin, Bodybuilderin, Unternehmerin – um nur einige ihrer zahlreichen Aktivitäten zu nennen. Vor allem aber ist sie eines: eine Pionierin des Transhumanismus und eine der wichtigsten Persönlichkeiten dieser Bewegung.

Geboren wurde sie 1950 in Bronxville, New York, als Naomi Clark. Nach Abschluss der Schule galt ihr Interesse erst einmal der Bildenden Kunst. Und wo kann man die besser studieren als in Italien? An der Accademia di Belle Arti in Ravenna erwarb sie 1977 ihren ersten akademischen Abschluss. Viele weitere sollten folgen. Zurück in den Vereinigten Staaten, gründete sie ihre erste eigene Designfirma. Zunehmend interessiert sie sich jetzt für die allmählich entstehende transhumanistische Bewegung. Zu deren Gründerfiguren FM-2030 und Max More unterhält sie intensive persönliche Kontakte. Beide haben wir im Kapitel »Transhumanismus – Wie alles anfing« bereits kennengelernt. Besonders eng gestaltet sich die Beziehung zu dem jungen Philosophen Max More, der seinen Abschluss in Oxford gemacht hat und sich nun in Kalifornien anschickt, zu einem der wichtigsten Vordenker der Bewegung zu werden. 1996 heiratet er die vierzehn Jahre ältere Naomi, die ihren Namen daraufhin ebenfalls ändert – und zwar in Natasha Vita-More.

Bereits 1982 – also zu einer Zeit, in der sich der organisierte Transhumanismus noch in seinen Kinderschuhen befand – schreibt sie das »Transhuman Manifesto«. Neben transhumanistischen Kernthemen, wie der radikalen Lebensverlängerung, widmet sie sich dabei vor allem dem Konzept der »morphologischen Freiheit«. Unseren Körper möglichst lange gesund und funktionsfähig zu erhalten ist das eine. Aber wir haben durchaus auch das Recht, diesen Körper zu verändern, ihn zu optimieren oder umzugestalten. Wir sind nicht nur Geschöpfe – wir sind unsere eigenen Schöpfer.

Dieser Gedanke fasziniert Vita-More seit Jahrzehnten, sowohl als Künstlerin als auch als Wissenschaftlerin. Er steckt auch hinter einem Projekt, das wie kein anderes mit ihrem Namen verbunden ist. 1997 stellt Vita-More ihren ersten vollprothetischen Designerorganismus vor, den sie »Primo Posthuman« nennt und der einen Eindruck davon vermitteln soll, wie der transhumanistische Mensch der Zukunft aussehen könnte.

»Primo Posthuman« verfügt selbstverständlich über ein »Meta-Gehirn«, das durch künstliche Intelligenz optimiert ist, sehr viel mehr Verschaltungen enthält als unser ursprüngliches Gehirn und keinerlei degenerativen Veränderungen unterliegt. Seine bestehenden Sinne sind geschärft. Die Augenlinse hat bereits ein Vergrößerungsglas eingebaut, die Netzhaut ein Nachtsichtgerät. Die Ohren können Frequenzen sowohl ober- als auch unterhalb des üblichen Spektrums wahrnehmen. Die Hundepfeife hören künftig also nicht nur die Fellnasen. Unser im Laufe der Evolution ziemlich heruntergekommener Geruchssinn wird ebenfalls optimiert. Warum sollten Hunde und Ratten besser riechen können als Menschen? Eingebaute Computerchips ermöglichen es darüber hinaus, Gase und Gefahrstoffe zu erfassen, die wir bisher nicht in unserem Riechspektrum hatten. Unbemerkt an einer Kohlenmonoxidvergiftung sterben muss künftig also niemand mehr.

Ganz besondere Aufmerksamkeit widmet Natasha Vita-More dem Thema »Smart Skin«. Die Haut der Zukunft enthält nicht nur Sensoren, die frühzeitig auf übermäßige UV-Strahlung und Umweltgifte reagieren und damit Hautschäden vermeiden. Sie enthält auch Pigmente, die die Farben der Haut beliebig verändern können. Und zwar ganz nach Belieben – auch ohne jeden medizinischen Zusatznutzen. Der »Primo Posthuman« erhält so die morphologische Freiheit, seine Hautfarbe entsprechend seiner jeweiligen Stimmung anzupassen. Was dann zum Beispiel bedeutet: Heute Abend trage ich meine Haut mal in Lila. Oder ich gehe ins Fußballstadion und lasse sie in den Vereinsfarben meiner Mannschaft leuchten. Wie mit LED-Lampen könnte man auf seiner Haut auch Bilder oder Botschaften aufscheinen lassen. Von »Follow me« bis zu »Fuck off« könnte man seinem Gegenüber so ziemlich jede Nachricht in blinkender Form zukommen lassen.

Da Vita-More ihre Karriere als Künstlerin begann, wurde auch ihr »Primo Posthuman« zunächst einmal als Kunstobjekt verstanden. Museen wie das Staatliche Zentrum für Gegenwartskunst in Moskau oder das Brooks Museum of Art in Memphis stellten ihre Arbeiten aus. Inzwischen beschäftigt sich Ray Kurzweils Singularity University ganz ernsthaft mit der praktischen Umsetzung von Vita-Mores posthumaner Kreatur. Auch das sagt einiges darüber hinaus, wie sich der Transhumanismus in den letzten Jahren entwickelt hat.

Da es mit der endgültigen Realisierung des »Primo Posthuman« aber wohl doch noch ein wenig dauern wird, optimiert Natasha Vita-More ihren Körper in der Zwischenzeit mit eher konventionellen Mitteln. Sie ist seit vielen Jahren eine engagierte Bodybuilderin. Und wer ihre Bilder, die sie regelmäßig in den sozialen Medien postet, sieht, kann sich nur anerkennend verbeugen vor dem, was man als Frau über siebzig auf diesem Gebiet alles erreichen kann.

Als überaus fruchtbar erwies sich auch die Zusammenarbeit mit ihrem Ehemann Max More. 2013 gaben die beiden *The Transhumanist Reader* heraus, laut Untertitel eine Sammlung »klassischer und zeitgenössischer Essays über die Wissenschaft, die Technologie und die Philosophie der menschlichen Zukunft«. Das 480 Seiten starke Buch gilt auch heute noch als einer der fundamentalen Texte des Transhumanismus.

Zunehmend kümmert sich Vita-More aber auch um die Verbandsarbeit. Der Transhumanismus ist ja längst nicht mehr nur eine lockere Ansammlung futuristisch orientierter Wissenschaftler und Philosophen. Er ist auch eine organisierte Bewegung. Und zwar mit allem, was dazugehört: Fachgesellschaften, Publikationsorganen, regelmäßigen Kongressen etc. Und an der Spitze all dieser Aktivitäten steht zumeist Natasha Vita-More. Bereits von 2001 bis 2004 war sie die Präsidentin des Extropy Institute, eine damals führende transhumanistische Organisation. Gegenwärtig ist die bedeutendste transhumanistische Vereinigung die aus der World Transhumanist Association hervorgegangene Organisation Humanity+. An ihrer Spitze steht auch Natasha Vita-More. Das Publikationsorgan der Gesellschaft ist das monatlich erscheinende *Humanity+ Magazine*. Auch hier heißt die Herausgeberin Natasha Vita-More.

An fast allen anderen wichtigen transhumanistischen Unternehmungen ist sie zumindest beteiligt. Sie unterstützt die Alcor Life Extension Foundation, das führende Kryonikinstitut. Sie hält Vorträge an Ray Kurzweils Singularity University. Und sie ist fast immer präsent, wenn irgendwo auf der Welt bedeutende Kongresse zum Thema Transhumanismus stattfinden.

In der Politik oder Kunst würde man sie wahrscheinlich als »die große alte Dame« der jeweiligen Bewegung bezeichnen. Das passt natürlich nicht für jemanden, der an der Abschaffung des Alterns arbeitet und im achten Lebensjahrzehnt noch so bemerkenswert jugendlich daherkommt wie Natasha Vita-More. Aber so etwas wie »die Mutter der Kompanie« ist sie über die Jahre hinweg für die Transhumanisten doch geworden. Die wiederum zeigen sich überaus dankbar, eine derart strahlende und sympathische Galionsfigur an ihrer Spitze zu wissen.

Der Lebensverlängerer: Aubrey de Grey

Bernd Kleine-Gunk

Aubrey de Grey ist kein Transhumanist im eigentlichen Sinne des Wortes. Er würde sich auch selbst nicht so bezeichnen. In einem seiner zahlreichen Interviews äußerte er einmal: »Ich mag den Begriff ›Transhumanist‹ nicht besonders, er klingt als würde ich etwas total Merkwürdiges tun. Ich tu aber nichts, was nicht alle medizinischen Forscher auch tun.«

Was nun allerdings doch stark untertrieben ist. Medizinische Forscher sind normalerweise damit beschäftigt, Therapien für Krankheiten zu entwickeln. Aubrey de Grey arbeitet daran, Altern zu behandeln. Genauer gesagt: Er will es ganz abschaffen. Und damit ist er inzwischen zur Gallionsfigur eines der wichtigsten transhumanistischen Projekte geworden – der radikalen Lebensverlängerung. Auch der Begriff »medizinischer Forscher« ist nicht ganz zutreffend, wenn es um die Aktivitäten des exzentrischen Briten geht. Aubrey de Grey hat weder Medizin studiert, noch jemals selber in einem Labor gearbeitet. Die Tatsache, dass er inzwischen als einer der weltweit führenden Biogerontologen gilt, verdankt sich eher einem Zufall. Besser gesagt: einer Studentenparty in Cambridge. Aber der Reihe nach.

Geboren wurde Aubrey de Grey am 20. April 1963 in London. Seine Mutter war Künstlerin, seinen Vater hat Aubrey nach eigenen Angaben nie kennengelernt. Der junge Aubrey genoss eine exzellente Schulbildung auf Londons Eliteschulen, um dann in Cambridge Computerwissenschaften zu studieren. Noch heute pflegt er seinen britischen »Upper Class Accent«, der in einem wundervollen Kontrast zu seinem sonst nicht unbedingt der Oberklasse entsprechenden Erscheinungsbild steht.

Frisch als Software-Entwickler graduiert, traf Aubrey de Grey auf einer Studentenparty in Cambridge die Genetikdozentin Adelaide Carpenter, die sich wie viele in ihrem Fach auf Fruchtfliegen spezialisiert hatte. Da Fruchtfliegen in Laboren in großen Stückzahlen gehalten werden und sich sehr schnell vermehren, fallen bei der Auswertung entsprechender Studien große Datenmengen an. Ein junger Computerspezialist war da für das Genetiklabor genau der richtige Mann. Was offensichtlich nicht nur für das Labor zutraf. 1991 heiratete Aubrey de Grey seine neunzehn Jahre ältere Chefin.

Bald schon war er in ihrem Institut aber nicht nur der Mann für die Datenverarbeitung. De Grey entwickelte ein ausgeprägtes Interesse für Biologie – vor allem für die Biologie des Alterns. Sein 1999 erschienenes Buch *The Mitochondrial Free Radical Theory of Aging* brachte dem Quereinsteiger den lang ersehnten Abschluss für Biologie in Cambridge.

Jetzt waren die Wegmarken gesetzt. Biologisches Altern wurde de Greys großes Thema, und er ging es an mit dem Handwerkszeug des gelernten Informatikers. Anders ausgedrückt: Statt in einem kleinen Nischenbereich eigenständig zu forschen, analysierte er die gesamte Literatur zum Thema, identifizierte die wichtigsten biogerontologischen Institute einschließlich ihrer Leiter und verkündete schließlich, er habe nicht nur die entscheidenden sieben Faktoren des Alterns entschlüsselt, sondern auch gleichzeitig eine Strategie entwickelt, diese zu therapieren. Sein unter dem Namen SENS (Strategies for Engineered Negligible Senescence) bekannt gewordenes Programm werden wir im Kapitel »Radikale Lebensverlängerung – Für immer jung« detailliert vorstellen.

Er selbst hat dieses Konzept in seinem 2007 erschienenen Buch *Ending Aging* ausführlich beschrieben. Schenkt man de Grey Glauben, war damit eigentlich alles bereit, um Altern zu einer behandelbaren Erkrankung zu machen. Es fehlte nur noch eines: Geld. Woher sollte das kommen? De Grey war schnell klar, dass er hier vor einem Problem stand. Die Pharmaindustrie? Viel zu kurzfristig denkend und nur an der Behandlung einzelner Erkrankungen interessiert. Die Regierung? Die hatte vor allem Angst, sich dann von Wählern und Medien vorwerfen lassen zu müssen, Steuergelder für unsinnige Projekte auszugeben. Aber da gab es ja jenseits des großen Teiches noch einen Ort, an dem man gewohnt war, in großen Dimensionen zu denken. Vor allem gab es da auch Menschen, die mehr Geld hatten, als sie es in einem Leben je ausgeben konnten und die deshalb ein ausgeprägtes Interesse daran hatten, dieses Leben deutlich zu verlängern. Aubrey de Grey übersiedelte ins Silicon Valley.

In der Tat ließ dort der erhoffte Erfolg nicht lange auf sich warten. Die amerikanische transhumanistische Elite wurde rasch auf den Briten mit den großen Ambitionen aufmerksam. Der unvermeidliche Peter Thiel gehörte zu den Ersten, der einige Millionen lockermachte. Andere Venture-Kapitalisten folgten. 2009 konnte de Grey endlich die gewünschte SENS Foundation gründen. Er tat dies übrigens nicht nur mit fremdem Geld. Seine Mutter war als Künstlerin zwar nur mäßig erfolgreich, hatte als Unternehmerin aber offensichtlich ein glückliches Händchen. Zwei Mietshäuser, die sie in den 1960er-Jahren in London gekauft hatte, waren aufgrund der horrend gestiegenen Immobilienpreise in der englischen Hauptstadt inzwischen ein Vermögen wert. Aus dem nach dem Tod seiner Mutter erzielten Verkaufspreis von rund zwölf Millionen Euro steckte de Grey rund zehn Millionen in die eigene Stiftung.

Relativ rasch lernte Aubrey de Grey in seiner amerikanischen Wahlheimat auch, dass man mit Zurückhaltung und Bescheidenheit dort keine großen Ziele erreicht. Er gab zahllose Interviews in Zeitungen und Online-Medien, bei denen er seine Interviewpartner mit gut zitierbaren Statements fütterte. Am bekanntesten ist wohl sein oft wiederholter Satz: »Der erste Mensch, der tausend Jahre alt wird, ist bereits geboren.« Aus der Forschung zu den Möglichkeiten, das Alter zu beeinflussen, wurde ein »Krieg gegen das Altern«. Für diejenigen, die es etwas weniger martialisch mögen, gibt es auch noch eine spirituelle Variante. Einem Reporter des österreichischen Wochenblatts *Profil* erklärte er: »Ich mache Gottes Arbeit.« Und er begründete dies wie folgt: »Gottes Ziel ist es ja, das Leiden der Menschen zu beenden […]. Das Alter ist das größte Leiden der Menschen, und es wäre eine Sünde, nicht daran zu forschen.«

Wie Gott selber darüber denkt, lässt sich aus den bekannten Gründen nur schwer eruieren. Aubrey de Grey rechnet aber schon einmal vor, welchen Segen seine Tätigkeit der Menschheit bringen wird. »Wenn SENS erst einmal funktioniert, rette ich 100 000 Menschenleben. Jeden Tag. Das ist 35-mal die Zahl derjenigen, die am 11. September 2001 gestorben sind.« Auch wenn de Grey viele britische Eigenschaften pflegt – Understatement gehört nicht unbedingt dazu.

Wie auch immer man seine Rhetorik bewerten mag – de Greys Fangemeinde wächst. Und das nicht nur im Silicon Valley. Eine der wichtigsten Konferenzen zum Thema Langlebigkeit findet inzwischen in Berlin statt. Organsiert wird sie von einem Deutschen, dessen Karriere frappant an die Lebensläufe amerikanischer Transhumanisten-Promis erinnert. Michael Greve hatte in den 1990er-Jahren mit seinem Bruder Matthias das deutsche Internetportal web.de gegründet. Nach dessen Verkauf im Jahr 2005 saß Greve dann auf etwa 800 Millionen Euro und konnte sich jetzt überlegen, was er für den Rest seines noch jungen Lebens damit anfangen sollte. Er entdeckte das Thema Gesundheit und Langlebigkeit, setzte das Ganze erst einmal persönlich für sich um und gründete dann in seiner Heimatstadt Karlsruhe die »Forever Healthy Foundation«. Ziel dieser Stiftung ist es, alle relevanten Studien zum Thema Lebensverlängerung auszuwerten und einer breiten Öffentlichkeit zugänglich zu machen. Das Ganze wird verknüpft mit einer jährlichen Konferenz in Berlin, auf der die führenden Wissenschaftler und die vielversprechendsten Start-ups der Branche vertreten sind. Hauptredner der »Undoing Aging Conference« ist dabei jeweils Aubrey de Grey, den Greve ebenfalls mit Millionenbeträgen unterstützt. Darüber hinaus ist Greve inzwischen ebenfalls ein ebenso eifriger wie erfolgreicher Venture-Kapitalist, in dessen Portfolio sich zahlreiche Biotech-Start-ups befinden. Silicon Valley geht auch in Karlsruhe.

Bei allen Gemeinsamkeiten unterscheiden sich Greve und de Grey aber in einem Punkt fundamental. Während Greve sein »Projekt Langlebigkeit« mit einem rigiden Ernährungs-, Sport- und Lebensstilprogramm auch persönlich umsetzt, interessieren de Grey diese Dinge überhaupt nicht. Was man seiner Meinung nach mit solchen Maßnahmen derzeit erreicht, ist – um es mit einer seiner Lieblingsvokabeln zu sagen – »negligible«, also vernachlässigbar. De Grey setzt nicht auf Prävention, er vertraut völlig auf sein SENS-Reparaturprogramm, das zukünftig alle entstandenen Schäden im Körper beheben soll. Wenn de Grey überhaupt eine Diät verfolgt, dann besteht sie vor allem in dem reichlichen Konsum von Bier. Das trinkt er gern, reichlich und meistens auch schon am Vormittag. Als er noch in Cambridge arbeitete, gab er Interviews zumeist in seinem Lieblings-Pub namens »Salisbury Arms« und verdrückte dabei jeweils mehrere Pints. Inzwischen ist bei Konferenzen die Flasche Bier neben seinem Laptop ebenso zu einem Markenzeichen geworden wie bei Ray Kurzweil die Plastiktüte mit Nahrungssupplementen. Dabei kann sich kein Beteiligter daran erinnern, de Grey jemals wirklich betrunken gesehen zu haben. »Bier tut mir gut«, ist seine knappe Erklärung für diese sonst in Anti-Aging-Kreisen eher ungewöhnliche Diät. Wie der Effekt auf molekularbiologischer Ebene zu erklären ist, bleibt wahrscheinlich künftiger Forschung vorbehalten.

Was Aubrey de Grey allerdings früh begriffen hat, ist die Tatsache, dass ein außergewöhnliches Aussehen und Auftreten durchaus dazu beitragen können, außergewöhnliche Ideen zu verbreiten. Zumindest in England ist das so. In den USA wohl auch. Turnschuhe, Schlabberpullis, selbstgehäkelte Mützen und vor allem sein charakteristischer Bart wurden schnell zu seinem Markenzeichen. Vor allem über den Bart wird viel diskutiert. Einige erinnert er an Rasputin, andere denken an gallische Druiden, Rockfans ordnen ihn eher bei ZZ Top ein. Insgesamt erscheint de Grey mit seiner hageren Gestalt, seinem asketischen Gesicht und dem langen Rauschebart jedenfalls immer mehr wie ein mittelalterlicher Heiliger, der im Auftrag einer höheren Mission unterwegs ist.

Ganz so heilig scheint es in der Praxis dann allerdings doch nicht zuzugehen. Bereits in dem höchst vergnüglichen Dokumentarfilm »The Immortalists« von 2014 hatte sich de Grey mit seiner Ehefrau nackt beim Picknick filmen lassen und dabei jovial über sein »polyamoröses Sexualleben« berichtet. Anders ausgedrückt: De Grey unterhält jeweils mehrere Liebesbeziehungen gleichzeitig, auch mit sehr viel jüngeren Partnerinnen. Dem Gesichtsausdruck seiner deutlich älteren Ehefrau konnte man damals schon entnehmen, dass sie darüber »not amused« war. 2017 reichte Adelaide Carpenter die Scheidung ein.

Was lange Zeit lediglich als ein weiteres Steinchen im bunten Mosaik eines exzentrischen Lebenslaufs wahrgenommen wurde, nahm dann im August 2021 die Form eines handfesten Skandals an. Zwei Frauen, die für die SENS Foundation arbeiteten, warfen Aubrey de Grey sexuelle Belästigung vor. Die war zwar nicht physisch, aber doch in Form eindeutiger Kommentare und E-Mails erfolgt. Letzteres wog besonders schwer, da die Empfängerin damals erst 17 Jahre alt war. Die SENS Foundation leitete eine Untersuchung ein. Aubrey de Grey, dem nichts schwerer fällt, als sich still zu verhalten, begleitete das Verfahren mit mehreren Postings auf seiner Facebook-Seite, was sich als wenig hilfreich erwies. Es kam, wie es kommen musste: Der abschließende Report befand de Grey für schuldig, und die SENS Foundation kündigte ihm mit sofortiger Wirkung als CEO der Stiftung.

Seither spekuliert man in der Branche, wie es weitergehen wird. Kann die SENS Foundation tatsächlich ihre Arbeit fortsetzen ohne den Mann, dem sie ihre Gründung, ihren Namen, ihr Konzept und einen nicht unbeträchtlichen Teil ihres Vermögens verdankt? Daran gibt es berechtigte Zweifel. Wenig Zweifel gibt es allerdings daran, dass Aubrey de Grey neue Mittel und Institutionen finden wird, um seine Arbeit weiterzuführen. De Grey ist zweifellos »a man with a mission«. Und die Mission ist noch nicht erfüllt.

Der Macher: Elon Musk

Bernd Kleine-Gunk

Elon Musk gehört inzwischen wohl zu den bekanntesten Personen auf diesem Planeten. Er ist der Rockstar unter den Unternehmern. Seine Firmenaktivitäten bestimmen die Schlagzeilen der Wirtschaftsjournale. Sein ebenfalls nicht gerade langweiliges Privatleben begeistert die Klatschblätter. Im Januar 2021 überstieg Musks Vermögen nach Angaben des *Forbes Magazine* 184 Milliarden Dollar, was ihn offiziell zum reichsten Mann der Welt macht. Elon Musk ist – wie es die Amerikaner gern bezeichnen – »bigger than life«.

Was allerdings nur wenig bekannt ist: Musk ist bekennender Transhumanist. Nur vor diesem Hintergrund lässt sich sein für Außenstehende oft verwirrendes Engagement in scheinbar völlig unterschiedlichen Geschäfts- und Technikbereichen verstehen. Warum arbeitet jemand gleichzeitig an der Weiterentwicklung der künstlichen Intelligenz, plant Kolonien auf dem Mars und entwickelt Schnittstellen zwischen Gehirn und Computer? Die Antwort ist einfach, wenn man die zugrunde liegende Weltanschauung kennt. Bei all diesen Projekten handelt es sich um transhumanistische Schlüsselthemen. Andere philosophieren darüber, Elon Musk setzt sie um. Bei ihm wird aus der transhumanistischen Agenda konkrete Firmenpolitik.

Was Musk dabei so erfolgreich macht, ist seine Doppelrolle als Unternehmer und Physiker beziehungsweise Ingenieur. Er gründet und beteiligt sich nicht nur an Firmen, die ihm zukunftsträchtig erscheinen. Er bringt auch sein profundes Fachwissen in den jeweiligen Gebieten mit ein. Dieser zweifache Input von Geld und Know-how ist im Wesentlichen dafür verantwortlich, Firmen erfolgreich zu machen, denen andere kaum eine Chance gegeben haben.

Vielleicht hilft Elon Musk auch noch etwas anderes. Im Mai 2021 verkündete er in einer amerikanischen Fernsehshow, am Asperger-Syndrom zu leiden. Dabei handelt es sich um eine Sonderform des Autismus, bei der die Betroffenen oftmals Schwierigkeiten haben, mit ihrer Umwelt zu interagieren, dafür aber über sehr ausgeprägte Spezialinteressen und Inselbegabungen verfügen.

Was ihn später erfolgreich werden ließ, machte ihm seine Kindheit nicht unbedingt leichter. Elon Musk wurde am 28. Juni 1971 im südafrikanischen Pretoria geboren. Sein Vater war Maschinenbauingenieur, seine kanadischstämmige Mutter Ernährungsberaterin. Den Vater schildert Musk als sehr streng, seine Schulzeit als einen einzigen Albtraum. Wahrscheinlich mitbedingt durch sein Asperger-Syndrom, wurde er von seinen Schulkameraden als Außenseiter betrachtet und systematisch gemobbt. Nach eigenen Aussagen wurde er gelegentlich bis zur Bewusstlosigkeit verprügelt. Keine glückliche Lebensphase also für den jungen Elon, aber doch eine produktive. Musk las viel, verbrachte die meiste Zeit vor dem Computer, brachte sich selbst die entsprechenden Programmiersprachen bei und entwickelte bereits als Zwölfjähriger (!) das Videospiel »Blaster«, das er dann für 500 US-Dollar an eine Computerzeitschrift verkaufte. Der Satiriker Harald Schmidt hat das Wunderkind-Phänomen einmal treffend in dem Satz zusammengefasst: »Wenn einer Mozart ist, dann merkt man das früh.«

Bei den 500 Dollar für »Blaster« blieb es nicht. Inzwischen in die USA ausgewandert, gründete Musk 1995 mit seinem

Bruder Kimbal das Unternehmen ZIP 2, das vor allem Inhalte für Medienunternehmen anbot. Vier Jahre später verkauften die beiden die Firma für 307 Millionen US-Dollar, was 22 Millionen in Musks private Taschen fließen ließ. Die nächsten 100 Millionen verdiente er sich dann durch sein Engagement bei PayPal, dem Online-Bezahldienst, dem auch Peter Thiel einen Großteil seines Vermögens verdankt. Danach war die Kriegskasse gut genug gefüllt, um Projekte anzugehen, die Elon Musk wirklich am Herzen liegen.

Da steht ganz oben auf der Liste die Gründung des Raumfahrtunternehmens SpaceX. Musk möchte nicht nur den vielbeschworenen »Raumfahrttourismus« ermöglichen, er sieht die Menschheit tatsächlich als eine »multiplanetare Spezies«. Sein großes Ziel ist es daher, Menschen auf anderen Himmelskörpern anzusiedeln. Losgehen wird es auf dem Mars. Das wird allerdings nur gelingen, wenn die Raumfahrt insgesamt deutlich billiger wird. Und das wiederum setzt die Konstruktion wiederverwendbarer Raketen voraus. Sowohl die NASA als auch die russische Raumfahrtbehörde halten das für Unsinn. Elon Musk macht jedoch genau diesen Punkt zum Kernanliegen von SpaceX.

Fast hätte es ihn sein gesamtes Vermögen gekostet. Drei Versuche, die erste Raketenstufe der SpaceX-Rakete nach ihrer Mission erneut zu landen, gehen schief. Für einen vierten und letzten Versuch muss Musk sich Geld leihen. Der klappt dann allerdings. Der Beweis, dass Raumfahrt mit wiederverwendbaren Raketen möglich ist, ist damit erbracht und Musks persönliche Insolvenz abgewendet. Inzwischen ist SpaceX der weltweit führende Anbieter von orbitalen Raketenstarts. Die erste Marskolonie soll in den 2030er-Jahren entstehen. Erste Freiwillige werden bereits rekrutiert.

Bei aller Technikbegeisterung sieht Musk allerdings auch die damit verbundenen Probleme. So bezeichnet er die künstliche Intelligenz als die größte Bedrohung der Menschheit.

Der Moment, ab dem die Maschinen intelligenter werden als die Menschen, könnte für die Menschheit insgesamt das Aus bedeuten. Anders als viele Techno-Skeptizisten fordert Musk allerdings kein Moratorium oder setzt auf Einschränkungen. Ganz im Gegenteil. Auch hier setzt Musk vor allem auf Fortschritt. Prinzipiell besteht der in dem alten Grundsatz: »If you can't beat them, join them.« Bezogen auf die künstliche Intelligenz bedeutet das: Wenn du die Maschinen nicht schlagen kannst, verbinde dich mit ihnen. Und das ist durchaus wörtlich gemeint. Brain-Computer-Interfaces sieht Musk als die wirksamste Methode, wie sich Menschen auf Dauer gegen eine übermächtige KI behaupten können. Seine Firma Neuralink, die wir noch im Kapitel »Neuro-Enhancement – Viagra fürs Gehirn?« vorstellen werden, arbeitet an genau dieser Technologie. Auch hier mag das Asperger-Syndrom Musk ein wenig die Richtung gewiesen haben. Wer früh daraufhin geprägt ist, eher mit Computern als mit Menschen zu kommunizieren, dem fällt es auch leichter sich vorzustellen, sein Gehirn rein physisch mit einem Computer zu verschmelzen.

Was nicht bedeutet, dass Elon Musk irdischen Genüssen und körperlichen Freuden nichts abgewinnen kann. Zur allgemeinen Freude der Yellow Press gestaltet sich sein Privatleben sogar recht turbulent. Mit seiner ersten Frau, der kanadischen Schriftstellerin Justine Wilson, hat Musk fünf Söhne. Die britische Schauspielerin Talulah Riley heiratete er sogar gleich zweimal, reichte aber auch zweimal die Scheidung ein. Seine bisher spektakulärste Beziehung war wahrscheinlich die zu der kanadischen Sängerin Claire Boucher alias Grimes. Die von einigen Kritikern gefeierte, im Mainstream aber eher unbekannte Künstlerin bezeichnet sich selbst als »transhumanistische Okkultistin«. Oder auch als »anthropomorphe Göttin des Klimawandels« – je nachdem, welches Konzeptalbum sie gerade herausgebracht hat. Wer sich ihre Videos auf YouTube anschaut, wird zwar nicht begeistert sein von ihrer eher dünnen Stimme, bekommt aber einen Eindruck, wie transhumanistische Kunst zumindest optisch präsentiert werden kann. Das US-Magazin *New Yorker* befand jedenfalls, Musk und Grimes seien das »exzentrischste Paar der Welt«. So etwas verpflichtet natürlich. Und so wurde der 2020 geborene gemeinsame Sohn auf den klangvollen Namen X Æ A-XII Musk getauft. Mit Grimes soll er inzwischen (2022) ein zweites, per Leihmutterschaft ausgetragenes Kind namens Exa Dark Siderael haben. Kurz vor dem Leihmutterkind hat ihm eine seiner Managerinnen, Shivon Zilis, Zwillinge geboren. Inzwischen hat sich das transhumanistische Glamourpaar bereits wieder getrennt beziehungsweise unterhalten sie nach eigenen Aussagen eine »liquide Beziehung« – was immer man sich darunter vorstellen mag. Stand Herbst 2022 soll Musk rund zehn Kinder haben. Wie auch immer: Wir dürfen jedenfalls davon ausgehen, dass auch künftige Frauen an Elon Musks Seite stets einen gewissen Unterhaltungswert haben.

Den besitzt er inzwischen auch selber. Asperger-Syndrom hin oder her – Musk genießt es seit einigen Jahren, in den Medien mit schrägen Auftritten zu glänzen. Da raucht er während eines TV-Interviews mal genüsslich einen Joint oder schreibt auf Twitter hämische Kommentare über den Amazon-Gründer Jeff Bezos, mit dem er sich seit Jahren einen Wettbewerb um den Status als reichster Mann der Welt liefert. Aufsehen erregt er auch immer wieder durch Themen, die selbst für einen Exzentriker wie ihn ungewöhnlich sind. So verkündete er im Jahr 2016 seine Überzeugung, dass die Menschheit seiner Ansicht nach in einer Simulation lebe und unsere Welt nicht real, sondern nur eine unter Milliarden simulierter Welten sei. Auch wenn einzelne theoretische Physiker diese Simulationshypothese tatsächlich für möglich halten, sorgt sie in wissenschaftlichen Fachkreisen doch eher für Kopfschütteln. Musk hat die Idee als bekennender Science-

Fiction-Fan wohl einfach aus dem Filmklassiker »Matrix« übernommen, wo sie eine zentrale Rolle spielt.

Gern weist Musk auch auf seine Achtzig- bis Hundert-Stunden-Arbeitswochen hin, die von seinen Mitarbeitern bestätigt werden. Wenn es eng wird, schlägt er dabei gern mal ein Feldbett im Büro seines jeweiligen Unternehmens auf, um permanent vor Ort zu sein. Dass er ein ähnlich bedingungsloses Engagement von seinen Mitarbeitern fordert – wie etwa im November 2022 im Zuge der Twitter-Übernahme –, stößt bei denen nicht immer auf einhellige Begeisterung.

Die Liste enger Mitarbeiter, die Elon Musk während seiner Karriere verschlissen hat, ist lang. Legendär sind auch seine Wutausbrüche, die Ashley Vance in seiner Biografie über Musk schildert. So habe er während einer der vielen Tesla-Krisen den Firmenvorstand angeschrien: »Ich könnte längst auf meiner eigenen Südseeinsel sitzen und mit nackten Supermodels Cocktails schlürfen. Stattdessen sitze ich hier bei euch und arbeite mir 24 Stunden am Tag den Arsch ab.« Kann man wahrscheinlich netter ausdrücken, trifft aber wohl ziemlich genau den Sachverhalt.

Musks Arbeitswut und sein Erfindungsreichtum kennen dabei offensichtlich keine Grenzen. Eines seiner jüngsten Projekte heißt Hyperloop und hat zum Ziel, sowohl den Personen- als auch den Güterverkehr zwischen weit entfernten Städten durch unterirdische Röhren abzuwickeln. Eigentlich stammt die Idee nicht von Musk und ist auch gar nicht so neu. Sie geht zurück auf den englischen Erfinder und Ingenieur George Medhurst, der sie bereits 1812 vorstellte. Musk hat sie wiederentdeckt und für das 21. Jahrhundert weiterentwickelt. Die Grundidee dabei ist: Der Transport erfolgt auf Luftkissen mit Geschwindigkeiten bis zu 1200 Kilometern pro Stunde. Ziel sind nicht nur kurze Transportzeiten, sondern auch eine Entlastung des Straßen- und Schienenverkehrs. Dazu müssen allerdings riesige Tunnels gebohrt werden. Die dazu benötigte Firma hat Musk ebenfalls bereits gegründet. Sie trägt den lustigen Namen »The Boring Company«, wobei »boring« sowohl mit »bohrend« als auch mit »langweilig« übersetzt werden kann.

Nicht unbedingt ein Geniestreich war wohl die Übernahme von Twitter. Um den Nachrichtendienst von seinem angeblich woken Meinungsdiktat zu befreien, unterbreitete Musk im Frühjahr 2022 ein Kaufangebot von 42 Milliarden US-Dollar. Dann zog er es wieder zurück, kam aber aus der Sache nicht mehr heraus und übernahm Twitter schließlich im Herbst 2022. Nachdem er die halbe Belegschaft gefeuert hatte, musste er auch hier einen Rückzieher machen, da Twitter ohne einige der entlassenen Experten nicht mehr funktionsfähig war. Das etwas chaotische Vorgehen führte zu Kollateralschäden bei anderen Unternehmen. Tesla verlor an der Börse deutlich an Wert. Im Jahr 2022 schaffte es Elon Musk, über 200 Milliarden Dollar an Kapitel zu verbrennen. Den Titel »Reichster Mann der Welt« musste er – zumindest vorübergehend – an einen indischen Unternehmer abgeben. Politisch verlor er ebenfalls einige Freunde. War er als Pionier der »politisch-korrekten Elektroautos« noch ein Hätschelkind des linksliberalen Bürgertums, verscherzte er sich dort mit seinem Twitter-Engagement und der neu entflammten Nähe zu den Republikanern so ziemlich alle Sympathien. Was seinem Selbstbewusstsein allerdings keinen großen Abbruch tat.

Langweilig wird es mit Elon Musk so schnell nicht werden. Angesichts seiner vielfältigen Aktivitäten stellt sich allerdings die Frage: Gibt es ein Lieblingsprojekt unter seinen vielfältigen Unternehmungen? Dezidiert hat er das nie beantwortet. Wahrscheinlich ist es aber doch die Besiedelung des Mars.

Auf die kommt er jedenfalls immer wieder zurück, auch wenn er nicht danach gefragt wird. Es ist wohl auch die passende Aufgabe für jemanden, dem die Welt nicht genug ist. Und vor allem entspricht es der transhumanistischen Vision, wonach die großartigen Fortschritte der Zukunft auch in das Weltall hinausgetragen werden. So ist es also nur folgerichtig, wenn Musk auf die Frage, wie er sich irgendwann mal sein Ende vorstellt, antwortet: »Ich möchte auf dem Mars sterben« … um dann noch rasch hinzuzufügen: »Aber nicht bei der Landung.«

Der Transhumanismus wird politisch – Ein weites Feld

Bernd Kleine-Gunk

Der Transhumanismus ist keine politische Bewegung. Am ehesten könnte man ihn wohl als eine techno-futuristische Philosophie bezeichnen. Gleichwohl ist er nicht apolitisch. Wobei sich die Transhumanisten definitiv nicht in das klassische Rechts-links-Schema einordnen lassen. Im Gegenteil: Sie weisen eine erstaunliche Bandbreite auf.

Betrachten wir zunächst einmal das Epizentrum des Transhumanismus, das Silicon Valley. Das gilt mit Firmen wie Google, Apple, Facebook und Amazon vielen als Sinnbild eines amerikanischen Hyperkapitalismus. Da ist es eigentlich erstaunlich, dass sich die Mehrheit der dort ansässigen Konzernbosse eher als linksliberal einstuft. Erklärbar ist das vor allem aus der Geschichte des IT-Zentrums der Welt. Wir haben gesehen, dass viele der Valley-Veteranen ihre Wurzeln in der kalifornischen Gegenkultur der 1960er- und 1970er-Jahre haben. Das Mindset blieb, auch wenn man selber zum Mainstream wurde. Eigentlich wollten ja alle hauptsächlich die Welt retten und nicht in erster Linie mit ihren Firmen reich werden. Die Gewichtungen haben sich dann im Laufe der Zeit zugegebenermaßen etwas verschoben. Den Kapitalismus hat man als Wirtschaftsform nicht nur akzeptiert, sondern ihn zu völlig neuen Höhen weiterentwickelt. Doch auch wenn das Denken fast ausschließlich auf die Gewinnmaximierung ausgerichtet ist, so verorten sich die CEOs politisch immer noch dort, wo das Herz schlägt: ein wenig links von der Mitte.

Allerdings bröckelt dieser Spirit zunehmend. Peter Thiel haben wir als transhumanistischen Strippenzieher bereits kennengelernt. Kaum jemand engagiert sich politisch so stark wie er. Und er tut dies vor allem in einem »libertären« Sinne. Anders ausgedrückt: Er will den Einfluss des Staates so weit wie möglich zurückdrängen, um der Entfaltung des Einzelnen mehr Raum zu geben. Linke Weltbilder sind ihm dabei ein Gräuel. Elon Musk hingegen war lange der Lieblingsunternehmer des rot-grünen Milieus und der diesem gewogenen Presse. Wer Elektroautos baute, zählte definitiv zu den »Guten«. Im Zuge der weiter oben geschilderten Twitter-Übernahme im Jahr 2022 kühlte sich das Verhältnis allerdings merklich ab. Als er dann noch mitteilte, bei der nächsten Wahl seine Stimme den Republikanern geben zu wollen, war es endgültig vorbei mit der Bewunderung aus dem linksliberalen Lager. Die Republikaner wiesen ihrerseits mit einer Mischung aus Stolz und Selbstironie darauf hin, dass sie froh seien, immer mehr Zuspruch von Afroamerikanern zu erhalten. Musk wurde bekanntlich in Südafrika geboren.

Wie politisch breit aufgestellt die amerikanischen Transhumanisten sind, zeigt nicht zuletzt das Beispiel von Martine Rothblatt. Geboren wurde sie 1954 in Chicago, damals noch als Martin Rothblatt. Martin(e) machte vier Universitätsabschlüsse, arbeitete als Anwältin, Philosophin und Unternehmerin. Eine Erkrankung ihrer Tochter veranlasste sie dazu, sich dem Pharmasektor und der Medikamentenentwicklung zuzuwenden und die Firma United Therapeutics zu gründen. Keine Frage, dass auch die ein Erfolg wurde. 2018 war Martine Rothblatt Amerikas höchstbezahlte Unternehmerin und Chefin im biopharmazeutischen Bereich mit einem Jahreseinkommen von mehr als 38 Millionen Dollar. Erst mit vierzig Jahren entschloss sich Martin(e), die sich immer schon als Frau gefühlt hatte, zu einer geschlechtsumwandelnden Operation. Seitdem ist sie auch weltweit als LGBTQ-Aktivistin unterwegs und hat mit ihrem Buch *The Apartheid of Sex: A Manifesto on the Freedom of Gender* (1995) einen veritablen Bestseller zu diesem Thema geschrieben.

Biopharmazeutische Projekte treibt sie auch weiterhin voran. Eines ihrer Hauptanliegen ist dabei die Xenotransplantation, also die Verpflanzung von Organen vom Tier auf den Menschen. Schweine bieten sich dafür an, da ihre Anatomie dem der Menschen sehr ähnlich ist. Ihre Genetik muss allerdings verändert werden, um Abstoßungsreaktionen zu vermeiden. Genau das ist der neue Schwerpunkt von Martine Rothblatts Firma United Therapeutics. Am 7. Januar 2022 wurde erstmals ein derart genverändertes Schweineherz auf den Menschen transplantiert. Auch wenn der Patient wenige Monate danach verstarb (wahrscheinlich weil das Herz mit Viren infiziert war), wurde die Transplantation doch von Ärzten (»Ein Meilenstein der Medizingeschichte«) wie von Transhumanisten (»Mit Schweineherzen zum Übermenschen«) gleichermaßen gefeiert. Martine Rothblatt steht auf jeden Fall für einen Transhumanismus, der sich sowohl in der praktischen Forschung engagiert als auch dezidiert für politisch-gesellschaftliche Themen einsetzt.

In Europa sind es nicht so sehr Hightech-Zentren und Unternehmerzirkel, in denen das transhumanistische Gedankengut blüht, sondern eher die Universitäten. Dort ist der Zeitgeist traditionell links. Das merkt man auch den Publikationen von Nick Bostrom an, der an der prestigeträchtigen University of Oxford das Future of Humanity Institute leitet und 1998 zusammen mit David Pearce die World Transhumanist Association gründete. Inzwischen etwas auf Distanz zum Transhumanismus, sieht er den technischen Fortschritt vor allem als eine Bewegung des »effektiven Altruismus«, dessen positive Wirkung möglichst der ganzen Menschheit zugutekommen soll.

In einigen Ländern haben es Transhumanisten sogar bereits in die Parlamente geschafft. So zog etwa in Italien der Journalist Giuseppe Vatinno 2012 als Nachrücker in die italienische Abgeordnetenkammer ein. Grundlage seiner Wahlkampagne war sein zuvor veröffentlichtes Buch *Il Transumanesimo – Una nuova filosofia per l'uomo del XXI secolo* (»Der Transhumanismus, eine neue Philosophie für den Menschen des 21. Jahrhunderts«). Obwohl er ein Jahr später 2013 wieder aus dem Parlament ausschied, nimmt Vatinno noch heute für sich in Anspruch, der »erste transhumanistische Politiker der Welt« zu sein.

In Russland hat die bekennende Transhumanistin Maria Konovalenko ebenfalls 2012 die »Partei für Langlebigkeit« gegründet. Die hat es zwar bisher nicht bis ins russische Parlament geschafft, ist aber in der Presse und den sozialen Medien äußerst präsent. Maria Konovalenko ist dadurch so etwas wie die transhumanistische »Top-Influencerin« in Russland geworden. Die Tatsache, dass sie blendend aussieht, dürfte nicht unerheblich zu ihrem Erfolg in den sozialen Medien beigetragen haben.

Insgesamt tun sich transhumanistische Parteien schwer. Die »Transhumane Partei Deutschland (TPD)« wurde 2015 gegründet. An ihrem Parteiprogramm lässt sich ablesen, wie schwierig es ist, wenn sich eine heterogene Bewegung auf eine Linie einigen muss. Im Grunde genommen ist das Programm der TPD eine Ansammlung von Gemeinplätzen mit einem Fokus auf der Technologieentwicklung. Wo es konkret wird – etwa bei der Frage, ob die Atomkraft eine Zukunftsenergie ist oder nicht –, weicht man der Antwort beflissentlich aus. Die Mitgliederzahl kann man als übersichtlich bezeichnen. Sieben Jahre nach der Gründung beträgt sie nach eigenen Angaben 105 (Stand Februar 2023).

Andere transhumanistisch geprägte Kleinparteien versuchen, sich auf einzelne Aspekte des Gedankenkosmos des Transhumanismus zu konzentrieren. So wirbt etwa die 2015 gegründete »Partei für Gesundheitsforschung« des Berliner Biochemikers Felix Werth vor allem für eine »wirksame Medizin gegen Alterskrankheiten«. Propagiert werden dabei hauptsächlich Konzepte der »radikalen Lebensverlängerung«. Im Wahlkampf plakatiert man gern Bilder des Longevity-Gurus Aubrey de Grey. Zumindest vermeidet die Partei den Fehler, sich auf ein umfassendes Programm festzulegen. Zu anderen politischen Themen bezieht sie deshalb nicht Stellung. Gleichwohl sei sie sich laut dem Parteivorsitzenden Werth koalitionsfähig mit »allen großen Parteien außer der AfD«. Das wird bei der AfD weder übermäßige Bestürzung noch bei den anderen Parteien euphorische Hoffnungen auslösen. Bei der Bundestagswahl 2021 erreichte die »Partei für Gesundheitsforschung« 0,1 Prozent, bei der Wiederholung der Wahl zum Berliner Abgeordnetenhaus 0,2 Prozent. Als Koalitionspartner kommt sie damit auf absehbare Zeit eher nicht infrage. Daran dürfte auch nichts ändern, dass sie sich 2022 in »Partei für schulmedizinische Verjüngungsforschung« umbenannt hat.

Auch wenn der politische Einfluss im homöopathischen Bereich liegt, kann man natürlich darüber diskutieren, ob solche Parteien nicht trotzdem einen Sinn haben. Der bestünde dann vor allem darin, bestimmte Themen einer breiten Öffentlichkeit bekannt zu machen. Umgekehrt lässt sich aber auch argumentieren, dass das erwartbar schlechte Abschneiden bei Wahlen der Durchsetzung der entsprechenden Anliegen nicht unbedingt förderlich ist.

Einen medialen Achtungserfolg konnte zumindest die »Transhumanist Party« in den USA verzeichnen. Die wurde 2014 von Zoltan Istvan gegründet. Der ehemalige *National Geographic*-Redakteur hatte sich zu diesem Zeitpunkt bereits als Autor und Unternehmer sowie als Verfasser eines erfolgreichen transhumanistischen Science-Fiction-Romans (*The Transhumanist Wager*) einen Namen gemacht. 2016 zog er offiziell als Kandidat für das höchste Staatsamt in den amerikanischen Präsidentschaftswahlkampf. Dass er diesen gewinnen würde, nahm niemand ernsthaft an. Wie er ihn führte, sorgte allerdings für einiges Aufsehen.

In einem eigens für diesen Zweck gebauten »Immortality Bus« tourte Zoltan Istvan vier Monate lang von San Francisco bis nach Washington, D.C., durch das Land. Der Bus hatte die Form eines Sarges, und wo immer er hielt, verkündete der medienerprobte Präsidentschaftskandidat die frohe Botschaft: Der Tod kann durch Wissenschaft besiegt werden.

Das war zumindest originell. Die Presse berichtete weltweit – von der *New York Times* bis hin zum deutschen *Spiegel*. Die Wahl gewann dann bekanntermaßen ein anderer Außenseiter namens Donald Trump, der es offensichtlich geschafft hatte, noch medienwirksamer aufzutreten. Zoltan Istvan war es aber zumindest gelungen, den Transhumanismus einer größeren Öffentlichkeit nahezubringen. Inzwischen ist er aber von der eigenen Partei schon wieder in die Wüste geschickt worden. Seine dezidiert libertären Ideen passten vielen Mitgliedern der Transhumanist Party nicht.

Als politische Bewegung ist der Transhumanismus also nicht wirklich ein Erfolgsmodell. Was auch nicht verwunderlich ist, wenn man sieht, dass sich hier ökologisch engagierte linke Aktivisten ebenso tummeln wie rechtsanarchistische Libertäre. Eine politische Partei im klassischen Sinne wird man daraus wohl kaum formen können. Die Frage ist, ob man darüber wirklich traurig sein soll.

Dialog: Der Transhumanismus wird politisch – Ein weites Feld

BKG: Stefan, du bist ja inzwischen schon fast eine Art Aushängeschild für den Transhumanismus. Hast du denn bei den letzten Wahlen wenigstens auch eine transhumanistische Partei gewählt?

SLS: Du wirst dich wundern: Transhumanistische Parteien hatten mich vor ihrer Gründung sogar kontaktiert und gefragt, ob ich nicht bei ihnen aktiv werden möchte. Deren Ausrichtung entsprach jedoch nicht ausreichend genug der meinen, sodass ich mich explizit dagegen ausgesprochen habe. Es gibt ja nicht *die* transhumanistische Politik. Im Transhumanismus insgesamt ist die Spannbreite dessen, was politisch vertreten wird, enorm groß. Auf der einen Seite gibt es die ganz Libertären wie etwa Zoltan Istvan oder Max More. Auf der anderen Seite die eher linksliberalen bis linksextremen, die schon fast Sympathien für den Kommunismus haben. Aber auch die gehören meistens noch dem demokratischen Spektrum an. Was den Transhumanismus politisch eint, ist seine grundsätzliche demokratische Ausrichtung. Ansonsten ist die Bandbreite aber genauso groß wie das übliche Spektrum, das sich quer über die Parteienlandschaft hinweg findet.

BKG: Richtig ist sicherlich, dass das politische Spektrum kaum breiter sein könnte. Wobei die politischen Ränder da gelegentlich schon ziemlich strapaziert werden. Da gibt es in Frankreich zum Beispiel Transhumanisten, die dem Trotzkismus nahestehen. In den USA unterstützt Peter Thiel weit rechts gerichtete Republikaner und stellt auch immer mal wieder öffentlich Überlegungen an, ob die Demokratie eigentlich noch eine zeitgemäße Regierungsform sei oder ob man die Verantwortung für den Staat nicht besser in die Hände einer neuen Intellektuellen- und Techno-Elite legen sollte.

Aber gehen wir die Sache einmal grundsätzlich an. In der Politik sind die klassischen Utopien ja weitgehend gescheitert. Was wir im Moment erleben, ist eher Politik als tägliches Krisenmanagement. Die großen Visionen fehlen weitgehend. Könnte da der Transhumanismus eine Lücke füllen? Da lautet ja die Devise: Wir schaffen den besseren Menschen durch Technik. Ist dieser dann so etwas wie der Nachfolger des oft propagierten besseren »sozialistischen Menschen« oder gar des »Herrenmenschen« des Faschismus? Anders ausgedrückt: Hat der Transhumanismus das Potenzial zu einer politischen Utopie?

SLS: Das ist durchaus eine Vorstellung, die immer wieder diskutiert wird. Ich selbst hatte eine Einladung nach Breslau erhalten und angenommen, als Breslau Europäische Kulturhauptstadt war. Da lief eine Veranstaltung mit dem Titel »Utopien für die Zukunft Europas«. Der Transhumanismus spielte dabei eine wichtige Rolle. Es gibt auch durchaus transhumanistische Vertreter, die utopische Ideen propagieren wie etwa Nick Bostrom. Ich teile diese Ausrichtung des Transhumanismus nicht. Vielmehr halte ich diese Grundausrichtung für enorm gefährlich. Statt auf die perfekte Weltanschauung beziehungsweise den perfekten Menschen zu setzen ist es sicherlich besser, Lösungen zu finden, die dem »As good as it gets«-Prinzip folgen. Du stehst ja Utopien auch eher kritisch gegenüber.

BKG: Stimmt. Utopien haben zwar häufig einen gewissen Reiz, und viele geben sich ja auch überaus menschenfreundlich. In der Realität sieht es aber doch zumeist anders aus. Da müssen dann doch recht viele Menschen über die Klinge springen, weil letztlich die Ideen wichtiger sind als die Menschen selbst. Insofern muss man in diesem Zusammenhang vielleicht sogar die Frage stellen: Sollte sich der Transhumanismus vielleicht ganz aus der Politik heraushalten? Das sehe ich allerdings auch wieder als problematisch. Viele Transhumanisten propagieren ja Ideen, die durchaus soziale und politische Konsequenzen haben. Wie entwickelt sich zum Beispiel eine Gesellschaft, die immer älter wird? Wie gehen wir mit unseren Daten um, von denen immer mehr erfasst werden? Solche Entwicklungen können ja nicht völlig losgelöst werden von der politischen Gesamtsituation. Insofern sollte sich der Transhumanismus meines Erachtens nicht dezidiert auf eine Richtung festlegen. Sich gänzlich aus dem politischen Diskurs heraushalten kann er aber auch nicht.

SLS: Ganz zweifellos haben technologische Innovationen auch immer politische Folgen. Bleiben wir einfach mal beim Beispiel der Medizin: Da geht es ja auch immer um die finanziellen Ressourcen. Und da stellt sich ja schon bald die Frage: Wohin fließen die Gelder in der Medizin? Geht es ausschließlich um die Entwicklung neuer Krebsmedikamente oder andere kurative Substanzen? Oder setzen wir sehr viel mehr auf eine präventive Medizin, die Alterungsprozesse bekämpft? Wie soll die allgemeine öffentliche Krankenversicherung künftig finanziert werden? Das sind ja nicht nur rein medizinische Fragestellungen – dahinter steckt ja tatsächlich auch eine politische Dimension. Da wirst du mir als Anti-Aging-Mediziner sicherlich zustimmen?

BKG: Es gibt in Deutschland neben der »Transhumanen Partei« ja auch die bereits erwähnte »Partei für Gesundheitsforschung« beziehungsweise »Partei für schulmedizinische Verjüngungsforschung«, die sich genau dieser Thematik widmet. Aber – wie gesagt – in beiden Fällen stellt sich wieder die Frage: Muss ich hierfür eine Partei gründen, die letztendlich bei den Wahlen keine Chance hat, oder gibt es da nicht vielleicht wirkungsvollere Möglichkeiten, diese Themen in die politische Diskussion zu bringen?

Ich möchte aber zum Abschluss noch einen Punkt erwähnen, von dem ich schon jetzt weiß, dass er dir den Blutdruck ein wenig in die Höhe treiben wird. Es gibt ja Menschen, die den Transhumanismus nicht nur mit politischen Themen in Verbindung bringen. Sie sehen darin vielmehr eine Art neuer religiöser Heilslehre.

Und so ganz an den Haaren herbeigezogen ist das ja auch nicht. Ein Schlüsselbuch des Transhumanismus ist sicherlich Ray Kurzweils *The Singularity is Near*, also »Die Singularität ist nahe«. Das hat ja nicht zufällig diesen religiösen Zungenschlag, der an das biblische »Das Himmelreich ist nahe« erinnert. Kurzweil selber tritt ja auch immer wieder auf wie ein religiöser Heilsbringer, der seine Jünger hinausschickt in die Welt, um die frohe Botschaft von der endgültigen Erlösung der Menschheit durch Technik zu verkünden. Selbst die Himmelfahrt ist berücksichtigt. Die macht man dann über Mind-Uploading. Also ganz konkret die Frage an dich: Wenn schon keine neue politische Ideologie, ist der Transhumanismus vielleicht sogar mehr als das: eine neue Religion?

SLS: Diese Religionsdimension wird tatsächlich immer wieder hervorgehoben. Auch Habermas behauptet in seiner jüngsten Kritik des Transhumanismus, dass es da sektenähnliche Strukturen gebe. Ein Grund mehr also, den Transhumanismus abzulehnen. Diese Einschätzung ist schlichtweg unhaltbar. Transhumanisten haben weder gemeinsame Symbole noch Feiertage, weder Gebete noch religiöse Praktiken, um als Transhumanisten anerkannt zu werden. Diese ganzen Versuche, den Transhumanismus als Religion oder Sekte abzustempeln, sind eigentlich nur Bemühungen, ihn gesellschaftlich zu diskreditieren. Dem möchte ich ganz klar entgegentreten. Der Transhumanismus ist keine neue Pseudoreligion oder Sekte. Im Gegenteil: Wir legen Wert auf Wissenschaft und nicht auf Riten, Gebete oder Mythen, an die geglaubt werden muss.

BKG: Es gibt ja zum Glück auch keine Aufrufe, andere Menschen totzuschlagen, weil sie keine Transhumanisten sind, oder sie in die Luft zu sprengen, weil sie den falschen Weg des Transhumanismus beschreiten. Auch das unterscheidet ja den Transhumanisten von politischen Ideologien und religiösen Bewegungen. Und das finde ich dann auch wieder sehr sympathisch.

2.

Langlebigkeit als oberste Zielsetzung

Radikale Lebensverlängerung – Für immer jung?

Bernd Kleine-Gunk

Das Thema radikale Lebensverlängerung beziehungsweise sogar die Unsterblichkeit stehen ganz oben auf der Liste der transhumanistischen Agenda. Wenn es eine biologische Grenze zu überwinden gilt, dann als erste diejenige, die unsere Lebenszeit auf gerade einmal 80, 100 oder maximal 120 Jahre beschränkt. Gevatter Tod ist definitiv ein Hauptfeind der Transhumanisten.

Dabei hat es in Sachen Langlebigkeit ja durchaus bereits Fortschritte gegeben. Noch 1875 lag die durchschnittliche Lebenserwartung in Deutschland bei 38,5 Jahren. Mittlerweile beträgt sie für Männer 78, für Frauen sogar 83 Jahre. Innerhalb von rund 150 Jahren hat sich die durchschnittliche Lebenserwartung also mehr als verdoppelt. Und damit nicht genug. Wer es als Mann bis zu seinem 60. Geburtstag geschafft hat, der kann mit einer Lebenserwartung von 82 Jahren rechnen. Eine sechzigjährige Frau bringt es durchschnittlich gar auf 85 Jahre. Die Chancen, mit 60 älter zu werden als 95, beträgt für beide Geschlechter immerhin mehr als 10 Prozent. Insgesamt also eine durchaus erfreuliche Entwicklung, wenn man einmal die Sorgen der Finanzexperten außer Acht lässt, die seit Jahren darüber klagen, dass damit den Rentenkassen der Kollaps droht.

Dass Menschen auch in Zukunft bei guter Gesundheit immer älter werden, daran arbeitet inzwischen ein ganzer Medizinzweig, die sogenannte Anti-Aging-Medizin. Die hat viel dazu beigetragen, dass Altern inzwischen nicht mehr als Schicksal angesehen wird, sondern als ein gestaltbarer Prozess. Und sie hat eine Reihe von Konzepten erarbeitet, die sowohl die Lebens- als auch die Gesundheitsspanne weiter verlängern können. Das fängt beim persönlichen Lebensstil an, wo die Faktoren Ernährung, Bewegung und Entspannung eine besondere Rolle spielen. Und geht weiter über die Supplementierung von Mikronährstoffen bis zum Hormonersatz, zum Beispiel bei Frauen nach den Wechseljahren. Erforscht werden inzwischen auch schon die ersten Medikamente gegen das Altern. Das seit Langem bekannte Diabetesmittel Metformin etwa hat gute Chancen, das erste Medikament gegen das Altern zu werden. Überprüft wird das derzeit in einer großen US-amerikanischen Studie namens »TAME« (Targeting Aging with Metformin).[11]

Wird die Lebenserwartung also künftig immer weiter ansteigen? Müssen wir nur weitere 100 Jahre abwarten, um dann bei einer durchschnittlichen Lebenserwartung von 150 oder 160 Jahren zu liegen? Die meisten Biogerontologen – also die Wissenschaftler, die sich mit dem biologischen Alterungsprozess beschäftigen – bezweifeln das. Sie gehen davon aus, dass es für jede Spezies eine durchschnittliche und eine maximale Lebenserwartung gibt. Letztere liegt bei Labormäusen zum Beispiel bei drei Jahren. Die relativ kurze Lebenszeit macht sie zu einem beliebten Studienobjekt für Altersforscher. Was wiederum die Frage aufwirft: Wo liegt denn die maximale Lebenserwartung des Menschen?

Auch da ist sich die Mehrheit der Biogerontologen weitgehend einig – die Grenze liegt bei etwa 120 Jahren. Das lässt sich relativ gut belegen, denn es gibt tatsächlich einige Menschen, die dieses hohe Lebensalter bereits erreicht haben. Als Weltrekordhalterin in Sachen Langlebigkeit gilt dabei die Französin Jeanne Calment – sie starb 1997 mit 122 Jahren. Seitdem wurde niemand – sicher beglaubigt – älter. Das macht Madame Calment zu einer Art Postergirl der Anti-Aging-Medizin.

Während die durchschnittliche Lebenserwartung kontinuierlich steigt, scheint mit 120 Jahren also tatsächlich das Ende der Fahnenstange erreicht zu sein. Bei einer durchschnittlichen Lebenserwartung von derzeit 80 Jahren ist da also noch einiges an Luft nach oben. Geschlechtsspezifische Unterschiede gibt es übrigens auch hier: Frauen werden weltweit durchschnittlich vier bis fünf Jahre älter als Männer.

Während die klassische Anti-Aging-Medizin diese Obergrenze weitgehend akzeptiert und die Parole »Mit 100 gesund in die Kiste« ausgibt, reicht das den Transhumanisten definitiv nicht aus. Sie wollen die Lebenserwartung auf 250, 500 oder gar 1000 Jahre erhöhen. Die ganz ambitionierten träumen gar von der Unsterblichkeit.

Das klingt futuristisch, ist aber auch nicht wirklich neu. Der Traum vom ewigen Leben begleitet die Menschheit offensichtlich seit ihren frühesten Tagen. Als das erste literarische Werk der Menschheitsgeschichte gilt das sogenannte *Gilgamesch-Epos*, das im 2. Jahrtausend v. Chr. in Babylonien entstand. Geschildert wird das Schicksal von Gilgamesch, dem König von Uruk. Der hat einen »Best Buddy«, seinen Freund

Enkidu. Zusammen erleben sie viele Abenteuer und vollbringen Heldentaten. Als Enkidu stirbt, ist Gilgamesch untröstlich, nicht zuletzt, weil ihm auch seine eigene Sterblichkeit bewusst wird.

Von nun an hat er nur noch ein Ziel: das Geheimnis der Unsterblichkeit zu entdecken. Was folgt, ist eine Art altbabylonisches Roadmovie, in dessen Verlauf Gilgamesch so ziemlich jeden aufsucht, der ihm in Sachen ewiges Leben möglicherweise weiterhelfen kann. Einmal ist er ganz nah dran. Der Weise Utnapischtim – eine Figur, die erstaunliche Ähnlichkeiten mit dem biblischen Noah aufweist – erzählt ihm von einer Pflanze, deren Verzehr zu ewiger Jugend verhilft. Unter vielen Mühen findet Gilgamesch tatsächlich diese Pflanze. Von der langen Suche erschöpft, will er sich an einem Brunnen erfrischen, schläft dort ein und lässt sich im Schlaf von einer Schlange die Pflanze stehlen. Resigniert bleibt Gilgamesch am Ende des Epos die Erkenntnis: »Sterben ist Teil der menschlichen Natur. Die Unsterblichkeit haben die Götter für sich behalten.«

Geradezu besessen vom ewigen Leben waren auch die Herrscher des alten China. Qin Shi Huang Di, der im 3. Jahrhundert v. Chr. die »Zeit der kämpfenden Reiche« beendete, begründete das erste Kaiserreich und mit der nach ihm benannten Dynastie die lange Reihe historisch belegter chinesischer Herrscher. Nach vollzogener Reichsgründung waren es vor allem zwei Dinge, die ihn beschäftigten: der Bau der Chinesischen Mauer und die Sorge um die eigene Unsterblichkeit. Die Suche nach dem Lebenselixier beschäftigte vor allem seine Leibärzte. Die empfahlen schließlich als Therapie die tägliche Einnahme von Quecksilber. Das mag uns heute ein wenig befremdlich erscheinen, entbehrte aber nicht einer gewissen Logik. Quecksilber ist das einzige Metall, das bei Raumtemperatur flüssig ist. Im Gegensatz zu Gold, Silber und Bronze wirkt es geradezu lebendig, weil es sich bei

Raumtemperatur ständig bewegt. Was Metalle lebendig werden lässt, das konnte auch den Kaiser von China am Leben erhalten – so der nicht ganz unlogische Gedanke seiner Hofärzte. Die Einnahme von Quecksilber gehörte folgerichtig zur täglichen Routine des chinesischen Kaisers.

Was die chinesischen Ärzte damals noch nicht wussten: Quecksilber ist eine hochgiftige Substanz. Vor allem schädigt es die Nervenzellen. Und so kam, was kommen musste. Qin Shi Huang Di starb 210 v. Chr. vorzeitig im Alter von lediglich 49 Jahren. Zuvor hatte er monatelang unter Halluzinationen und geistiger Verwirrtheit gelitten – typische Symptome einer Quecksilbervergiftung. Und so ist der erste chinesische Kaiser tatsächlich auch das erste namentlich bekannte Opfer der Anti-Aging-Medizin.[12]

Für die Unsterblichkeit hatte er allerdings auch einen Plan B ausgearbeitet. Bestatten ließ er sich in einem riesigen Mausoleum zusammen mit einer vieltausendköpfigen Terrakotta-Armee. Die gehört seit ihrer Wiederentdeckung im Jahre 1974 nicht nur zum Weltkulturerbe, sondern auch zu den spektakulärsten archäologischen Funden überhaupt. Und so bleibt Qin Shi Huang Di zumindest der Trost, seinen Namen unsterblich gemacht zu haben. Vorgestellt hatte er sich aber wohl doch etwas anderes.

In den 1990er-Jahren wurden dann die häufig abenteuerlichen Bemühungen zur Lebensverlängerung auf eine solidere wissenschaftliche Grundlage gestellt. Es entstand die Anti-Aging-Medizin, die sich vor allem als Präventionsmedizin gegen altersassoziierte Erkrankungen begreift. Das ist durchaus wichtig und zeigt auch erste Erfolge. Mit diesem präventiven Ansatz lässt sich aber lediglich die durchschnittliche Lebenserwartung innerhalb der bisher als erreichbar geltenden maximalen Lebensspanne weiter erhöhen. Um auch die maximale Lebenserwartung von etwa 120 Jahren zu überschreiten, braucht es nicht nur eine präventive, sondern auch eine regenerative Medizin. Anders ausgedrückt: Der menschliche Organismus soll nicht nur vor Schäden bewahrt werden. Es bedarf auch zusätzlicher Techniken, um diesen von Grund auf zu erneuern.

Diese sogenannte regenerative Medizin steht bereits in den Startlöchern. Hoffnungsträger Nummer eins ist dabei die Stammzellentherapie. Stammzellen stellen eine Art Zellreservoir dar, aus dem sich unsere Körperzellen ständig erneuern. Hautzellen, Darmzellen oder auch die roten und weißen Blutkörperchen haben lediglich eine Lebenszeit von wenigen Wochen. Dass sie uns dennoch nicht ausgehen, liegt daran, dass sie von Stammzellen kontinuierlich nachgebildet werden. Allerdings unterliegen auch die Stammzellen einem Alterungsprozess. Spätestens ab dem 60. Lebensjahr verlieren viele von ihnen allmählich ihre regenerative Funktion. Irgendwann erliegt diese dann sogar gänzlich. Damit kommt die »natürliche Erneuerung« unseres Körpers zum Stillstand.

Weltweit wird intensiv daran geforscht, dem Körper im Alter neue Stammzellen zuzuführen und damit eine umfassende Regeneration einzuleiten. Die bezieht sich nicht nur auf einzelne Zellen, sondern auch auf ganze Gewebe. Vor allem im Bereich der Haut ist das »Tissue Engineering« bereits relativ weit fortgeschritten. Natürlich wird auch hier der Einsatz zunächst einmal ein therapeutischer sein. Verbrennungsopfer werden sicher zu den Ersten gehören, die von dieser aus Stammzellen nachgezüchteten Haut profitieren. Ist die Methode aber erst einmal perfektioniert, kann man sich leicht ausmalen, was das künftig für die ästhetische Medizin bedeutet. Botolinumtoxin, Filler und Peelings werden dann schnell Medizingeschichte sein, wenn die Altersschäden an der Haut nicht mehr repariert, sondern einfach durch neue Haut ersetzt werden. Und was für die Haut möglich ist, gilt grundsätzlich auch für alle anderen Gewebe und Organe in unserem Körper.

Neben der Stammzellentherapie gelten genetische Therapien als ein weiterer Hoffnungsträger der regenerativen Medizin. In einer ganzen Reihe von biologischen Organismen hat man mittlerweile sogenannte Langlebigkeitsgene entdeckt. Die tragen dann – auch Naturwissenschaftler haben gelegentlich Humor – so schöne Namen wie »Indy« (I'm not dead yet). Durch die gezielte Aktivierung solcher Gene lässt sich die Lebenserwartung einfacher Organismen in vielen Fällen deutlich erhöhen. Sagen wir es einmal anders: Wären Sie ein Fadenwurm, könnten Sie heute bereits durch einfache genetische Manipulationen Ihre Lebenserwartung verzehnfachen. Derartige Langlebigkeitsgene gibt es zwar beim Menschen nicht (oder zumindest wurden sie noch nicht entdeckt). Aber zumindest gibt es Gene, wie etwas das berühmte Foxo-Gen, die mit einer signifikant hohen Lebenserwartung korreliert sind. Diese genetisch gezielt zu stimulieren könnte in den Augen vieler Forscher ein weiterer Baustein einer regenerativen Medizin sein. Aber wie gesagt: Das sind Zukunftsvisionen, an denen zwar bereits intensiv geforscht wird, die aber sicherlich erst in einigen Jahren für den Einsatz am Menschen zur Verfügung stehen.

Was also tun? Der ebenso unermüdliche wie einfallsreiche Ray Kurzweil hat dazu ein recht pragmatisches Konzept erarbeitet. Zusammen mit dem amerikanischen Präventivmediziner Terry Grossman hat er, wie bereits erwähnt, 2004 ein Buch mit dem Titel *Fantastic Voyage: Live Long Enough to Live Forever* geschrieben.[13] Das Buch ist leider bis heute nicht auf Deutsch erschienen. In den USA galt es aber jahrelang als die »Bibel der Anti-Aging-Medizin«. Kurzweil und Grossman schlagen darin eine sogenannte »3-Brücken-Lösung« für die Unsterblichkeit vor. Brücke 1 besteht in der Nutzung all jener Techniken, welche der Anti-Aging-Medizin bereits jetzt zur Verfügung stehen. Das sind zum einen Veränderungen des Lebensstils, wie eine kohlenhydratarme Ernährung, sowie reichlich Sport. Dazu zählt auch die Substitution der mit dem Alter absinkenden Hormone (Östrogen, Gelbkörperhormon, Testosteron, DHEA, Melatonin). Nicht zuletzt ist Teil des Konzepts eine aggressive Supplementierung mit Vitaminen und Mikronährstoffen. Den Begriff »aggressive Supplementierung« darf man bei Ray Kurzweil durchaus wörtlich nehmen (siehe hierzu auch das Kapitel »Der Prophet: Ray Kurzweil«).

Ziel all dieser Maßnahmen ist vor allem eines: zur Brücke 2 zu gelangen. Das ist dann der Zeitpunkt, wo aus der präventiven endgültig eine regenerative Medizin wird. Stammzellbehandlungen, genetische Therapien und gezielte pharmakologische Beeinflussungen des Alterungsprozesses sind dann klinische Routine. Was wiederum bedeutet: Nicht nur die durchschnittliche Lebenserwartung steigt, sondern auch die maximale Lebensspanne selbst wird deutlich erhöht.

Die Unsterblichkeit ist das natürlich immer noch nicht. Die wird erst mit Brücke 3 erreicht. Und hier ist Kurzweil endgültig in seinem Element. Da sagt er voraus, dass in unserer Blutbahn permanent winzige Nanoroboter patrouillieren, die Krankheiten und Krebszellen viel effektiver erkennen und beseitigen, als das derzeit unsere durchaus fehleranfälligen Immunzellen tun. Da werden wir unser Gehirn nicht nur mit Neuroprothesen optimieren, sondern auch unseren ganzen »neuronalen Code«, also die Gesamtheit der in unserem Gehirn gespeicherten Erfahrungen und Wissensinhalte, auf externen Datenträgern sichern. Und dann ist es natürlich auch möglich, unser gesamtes Bewusstsein in eine Cloud hochzuladen, wo es dann – völlig losgelöst von so etwas Vergänglichem und Störanfälligem wie einem menschlichen Körper – sich mit anderen Bewusstseinen austauschen kann.

Wir werden all diese Visionen noch sehr viel genauer und auch kritisch unter die Lupe nehmen. An dieser Stelle sei nur kurz festgehalten: Kurzweils Ansatz, unsere kohlenstoffbasierte Biologie langfristig in eine siliziumbasierte Existenzform zu überführen, ist tatsächlich etwas, was dem häufig überstrapazierten Begriff »Unsterblichkeit« nahekommt. 2009 ließen Kurzweil und Grossman noch einen zweiten Band folgen: *Transcend: Nine Steps to Living Well Forever*. Hier geht es vor allem um sehr praxisbezogene Strategien, um von der ersten zur zweiten Brücke zu gelangen.[14] Kurzweils Konzept zeigt auf durchaus überzeugende Weise einen Weg, der von den Ansätzen der jetzigen Anti-Aging-Medizin hin zu einer künftigen Wissenschaft der radikalen Lebensverlängerung führt. Auch wenn man bezüglich der dritten Brücke natürlich hinzufügen muss, dass wir uns hier im Bereich rein techno-utopistischer Visionen bewegen.

Wie immer geht es bei der Beurteilung eines Konzepts aber nicht nur um die Zielsetzung, sondern auch um den Zeitrahmen. Und wie so oft ist Kurzweil da wohl ein wenig zu optimistisch. »Wer die nächsten 30 Jahre überlebt, muss nicht mehr sterben«, schreibt er im Vorwort zu *Fantastic Voyage*. Angesichts der Tatsache, dass das Buch bereits 2004 erschien, müsste da in den nächsten zehn Jahren wohl noch einiges passieren.

Was das Thema Langlebigkeit angeht, hat der Transhumanismus inzwischen sowieso eine neue Galionsfigur. Der Brite Aubrey de Grey hat das wohl umfassendste und detaillierteste Programm zur radikalen Lebensverlängerung vorgelegt, das derzeit existiert. Sein Ansatz ist dabei ein fundamental anderer. Statt auf Prävention und Regeneration setzt er auf kontinuierliche Reparatur. De Grey hat sieben entscheidende molekulare Prozesse identifiziert, die für das Altern verantwortlich sind. Für jeden dieser Prozesse schlägt er einen gezielten Reparaturmechanismus vor, der alle fünf bis zehn Jahre durchgeführt werden sollte. Das Ganze kann man sich in etwa vorstellen wie ein großes Schiff, das einige Jahre auf hoher See unterwegs ist. An diesem sammeln sich dann im Laufe der Jahre auch etliche Schäden an, die es dann notwendig machen, dass dieses Schiff in regelmäßigen Abständen eine Werft ansteuert, wo es dann einige Wochen generalüberholt wird. Befreit von Rost und technisch auf den neuesten Stand gebracht, kann es dann wieder in neuem Glanz in See stechen. Genauso werden wir uns alle paar Jahre in eine spezialisierte Anti-Aging-Klinik begeben, in der alle altersbedingten Schäden behoben werden, und danach können wir uns dann erneut – deutlich verjüngt – wieder in das Abenteuer Leben stürzen.

Das hat weniger mit klassischer Medizin zu tun, sondern ist eher ein Ansatz aus der Welt der Ingenieure. Und so nennt de Grey sein Programm auch folgerichtig »Strategies for Engineered Negligible Senescence« (SENS) – auf Deutsch etwa: Strategien, um den Alterungsprozess mit technischen Mitteln vernachlässigbar zu machen. Ergibt SENS einen Sinn? Schauen wir uns das Programm einmal im Detail an. Dazu ist es zunächst wichtig, die sieben Alterungsfaktoren zu verstehen, die de Grey identifiziert hat und von denen er behauptet, dass diese auch die alles entscheidenden sind. Dass weitere wichtige Faktoren hinzukommen, ist nach de Grey nicht zu erwarten.[15]

Faktor 1 sind Schädigungen am Genom (der DNA) beziehungsweise am Epigenom (die Gesamtheit aller Marker, die das Genom regulieren). Solche Schädigungen treten tatsächlich im Laufe des Lebens gehäuft auf. Sie sind in vielen Fällen Auslöser von Krebserkrankungen, begünstigen aber auch den Alterungsprozess an sich. Vor allem dem Epigenom – dem zweiten genetischen Code, der bestimmt, welche Gene verwendet und welche abgeschaltet werden – kommt dabei eine besondere Bedeutung zu. Der Genetiker David Sinclair von der Harvard University sieht Altern inzwischen vor allem als einen Prozess der zunehmenden epigenetischen Instabilität – das sogenannte »epigenetische Rauschen«.

Faktor 2 bezieht sich auf die Mitochondrien. Die sind bekannt als die »Kraftwerke unserer Zellen«. Hier wird die für unseren Körper benötigte Energie produziert. Im Gegensatz zu allen anderen Zellorganellen verfügen Mitochondrien über eine eigene DNA. Grund ist wahrscheinlich die Tatsache, dass Mitochondrien früher einmal selbstständige Kleinstlebewesen waren, die zu einem sehr frühen Zeitpunkt der Evolution von größeren Zellen zum Zwecke der Energiegewinnung inkorporiert wurden (Endosymbiontenhypothese).[16] Diese mitochondriale DNA ist aber auch eine Schwachstelle. Im Gegensatz zur DNA unseres Zellkerns, welche die bekannte Form einer Doppelhelix aufweist und über zahlreiche Reparaturenzyme verfügt, liegt die DNA der Mitochondrien weitgehend ungeschützt in einer Ringform vor. Das führt zu häufigen Mutationen und damit auch zu einer Alterung der Mitochondrien selbst. Das Altern der Zelle und damit unseres gesamten Organismus ist somit auch ein zunehmender Verlust der mitochondrialen Funktion.

Faktor 3 ist molekularer Müll, der sich in unseren Zellen ansammelt. Unsere Zellen kann man sich vorstellen wie große Fabriken. Dort wird permanent alles produziert, was der Körper benötigt: Strukturеiweiße, Enzyme, Hormone etc. Wie in jeder Fabrik fallen dabei auch Abfallstoffe an. Die werden in der Jugend sehr effektiv abtransportiert beziehungsweise – wie sich das in der modernen Abfallverwertung gehört – recycelt. Im Alter funktioniert das immer weniger gut. Als Folge davon sammelt sich zunehmend molekularer Müll an. Gelegentlich lässt sich der sogar mit bloßem Auge sehen. Lipofuszin etwa ist ein solches molekulares Abfallprodukt. In der Haut ist es verantwortlich für die sogenannten »Altersflecken« – molekularer Müll, der nicht mehr entsprechend entsorgt wird. Was die Haut angeht, ist das weitgehend harmlos. Lipofuszin kann sich aber auch im Herzmuskel ansammeln und dort eine Herzinsuffizienz verursachen. An der Netzhaut führen die Ablagerungen zur senilen Makuladegeneration –

die häufigste Ursache von erworbener Blindheit in der westlichen Welt.

Faktor 4 ist dem Faktor 3 sehr ähnlich. Nur sammelt sich der molekulare Müll hier nicht in, sondern zwischen den Zellen an. Auch dafür gibt es ein bekanntes Beispiel. Bei der Alzheimer-Demenz kommt es im Gehirn zu einer Anhäufung von Beta-Amyloid. Das sind Eiweißfragmente, die ebenfalls nichts anderes sind als molekularer Müll. Nimmt der zu, so verkleben die Beta-Amyloidfragmente zu sogenannten Plaques. Die befinden sich nicht in, sondern zwischen den Nervenzellen, erschweren die Informationsübertragung und werden so langfristig zu den Grabsteinen unseres Gedächtnisses.

Faktor 5 ist der Zelltod. Der lässt sich relativ einfach erklären. Zellen sterben. Üblicherweise werden sie dann mithilfe der bereits beschriebenen Stammzellen durch neue ersetzt. Wir haben aber auch bereits darauf hingewiesen, dass die Stammzellen im Alter immer weniger effektiv arbeiten. Das bleibt nicht ohne Folgen: Die Immunzellen werden weniger, die Muskelmasse nimmt ab, die Haut wird dünner. Vor allem in unserem Gehirn gibt es viele Zellen, die nicht erneuert werden. Sterben sie ab, so kommt es zu neurodegenerativen Erkrankungen. Der Morbus Parkinson etwa beruht auf dem Absterben von Hirnzellen in einem bestimmen Hirnareal, der *Substantia nigra.*

Faktor 6 beschreibt die zelluläre Seneszenz. Jetzt wird es etwas komplizierter. Wenn wir soeben gesagt haben: »Zellen sterben«, so müssen wir dies nun ein wenig differenzieren. Zellen können sich nämlich auf zweierlei Art aus dem Leben verabschieden. Entweder sie beschreiten den Weg des programmierten Zelltodes (die Apoptose). Dann sind sie tatsächlich tot und richten keinen Schaden mehr an. Oder sie gehen über in die sogenannte Seneszenz. Dann gehen sie zwar keinen nützlichen Aufgaben mehr nach, sind aber nicht wirklich tot. Und als untote – selbst hochrangige Wissenschaftsjournale sprechen in diesem Zusammenhang inzwischen von »Zombie-Zellen« – richten sie eine Menge Schaden an.[17] Das körpereigene Immunsystem arbeitet sich an diesen seneszenten Zellen ab, was wiederum chronisch niederschwellige Entzündungen auslöst – ein weiterer Alterungsfaktor. Zum anderen sezernieren diese Zombie-Zellen eine ganze Reihe an Molekülen, die ihre unmittelbare Umgebung direkt schädigen. Zusammenfassend bezeichnet man die Gesamtheit dieser schädigenden Substanzen als Seneszenz-assoziierter sekretorischer Phänotyp (SASP). Vergleichen kann man das am besten mit einem Korb frischer Äpfel. Findet sich in diesem Korb ein alter, verfaulter Apfel, so kann er die Äpfel in seiner Umgebung geradezu mit seinem Alter »anstecken«. Nichts anderes tun seneszente Zellen mit ihrer Umgebung.

Der siebte und letzte Faktor sind die sogenannten AGE-Produkte. AGE ist ein sehr schönes und passendes Akronym für *Advanced Glycation Endproducts*, Endprodukte fortgeschrittener Glykierung. Glykierung ist dabei nichts anders als Verzuckerung. Zucker hat die Fähigkeit, mit anderen Molekülen Verbindungen einzugehen. In der Küche nutzt man diesen Effekt gezielt zum Karamellisieren. Auf molekularer Ebene verbindet sich Zucker gern mit Eiweißen. Der Effekt ist ähnlich wie beim Karamellisieren. Die Eiweiße verlieren ihre Elastizität und werden zunehmend starr. Das hat zum Beispiel Auswirkungen auf die Blutgefäße, wenn die elastischen Muskelfasern der Gefäßwand langsam starr werden, was dann zu Bluthochdruck führt. Die Arteriosklerose ist also nicht nur eine Arterienverkalkung, sie ist auch eine Arterienverzuckerung. Ähnliches beobachten wir in der Haut. Da bildet das Kollagen jene komplexe Eiweißstruktur, die das Stützgerüst unserer Haut darstellt. Verzuckert das Kollagen, so verliert es ebenfalls seine Elastizität. Die ersten Falten sind dann die Folge.

So weit also die von Aubrey de Grey identifizierten Altersschäden, auf die man sich grundsätzlich einigen kann – auch wenn man sicherlich noch zusätzlich den einen oder anderen Faktor mit auf die Liste setzen könnte. Wie sieht nun aber das SENS-Reparaturprogramm aus? Das ist die entscheidende Frage, denn wir wollen Altern ja nicht nur verstehen, wir wollen es auch behandeln. Dazu präsentiert der britische Longevity-Guru einen wilden Mix aus teilweise bereits existierenden Techniken, sich abzeichnenden Therapien und Behandlungsansätzen, die – formulieren wir es einmal zurückhaltend – zumindest von großer Kreativität zeugen.

Beginnen wir bei Punkt 1, den genetischen und epigenetischen Störungen. Hier ist es durchaus denkbar, dass mit der Weiterentwicklung genetischer Therapien derartige Schädigungen in absehbarer Zukunft erkannt und behoben werden können. Recht abenteuerlich wird es, wenn es um die mitochondriale DNA und ihre Schäden geht. Hier empfiehlt de Grey eine Art Back-up der Gene – insgesamt sind es nur 13 – im wesentlich besser geschützten Zellkern. Von dort könnten dann die Mitochondrien gesteuert werden, ohne dass deren DNA permanent Gefahr läuft, geschädigt zu werden. Das klingt selbst für hauptberufliche Genetiker futuristisch. De Grey verweist in diesem Zusammenhang gern auf die Arbeiten von Michael Peaking von der Thomas Jefferson University in Philadelphia. Der gilt als internationaler Experte für mitochondriale Erkrankungen. Er hat bereits in den 1990er-Jahren Grünalgen entdeckt, die offensichtlich genau so verfahren. Seitdem hat er konsequent an dem Thema weitergeforscht.[18] Nun gilt in der medizinischen Forschung der Satz: Nicht alles, was bei Mäusen funktioniert, funktioniert auch beim Menschen. Das gilt für Grünalgen sicherlich noch mehr. Zumindest belegt de Grey aber immer wieder, dass seine Vorschläge eben keine reinen Hirngespinste sind.

Als solche betrachten viele Wissenschaftler gleichwohl den Therapieansatz, mit dem de Grey dem molekularen Müll in und zwischen unseren Zellen zu Leibe rücken will. Hier setzt er auf ein Verfahren aus der Umwelttechnologie. Da setzt man genetisch veränderte Bakterien bereits seit Langem ein, um zum Beispiel kontaminierte Böden zu sanieren. Prinzipiell lassen sich die Mikroben so verändern, dass sie so ziemlich alles vertilgen – von polyflorierten Kohlenwasserstoffen bis hin zu radioaktiv kontaminiertem Müll. Warum sollten sie also nicht auch Lipofuszin und Beta-Amyloid-Plaques abbauen? Nun wollen wir ja nicht unbedingt unser normalerweise keimfreies Gehirn mit Bakterien besiedeln. Das müssen wir aber auch nicht. Es reicht, die entsprechenden Gene zu transferieren. Am Beispiel Lipofuszin lässt sich das schön aufzeigen. Das macht mengenmäßig den Hauptanteil des molekularen Mülls in unserem Körper aus. Und es hat eine besondere Eigenschaft: Es fluoresziert. Warum leuchten dann Leichen nicht im Dunkeln? Bei ihrer Zersetzung wird ja das Lipofuszin aus den Zellen freigesetzt und sollte dann eigentlich das typische bläuliche Licht ausstrahlen. Dass wir Tote jedoch nicht als Lichtquelle nutzen können, liegt an sogenannten Geo-Bakterien, die im Boden weit verbreitet sind und heute schon das tun, was de Grey sich wünscht. Sie nutzen Lipofuszin als Nahrungsquelle.

De Greys Vorschlag lautet nun: Mit den Genen dieser Bakterien könnten wir die Lysosomen – also jene Zellorganellen, die für die Abfallbeseitigung in unseren Zellen zuständig sind – dazu bringen, vermehrt Lipofuszin abzubauen. Wie gesagt – einen Mangel an Kreativität kann man dem Briten sicherlich nicht vorwerfen.

Etwas mehr im Bereich des wissenschaftlichen Mainstreams bewegen wir uns, wenn es um den Zelltod beziehungsweise um die Erschöpfung des Stammzellenreservoirs geht. Hier arbeiten zahlreiche Institute weltweit daran, die Stammzelltechnologie klinisch nutzbar zu machen. Bei der Behandlung einiger Formen von Leukämie ist das bereits seit

Jahrzehnten klinische Routine. Nun kommen weitere Erkrankungen hinzu. Das größte Potenzial haben Stammzelltherapien zweifellos bei der Behandlung der »Krankheit Altern«.

Auch was die fatalen »Zombie-Zellen« angeht, ist in absehbarer Zukunft mit wirksamen Therapien zu rechnen. Sowohl große Pharmafirmen als auch eine Reihe von Biotech-Start-ups arbeiten fieberhaft an der Entwicklung sogenannter Senolytika, also von Substanzen, die seneszenten Zellen den endgültigen Todesstoß versetzen. Ein lösbares Problem sind wahrscheinlich auch die Endprodukte fortgeschrittener Glykierung, die AGEs. Hier werden in zahlreichen Laboren bereits unterschiedliche Substanzen darauf geprüft, ob sie sich als »AGE Breaker« eignen, also in der Lage sind, die Verzuckerungen zwischen den Eiweißen wieder aufzulösen.

Insgesamt ist de Greys SENS-Reparaturprogramm also eine recht heterogene Angelegenheit. Manche Therapien werden schon in wenigen Jahren für den klinischen Einsatz zur Verfügung stehen. Einige werden sicherlich deutlich länger brauchen. Bei manchen seiner Vorschläge ist zu befürchten, dass sie lediglich Vorschläge bleiben.

Aubrey de Grey ist aber nicht nur ein kreativer Ideengeber, er ist auch unermüdlicher Promoter seiner Vision. Die von ihm gegründete SENS Foundation sammelt inzwischen nicht nur viel Geld ein, sondern auch viele kluge Köpfe und teilweise recht renommierte Forscher, die an den unterschiedlichen Aspekten des Programms arbeiten. Und das ist – unabhängig davon, ob SENS irgendwann einmal funktionieren wird oder nicht – eines der Hauptverdienste von de Grey. Seine SENS Foundation hat sich inzwischen zu einer Art Thinktank der Langlebigkeitsforschung entwickelt. Dabei kommt es weniger darauf an, de Greys Programm Punkt für Punkt umzusetzen, als vielmehr darauf, Wissenschaft und Forschung mit neuen Ideen zu beflügeln. Und das tut SENS zweifellos.

Wir halten fest: Unser Wissen über Alterungsprozesse wächst täglich, und damit auch die Möglichkeit, Altern irgendwann einmal zu einer behandelbaren Erkrankung zu machen. Was aber trotzdem nicht »Unsterblichkeit« bedeutet. Auch wenn de Grey oft mit dem Satz zitiert wird: »Der erste Mensch, der 1000 Jahre alt wird, ist bereits geboren«, weist er doch selber darauf hin, dass das ewige Leben selbst mit der ausgefeiltesten Langlebigkeitsstrategie nicht zu erreichen ist. In einem aufschlussreichen Artikel hat er einmal statistisch ausgerechnet, wie lang man lebt, wenn man »unsterblich« ist, also weder krank wird noch altert. Dann stirbt man mit etwa 5000 Jahren.[19] Spätestens dann ist man nämlich Opfer eines Flugzeugabsturzes geworden, wurde von einem Tsunami erfasst oder von einem durchgeknallten Terroristen in die Luft gesprengt. In all diesen Fällen helfen auch die ausgeklügeltsten Langlebigkeitsstrategien nicht, und auch im Nachhinein kommt dann wohl jede Hilfe zu spät. Es bleibt also dabei: Das Gerede von der Unsterblichkeit mag medienwirksam sein – solange wir aber einen biologischen Körper haben, gehört der Tod zum Leben. Auch wenn er sich in Zukunft wohl deutlich länger hinausschieben lässt.

Was die Langlebigkeitsforschung zusätzlich beflügelt, ist die Tatsache, dass große Firmen das Thema inzwischen als Geschäftsmodell entdeckt haben. Eindrucksvollstes Beispiel ist sicherlich das Biotech-Unternehmen Calico (Abkürzung für California Life Company), das 2013 als eine Tochter von Google gegründet wurde. Erklärtes Ziel von Calico ist es, das Altern abzuschaffen. Oder wie es Google-Mitbegründer Larry Page bei der Pressekonferenz zur Vorstellung des neuen Unternehmens medienwirksam formulierte: »Killing death«.

Das lässt man sich im Silicon Valley gern auch mal einiges kosten. Rund 1,5 Milliarden Dollar steckte Google in die Anschubfinanzierung. Darüber hinaus stellte man ein Team aus hochkarätigen Experten und Wissenschaftlern zusammen.

Die Unternehmensleitung übernahm Arthur D. Levinson. Der war von 1995 bis 2009 CEO bei Genentech, einem der ersten Unternehmen, das im Bereich der Gentechnik erfolgreich war. In seinem letzten Jahr bei Genentech machte das ehemalige Start-up einen Jahresumsatz von 13,4 Milliarden Dollar. Der Mann weiß also definitiv, wie man innovative Ideen zu Geld macht.

Für die Forschung ist hauptsächlich Cynthia Kenyon zuständig. Die US-amerikanische Molekularbiologin genießt in der Altersforschung ebenfalls einen Ruf wie Donnerhall. Ende der 1990er-Jahre hatte sie bei dem Fadenwurm *Caenorhabditis elegans* mit dem DAF-2-Gen das erste »Langlebigkeitsgen« überhaupt entdeckt.[20] Erinnern Sie sich an die Aussage, dass sich ihre Lebenszeit jetzt schon um das Zehnfache verlängern ließe, wenn Sie ein Fadenwurm wären? Die Grundlagenforschung dafür hat Cynthia Kenyon geleistet.

Calico startete also mit den besten Voraussetzungen: viel Geld, exzellente Wissenschaftler, erfahrene Unternehmer und ein Mutterkonzern, der zu den wichtigsten und einflussreichsten Firmen der Welt gehört. Gemessen daran ist es schon auffällig, wie wenig man von Calico seit seiner Gründung gehört hat. Woran das Unternehmen konkret arbeitet, ist immer noch weitgehend unklar. Auch Googeln hilft da nicht viel. Bekannt geworden ist, dass Cynthia Kenyon ein weiträumiges Versuchslabor einrichten ließ, in dem sie Nacktmulle untersucht. Die bemerkenswert hässlichen Nagetiere, die hauptsächlich unterirdisch in Ostafrika leben, gehören eigentlich zur Gattung der Mäuse. Während diese aber kaum älter werden als drei Jahre, bringen es die Nacktmulle auf 25 bis 30 Jahre. Den Nagern das Geheimnis ihrer Langlebigkeit zu entlocken ist sicherlich eine lohnenswerte wissenschaftliche Aufgabe.

»Killing death« hatten sich viele trotzdem anders vorgestellt. Festzuhalten bleibt: Rund zehn Jahre nach seiner mit viel Spektakel zelebrierten Gründung hat Calico bis heute kein Präparat entwickelt, das in irgendeiner Weise therapeutisch anwendbar ist oder – für Google wahrscheinlich noch wichtiger – vermarktbar wäre. Das bedeutet natürlich nicht, dass für die Zukunft nicht noch einiges kommt. Es zeigt allerdings einmal mehr: Auch in dem vielbeschworenen Zukunftssektor der Langlebigkeitsforschung wachsen die Bäume nicht in den Himmel.

Was nicht bedeutet, dass dort nicht auch weiter heftig investiert wird. Im September 2021 verkündete Jeff Bezos, der ehemalige CEO von Amazon und über viele Jahre hinweg der reichste Mann der Welt (seit Kurzem macht ihm diesen Rang Elon Musk streitig), die Gründung von Altos Labs, einem Unternehmen, das sich dezidiert der Langlebigkeitsforschung widmen wird. Zusammen mit Yuri Milner, einem weiteren Silicon-Valley-Milliardär, der bereits seit Langem über eine persönliche Stiftung den Longevity-Bereich unterstützt, hat er ein Startkapital von rund 270 Millionen Dollar für die neue Firma bereitgestellt. Zahlreiche Investoren aus der Venture-Capital-Branche sind bereits dazugestoßen.

Die Parallele – beziehungsweise die Konkurrenz – zu Calico ist unübersehbar. In beiden Fällen geht es darum, das biologische Alter zurückzudrehen. Und in beiden Fällen stammen die dafür aufgewendeten erheblichen Summen aus dem Kapital der weltweit größten IT-Firmen (Google und Amazon). Im Gegensatz zu Calico arbeitet Altos Labs dezentral und unterstützt im Wesentlichen bereits bestehende Forschungslabore in den USA, Großbritannien, Spanien und Japan. Einer der Schwerpunkte der Forschung liegt dabei auf der Zellreprogrammierung, vor allem der Wiederverjüngung von gealterten Stammzellen.

Eindrucksvoll ist dabei die Liste der Wissenschaftler, die sich Altos Labs an Bord geholt hat. So wie sich reiche Fußballclubs die weltweit besten Profis für ihr Team zusammenkaufen, so hat Altos Labs mit Millionengehältern die Crème de la Crème der Langlebigkeitsforscher verpflichtet. An der Spitze des wissenschaftlichen Beirats steht dabei der japanische Medizin-Nobelpreisträger Shinya Yamanaka, der die bahnbrechende Methode entwickelt hat, normale Körperzellen wieder in Stammzellen zurückzuprogrammieren. Ebenfalls auf der Gehaltsliste steht Steve Horvath, der Erfinder von »Horvath's Clock«, einem epigenetischen Test, der eine sehr präzise Bestimmung des biologischen Lebensalters ermöglicht. Und auch Jennifer Doudna ist mit von der Partie, die mit der CRISPR/Cas-Methode (»Gen-Schere«) eine chirurgisch präzise Methode des Genome-Editing – also DNA gezielt zu schneiden und anschließend zu verändern – erfunden hat und dafür zusammen mit ihrer französischen Kollegin Emmanuelle Charpentier 2020 den Nobelpreis für Chemie erhielt.

Neben den hohen Gehältern erfreut die Wissenschaftler vor allem eines: fast unbegrenzt hohe Forschungsetats. Wenn man weiß, wie viel Zeit und Energie selbst Topwissenschaftler an staatlichen Universitäten gewöhnlich darauf verwenden müssen, für ihre teuren Forschungsvorhaben sogenannte »Drittmittel« zu beschaffen, dann kann man sich die Erleichterung vorstellen, wenn eine Investorengruppe sagt: Kümmer du dich um deine Forschung. Um das Geld kümmern wir uns.

Ob hinter dem Engagement von Multimilliardären wie Jeff Bezos und Co. nun eher ein philanthropisches Bedürfnis oder ein knallhartes Geschäftsmodell steht – darüber lässt sich streiten. Sicher ist: Fast alle superreichen Investoren befinden sich in ihrer zweiten Lebenshälfte. Ein Durchbruch in der Langlebigkeitsforschung wäre also auch für sie ganz persönlich von großem Nutzen. Im Silicon Valley kursiert inzwischen der hübsche Satz: Die jungen Leute träumen davon, reich zu sein. Die reichen Leute träumen davon, jung zu sein.

Eine weitere Firma, die auf das Thema radikale Lebensverlängerung setzt, ist die Human Longevity Inc. Auch dahinter steckt ein alter Bekannter. Craig Venter hat sich vor allem um die Jahrtausendwende einen Namen gemacht, als er mit seiner Firma Celera Genomics in das Rennen um die Entzifferung des menschlichen Genoms einstieg. Das war lange Zeit ein exklusives Vorhaben des staatlich geförderten »Human Genome Project« unter Leitung von Francis Collins. Craig Venter grätschte hier rein mit einer alternativen Sequenziertechnik, schnelleren Computern, einer privaten Firma und dem grenzenlosen Selbstbewusstsein, einfach besser zu sein als die »Beamten-Wissenschaftler« des Human Genome Project. Das Rennen endete dann schließlich mit einem Unentschieden. Im Juni 2000 verkündete der damalige US-Präsident Bill Clinton einer beeindruckten Weltöffentlichkeit, »das Buch des Lebens« sei »entschlüsselt«. Da Collins und Venter im Laufe des Rennens um die Genomentschlüsselung zu ziemlich besten Feinden geworden waren, dürfte es sie viel Überwindung gekostet haben, sich für die anwesende Presse lächelnd die Hände zu schütteln.

Was sich nicht erfüllte, war Craig Venters Hoffnung, die von ihm entschlüsselten Gensequenzen patentieren und damit kommerziell nutzbar zu machen. Die wissenschaftliche Community hatte sich entschieden, sämtliche Forschungsergebnisse der Genomentzifferung unter »Open Access« zu stellen, also kostenlos zugänglich zu machen. Die Aktien von Craig Venters Celera Genomics brachen daraufhin an der Börse ein. Für Francis Collins war das wohl ein später Triumph.

Human Longevity Inc., ein Unternehmen, das Craig Venter 2013 mit dem ebenfalls dem Transhumanismus nahestehenden Investor Peter Diamandis – Sie erinnern sich: Er hatte zusammen mit Ray Kurzweil die Singularity University gegründet – an die Börse brachte, versucht nun erneut, aus dem genetischen Know-how Kapital zu schlagen. Was Human Longevity Inc. von anderen Firmen unterscheidet ist die Tatsache, dass es hier nicht um klinische Grundlagenforschung geht, sondern um praktizierte Präventivmedizin. Angeboten wird der wahrscheinlich umfassendste Check-up der Welt. Ziel ist es dabei, den individuellen Genotyp in Beziehung zum Phänotyp zu setzen. Anders ausgedrückt: Die Patienten lassen zum einen ihr individuelles Genom sequenzieren, auf der anderen Seite wird alles herangezogen, was die moderne Check-up-Medizin derzeit zu bieten hat. Das reicht von einer ausführlichen Anamnese über umfangreiche Laboruntersuchungen, Kardio-Check und Mikrobiomanalyse bis hin zur hochauflösenden Magnetresonanztomografie (MRT), die auch noch den kleinsten Tumor im Körper entdeckt. Die genetische Analyse wird dann mit den klinischen und laborchemischen Befunden in Beziehung gesetzt. Ein ausgeklügelter Algorithmus erarbeitet auf dieser Grundlage einen personalisierten Therapieplan gegen den Alterungsprozess.

Das klingt gut, hat aber einen Nachteil: Es ist ziemlich teuer. Rund 25000 Dollar muss man auf den Tisch des HLI-Büros legen, um sich auf Herz, Nieren, Gene und alles andere untersuchen zu lassen. Offensichtlich ist das vielen dann doch ein wenig zu viel. Pläne, aus der Mutterklinik in San Diego ein Franchise-Unternehmen mit weltweit rund 50 Kliniken zu machen, wurden erst einmal auf Eis gelegt. Auch hier zeigt sich erneut: Das Big Business der Zukunft ist offensichtlich doch nicht so einfach, wenn es um die praktische Umsetzung geht.

Auch vor diesem Hintergrund ist es sinnvoll, für alle Fälle noch eine Notfalloption im Hintergrund zu haben. Der wollen wir uns im nächsten Kapitel widmen.

Dialog: Radikale Lebensverlängerung – Für immer jung?

SLS: Ein Ziel, das fast alle Transhumanisten in irgendeiner Form bejahen und anstreben, ist ja die Verlängerung der Lebensspanne beziehungsweise der Gesundheitsspanne. Wir haben das ja auch in den letzten 150 Jahren schon praktisch realisiert und die Lebensdauer verdoppelt. Denkst du, das könnte immer so weitergehen, oder gibt es da auch eine Grenze? Falls ja, lässt auch die sich überwinden?

BKG: Richtig ist, dass sich in den industrialisierten Ländern etwa ab der Mitte des 19. Jahrhunderts die Lebenserwartung verdoppelt hat – von damals knapp 40 Jahren auf derzeit ungefähr 80 Jahre. Das ist natürlich höchst erfreulich. Das lässt sich aber nicht einfach so weiter hochrechnen. Für jedes Individuum gibt es eine durchschnittliche Lebenserwartung, es gibt aber auch eine maximale Lebenserwartung. Eine Maus wird nun einmal nicht älter als drei Jahre. Dein Haushund wird, auch wenn du ihn noch so gut pflegst, nicht älter als zwanzig Jahre werden. Die maximale Lebenserwartung beim Menschen liegt wohl bei den 122 Jahren, welche die Französin Jeanne Calment erreicht hat. Das heißt nicht unbedingt, dass wir da stehen bleiben müssen. Aber mit dem, was wir jetzt im Bereich der Anti-Aging-Medizin praktizieren – Lebensstilmodifikation, Supplementierung von Mikronährstoffen, Substitution von Hormonen etc. –, ist das wahrscheinlich die Obergrenze. Und um diese 120 Jahre zu erreichen, brauchst du dann auch noch Glück, gute Gene und musst wahrscheinlich eine Frau sein.

SLS: Was sind denn die vielversprechendsten Ansätze, die es in Zukunft möglich machen werden, die 120-Jahre-Grenze zu überwinden? Aubrey de Grey spricht ja häufig davon, dass der erste Mensch, der 1000 Jahre alt wird, bereits geboren ist. Was sind in deinen Augen die Techniken, die diese Vision realistisch erscheinen lassen?

BKG: Was wir bisher machen, ist ja im Wesentlichen Präventivmedizin. Das bedeutet: Wir versuchen den Organismus vor Schäden zu bewahren, damit wir die für uns maximale Lebenserwartung von 120 Jahren erreichen. Am Horizont zeichnet sich aber bereits eine ganz neue Medizin ab, nämlich die regenerative Medizin. Wir haben gesehen, dass David Sinclair Altern im Wesentlichen als sogenanntes »epigenetisches Rauschen« ansieht. Das bedeutet: Unsere genetische Steuerung wird zunehmend unpräziser. Da gibt es bereits erste Ansätze, das zu reprogrammieren. Ein weiterer Hoffnungsträger sind zweifellos auch die Stammzellen. Es gibt primitive Organismen, wie den Süßwasserpolypen Hydra, die nicht altern, weil sie sich über Stammzellen permanent regenerieren. Die Möglichkeit besteht also schon, Altern zu behandeln. Altern ist – das sehen wir bei Organismen wie der Hydra und auch bei Einzellern und Bakterien – nicht unbedingt zwangsläufig mit dem Leben verbunden. Bakterien zum Beispiel altern ebenfalls nicht.

Für die nächsten 30 oder 40 Jahre sehe ich eine Lebensverlängerung in der von Aubrey de Grey beschriebenen Dimension nicht wirklich. Das Überschreiten der 120-Jahre-Grenze dagegen ist sicherlich etwas, was innerhalb der nächsten Generation machbar sein wird. Die Frage ist ja auch, ob eine Lebensspanne von 1000 Jahren tatsächlich ein erstrebenswertes Ziel ist. Die meisten wissen ja nicht einmal, was sie mit einem verregneten Sonntagnachmittag anfangen sollen, geschweige denn mit einem Jahrtausend Lebenszeit.

SLS: Du bist ja mittendrin in diesen Debatten und kennst auch genau die Protagonisten, die da forschen. Hast du für diejenigen, die der Anti-Aging-Medizin noch skeptisch gegenüberstehen, Beispiele, wo du sagen kannst: Hier ist ein Paradigmenwechsel bereits erfolgt. Hier wird deutlich, was für ein Potenzial in dieser neuen Medizin steckt. Und wer sind da die entscheidenden Player? Für mich sieht es im Moment eher so aus, als ob vor allem die privaten Investoren eine große Rolle spielen. Jetzt hat ja gerade wieder Jeff Bezos führende Forscher in sein Team geholt und hat viel Geld in Altos Labs investiert. Die von der Öffentlichkeit unterstützten Projekte scheinen dagegen weiter recht traditionell vorzugehen. Die konzentrieren sich jetzt ausschließlich auf die Behandlung von Krankheiten wie Krebs oder Alzheimer. Teilst du diese Beurteilung?

BKG: Leider ist das so. Und man muss auch konstatieren: Deutschland hinkt da besonders weit hinterher. Sowohl die öffentliche als auch die von der Pharmaindustrie betriebene Forschung ist bei uns immer noch fast 100-prozentig krankheitszentriert. Es geht also darum, entweder kardiovaskulären Krankheiten, der Demenz, der Osteoporose, dem Krebs vorzubeugen und so weiter. Es gibt ganz gute Studien, die ausrechnen, was das an zusätzlicher Lebenszeit bringen würde, wenn wir alle diese Erkrankungen besiegen. Das sind dann nicht mehr als 12 bis 13 zusätzliche Lebensjahre. Wenn wir da also einen entscheidenden Durchbruch erzielen wollen, müssen wir aufhören, uns auf einzelne Krankheiten zu konzentrieren. Wir müssen vielmehr das Altern selbst behandeln. Alles andere ist Symptompfuscherei. Immer wieder wird mir ja die Frage kritisch gestellt: Aber ist denn Altern eine Krankheit? Die Antwort lautet: Es ist mehr als das. Altern ist die Mutter aller Krankheiten.

Erkannt haben das bisher vor allem die Transhumanismus-Gurus im Silicon Valley. Insofern entstehen dort auch die entsprechenden Firmen. Trotzdem muss man natürlich sagen: Auch Firmen wie Calico können die Wissenschaft nicht einfach neu erfinden. Auch hier kommt es erst einmal darauf an, Grundlagenforschung zu betreiben und dann in die klinische Praxis zu gehen. Aber gerade im Bereich der Grundlagenforschung haben wir in den letzten Jahren unglaubliche Fortschritte gemacht. Die wesentlichen Alterungsfaktoren – Oxidation, Inflammation, Glykierung, Telomerenverkürzung, epigenetisches Rauschen, Verlust von Stammzellen etc. – sind erkannt und beschrieben. Das ist die wesentliche Voraussetzung dafür, dass wir dann in den nächsten Jahren hier auch therapeutisch tätig werden können. Da stehen uns definitiv spannende Zeiten bevor.

SLS: Und wie siehst du jene Szene, die gerade in den USA stark vertreten ist, nämlich die Biohacker? Die nutzen ja schon alle möglichen Therapien, um für sich selbst das Optimale an Lebenszeit herauszuholen.

BKG: Das ist sicherlich eine ganz interessante Szene. Solange die auf Kältebäder und Ähnliches setzen, habe ich auch gar nichts dagegen. Das mache ich selber genauso. Aber man muss auch ganz klar sagen: In dieser Szene gibt es eben auch Spinner, die glauben, sie müssten jetzt in ihrer Garage anfangen, ihre eigenen Gene zu verändern. Und es ist ja tatsächlich so, dass das mit neuen Technologen wie CRISPR/Cas gar nicht mehr so schwierig ist. Ein Biologiestudent im 6. Semester kann da mit einem entsprechenden Baukasten schon eine ganze Menge machen. Aber wie gesagt – wenn ambitionierte Dilettanten anfangen, ihre eigenen Gene zu verändern oder ähnliche invasive Eingriffe vornehmen, dann finde ich das eher gruselig.

SLS: Und wie stehst du zu Liz Parrish, die ja in diesem Kontext immer wieder erwähnt wird? Altern ist ja im Wesentlichen durch die Verkürzung der Telomere bedingt, und sie ist als CEO ihrer eigenen Firma nach Südamerika gereist und hat dort mit einer Technik, die sie selbst mit entwickelt hat, ihre Telomere wieder verlängern lassen. In den USA war das rechtlich nicht möglich. Liz Parrish behauptet jetzt, sie sei der erste Mensch, der deutlich verjüngt wurde. Ist das jetzt ein spannender Ansatz, den man deiner Meinung nach weiterverfolgen sollte?

BKG: Die Verlängerung der Telomere ist sicherlich ein interessanter Ansatz. Die Art und Weise, wie das Frau Parrish praktiziert hat, überzeugt mich jedoch nicht. Sich selbst zum Forschungsobjekt zu machen hat zwar in der Medizin eine gewisse Tradition. Der deutsche Arzt Werner Forßmann hat zum Beispiel in den 1920er-Jahren sich selbst einen Herzkatheter geschoben und dafür 30 Jahre später sogar den Medizin-Nobelpreis erhalten.

Prinzipiell ist aber der heroische Selbstversuch nicht mehr die Methode, mit der man Wissenschaft im 21. Jahrhundert voranbringt. Dafür braucht es gute Studien mit entsprechenden Teilnehmerzahlen. Im Übrigen hat man ja auch von Frau Parrish nach ihrer spektakulären Aktion nicht mehr sonderlich viel gehört. Also – derartigen Aktionen stehe ich als Schulmediziner und Wissenschaftler zutiefst skeptisch gegenüber. Man muss ja auch immer mit ins Kalkül ziehen: Was passiert, wenn dabei etwas schiefläuft? Das kann dann das ganze Forschungsfeld auch um Jahre zurückwerfen.

SLS: Viele Transhumanisten bleiben ja bei der radikalen Lebensverlängerung nicht stehen, sondern versprechen sogar die Unsterblichkeit. Ich persönlich habe mich dagegen ja immer stark gewehrt. Unsterblichkeit können wir ja noch nicht einmal denken – es lässt sich in keiner Weise konzeptualisieren, außer wenn wir das in einem traditionell christlichen und religiösen Sinn verstehen. Wie stehst du dazu?

BKG: In der Tat denke ich, dass die Unsterblichkeit eine Fiktion ist und es auch bleiben wird. Du gehst die ganze Sache ja immer sehr konsequent an und sagst: In sechs Milliarden Jahren ist die Sonne erloschen. Spätestens dann ist sowieso Schicht im Schacht. Aber ich denke, so lange müssen wir gar nicht warten. Auch wenn wir Altern zu einer behandelbaren Erkrankung machen, gibt es genügend andere Ursachen, an denen wir noch sterben können. Einige davon haben wir im Vorfeld bereits erwähnt. Ich denke, eine zusätzliche häufige Todesursache wird wohl darin bestehen, dass die Selbstmordrate ansteigt. Viele werden sich bei einer extrem gesteigerten Lebenserwartung im wahrsten Sinne des Wortes zu Tode langweilen.

Das Gerede von der Unsterblichkeit ist meines Erachtens vor allem ein Marketing-Trick. Damit kommt man eher in die Presse, damit gewinnt man leichter Investoren. Aber damit verzapft man natürlich auch eine Menge Unsinn. Ein schöner Spruch von Woody Allen lautet: »Die Ewigkeit ist eine verdammt lange Zeit, vor allem gegen Ende hin zieht es sich.« Und in der Tat – hier kommen wir jetzt wieder in den eher philosophischen Bereich – denke ich, dass Dinge nicht zuletzt dadurch einen Reiz haben, dass sie endlich sind. Ein gutes Essen darf gern auch ein paar Gänge mehr haben, irgendwann muss es aber doch mit einem Dessert schließen. Das Gleiche gilt für den Musikgenuss. Nach einer bekannten Definition zeichnet sich eine Oper dadurch aus, dass am Ende die dicke Frau stirbt. Das kann bei Richard Wagner schon mal vier bis fünf Stunden dauern. Dann ist aber auch dem enthusiastischsten Wagnerianer eine gewisse Erleichterung anzumerken. Und jeder Fußballfan weiß: Die Nachspielzeit ist häufig die spannendste. Im Moment arbeiten wir ja intensiv daran, die Lebensnachspielzeit deutlich zu verlängern. Aber auch die wird nicht ewig dauern. Wenn der Schiri abpfeift, ist das Spiel zu Ende. Und das ist auch gut so.

Kryonik – Longevity on Ice

Bernd Kleine-Gunk

Aubrey de Greys optimistischer Spruch »Der erste Mensch, der tausend Jahre alt wird, ist bereits geboren« wurde bereits mehrfach zitiert. Pessimistisch ausgelegt bedeutet er aber auch: Für viele, die derzeit leben, könnte es eng werden, was den Durchbruch hinsichtlich der radikalen Lebensverlängerung angeht. Es besteht die Gefahr, dass sie zur letzten Generation gehören, die sich mit der traditionellen Lebensspanne von 80 bis 100 Jahren begnügen müssen. Das wäre natürlich mehr als ärgerlich.

Aber auch hier bieten die Transhumanisten eine Lösung an – sozusagen den Plan B für die Unsterblichkeit. Die Rede ist von der Kryonik. Darunter versteht man das Konservieren von Zellen, Geweben oder auch ganzen Organismen durch Kälte. Praktiziert wird das schon seit Langem. Jedes medizinische Zentrum für künstliche Befruchtung (IVF, In-vitro-Fertilisation) friert zum Beispiel überzählige befruchtete Eizellen ein, damit diese dann zu einem späteren Zeitpunkt für einen erneuten Transfer in die Gebärmutter der Kinderwunschpatientin zur Verfügung stehen. Teilt man die Vorstellung der katholischen Kirche, wonach das menschliche Leben im Augenblick der Verschmelzung von Ei und Samenzelle beginnt, so werden derzeit also bereits weltweit Zehntausende von Menschen kryokonserviert.

Auch in biologischen Forschungslaboren ist es gängige

Praxis, einzelne Zellen, Mikroben oder kleine Gewebeproben zu kryokonservieren. Nutzt man dazu flüssigen Stickstoff, so erreicht man Temperaturen von –196 Grad Celsius. Bei dieser Temperatur kommt nahezu jede Molekularbewegung zum Erliegen, was bedeutet, dass die Konservierung praktisch unendlich lange aufrechterhalten werden kann.

Relativ früh entstand so bereits der Gedanke, auch vollständige Menschen auf diese Art einzufrieren, um sie dann zu einem späteren Zeitpunkt wieder unbeschadet auftauen zu können. Nachdem sich einige Science-Fiction-Autoren des Themas bereits literarisch angenommen hatten, war es dann der bereits erwähnte Robert Ettinger, der mit seinem 1964 erschienenen Buch *The Prospect of Immortality* erstmals den Versuch unternahm, die Kryonik auf eine wissenschaftliche Basis zu stellen.[21] Teil seines Engagements war dann 1976 die Gründung des Cryonics Institute. Dessen Dienste musste Ettinger glücklicherweise erst relativ spät in Anspruch nehmen. Er starb 2011 im gesegneten Alter von 92 Jahren, ließ sich danach aber umgehend in einem entsprechenden Container tiefkühlen. Transhumanisten leben eben das, was sie verkünden – auch nach ihrem Tod.

Der erste Mensch, der jemals kryokonserviert wurde, ist im übrigen James Bedford, ein amerikanischer Psychologieprofessor, der 1967 im Alter von 73 Jahren starb und danach umgehend in flüssigem Stickstoff eingelagert wurde. Als Einziger aus der Pionierzeit der Kryonik hat er auch heute noch bei der Firma Alcor einen Platz, den als »Ehrengrab« zu bezeichnen engagierte Transhumanisten sicherlich als Blasphemie ansehen würden.

Dennoch stehen die Chancen für ein erfolgreiches Wiederauftauen von Bedford schlecht. Die Ursachen liegen in physikalisch-chemischen Grundprinzipien. Kleinstlebewesen und mikroskopische Gewebeteile lassen sich in flüssigem Stickstoff sozusagen schockgefrieren. Alles, was größenmäßig darüber hinausgeht, unterliegt einem Prozess, bei dem das allmähliche Einfrieren zur Bildung winziger Eiskristalle führt. Die wiederum schädigen die Organellen in den Zellen, vor allem aber schädigen sie die Gefäßwände, was die fast vollständige Zerstörung von Zellen und Geweben zur Folge hat.

Das ist im Übrigen der Grund dafür, warum zum Beispiel in der Transplantationsmedizin alles immer noch sehr schnell gehen muss – von der Explantation des Organs bei dem Verstorbenen bis hin zur Verpflanzung des Spenderorgans in den Empfänger. Das alles wäre ja sehr viel einfacher, wenn man die Spenderorgane einfach in flüssigem Stickstoff konservieren könnte und somit eine Art Organbank für Transplantationen aufbauen könnte. Und was bei einzelnen Organen nicht funktioniert, kann bei einem ganzen Organismus erst recht nicht funktionieren.

Das haben inzwischen natürlich auch die Vertreter der Kryonik realisiert, und sie haben eine – zumindest in ihren Augen – überzeugende Lösung für das Problem gefunden. Das Schlüsselwort lautet »Vitrifizierung«. In dem Begriff steckt der lateinische Ausdruck für Glas (*vitrum*). Und in der Tat bezeichnet Vitrifizierung das Festwerden von Flüssigkeiten bei ihrer Abkühlung. Dabei entstehen keine Kristallisationsprodukte, sondern amorphes Material (Glas). Etwas einfacher ausgedrückt: Man schützt den Körper vor den zerstörerischen Eiskristallen, indem man ihn unmittelbar nach seinem Tod bei der Herunterkühlung mit einer Art Frostschutzmittel perfundiert. Geholfen haben dabei Techniken, die in der Medizin schon seit Jahrzehnten etabliert sind, wie etwa der Einsatz von Herz-Lungen-Maschinen. Die erlauben bei Eingriffen am offenen Herzen das Aufrechterhalten des Blutflusses im Körper. Sie machen es aber auch möglich, in kürzester Zeit das gesamte Blut gegen Frostschutzmittel auszutauschen und dies damit über die Kapillaren bis in die letzten Winkel unseres Körpers zu bringen.

Wie läuft das Ganze nun praktisch ab? Nach Vertragsabschluss mit einer entsprechenden Firma sorgt diese dafür, dass beim Ableben ein Team von Spezialisten vor Ort bereitsteht, das den Körper zunächst herunterkühlt, ohne ihn aber komplett einzufrieren. Danach wird die Vitrifizierung vorgenommen, also der Austausch des Blutes durch das Frostschutzmittel. Erst dann erfolgt die Überführung in das entsprechende Kryonikzentrum, wo der Körper dann in die Tanks mit flüssigem Stickstoff eingelagert wird. Die Einlagerung erfolgt im Übrigen mit dem Kopf nach unten. Falls der Nachschub an flüssigem Stickstoff, der kontinuierlich von oben aufgefüllt wird, also einmal ins Stocken geraten sollte, verfaulen nur die Füße und nicht der Kopf.

Für alle, die eine Kryokonservierung ernsthaft erwägen, stellen sich gleich mehrere Fragen. Zunächst einmal gilt es, den richtigen Anbieter zu finden. Das ist nicht allzu schwierig, denn noch ist das Angebot recht übersichtlich. Marktführer ist definitiv die Firma Alcor, die ihren Sitz in Arizona hat. Wie viele transhumanistische Unternehmungen, so wurde auch sie ursprünglich in Kalifornien gegründet. Der Umzug nach Arizona erfolgte, weil die Gegend um San Francisco als erdbebengefährdet gilt, was im schlimmsten Fall die Kühltanks beschädigen könnte. Arizona ist diesbezüglich deutlich sicherer. Es soll niemand behaupten, Kryoniker würden nicht an alles denken.

Daneben gibt es noch das Cryonics Institute in Michigan. Das verweist nicht ohne Stolz darauf, vom Urvater der Kryonik, Robert Ettinger, höchstselbst gegründet worden zu sein. Gegenüber Alcor bietet es einen zusätzlichen Service an, der es bei den Amerikanern ziemlich beliebt macht: Man kann dort nämlich auch seine Haustiere einfrieren lassen.

Und schließlich gibt es auch in Russland ein entsprechendes Institut. KrioRus befand sich zunächst in Alabuschewo bei Moskau, heute lagern die Kryoniktanks in der Stadt Sergijew Possad rund 70 Kilometer nordöstlich von Moskau. Im Gegensatz zu Alcor und zum Cryonics Institute, die beide als gemeinnützige Organisationen eingetragen sind, handelt es sich beim KrioRus um ein kommerzielles Unternehmen. Allzu gut scheinen die Geschäfte allerdings nicht zu laufen. KrioRus wurde 2005 gegründet. Stand 2022 berichtet es über etwa 80 eingefrorene Kunden sowie über 50 tiefgekühlte Haustiere.

Was kostet das Ganze nun? Für die Einlagerung des vollständigen Körpers berechnet Alcor rund 200 000 US-Dollar. Das ist natürlich kein Schnäppchenpreis. Aber der Aufwand ist auch nicht unerheblich. Ein Team von Spezialisten muss mit einem aufwendigen Technikset zur Vitrifizierung anreisen. Der Transport nach Arizona will organisiert sein, die Kühltanks verbrauchen rund um die Uhr Energie und werden wahrscheinlich ja auch für längere Zeit in Anspruch genommen. Wem das trotzdem zu viel Geld ist, der kann sich auch für eine preiswertere Variante entscheiden. Die Neurokryokonservierung ist bereits ab 60 000 Dollar zu haben. Dabei wird lediglich der Kopf kryokonserviert. Dahinter steckt der bei Transhumanisten verbreitete Gedanke, dass der Mensch im Wesentlichen sein Bewusstsein ist, und das hat seinen Sitz nun einmal im Gehirn. Künftige Generationen werden dann nach dem Auftauen des Kopfes schon einen geeigneten Körper für den Kopf finden. Der eigene ist im Alter ja sowie meistens nicht mehr sonderlich ansehnlich. Eine weitere Möglichkeit wäre, den tiefgekühlten Kopf einem Mind-Uploading zu unterziehen, also das in den Neuronen gespeicherte Bewusstsein in eine Cloud hochzuladen. »Völlig losgelöst« – um es mit einem Lied der »Neuen Deutschen Welle« zu sagen.

In Deutschland und Europa gibt es im Übrigen keine Kryonikinstitute, da die Einlagerung in den Tanks nicht legal ist. Selbstverständlich kann man aber auch hier die

Dienste der entsprechenden amerikanischen und russischen Anbieter nutzen. Auch eine Vitrifizierung vor Ort ist möglich. Allerdings muss dann die Überführung nach Amerika per Flugzeug erfolgen. Das wird dann noch einmal richtig teuer.

Überhaupt sind die Umstände des Ablebens entscheidend. Am besten stirbt man an einer unheilbaren Krankheit im Krankenhaus oder im Hospiz. Das erlaubt dem anwesenden Fachpersonal, den Todeszeitpunkt einigermaßen präzise vorauszusagen und gibt dem Kryonikteam genügend Zeit, mit der gesamten technischen Ausrüstung rechtzeitig anzureisen. Stirbt man bei einem Verkehrsunfall – eventuell sogar mit Schädelverletzung – oder ertrinkt und wird erst Tage später aus dem Wasser gezogen, entstehen zumeist Schäden, von denen selbst überzeugte Kryoniker bezweifeln, dass künftige Generationen sie werden beheben können.

Was uns zu der Frage führt: Wann ist ein Mensch eigentlich tot? Lange Zeit lautete die Antwort darauf: Wenn sein Herz aufgehört hat zu schlagen. Das sehen wir inzwischen differenzierter. Jeder kennt Berichte, wonach Menschen nach einem Herzstillstand erfolgreich wiederbelebt wurden. Bei Operationen am offenen Herzen übernimmt inzwischen eine Herz- Lungen-Maschine die Pumpfunktion des Herzmuskels – und das häufig über Stunden. Der »Herztod« oder auch klinische Tod hat also inzwischen als Definition ausgedient. Er ist eine umkehrbare Form des Todes. Ersetzt wurde er in der Medizin seit Ende der 1960er-Jahre durch den »Hirntod«, der definiert ist als das »komplette und irreversible Versiegen der elektrischen Aktivitäten im Gehirn«. Die lassen sich über ein sogenanntes Elektroenzephalogramm (EEG) problemlos ableiten. Ist hier über 30 Minuten lang keine Aktivität sichtbar, gilt der Patient als endgültig verstorben. Erst dann dürfen zum Beispiel Organe für eine Transplantation entnommen werden. Und erst dann darf im Übrigen auch das Team des Kryonikinstituts mit der Vitrifizierung beginnen. Alles andere wäre Mord beziehungsweise aktive Euthanasie. Beides ist strafbar.

Da stellt sich nun natürlich eine weitere Frage: Auch wenn alles nach Plan läuft, das Kryonikteam vor Ort ist und es unmittelbar nach Feststellung des Hirntodes mit der Konservierung beginnt – ist es nicht auch dann bereits zu spät? Ist das Gehirn dann nicht in einem Maß geschädigt, dass sich niemand wünscht, damit jemals wieder aufzuwachen?

Nein, sagen die Transhumanisten und führen dafür auch wissenschaftliche Belege an. Der amerikanische Nanotechnologe und Kryoniker Ralph Merkle weist darauf hin, dass Erinnerungen und Bewusstsein in unserem Hirn im Wesentlichen auf der synaptischen Verschaltung unserer Neuronen – also den Verbindungen zwischen unseren Nervenzellen – beruht. Die sind auch Stunden nach dem Versiegen der Hirnströme noch unverändert erhalten und können damit konserviert werden.[22] Merkle spricht in diesem Zusammenhang vom »informationstheoretischen Tod«. Solange Informationen unbeschadet im Gehirn gespeichert sind, ist es auch nicht von Bedeutung, ob Hirnströme fließen oder nicht. Unser Gedächtnis und unser Bewusstsein sind dann auch nach dem Wiederauftauen vollständig erhalten. Was will man mehr?

Auch wenn viele Neurowissenschaftler hier eher Wunschdenken am Werk sehen, ist es auch in Bezug auf diesen Aspekt wie immer bei den transhumanistischen Projekten: Man macht es sich zu leicht, wenn man die Visionen der Transhumanisten als reine Science-Fiction abtut. Dazu ist aus Science-Fiction schon zu oft Science-Fact geworden. Gut 50 Jahre nach der Unterscheidung von Herztod und Hirntod wird also erneut darüber diskutiert, ob eine Erweiterung unserer Definition von Tod notwendig ist. Endgültig tot wäre man demnach erst, wenn sich die informationstheoretische

Basis unseres Gehirns, also die Verknüpfung der neuronalen Strukturen, aufgelöst hat.

So zumindest sehen das die Kryoniker. Und darauf setzen sie ihre Hoffnung. Und das ist auch der Grund, warum sie die eingelagerten Personen in den Kühltanks nicht als Verstorbene oder gar als Leichen bezeichnen, sondern als »Patienten«. Anders ausgedrückt könnte man auch von »medizinischen Zeitreisenden« beziehungsweise von »Kryonauten« sprechen.

Da das Wort »Patient« abgeleitet ist vom lateinischen *patientia*, was so viel bedeutet wie Geduld beziehungsweise Langmut, ist die von der Kryonik gewählte Bezeichnung wahrscheinlich die treffendste. Denn Geduld braucht es schon, bis die Technik so weit ist, die Tiefgekühlten aus dem 20. und 21. Jahrhundert unbeschadet wieder ins volle Leben zurückzuholen. Die Optimisten rechnen mit einem Jahrhundert, die Realisten eher mit zwei. Wie auch immer – das Auftauen sollte nach dem Motto erfolgen »Last come in, first come out«. Die zuletzt Eingefrorenen sollen also zuerst wiederbelebt werden, denn sie wurden mit der fortschrittlichsten Technik kryokonserviert. Ist die Methodik des Entfrostens dann einmal gut etabliert, könne man sich auch denjenigen widmen, die unter nicht ganz so optimalen Bedingungen in die Kühltanks kamen.

Das Wiederauftauen wird also ein ziemlich aufwendiges und kostspieliges Unternehmen – auch für künftige Generationen. Was einigen Kryonikern durchaus Sorge bereitet. Wollen künftige Generationen eigentlich die gesamte menschliche Tiefkühlware wieder auftauen – selbst wenn sie es könnten? Oder stellen sie dann nach den ersten zwei oder drei Reanimierten fest, dass die Menschen im 21. Jahrhundert gar nicht so interessant waren, dass es sich lohnt, sie alle wieder aufzutauen?

Eine andere Problematik kommt hinzu: »Das letzte Hemd hat keine Taschen«, heißt es im Volksmund. Auch in die Kühltanks kann man kein Bargeld mitnehmen. Es besteht also die Gefahr, dass da in 200 Jahren Menschen aufgetaut werden, die dann ohne jegliche finanzielle Mittel auf der Straße stehen. Und ob eventuell noch lebende Familienmitglieder Geld haben, um der mittellosen Verwandtschaft aus dem zurückliegenden 21. Jahrhundert unter die Arme zu greifen, ist auch nicht sicher. Natürlich kann man darauf hoffen, dass in 200 Jahren die Welt so reich, fortschrittlich und glücklich ist, dass sie so etwas Rückständiges wie Geld gar nicht mehr braucht. Darauf verlassen sollte man sich aber nicht. Auch über die letzten 3000 Jahre hinweg hat der Wohlstand kontinuierlich zugenommen. Die Sorge um das Geld ist deshalb nicht unbedingt weniger geworden.

Man mag es kaum glauben, aber es ist tatsächlich so: Auch dafür haben die Kryoniker eine Lösung. Bei einer Bank in Liechtenstein hat man dazu extra eine Stiftung, die Reanimation Foundation, gegründet. Dort kann jeder, der sich für die Kryokonservierung entschieden hat, sein Geld einzahlen. Die Mindesteinlage beträgt 25 000 Dollar. Banker würden hier wahrscheinlich von einem langfristigen Investment sprechen. Aber schließlich will man ja auch nicht im 23. Jahrhundert fremden Leuten auf der Tasche liegen.

Man mag die ganze Angelegenheit der Kryonik für ein wenig abseitig halten. Zweifellos verleitet sie auch zu einer ironisierenden Darstellung. Dennoch ist es wichtig, sich klarzumachen: Im Kosmos des transhumanistischen Denkens nimmt die Kryonik einen zentralen Platz ein. Mithilfe von innovativer Technik den Tod zu besiegen, als Zeitreisender auf Eis sein Leben in einer fernen Zukunft fortzusetzen – das sind Ideen so recht nach dem Geschmack von Menschen, die alles tolerieren, aber keine Grenzen.

Nicht zuletzt könnte die Kryonik auch zu einer Schlüsseltechnologie werden, wenn es um ein weiteres Lieblingsprojekt des Transhumanismus geht: die Besiedlung des Weltraums. Spätestens seit dem Science-Fiction-Klassiker »Alien« ist bekannt, dass man die langen Reisezeiten im Weltraum am besten in einer Kühlbox verbringt.

Und so haben denn die führenden Transhumanisten, von Ray Kurzweil über Aubrey de Grey bis Peter Thiel, auch alle bereits ihren Vertrag bei Alcor unterschrieben. Dessen CEO und Präsident der Alcor Life Extension Foundation war übrigens fast zehn Jahre lang Max More, den wir bereits als einen der Gründerväter der transhumanistischen Bewegung kennengelernt haben. Auch dies ist ein Beleg dafür, welche Bedeutung die Kryonik im transhumanistischen Denken hat.

Gleichwohl gehen selbst die meisten Transhumanisten davon aus, dass die Aussichten, in irgendeiner absehbaren Zukunft tatsächlich aus den Kühltanks befreit und wiederbelebt zur werden, wohl eher gering sind. Was für sie allerdings kein Grund ist, auf die Möglichkeit zu verzichten und bei Alcor nicht zu unterschreiben. Als philosophisch versierten Intellektuellen ist ihnen natürlich auch die Argumentation von Blaise Pascal (1623–1662) bekannt, warum es besser sei, an Gott zu glauben: Man kann nur gewinnen. Selbst wenn die Chancen gering sind, dass ER tatsächlich existiert, sei es stets eine bessere Wette, an Gott zu glauben, weil der Erwartungswert des Gewinns, der durch einen Glauben an einen Gott erreicht werden kann, stets größer ist als im Falle des Unglaubens.

Konkret lautet die Argumentation des französischen Mathematikers und Philosophen wie folgt: Glaubt man an Gott, und Gott existiert, so wird man belohnt. Man kommt in den Himmel. Glaubt man an Gott, und Gott existiert nicht, gewinnt man nichts. Man verliert aber auch nichts. Glaubt man nicht an Gott, und Gott existiert nicht, so gewinnt man nichts und verliert auch nichts. Glaubt man nicht an Gott, und Gott existiert, so hat man schlechte Karten. Strafe droht. Im schlimmsten Fall landet man in der Hölle.[23]

Ähnlich ist es mit den Chancen auf eine Wiederbelebung nach der Konservierung. Funktioniert sie, hat man die Wette auf Unsterblichkeit gewonnen, wenn man sich hat einfrieren lassen. Funktioniert sie nicht, hat man auch nichts verloren – abgesehen von vielleicht 200 000 Dollar Gebühren. Tot ist man aber auf jeden Fall.

Man kann es auch noch präziser auf den Punkt bringen. Und zwar mit den Worten eines Kunden, der bei Alcor unterschrieben und dies auf seiner Facebook-Seite öffentlich gemacht hat. Als Grund für seinen Vertragsabschluss gab er an: Ich habe eigentlich keine große Hoffnung, dass die Sache funktioniert. Aber was soll's: Verwesen ist auch keine Alternative.

Dialog: Kryonik – Longevity on Ice

BKG: Stefan, als überzeugter Transhumanist, hast du bereits einen Vertrag bei Alcor unterschrieben?

SLS: Das haben in der Tat schon viele Transhumanisten getan, ich bisher nicht. Ich stehe der Kryonik auch eher skeptisch gegenüber. Vieles erscheint mir derzeit noch zu unplausibel und unwahrscheinlich. Das Einfrieren muss ja sehr schnell nach dem Tod passieren. Es werden offensichtlich doch sehr viele Strukturen in unserem Körper geschädigt. Also – derzeit ist mir das noch alles zu unausgereift, als dass ich auf diese Technik setzen würde.

Aber natürlich verstehe ich die Logik dahinter. Ohne die Möglichkeit der Kryonik besteht keinerlei Hoffnung auf eine verlängerte Lebensspanne beziehungsweise auf eine Wiedererweckung. Dann ist mit dem Tod alles vorbei. Entscheidend wäre ein Verfahren, bei dem der Körper ohne bedeutende weitere Schädigungen eingefroren werden kann. Später müsste dann die Todesursache, also die Auflösung einer Struktur, mit der der Ganzhirntod einhergeht, mittels Bioprinting, synthetischer Biologie und Nanorobotern rückgängig gemacht werden können. Das ist in der Tat ein faszinierender Gedanke. Trotzdem muss ich sagen: Es ist die Kryonik nicht wirklich eine Technik, die mich persönlich stark begeistert, da ich deren Realisierung in absehbarer Zeit leider für höchst unplausibel erachte. Wie geht es dir denn damit?

BKG: Sehr ähnlich. Auch ich finde das eher abseitig, wenn nicht gar abstrus. Dennoch bin ich immer wieder erstaunt, welch hohen Stellenwert das doch für viele Transhumanisten hat. Max More, einer der Pioniere der Bewegung, war lange Zeit der CEO von Alcor, und viele Transhumanisten haben publik gemacht, dass sie dort bereits die entsprechenden Verträge unterschrieben haben. Also: Das ist im Transhumanismus alles andere als ein Randthema.

Und was die Preise angeht: Die werden in Zukunft wohl noch einmal deutlich ansteigen. Es kostet ja doch einiges an Energie, in der Wüste von Arizona Stahltanks 24 Stunden am Tag auf -196 Grad herunterzukühlen. Das spielte vielleicht noch keine so große Rolle, als man vor Jahrzehnten mit der Kryonik startete. Bekanntlich hat sich da aber inzwischen einiges geändert.

SLS: Die Kryonik hat ja nicht nur eine amerikanische Tradition. Auch in Russland gibt es Kryonikinstitute. Weißt du etwas darüber, wie die laufen?

BKG: KRYO RUS haben wir ja bereits erwähnt. Das ist geschäftlich gesehen nicht unbedingt ein Erfolgsmodell, auch wenn die Energiepreise in Russland geringer sind als bei uns. Es gibt aber dort tatsächlich eine längere Tradition von Kryonik. Als Lenin 1924 verstarb, hat man allen Ernstes versucht, ihn zu kryokonservieren. Hintergrund war der Wunsch, ihn irgendwann einmal wieder aufzutauen, damit die zukünftige sozialistische Weltgemeinschaft dann ihren Gründervater wieder als lebende Person unter sich hat. Das hat dann aus technischen Gründen leider nicht funktioniert. Als der Leichnam dann anfing etwas zu müffeln, hat man sich schließlich darauf beschränkt, die Leiche klassisch einzubalsamieren. Bekanntlich wurde sie dann in einem Mausoleum an der Kremlmauer viele Jahrzehnte lang ausgestellt.

Trotzdem – machen wir einmal das Gedankenexperiment, die Kryonik würde funktionieren, und projizieren wir das in die Vergangenheit. Wie sähe es aus, wenn sich jemand vor 200 Jahren in Deutschland hätte einfrieren lassen? Die 1820er-Jahre in Deutschland waren das Biedermeierzeitalter. Man fuhr in Postkutschen, es gab keine Elektrizität, Goethe schrieb noch am zweiten Teil des *Faust*. Stell dir vor, jemand hätte sich zu dieser Zeit kryokonservieren lassen und wacht nun in unserer Gegenwart auf. Da erlebt er eine Welt, in der man mit Flugzeugen reist, im Internet surft und sich auf mobilen Telefonen Pornofilme anschaut. Was glaubst du, wie ein Zeitgenosse aus dem frühen 19. Jahrhundert damit zurechtkommt? Umgekehrt lernen wir ja von den transhumanistischen Vordenkern, dass der Fortschritt in Zukunft noch wesentlich mehr Fahrt aufnimmt und exponentiell wachsen wird. Also – wenn du dich heute kryokonservieren lässt, dann wachst du in 200 Jahren definitiv in einer Welt auf, in der du nicht mehr dazugehörst.

SLS: Also wenn es uns tatsächlich gelingt, unser Gehirn zu konservieren und dieses in Zukunft wieder aufzutauen, dann wird das ja in einer Welt geschehen, die technologisch sehr fortgeschritten ist. Ich denke, wir hätten dann auch durchaus die Möglichkeit, ein solches Gehirn nicht nur zu reaktivieren, sondern es auch upzugraden. Das bedeutet: Wir werden die ganzen Ereignisse der Jahre, die dieses Gehirn im Kühltank verbracht hat, auf dieses Gehirn aufspielen können. Dann könnten wir uns auch in dieser neuen Welt zurechtfinden.

BKG: Das gefällt mir ja immer sehr an den Transhumanisten. Sie haben für jedes Problem eine Lösung. Und mag diese noch so surreal erscheinen. Trotzdem, bleiben wir noch einmal kurz in der Gegenwart. Du kannst ja bei Alcor wählen, ob du deinen ganzen Körper einfrieren lässt oder nur deinen Kopf. Sehr viele entscheiden sich da für die Kopfvariante. Die Begründung dafür ist, dass unser Kopf ja unser Bewusstsein enthält, und darauf komme es schließlich an. Das ist so ein Dualismus, den ich bei Transhumanisten häufig beobachte. Die Idee dahinter lautet: »Meinen Körper brauche ich nicht wirklich – wichtig ist lediglich mein Gehirn. Dort steckt mein Bewusstsein, das muss ich erhalten.« Mit den neuen Erkenntnissen der Neurobiologie ist das nicht unbedingt in Einklang zu bringen. Die sagen ganz klar: Körper und Kopf sind eine Einheit, sie agieren miteinander und sind nicht voneinander zu trennen. Alles andere ist traditioneller, cartesianischer Dualismus. Die Behauptung »Nur der Geist zählt, der Körper ist verzichtbar«

mag im frühen Christentum gegolten haben – im 21. Jahrhundert ist sie überholt.

SLS: Den Dualismus-Vorwurf teile ich nicht. Im Christentum ist die Seele immateriell und der Körper materiell. Eine upgeloadete Persönlichkeit wäre nicht immateriell, sondern befände sich als Software auf einer Festplatte. Dies ist schon etwas anderes. Aber unter ganz praktischen Gesichtspunkten schätze ich das Leben mit einem organischen Körper schon sehr. Wie viele Freuden sind doch mit ihm verbunden, angefangen beim Essen und Trinken! Insofern erscheint auch mir diese Reduktion nur auf den Kopf mehr als einseitig.

Aber auch hier muss man künftige Fortschritte mit einkalkulieren. Die Kryonik sagt zwar: Wir frieren nur deinen Kopf ein. Aber nach dem Wiederauftauen ist es ja durchaus möglich, diesen Kopf wieder auf einen anderen Körper zu verpflanzen. Der kann dann biologischen Ursprungs sein oder vielleicht auch ein rein technisches Konstrukt. Jedenfalls brauchen wir auf einen Körper nicht vollständig zu verzichten. Und vielleicht ist ja der neue Körper sogar attraktiver und fitter als der, mit dem wir uns jetzt einfrieren lassen müssen.

BKG [lacht]: Stefan, das ist wieder einmal ein wirklich überzeugendes Argument. Vielleicht sollten wir uns das mit dem Vertrag bei Alcor doch noch einmal überlegen.

3.

Enhancement und mehr

Neuro-Enhancement – Viagra fürs Gehirn?

Bernd Kleine-Gunk

Langlebigkeit ist selbstverständlich nicht das einzige Ziel der Transhumanisten. Damit der Zugewinn an Lebenszeit auch Früchte trägt, gilt es die menschlichen Fähigkeiten zu steigern und zu verbessern. Und wenn Transhumanisten von Verbesserung reden, dann geht es nicht nur darum, irgendetwas irgendwo auf irgendeine Weise ein bisschen zu optimieren. Nein, da sollten dann möglichst auch gleich »die Grenzen der menschlichen Biologie« überwunden werden. Helfen tun dabei wieder einmal die fortschrittlichen Technologien, von der Pharmakologie über die Prothetik bis zur Nanotechnologie.

Schauen wir uns das einmal an einem konkreten Beispiel an. Der Südafrikaner Oscar Pistorius ist bekannt geworden als »der schnellste Mann ohne Beine«. Aufgrund einer angeborenen Fehlbildung (Fibula-Aplasie) kam er 1986 mit stark verkümmerten Unterschenkeln zur Welt. Ein normales Gehen war damit nicht möglich. Im Alter von elf Monaten wurden ihm daher beide Beine unterhalb der Knie amputiert. Oscar Pistorius lief von da an auf Unterschenkelprothesen aus kohlenstofffaserverstärktem Kunststoff, die immer wieder neu angepasst wurden. Und er lief damit ziemlich schnell, denn Pistorius war sportlich. Im September 2004 trat er bei den Paralympics in Athen an und holte Gold über 200 Meter und Bronze über 100 Meter.

Wirklich außergewöhnlich war dann jedoch etwas anderes. Im Juli 2012 startete Pistorius bei den regulären Olympischen Spielen in London in der 4 x 400-Meter-Staffel des südafrikanischen Männerteams. So etwas hatte es vorher noch nie gegeben. Und es geschah auch nicht ohne erhebliche Widerstände. Diese Widerstände bezogen sich natürlich nicht darauf, dass man einen Menschen mit körperlicher Behinderung ausschließen wollte. Die Argumentation lautete ganz anders: Oscar Pistorius sei mit seinen Hightech-Kunststofffaserprothesen gar nicht behindert. Vielmehr stellten diese eine Art Techno-Doping dar, das es ihm erlaube, schneller zu laufen als Menschen, die dies auf ihren eigenen Beinen tun. Diese Befürchtung bestätigte sich in London 2012 noch nicht. Pistorius kam mit seinen Teamkameraden auf den 8. Platz. Es braucht allerdings nicht unbedingt viel Fantasie, um sich auszumalen, dass mit zunehmendem technischem Fortschritt die nächste oder übernächste Generation von Kunststoffprothesen genau das ermöglicht: dank Hightech-Prothetik schneller laufen zu können, als es Menschen mit ihren eigenen Beinen jemals möglich ist. Die »Grenzen der menschlichen Biologie« werden mit technischer Hilfe überwunden. Besser kann man das Projekt des Human Enhancement eigentlich nicht illustrieren.

Nicht umsonst trug Oscar Pistorius rasch den Beinamen »The Blade Runner«, angelehnt an den berühmten Science-Fiction-Klassiker des Regisseurs Ridley Scott aus dem

Jahre 1982. Für Transhumanisten – und nicht nur für die – war Oscar Pistorius ein lebendes Beispiel dafür, wie aus der Science-Fiction des 20. Jahrhunderts im 21. Jahrhundert Science-Fact wird. Dass der südafrikanische Olympionike dann doch nicht zur Lichtgestalt des Human Enhancement wurde, hängt vor allem damit zusammen, dass er am Valentinstag 2013 unter noch immer nicht ganz geklärten Umständen seine Lebensgefährtin, das Model Ria Steenkamp, erschoss. Während Pistorius selber von einem Unfall sprach, sah der zuständige südafrikanische Richter ein vorsätzliches Tötungsdelikt als erwiesen an. Er steckte Pistorius für 15 Jahre ins Gefängnis, was seine Karriere als Läufer schlagartig beendete. Seiner Popularität als lebende Science-Fiction-Gestalt war die Affäre auch nicht unbedingt dienlich. Um zu erklären, was es mit dem Human Enhancement auf sich hat, ist der Fall Pistorius aber immer noch ein höchst anschauliches Beispiel.

Im Übrigen gibt es auch in der gegenwärtigen Medizin zahlreiche Beispiele für angewandtes Enhancement. Sportmediziner etwa – vor allem da, wo sie sich um die Betreuung von Spitzensportlern kümmern – behandeln ja nicht nur die immer wieder anfallenden Sportverletzungen. Sie nutzen vor allem medizinische und wissenschaftliche Erkenntnisse, um für ihr Klientel die bestmöglichen Trainings- und Ernährungspläne auszuarbeiten. Ziel ist dabei nicht die Behandlung von Erkrankten, sondern die Optimierung von Gesunden. Anders ausgedrückt: Es geht um Human Enhancement.

Auch die plastische Chirurgie verfügt in Sachen Enhancement inzwischen über ein erstaunliches Behandlungsspektrum. Neben der geradezu bildhauerhaften Modellierung menschlicher Körper ist einer ihrer Schwerpunkte bekanntlich die gezielte Vergrößerung weiblicher Stillorgane. Nach einer entsprechenden Operation weisen diese dann häufig eine Größe auf, welche die Grenzen der menschlichen Biologie deutlich übertrifft. Darüber hinaus widersetzen sich diese optimierten Organe auch noch einem Effekt, den wir spätestens seit Isaac Newton als ein Naturgesetz betrachten – nämlich der Wirkung der Schwerkraft.

Transhumanisten fallen da noch eine ganze Menge anderer Organe ein, die sich optimieren lassen. Natasha Vita-More etwa, eine der bekanntesten Vordenkerinnen der Bewegung, hat, wie bereits im Kapitel »Who is Who des Transhumanismus« beschrieben, ausführlich ihr Projekt »Smart Skin« vorgestellt. Optimiert durch nanotechnologische Partikel ist diese neue »intelligente Haut« in der Lage, UV-Strahlung und Umweltgifte eigenständig wahrzunehmen und darauf zu reagieren. Sonnenbrand und allergische Hautreaktionen wären damit endlich Geschichte.

Ray H. Baughman und seine Kollegen von der University of Texas in Dallas haben inzwischen aus synthetischen Polymeren künstliche Muskeln entwickelt, die mehr als 100-fach stärker sind als unsere biologischen. Gewichte von 20 oder 30 Tonnen zu heben wäre mit solchen Kunststoffmuskeln ein Leichtes.[24]

Überhaupt betrachten die Transhumanisten den Menschen nicht unbedingt als Krone der Schöpfung. Sie sehen ihn eher als ein biologisches Mängelexemplar, dessen Konstruktionsfehler umso offensichtlicher werden, je mehr wir seine Baupläne durchschauen. Ob man dann einem »intelligenten Designer« bescheinigt, er habe sich bei der Lösung bestimmter Probleme eher wenig intelligent angestellt, oder der Evolution attestiert, sie habe bei der Weiterentwicklung von Strukturen wieder einmal herumgestümpert, kommt auf den individuellen Standpunkt an.

So war es zum Beispiel überhaupt keine gute Idee, dass sich beim Menschen Speiseröhre und Luftröhre im Kehlkopf miteinander kreuzen. Immer wieder hat das zur Folge, dass Speiseanteile in die Luftröhre gelangen. Im besten Fall führt das dann zu heftigen Hustenattacken, schlimmstenfalls zum Erstickungstod. Auch die enge Nachbarschaft von ableitenden Harnwegen und Geschlechtsorganen erweist sich in der Praxis immer wieder als problematisch. Die Tatsache, dass die Harnröhre bei Frauen in den vorderen Teil der Vagina mündet und diese in unmittelbarer Nachbarschaft zum Anus liegt, bezahlen Frauen immer wieder mit häufig rezidivierenden Harnwegs- und Scheideninfektionen. Auch hier stellt sich die Frage: Welcher auch nur halbwegs intelligente Stadtplaner käme auf die Idee, den Abwasserkanal mitten durch das Vergnügungsviertel zu legen?

Kurz und gut: Es gibt im menschlichen Körper viel zu verbessern, und die Transhumanisten packen es an. Kein Organ steht dabei allerdings derart im Mittelpunkt ihres Interesses wie unser Gehirn. Neuro-Enhancement ist ein absolutes Lieblingsprojekt der Transhumanisten. In seiner fortgeschrittenen Form verschmilzt es mit einer Technologie, die ebenfalls ganz oben auf ihrer Agenda steht: der Entwicklung der künstlichen Intelligenz.

Aber fangen wir erst einmal mit etwas ganz Alltäglichem an: Neuro-Enhancement betreiben wir eigentlich alle schon. Zumindest diejenigen, die morgens als Erstes einen Kaffee oder einen Espresso trinken, um ihr Gehirn auf Betriebstemperatur zu bringen. So simpel die Sache zu sein scheint, so komplex sind die biochemischen Prozesse, die sich dabei abspielen.

Zum einen hemmt Koffein ein Enzym namens Zyklische Nukleotid-Phosphodiesterase. Als Folge sammelt sich zyklisches Adenosinmonophosphat (cAMP) vermehrt in unserem Gehirn an. Das wiederum wirkt wie eine Art Energieträger für die Nervenzellen und verbessert die Wirksamkeit des stimulierenden Botenstoffes Adrenalin. Zum anderen macht Koffein intrazelluläres Calcium besser verfügbar, was sich auf die Erregungsleitung in den Nervenzellen günstig auswirkt.

Koffein gehört also zweifellos zu den psychoaktiven Substanzen. Es macht einen zwar nicht unbedingt intelligenter, verbessert jedoch die Vigilanz und Aufmerksamkeit. Gleiches gilt im Übrigen für die »Energy Drinks«, die ihre Wirkung ebenfalls im Wesentlichen über Koffein entfalten. Hier zeigt sich allerdings auch ein Phänomen, das für viele der derzeit verfügbaren Neuro-Enhancer gilt: Ihre Wirkung hängt im Wesentlichen davon ab, in welchem aktuellen Zustand sich das Gehirn gerade befindet. Arbeitet es auf einem niedrigen Aktivierungsniveau, so wirkt Koffein zweifellos leistungssteigernd. Sind wir dagegen sowieso schon hellwach, erzeugt Koffein keine zusätzlichen Effekte. Es kann im Gegenteil die Leistungsfähigkeit sogar vermindern. Auch das kennen die meisten Kaffeetrinker aus eigener Erfahrung. Kaffee macht zwar müde Krieger munter. Zu viel von der braunen Brühe lässt uns irgendwann aber nicht mehr aufmerksamer, sondern lediglich fahriger und unkonzentrierter werden.

Neben dem Koffein, das es im Übrigen auch als Monosubstanz von 200 Milligramm (mg) als Kapsel in der Apotheke gibt, gehört noch Ginkgo biloba zu den sogenannten »Soft-Enhancern«. Der Extrakt aus den Blättern des Ginkgobaumes wird seit vielen Jahren vor allem zur Behandlung von älteren Menschen mit hirnorganischen Leistungsstörungen eingesetzt. Neben einer durchblutungsfördernden Wirkung hat es darüber hinaus wohl auch neuroprotektive, also nervenzellschützende Eigenschaften.[25]

Die Studienlage zur Wirksamkeit ist für Ginkgo biloba jedoch uneinheitlich. Während einige Untersuchungen positive Effekte belegen, zeigen andere keinerlei Wirkung. Das kann an den unterschiedlichen Präparaten liegen, die verwendet werden. Im Gegensatz zu Monopräparaten, die nur eine einzige, chemisch klar definierte Substanz enthalten, weisen Pflanzenextrakte je nach Herkunft unterschiedliche Zusammensetzungen auf. Das kann sie unterschiedlich wirksam machen. Wahrscheinlicher ist aber auch hier, dass es sich um den gleichen Effekt handelt wie beim Koffein. Profitieren tun demnach wahrscheinlich vor allem Menschen, deren kognitive Funktionen bereits eingeschränkt sind. Wer hier keinerlei Einbußen aufweist, der verzeichnet auch durch die Einnahme keine weitere Verbesserung. Anders ausgedrückt: Ein echtes Neuro-Enhancement lässt sich mit diesen Soft Drugs nicht bewirken.

Ganz ähnlich sieht es aus mit den sogenannten Antidementiva. Das sind verschreibungspflichtige Arzneimittel, die zur Behandlung der unterschiedlichen Formen von Demenz eingesetzt werden, wie etwa Donepezil oder Memantin. Der Gedanke liegt nahe, dass Präparate, welche die Merkfähigkeit bei Erkrankten steigern, auch bei Gesunden wirken. Tun sie aber nicht. Die therapeutischen Effekte dieser Medikamente sind schon bei den Alzheimer-Patienten kläglich gering. Wer nicht dement ist, der profitiert überhaupt nicht.

Aber es gibt ja noch anderes im Angebot: Smart Drugs, die ein echtes »Hirn-Doping« versprechen. Auch die sind inzwischen nicht mehr ganz neu. Mit der Entwicklung der Amphetamine in den 1930er-Jahren beginnt die Geschichte der pharmakologischen Psychostimulanzien. Damit eröffneten sich ganz neue Möglichkeiten der Einwirkung auf kognitive Funktionen. Deutlich mehr als Koffein steigern zum Beispiel Amphetamine die Leistungs- und Konzentrationsfähigkeit.

Was sich im Übrigen sehr schnell auch in militärischen Kreisen herumsprach, die an solchen Neuerungen immer höchst interessiert sind. Die deutsche Wehrmacht etwa verteilte zu Beginn des Zweiten Weltkriegs unter ihren Angehörigen großzügig das Präparat Metamphetamin (damaliger Handelsname: Pervitin®). Unter dem Spitznamen »Panzerschokolade« oder »Stuka-Tabletten« sollte es dafür sorgen, dass Soldaten auch unter extremen Belastungen über Tage hinweg konzentriert und einsatzfähig blieben. Es gibt inzwischen einige kesse Historiker, die die anfänglichen »Blitzkrieg-Erfolge« des deutschen Heeres im Zweiten Weltkrieg weniger als Folge einer gezielten ideologischen Indoktrination als vielmehr einer Manipulation durch pharmakologische Substanzen interpretieren.[26]

Ab den 1950er-Jahren wurden Amphetamine dann so etwas wie eine Modedroge für die Schönen und (Erfolg-)Reichen dieser Welt. Von John F. Kennedy ist bekannt, dass er sich regelmäßig die pharmakologischen Muntermacher spritzen ließ. Im Wesentlichen übernahm das der deutsch-amerikanische Arzt Max Jacobson, der auch Prominente wie Elizabeth Taylor, Tennessee Williams oder Billy Wilder zu seinen Patienten zählte. In den entsprechenden Kreisen war er bald unter dem Namen »Miracle Max« beziehungsweise »Dr. Feelgood« – wie er von Aretha Franklin besungen wurde – eine feste Größe.

Auch das derzeit wohl populärste Psychostimulans gehört zur Gruppe der Pharmaka mit amphetaminähnlicher Wirkung. Methylphenidat, besser bekannt unter seinem Handelsnamen Ritalin®, ist ein Phenylethylamin, das hauptsächlich zur Behandlung von Aufmerksamkeitsdefizit-Hyperaktivitätsstörungen (ADHS) eingesetzt wird. Sein Ruf, die Konzentrationsfähigkeit zu steigern, hat Ritalin® zum Liebling unter den sogenannten Smart Drugs in amerikanischen Studentenkreisen gemacht. Entsprechenden Studien zufolge konsumieren bei Prüfungen bereits 20 Prozent der Examenskandidaten die Modedroge, wobei sich auch ein Amphetamin-Mischpräparat namens Adderall® zunehmender Beliebtheit erfreut.[27]

In Deutschland liegen die Zahlen etwas niedriger, sind aber mit 5 Prozent ebenfalls beachtlich. Das gilt umso mehr, als Methylphenidat eine Substanz ist, die dem Betäubungsmittelgesetz unterliegt und somit nur sehr schwer erhältlich ist. Aber wo ein Wille ist, findet sich offensichtlich auch immer ein Weg.

Die zunehmende Popularität von Ritalin® spiegelt sich nicht zuletzt in den Umsatzzahlen des Präparats. Von 2012 bis 2018 meldet der Hersteller Novartis einen Anstieg der Verkaufszahlen um 300 Prozent. Auch wenn die Diagnose ADHS – die einzig zugelassene medizinische Indikation für Methylphenidat – seit Jahren immer häufiger gestellt wird: Vervierfacht haben dürften sich die Fallzahlen in den letzten zehn Jahren wohl nicht. Ob Methylphenidat bei Gesunden die kognitiven Funktionen tatsächlich verbessert, ist dabei übrigens keineswegs belegt. Eindeutig ist dagegen das Nebenwirkungsspektrum, das von Schlafstörungen über Herz-Kreislauf-Beschwerden bis zur psychischen Abhängigkeit reicht.

Wenn es derzeit ein Präparat mit nennenswerten Wirkungen im Bereich des Neuro-Enhancement gibt, dann ist es wohl am ehesten Modafinil. Die Substanz gehört zur Gruppe der zentral wirksamen Sympathomimetika und ist chemisch nicht verwandt mit den Amphetaminen. Auch Modafinil besitzt eine Zulassung für ein klar definiertes Krankheitsbild, nämlich für die Narkolepsie. Die davon betroffenen Patienten leiden darunter, dass sie wie aus heiterem Himmel von exzessiver Müdigkeit erfasst werden und in dieser Situation dann sogar auch plötzlich einschlafen. Das geht natürlich mit einer deutlichen Reduktion der Lebensqualität einher. Es führt auch immer wieder zu außerordentlich gefährlichen Situationen – etwa wenn ein solcher Narkolepsieanfall sich im Straßenverkehr ereignet.

Modafinil hilft nun den betroffenen Patienten, solche Anfälle zu unterdrücken. Es hilft aber anscheinend auch Gesunden, bestimmte Partialleistungen des Gehirns, wie zum Beispiel die Aufmerksamkeitsspanne, zu verbessern. Das zumindest belegen einige Studien.[28] Ohne Nebenwirkungen geht es allerdings auch beim Modafinil nicht ab. Kopfschmerzen, Nervosität und Schlafstörungen gehören dazu.

Was eine gute Überleitung ist zu einer anderen Gruppe von psychoaktiven Substanzen. Neben den Smart Drugs – also Präparaten, die uns besser denken lassen – gibt es nämlich auch noch die »Happy Pills«. Dabei handelt es sich um Präparate, die uns glücklich beziehungsweise noch glücklicher machen sollen. Das tun sie nachweislich in vielen Fällen bei denjenigen, die tatsächlich unglücklich sind – also bei Menschen, die unter einer klinischen Depression leiden. Diese werden seit vielen Jahren mit Antidepressiva behandelt, die pharmakologisch zumeist zur Gruppe der selektiven Serotonin-Wiederaufnahmehemmer (SSRI) gehören. Diese Medikamente erhöhen im Gehirn die Konzentration von Serotonin, das inzwischen allgemein als »Glückshormon« bekannt ist. Zu den ersten bekannten Wirkstoffen gehörte Fluoxetin, das 1988 unter dem Handelsnamen Prozac® in den USA auf den Markt kam.

Prozac® wurde umgehend zu einem Kassenschlager. Nicht nur, weil die Depression eine weit verbreitete Krankheit ist. Der reißende Absatz verdankte sich vor allem der Tatsache, dass viele Menschen, die im medizinischen Sinne gar nicht unter einer Depression litten, die Substanz schluckten, um einfach »besser drauf zu sein«. Wer glücklich ist, der kommt bei seinen Mitmenschen besser an. Wer besser ankommt, der ist erfolgreicher. Und wer beides miteinander verbindet, der verkauft auch mehr. Prozac® wurde in den 1990er-Jahren zur Modedroge der amerikanischen Yuppies.

Inzwischen ist die anfängliche Euphorie über das Glück aus der Apotheke weitgehend verflogen. Mit den »Happy Pills« verhält es sich offensichtlich ganz ähnlich wie mit den Smart Drugs. Sie helfen denjenigen, die unter entsprechenden Beschwerden leiden. Wer gesund, kognitiv leistungsfähig und nicht depressiv ist, der erzeugt mit dieser pharmakologischen Unterstützung kaum eine oder allenfalls nur eine marginale Verbesserung.[29]

Das muss natürlich nicht ewig so bleiben. Pharmakologisches Enhancement kennen wir nämlich bereits aus anderen Bereichen, wo es deutlich besser funktioniert. Im Jahr 1998 brachte der Pharmakonzern Pfizer eine Substanz namens »Sildenafil« auf den Markt. Bekannt wurde das Präparat mit dem charakteristischen blauen Überzug unter dem Namen Viagra®. Auch Viagra® diente der Behandlung einer klassischen medizinischen Indikation, nämlich der erektilen Dysfunktion. Die haben die urologischen Fachgesellschaften ziemlich genau definiert als »die Unfähigkeit, eine Erektion zu erreichen oder aufrechtzuerhalten«.

Die davon betroffenen Männer begrüßten das neue Präparat erwartungsgemäß mit großer Freude. Viele andere aber auch. Denn bald schon zeigte sich, dass der »Pfizer Riser« auch dann eine gute Wirkung erzielte, wenn gar keine erektile Dysfunktion im medizinischen Sinne vorlag. Nach dem Motto »Länger, härter, öfter« wurde Sildenafil zur beliebten Lifestyle-Droge für Männer, die ihr Sexualleben ein wenig »enhancen« wollten. Inzwischen wird geschätzt, dass circa 80 Prozent der Viagra®-Konsumenten in diese Kategorie fallen.

»Viagra fürs Gehirn« haben wir derzeit offensichtlich noch nicht. Aber die Pharmakologie macht ja Fortschritte, und der Markt dafür ist offensichtlich da. Über die hohe Zahl amerikanischer Studenten, die Präparate mit zweifelhafter Wirkung nutzen, um besser durch ihre Prüfungen zu kommen, haben wir bereits berichtet. Aber die eigentliche Zielgruppe ist natürlich noch viel größer: Erwerbstätige, die einen stressigen Alltag zu bewältigen haben; Manager und Wissenschaftler, von denen ständig geistige Spitzenleistungen gefordert werden; Künstler und Kreative, die permanent neue Ideen generieren müssen. Die Akzeptanz für ein derartiges Neuro-Enhancement ist dabei im Übrigen erstaunlich groß. So sprachen sich zum Beispiel bereits 2004 viele namhafte deutsche Neurowissenschaftler in einem Memorandum, das in der Zeitschrift *Geist und Gehirn* veröffentlicht wurde, für den Einsatz von Neuro-Enhancern aus, unter der Voraussetzung, »dass das Nebenwirkungsspektrum vertretbar ist«.[30]

Für Aufsehen sorgte auch eine Veröffentlichung in der Zeitschrift *Nature*. Das Wissenschaftsmagazin steht in dem Ruf, die weltweit renommierteste naturwissenschaftliche Fachzeitschrift zu sein. Wer auf seinem Feld Entscheidendes zu berichten hat, der tut dies am besten in *Nature*. Im Jahr 2008 führte das Magazin eine Online-Umfrage unter seinen Autoren durch, bei der nach der Einnahme von Neuro-Enhancern gefragt wurde. Da die Umfrage anonymisiert war, konnten die Angeschriebenen offen antworten. Von den 1900 Wissenschaftlern aus 60 Ländern gaben immerhin 20 Prozent an, zum Zwecke der Konzentrations- und Leistungssteigerung schon einmal auf verschreibungspflichtige Präparate zurückgegriffen zu haben – viele von ihnen waren offensichtlich für ein wenig Unterstützung aus dem Pharmasektor dankbar.[31] Es lässt sich also leicht ausmalen, auf welch fruchtbaren Boden Neuro-Enhancer fallen werden, falls diese tatsächlich einmal nennenswerte kognitive Leistungssteigerungen bewirken.

Die müssen allerdings auch nicht unbedingt durch pharmazeutische Substanzen erzielt werden. Es geht auch mit Technik. Seit Langem schon ist bekannt, dass Nerven ihre Informationen vor allen über elektrische Impulse weiterleiten. Der italienische Arzt Luigi Galvani (1737-1798) führte dazu bereits im 18. Jahrhundert ein noch heute Aufsehen erregendes Experiment durch. Er demonstrierte, dass die Schenkel von toten Fröschen sich kontrahierten, wenn sie mit den Metallen Kupfer und Eisen in Berührung kamen, unter der Voraussetzung, dass auch das Kupfer und das Eisen miteinander verbunden wurden. Rund 100 Jahre vor der eigentlichen Erfindung der Elektrizität hatte Galvani nicht nur unwissentlich einen Stromkreis hergestellt. Er hatte gleichzeitig auch gezeigt, dass Nervenzellen ihre Signale an die Muskelzellen durch bioelektrische Impulse weiterleiten.

Die Tatsache, dass unser Gehirn bei verschiedenen Aktivitäten jeweils unterschiedliche elektrische Spannungsschwankungen aufweist und bestimmte Erkrankungen des Gehirns mit spezifischen Veränderungen dieser elektrischen Aktivität einhergehen, macht man sich in der Neurologie diagnostisch bereits seit dem 19. Jahrhundert zunutze. Mit dem Elektroenzephalogramm (EEG) lassen sich die Hirnströme ähnlich ableiten wie mit dem Elektrokardiogramm (EKG) die Herzströme.

Da ist es naheliegend, diese elektrische Aktivität nicht nur zum Zwecke der Diagnostik zu nutzen, sondern durch Einwirkungen von außen auch Einfluss zu nehmen auf die Funktion des Gehirns. Genau das tut die Technik der transkraniellen Hirnstimulation (tCS) beziehungsweise auch die entsprechende Stimulation mittels Magnetfelder (TMS).

Wie üblich hat sich diese Methode nicht in erster Linie entwickelt, um das Neuro-Enhancement voranzutreiben. Ihr Einsatzgebiet liegt vielmehr in der Behandlung sehr konkreter neurologischer Störungen – von der Parkinson-Erkrankung über die Epilepsie bis zur Depression. Wie immer tauchte aber schon sehr bald auch die Idee auf, ob man diese Technik nicht auch nutzen könne, um neurologisch Gesunden dabei zu helfen, ihre kognitiven Fähigkeiten zu verbessern.

Aus der EEG-Diagnostik etwa kennen wir typische Rhythmen elektrischer Aktivitätszustände, wie zum Beispiel die Thetawellen, die eine Frequenz von 6 Hertz aufweisen. Offensichtlich spielen sie beim Abruf von Gedächtnisinhalten eine wichtige Rolle. Vermutlich werden durch sie weit entfernte Hirnzentren miteinander synchronisiert. Auch im Zustand der Meditation geht das Gehirn häufig in den Thetamodus über. Insofern ist es sicherlich ein faszinierender Ansatz, das

Gehirn durch elektrische Stimulation von außen in einen Zustand zu bringen, bei dem Wissensinhalte besser abgespeichert beziehungsweise vorhandenes Wissen effektiver abgerufen wird.

Auch die Vorstellung, das Gehirn sehr rasch in einen Zustand zu bringen, der sonst nur durch anstrengende und langwierige Meditationstechniken zu erreichen ist, hat einen gewissen Reiz: »Instant Buddhism« durch transkranielle Elektrostimulation!

Eine weitere Möglichkeit der Einflussnahme eröffnet sich in der Stimulation von Klarträumen. Sogenannte luzide oder Klarträume zeichnen sich dadurch aus, dass der Schläfer weiß, dass er träumt und den Inhalt dieser Träume bewusst kontrollieren und steuern kann. Diejenigen Menschen, die über die angeborene Fähigkeit dazu verfügen, berichten von überaus beglückenden Erfahrungen. Es gibt einige Psychotechniken, die vorgeben, dass man mit ihrer Hilfe die Fähigkeiten zum luziden Träumen auch erlernen kann. Den wenigsten gelingt dies aber.

Doch auch hier wissen wir aus der EEG-Diagnostik, wie das Gehirn von Klarträumern tickt beziehungsweise in welchen elektrischen Frequenzen es arbeitet. Vorherrschend sind bei luziden Träumen Gammawellen in Frequenzen von 40 Hertz. Diese Gamma-Aktivität lässt sich auch von außen stimulieren. Genau das tat eine Forschergruppe um die Frankfurter Psychologin Ursula Voss mit einer Probandengruppe. Die Ergebnisse machte sie 2014 in einem spektakulären *Nature*-Artikel öffentlich. Durch die entsprechende transkranielle Stimulation war es tatsächlich gelungen, einen Großteil der Studienteilnehmer in den Zustand der Gamma-Aktivität und damit des luziden Träumens zu versetzen. Klarträumen auf Knopfdruck sozusagen.[32]

Auch das Lernen lässt sich mit transkranieller Elektrostimulation offenbar verbessern. Das zumindest legt eine ganze

Reihe von Untersuchungen nahe. So sollten etwa in einer Studie Probanden lernen, versteckte Objekte in einer virtuellen Computerumgebung ausfindig zu machen. Bei der Hälfte der Versuchspersonen wurde dabei zuvor mit einer positiv geladenen Elektrode eine halbe Stunde lang der präfrontale Cortex stimuliert, der für die Steuerung von Aufmerksamkeit entscheidend ist. Die Gruppe schnitt bei der Lösung der Aufgabe deutlich besser ab als die Kontrollgruppe.

Je nachdem, welche Fähigkeiten beeinflusst werden sollen, müssen dabei entsprechend unterschiedliche Hirnareale stimuliert werden. Wer Bewegungsabläufe besser einstudieren möchte, stimuliert die motorischen Areale seines Gehirns, wer seine Fremdsprachenkenntnisse verbessern will, platziert die Elektroden über dem Sprachzentrum (Broca-Areal).

Technisch ist das Ganze erstaunlich einfach. Bei der am häufigsten angewandten Gleichstromstimulation befestigt man die Elektrode am Kopf über dem entsprechenden Areal und leitet dann einen schwachen Strom von 1–2 Milliampere durch den Schädel ins Gehirn. Mehrere Hersteller bieten dazu recht stylish aussehende Geräte an. Und an manchen US-amerikanischen Universitäten gilt es bereits als ausgesprochen schick, mit einem entsprechenden Headset herumzulaufen.

In der Tat ist der Apparateaufbau so simpel, dass es prinzipiell auch möglich ist, sich ein entsprechendes Gerät selber zu basteln. Eine 9-Volt-Batterie, ein wenig elektrisches Zubehör und eine Anleitung aus dem Internet machen es möglich. Wenn man auf den entsprechenden Chatseiten jedoch die Diskussionsverläufe durchliest (»Was war jetzt noch mal der Unterschied zwischen Anode und Kathode?«), ist man doch geneigt, auf die etwas teureren Varianten kommerzieller Hersteller zu verweisen.

Noch sind die Publikationen zu den positiven Effekten des transkraniellen Neuro-Enhancement überschaubar. Manche weisen auch darauf hin, dass Verbesserungen bestimmter Partialfunktionen mit eventuellen Einbußen in anderen Arealen einhergehen. Was sich definitiv nicht erfüllt, ist die Erwartung, durch die entsprechende Stimulation von Hirnarealen sozusagen völlig mühelos zu lernen. Aufgenommenes Wissen kann günstigstenfalls besser abgespeichert werden. Sein Gehirn anstrengen muss man trotzdem. Das kennen wir aber auch aus anderen Bereichen. Wenn Bodybuilder zum Muskelaufbau Anabolika einnehmen, wirken diese ja auch nicht, wenn sie danach nur auf dem Sofa rumsitzen.

Noch etwas kommt hinzu: Durch externe Stimulation kann das Gehirn immer nur für einen kurzen Zeitraum beeinflusst werden. Danach kehrt es in seinen Ausgangszustand zurück. Das ist durchaus anders, wenn es um eine Zukunftstechnologie geht, auf die vor allem die Transhumanisten große Hoffnungen setzen, weil sie ihrem Weltbild wunderbar entgegenkommt. Sogenannte Neuroprothesen versprechen die dauerhafte Verknüpfung von biologischer und technischer Intelligenz. Sie wären demnach ein weiterer, entscheidender Schritt auf dem Weg zur Cyborgisierung des Menschen.

Neuroprothesen werden bereits heute klinisch genutzt. Das bekannteste Beispiel sind sicherlich die Cochlea-Implantate. Sie kommen zum Einsatz bei hochgradig hörgeschädigten beziehungsweise völlig ertaubten Patienten. Im Gegensatz zu Hörgeräten, die den Schall lediglich verstärken, wandelt bei einem Cochlea-Implantat ein Sprachprozessor, der meist hinter dem Ohr getragen wird, den Schall in elektrische Impulse um. Diese werden dann in der Hörschnecke (Cochlea) des Innenohres direkt an den Hörnerv weitergegeben, was nach ein wenig Eingewöhnungszeit ein weitgehend normales Hören möglich macht. Noch in den Anfangsstadien der Entwicklung sind zurzeit Retina-Implantate. Hier wird für Erblindete eine künstliche Netzhaut (Retina) entwickelt, die dann mit dem Sehnerv verknüpft wird.

Entscheidend ist dabei vor allem eines: Eine Informationsübertragung von Computerchips auf Nervenzellen ist technisch möglich. Und damit sind prinzipiell alle Arten von Brain-Computer-Interfaces denkbar. Blinde wieder sehend und Taube wieder hörend zu machen ist dabei sicher ein erstrebenswertes Ziel. Denkbar ist es aber durchaus auch, einen »Memory Chip« ins Gehirn einzupflanzen. Was früher in 25 gewichtigen Bänden des *Großen Brockhaus* daherkam, lässt sich heute problemlos auf einem winzigen Computerchip unterbringen. Mit einem solchen Teil im Gehirn wird dann jede Quizshow langweilig, weil jeder jederzeit jede Information abrufen kann. Der in diesen Dingen stets überaus kreative Ray Kurzweil plädiert sogar dafür, jeden Menschen mit einem intrazerebralen Internetanschluss auszustatten, was die Bandbreite an verfügbaren Informationen noch einmal erheblich erweitern würde.

Kurzweils Argumentation liest sich dabei durchaus schlüssig. Als in den 1940er-Jahren die ersten Computer gebaut wurden, waren das noch Großrechner, die schon rein räumlich eine ganze Lagerhalle füllten. Ab Ende der 1970er-Jahre begannen dann Computer im relativ handlichen PC-Format (Personal Computer), die privaten und Büroschreibtische zu bevölkern – und das mit sehr viel mehr Leistungsfähigkeit. Rund 20 Jahre später passten dann Smartphones in jede Hosentasche und ermöglichen – zumindest theoretisch – jedem Nutzer den Zugriff auf das gesamte Weltwissen. »Google Glas« war der Versuch, Mensch und Computer noch näher zusammenzubringen. Er scheiterte, weil sich viele Menschen durch die Möglichkeit, mittels der Hightech-Brille jederzeit fotografiert oder gefilmt zu werden, bedroht fühlten. Dennoch ist die Entwicklung konsequent, im Rahmen einer immer weiteren Miniaturisierung Computer auch noch mehr mit unserem Körper zu verbinden – bis hin zu *Brain-Computer-Interfaces.*

An denen arbeitet intensiv ein weiterer bekennender

Transhumanist, nämlich Elon Musk. Er gründete 2006 das Unternehmen Neuralink, das sich gezielt der Entwicklung solcher Gehirn-Computer-Schnittstellen widmet. Auch Musk sieht die potenziellen Anwendungsbereiche dieser Technik zunächst einmal im medizinischen Bereich. Menschen mit chronischen Schmerzen, Sehstörungen, Gehirn- oder Rückenmarksverletzungen wären demnach die Ersten, die von dieser Technologie profitieren. Im Gegensatz zu anderen Medizintechnikfirmen, die sich diesbezüglich eher bedeckt halten, hat Musk jedoch von Anfang an keinen Hehl daraus gemacht, dass Neuralink langfristig auch dem Neuro-Enhancement dienen soll.

Und Neuralink macht Fortschritte. Im August 2020 präsentierte Musk auf einer wie immer perfekt inszenierten Pressekonferenz den ersten Durchbruch. Neben Musk selbst stand dabei ein Schwein namens Gertrude im Mittelpunkt. Dem Schwein war der erste Prototyp eines Hirnchips der Firma Neuralink implantiert worden. Über eine Bluetooth-Verbindung wurden die Nervenimpulse auf eine Smartphone-App übertragen, wenn Gertrude den Rüssel bewegte.[33] Die dafür notwendige Batterie hält etwa einen Tag und kann von extern drahtlos aufgeladen werden. Die Informationen, die der Chip vermittelte, waren noch nicht besonders spektakulär. Im Wesentlichen funkte der Neuralink-Prototyp Daten über die Körpertemperatur, den Blutdruck und das Bewegungsverhalten. Das machen die üblichen Wearables auch. Aber es sollte ja zunächst auch nur gezeigt werden, dass die Technik überhaupt funktioniert. Überzeugt hat auf jeden Fall schon mal die geringe Größe des Chips. Mit 23 Millimetern Durchmesser und 8 Millimetern Dicke lässt er sich tatsächlich im Rahmen eines minimal invasiven Eingriffes implantieren. »Außer einer kleinen Narbe unter dem Haar bleiben keine Spuren«, erklärte Musk auf der Pressekonferenz. Und fügte hinzu »Ich könnte direkt jetzt einen Neuralink-Prototypen haben, und

Sie würden es nicht erkennen. Vielleicht habe ich ja auch einen.« Einige der anwesenden Journalisten waren sich dabei gar nicht so sicher, ob das ein Scherz war.

Sehr ernst ist es Musk auf jeden Fall mit der Weiterentwicklung von Neuralink. Von derzeit wenigen Hundert Mitarbeiten will das Start-up in den nächsten Jahren auf 10 000 Beschäftigte wachsen. Auch hier zeigt sich: Neuroprothesen sind zweifellos ein Zukunftsmarkt.

Doch was, wenn auch damit noch nicht Schluss ist? Wie wäre es, wenn wir unser Gehirn nicht nur mit Computerchips verbinden, sondern es insgesamt auf einen Computer herunterladen und damit quasi für die Ewigkeit sichern? Mit dieser Frage wären wir bei einem Thema, das im Bereich des Transhumanismus so leidenschaftlich und kontrovers diskutiert wird wie kaum ein anderes. Daher haben wir ihm ein eigenes Kapitel gewidmet. Es geht um das Mind-Uploading. Mehr dazu auf Seite 227.

Dialog: Neuro-Enhancement – Viagra fürs Gehirn?

SLS: Der Transhumanismus steht ja für die Bejahung von Enhancement-Technologien. Glaubst du nicht auch, dass insbesondere das Neuro-Enhancement mit seiner Weiterentwicklung kognitiver Funktionen und wohl auch mit den in absehbarer Zeit zur Verfügung stehenden Gehirn-Computer-Schnittstellen mehr ist als bloße Verbesserung? Wird da nicht der erste Schritt hin zu einer völlig neuen Spezies und damit eine Entwicklung zum Posthumanen beschritten?

BKG: Ihr Transhumanisten seid ja der Zeit immer weit voraus. Mich als Naturwissenschaftler interessiert zunächst einmal: Was wird denn derzeit auf diesem Gebiet geboten? Wie schaut der Ist-Zustand aus? Und da muss man einfach nüchtern konstatieren: So wahnsinnig viele Fortschritte haben wir auf dem Gebiet des Neuro-Enhancement bisher nicht gemacht. »Viagra fürs Gehirn« ist zwar ein beliebtes Schlagwort. Trotz aller Ankündigungen wurde es bisher allerdings nicht realisiert. Viagra selbst funktioniert ja tatsächlich als Enhancement-Medikation. Das liegt aber vielleicht auch daran, dass der Penis gegenüber dem Gehirn doch ein wesentlich weniger komplexes Organ ist. Da reicht es, einfach mehr Blut in den Schwellköper zu pumpen und es dort längere Zeit zu halten – schon steht die Sache. Beim Gehirn sind die Verhältnisse doch etwas komplexer. Da haben wir es mit sehr vielen Partialfunktionen zu tun. Die lassen sich gegebenenfalls tatsächlich steigern. Die Frage ist dann, ob das nicht zulasten anderer Gehirnfunktionen geht. Es gibt ja den berühmten Fall des Autisten Kim Peek, der das Vorbild war für den Film »Rain Man«. Sein Gedächtnis galt als das beste der Welt. Ein Buch, das er gelesen hatte, konnte er danach fast auswendig wiedergeben. Das ging dann allerdings auf Kosten seiner motorischen und sozialen Funktionen. Ohne Hilfe konnte er sich zum Beispiel nicht die Schuhe binden, und die Kontakte zu seinen Mitmenschen waren auch eher rudimentär.

SLS: Aber der Einsatz von Neuro-Enhancern nimmt doch immer mehr zu. Das sehe ich auch in meinem eigenen Alltag. Wenn ich in entsprechenden Kursen meine US-amerikanischen Studierenden frage, dann gibt zum Beispiel fast jeder dritte an, schon einmal Adderal® genommen oder ausprobiert zu haben. Dabei handelt es sich ja um eine Substanz, die sowohl die Merkfähigkeit als auch die Leistungsfähigkeit steigert. Und die Nebenwirkungen sind doch auch eher gering – wenn man das einmal mit Alkohol und Rauchen vergleicht. In Europa ist der Einsatz wohl bisher nicht so verbreitet.

BKG: Das mag vielleicht auch daran liegen, dass europäische Studenten gelernt haben, dass ein doppelter Espresso eigentlich die gleiche Wirkung hat wie Adderal®. Um ein wenig konzentrierter und wacher zu sein, muss ich nicht unbedingt verschreibungspflichtige Medikamente einnehmen. Aber nehmen wir einmal ein anderes Beispiel: Derzeit wird stark propagiert, künstliche Substanzen zu nehmen, um die Intelligenz oder die kognitive Leistungsfähigkeit zu verbessern.

Vor fünfzig Jahren war es schon einmal Mode, durch pharmakologische und chemische Substanzen die Kreativität zu verbessern. Da wurden massiv Drogen wie LSD als »bewusstseinserweiternde Substanzen« propagiert, was ja auch durchaus ein transhumanistischer Ansatz ist. Der »Vater des LSD«, der Harvard-Professor Timothy Leary, ging sogar so weit zu fordern, LSD in den USA in das Trinkwasser einzuleiten und Amerika damit zur glücklichsten Nation der Welt zu machen. Das hat man dann nicht realisiert – wahrscheinlich auch mit Recht. Und heute sieht man das

Ganze ja doch etwas nüchterner. Da ist von dem großen Versprechen der Bewusstseinserweiterung durch Drogen nicht mehr viel übrig geblieben. Und wenn man die bemitleidenswerten Gestalten rund um den Frankfurter Hauptbahnhof und anderswo sieht, dann muss man sagen, dass aus der großen Euphorie über Drogen ja doch eher eine große Depression geworden ist.

SLS: Na ja, die Personen, die sich da rund um den Hauptbahnhof aufhalten, die konsumieren in der Regel ja nicht unbedingt psychedelische Substanzen. Da stehen eher Heroin und andere harte Drogen im Vordergrund. Im Übrigen ist LSD auch überhaupt nicht Geschichte, ganz im Gegenteil. Gerade im Silicon Valley propagiert man den Konsum von niedrig dosiertem LSD – häufig, um ein bisschen besser drauf zu sein und kreativer zu werden. Ein weiterer ganz aktueller Forschungsansatz im Bereich Psychedelika geht gerade der Hypothese nach, ob man mit ihrer Hilfe nicht leichter religiöse Erfahrungen machen beziehungsweise diese viel stärker erleben kann. Das sind doch alles hochinteressante Aspekte dieser Substanzen.

BKG: Das finde ich ja nun auch wieder interessant, dass ein in seinem Unglauben so gefestigter Atheist wie du für Psychopharmaka plädiert, weil man damit religiöse Erfahrungen machen kann.

SLS: Ich habe mich tatsächlich mit den Ansätzen vieler religiöser Transhumanisten auseinandergesetzt. Es beteiligen sich sogar Pastoren an solchen Studien. Und auch die geben an, dass die religiösen Erfahrungen unter dem Einfluss dieser Substanzen besonders intensiv sind. Ich finde diese Einschätzungen hochinteressant.

BKG: Nun ja, dass bestimmte Softdrogen unsere Erlebnisfähigkeit modulieren können, das wissen wir ja nun schon länger. Es gibt Männer, die sich an der Theke ihr weibliches Gegenüber mit einigen Gläsern Pils sehr viel schöner trinken können, als es tatsächlich ist. Gelegentlich nutzen sie diese Methode sogar, um sich ihr ganzes Leben schöner zu trinken – auch wenn der Effekt meistens nicht sonderlich lange anhält. Dazu müssen wir nicht unbedingt auf psychedelische Drogen zurückgreifen. Das schaffen wir auch mit der guten alten Volksdroge Alkohol. Dennoch würde ich Flaschenbier nicht unbedingt als Neuro-Enhancer ansehen.

Wie ich auch insgesamt sagen muss, dass mit dem Begriff »Enhancement« vielleicht doch allzu inflationär umgegangen wird. Als klassisches Beispiel für Enhancement wird ja immer der bereits erwähnte Oscar Pistorius angeführt. Auch hier stellt sich allerdings die Frage, ob seine Karbonprothesen tatsächlich ein Enhancement darstellen. Sicherlich kann er damit schneller laufen als die meisten Menschen mit ihren eigenen Beinen. Aber auch das ist doch wieder nur eine Partialfunktion. Wenn es darum geht, Fußball zu spielen, zu tanzen oder auf einen Berg zu klettern, stellen diese Karbonprothesen sicherlich keine Verbesserung gegenüber biologischen Beinen dar. Also auch hier wäre ich mit dem Begriff »Enhancement« eher zurückhaltend.

SLS: Aber schauen wir uns doch einmal die schon bestehenden Mensch-Maschine-Schnittstellen an, zum Beispiel die Hirnschrittmacher: Die gibt es doch schon, und die Erfolge sind beeindruckend. Bei Parkinson-Patienten ist es zum Beispiel möglich, über eine kleine Batterie, die subkutan eingesetzt wird, zwei kleine Drähte anzusteuern, die dann über ein Loch in der Schädeldecke in die entsprechend gestörten Hirnareale führen. Sozusagen auf Knopfdruck sind dann diese Parkinson-Patienten viele ihrer Symptome los. Statt am ganzen Körper zu zittern, können sie wieder alltäglichen Aktivitäten nachgehen. Ähnliches sehen wir teilweise bei extrem depressiven Menschen, die ständig Selbstmordgedanken hatten. Auch hier haben Hirnschrittmacher hohe Erfolgsquoten. Die Stimmung ändert sich nach entsprechender Stimulation häufig radikal. Das sind doch überzeugende Fortschritte.

BKG: Es ist unbestritten, dass wir über Hirnstimulation, sowohl transkraniell als auch intrakraniell, viel erreichen können. Aber bei den angeführten Beispielen handelt es sich ja um Behandlungen von klar definierten Erkrankungen, also Parkinson, Epilepsie, Depression etc. Dass wir da Fortschritte erzielt haben, ist unbestritten. Aber es ist etwas anderes, Krankheiten zu behandeln oder bei gesunden Menschen kognitive Funktionen zu steigern. Da sehen wir im Moment eher wenige Fortschritte.

SLS: Aber Elon Musk zum Beispiel arbeitet ja mit seiner Firma Neuralink genau an diesem Thema. Er bleibt eben nicht dabei, Gehirn-Computer-Schnittstellen nur zur Behandlung von Krankheiten einzusetzen. Sein erklärtes Ziel ist es, kognitive Funktionen auch bei Gesunden zu verbessern. Und ich habe keinerlei Zweifel, dass das auch in den nächsten Jahren passieren wird. Die technische Möglichkeit, unser Gehirn mit Computerchips zu verbinden, besteht. Damit können wir diese auch nutzen, unser Gehirn mit Fähigkeiten auszustatten, die es derzeit noch nicht hat, die aber Computerchips besitzen. Das wird definitiv »The Next Big Thing«.

BKG: Dann hoffen wir mal, dass Elon Musk mit Neuralink mehr Erfolg hat als mit Twitter.

Nanotechnologie – The Next Small Thing

Bernd Kleine-Gunk

Bei Gesprächen im Silicon Valley fällt standardmäßig immer wieder ein Satz: »What's the Next Big Thing?« Auch wenn die Geschäfte gut laufen – jeder will möglichst frühzeitig wissen, was der nächste Innovationstreiber sein wird und wie man daraus ein Businessmodell macht. Seit einiger Zeit verdichten sich die Hinweise, dass das nächste große Ding wahrscheinlich sehr klein sein wird. Um nicht zu sagen: winzig. Die Nanotechnologie ist auf dem Weg, eine der Schlüsseltechnologien der Zukunft zu werden. Nicht nur für Transhumanisten ist sie ein wichtiger Hoffnungsträger.

Der Begriff »nano« stammt aus dem Griechischen und bedeutet Zwerg. Nanotechnologien beschäftigen sich also mit kleinen Dingen. Und zwar mit Dingen, die so klein sind, dass viele sie bisher kaum auf ihrer Skala hatten. Da bedeutete »klein« im Wesentlichen 1 Millimeter, also ein Tausendstelmeter. Extrem klein ist 1 Mikrometer, ein Millionstelmeter. Nano ist noch einmal drei negative Zehnerpotenzen davon, also tausendmal kleiner als Mikro, oder ein Milliardstelmeter. In der Nanowelt bewegen wir uns auf der Ebene der Atome, denn die haben einen Durchmesser von 0,1 bis 0,3 Nanometer. Auch das Erbmolekül DNA liegt mit 2 Nanometern Durchmesser im Bereich dieses Maßstabes. Die obere Grenze der Nanowelt wird zumeist bei 100 Nanometern angesetzt. Viren weisen zumeist eine Größe von 50 bis 100 Nanometern auf. Zum Vergleich: Ein menschliches Haar hat auf dieser Skala einen Durchmesser von rund 80 000 Nanometern. Ein Stecknadelkopf dehnt sich bereits über eine Strecke von über einer Million Nanometern aus.

Was macht die Nanotechnologie nun zu *dem* großen Versprechen für die Zukunft? Zum einen ist es die simple Tatsache der Miniaturisierung. Vor allem die Computertechnologie, aber nicht nur sie, hat in den letzten Jahren enorm davon profitiert, dass ihre Bausteine immer kleiner geworden sind. Erst als die Lochkartenrechner durch Mikroprozessoren ersetzt wurden, begann der eigentliche Siegeszug der Digitalisierung. Ihr künftiger Erfolg hängt nicht zuletzt davon ab, dass die Miniaturisierung noch weiter voranschreitet. Und das ist auf die Dauer nur dann möglich, wenn es statt Mikro- nur noch Nanoprozessoren gibt.

Aufregend ist aber auch die Tatsache, dass in der Nanowelt teilweise andere Gesetze herrschen als in dem uns bekannten Makrokosmos. Diese Erkenntnis hat zu Beginn des 20. Jahrhunderts die Naturwissenschaften revolutioniert. Die neuen Eigenschaften, die sich in den kleinsten Bereichen ergeben, erschweren teilweise die Umsetzung nanotechnologischer Vorhaben. Sie eröffnen aber auch völlig neue Möglichkeiten. Die Nanotechnologie verhält sich in einigen Bereichen zu herkömmlichen Technologien wie die Quantenphysik zur klassischen Physik.

Und schließlich eröffnet die Nanotechnologie auch eine ganz neue Art des Produzierens – weg von der »Top-down«-Arbeitsweise hin zur »Bottom-up«-Methode. Die Top-down-Technik (von oben nach unten) ist unsere klassische Arbeitsweise, Materialien planvoll zu formen. Die Steinzeitmenschen schufen sich aus groben Steinen ihre Faustkeile indem sie Teile der Steine wegschlugen. Ein Bildhauer gestaltet eine Skulptur, indem er aus einem ungeformten Block die gewünschte Form herausarbeitet. Und selbst Computerchips werden top-down hergestellt, indem in einen ungeformten Siliziumchip die entsprechenden Strukturen hineingepresst werden. Bei der Bottom-up-Technik (von unten nach oben) wird dagegen das geplante Objekt aus seinen einzelnen Bausteinen zusammengesetzt. Ein Kind, das mit Legosteinen spielt, arbeitet nach diesem Prinzip. Die Natur zumeist auch. Und die Nanotechnologie eröffnet uns die Möglichkeit, ressourcenschonend Objekte auf der Basis einzelner Atome zu konstruieren.

Das hat im Übrigen als einer der Ersten der US-amerikanische Physiker und Nobelpreisträger Richard Feynman erkannt. In einem berühmt gewordenen Vortrag aus dem Jahr 1959 prägte er den Satz: »There is plenty of room at the bottom.« (»Ganz unten ist eine Menge Platz.«)[34] In einer Zeit, in der mit der beginnenden Raumfahrt sich alle Zukunftsvisionen auf den Makrokosmos konzentrierten, sah Feynman bereits klar voraus, welche Möglichkeiten der Mikrokosmos technologisch bietet. Unter anderem prognostizierte er, der Inhalt aller 29 Millionen Bücher, die es damals gab, könne in Zukunft auf einem Medium von der Größe eines Staubkorns gespeichert werden. So weit sind wir noch nicht ganz, aber auch nicht mehr sehr weit davon entfernt. Für Feynmans Zeitgenossen in den 1950er-Jahren war dies jedoch eine völlig absurde Idee. Und wieder einmal haben wir ein Beispiel dafür, wie schnell Technikutopien Wirklichkeit werden können, solange sie auf soliden wissenschaftlichen Grundlagen beruhen. Feynman gilt heute, ohne dass er den Begriff jemals verwendet hätte, als einer der Pioniere der Nanotechnologie.

Wo steht die Nanotechnologie nun zum gegenwärtigen Zeitpunkt? Die Antwort lautet: Sie umgibt uns bereits überall – auch wenn wir uns dessen nicht unbedingt bewusst sind. Nanopartikel werden bereits seit vielen Jahren gezielt Stoffen und Materialien zugesetzt, um deren Eigenschaften zu optimieren. Ein bekanntes Beispiel sind etwa Nanomaterialien aus Titandioxid, die in vielen Sonnencremes enthalten sind. Sie absorbieren das schädliche UV-Licht, sind aber selber so klein, dass sie sichtbares Licht nicht beeinflussen. Der hässliche weiße Film, der sich bei solchen Cremes früher auf die Haut legte, entfällt damit.

In anderen Bereichen kopiert man nanotechnologische Effekte, welche die Natur bereits seit Jahrmillionen nutzt. Dazu gehört zum Beispiel der Lotuseffekt. Die Lotuspflanze wird niemals wirklich schmutzig. Wasser perlt an ihren Blättern ab und nimmt dabei Schmutz auf der Oberfläche einfach mit. Verantwortlich für diesen Effekt ist eine komplexe Nanoarchitektur, welche die Haftung von Schmutzpartikeln minimiert. Eine ganze Reihe von Unternehmen haben nach diesem Vorbild unterschiedliche Nanobeschichtungen für verschiedene Oberflächen entwickelt. Selbstreinigende und schmutzabweisende Verfahren für Markisen und Planen gehören seitdem fest zu unserem Alltag. Schmutzabweisende Textilien befinden sich in der Entwicklung. Rotwein macht demnächst keine Flecken mehr aufs Hemd, sondern perlt einfach ab.

Damit nicht genug. Silber hat einen antibakteriellen Effekt. In der Medizin hat man daher Silberpuder lange Zeit genutzt, um Wunden zu behandeln. Der unangenehme Schweißgeruch, den getragene Socken oder T-Shirts verbreiten, stammt nicht vom Schweiß selber, sondern von Bakterien, die diesen Schweiß zersetzen. Mit Silbernanopartikeln imprägnierte Textilien minimieren diese Bakterien und machen sie damit erfreulich geruchsneutral.

Ein weiteres Beispiel für den Einsatz von Nanopartikeln sind sogenannte Verbundmaterialen. Stahlbeton oder mit Glasfaser verstärktes Kunstharz gehören in diesen Bereich. Manche Materialien – etwa Beton – neigen dazu, bei Druck oder Zugbelastungen Risse zu bilden. Durch die Einlagerung von Fasern im Nanobereich wird die Rissausbreitung unterdrückt, sodass sich die Risse immer nur bis zur nächsten eingelagerten Faser ausbreiten. Dadurch wird es möglich, die Druck- und Biegefestigkeit von massiven Materialien mit der Zugfestigkeit von Faserbündeln zu kombinieren.

Für die Praxis der Verbundmaterialien stand wieder einmal die Natur Pate. Spinnenseide ist ein klassisches Beispiel für angewandte Nanotechnologie. Sie hat in der Regel nur einen Durchmesser von wenigen Mikrometern, zeichnet sich aber durch eine extrem hohe Dehn- und Belastbarkeit aus. Ihr Geheimnis besteht darin, dass die Spinne ein ebenso effektives wie komplexes Verbundmaterial entwickelt hat, das aus unterschiedlichen Proteinen und eingelagerten metallischen Nanokristallen besteht. Forscher versuchen seit Jahren, künstliche Spinnenseide für die technologische Anwendung nachzubauen und auf dieser Basis neue Werkstoffe zu kreieren. Der extrem feste Kunststoff Kevlar, der zum Beispiel in schusssicheren Westen zum Einsatz kommt, ist ein erstes Produkt dieser Forschung.

Das ist alles durchaus beeindruckend, aber natürlich ist für die Transhumanisten die Nanotechnologie nicht deshalb einer der großen Hoffnungsträger, weil sie von einer Zukunft ohne Schweißsocken und Rotweinflecken auf dem Hemd träumen. Der gegenwärtige Einsatz der Nanotechnologie, der im Wesentlichen auf einer Verbesserung bereits bestehender Materialien durch die Einarbeitung von Nanopartikeln besteht, mag viel Nützliches hervorgebracht haben. Die großen »Killer-Applikationen«, also radikale Innovationen, die eine neue Produktklasse mit völlig neuen Möglichkeiten hervorbringen, sind daraus bisher noch nicht entstanden.

Genau die werden aber von der Nanotechnologie erwartet. Und die könnte sie auch bald schon liefern. Beschrieben wurden sie schon 1986 von Eric Drexler in seinem bereits erwähnten Buch *Engines of Creation.*[35] Es ist der Schritt von der »passiven Nanotechnologie«, bei der bestehenden

Substanzen Nanopartikel lediglich zugesetzt werden, hin zu einer »aktiven Nanotechnologie«, in der winzige Maschinen, sogenannte Assembler, Maschinen auf Nanobasis konstruieren, die dann etwa im menschlichen Organismus zahlreiche Aufgaben übernehmen. Als Nanobots patrouillieren sie dann zum Beispiel in unseren Blutgefäßen und beseitigen dabei arteriosklerotische Ablagerungen. Oder aber sie nehmen den Kampf auf gegen pathogene Bakterien, Viren oder Krebszellen.

Wie bei vielen transhumanistischen Visionen kommen die Inspirationen für solche Nanobots nicht nur aus der wissenschaftlichen Forschung, sondern auch aus dem Bereich der Science-Fiction. 1966 feierte in den USA der Film »The Fantastic Voyage« (deutscher Titel: »Die fantastische Reise«) Premiere. Geschildert wird die Geschichte einer Gruppe von Wissenschaftlern, die sich samt einem U-Boot verkleinern und dann in den Organismus eines übergelaufenen tschechischen Wissenschaftlers (wir befinden uns mitten im Kalten Krieg) injizieren lassen. Ziel ist es dabei, in sein Gehirn zu gelangen, um dort ein Blutgerinnsel zu entfernen. Die Reise gerät überaus abenteuerlich. Aufgrund teilweise verstopfter Arterien müssen Umwege genommen werden; die Crew verfährt sich mehrmals, bleibt im Innenohr stecken, wird von weißen Blutkörperchen angegriffen. Schließlich erfüllt sie aber ihre Mission nach all diesen Gefahren am Ende doch erfolgreich. Der Mannschaft gelingt es schließlich, über den Sehnerv ins Auge zu gelangen, aus dem sie dann – in einer Träne schwimmend – wieder in die Außenwelt gelangt. Die Ausscheidung über den Urin, was für im Blut schwimmende Mikropartikel eigentlich der normale Weg gewesen wäre, wollte man dem damaligen Filmpublikum dann wohl doch nicht zumuten.

Wie einflussreich der Science-Fiction-Streifen war, sieht man nicht zuletzt an der Tatsache, dass Transhumanismus-Guru Ray Kurzweil seinen Bestseller über Langlebigkeit mit dezidierter Bezugnahme auf den Film ebenfalls *Fantastic Voyage* nannte. Ob es solche Nanobots jemals geben wird, ist noch immer umstritten. Falls ja, werden sie wohl mit ziemlicher Sicherheit nicht bemannt sein. Und falls doch, ist es zumindest unwahrscheinlich, dass die dort tätigen Neurochirurgen so attraktiv sind wie die in diesem Film die Hauptrolle spielende Raquel Welch.

Nanomaschinen wird es jedenfalls in absehbarer Zeit wohl wirklich geben. Einer der Gründe, die den Wissenschaftlern diesbezüglich Hoffnung machen, ist folgender: Die Natur arbeitet schon lange mit ihnen. Jede einzelne Zelle ist eigentlich eine riesige Fabrikhalle, die angefüllt ist mit Nanomaschinen. Da gibt es zum Beispiel die Ribosomen, welche die einzelnen Aminosäuren zu hochkomplexen Eiweißen zusammenfügen. Die Bauanleitung dazu wird ihnen von Messenger-RNA-Molekülen überbracht, welche die Botschaft ihrerseits von der DNA abgelesen haben. Die wiederum ist ein riesiger Nanodatenspeicher, auf dem Informationen in Form von drei Milliarden Basenpaaren abgelegt sind. Die für all diese Prozesse erforderliche Energie liefern die Mitochondrien, die man sich als Kraftwerke in Nanoformat vorstellen kann. Das Problem der molekularen Müllentsorgung übernehmen die Lysosomen. Dort werden Abfallprodukte – unbrauchbar gewordene Zellorganellen oder falsch gefaltete Proteine – wieder in ihre Bestandteile zerlegt beziehungsweise recycelt. Nanotechnologie, wohin man blickt.

Letztendlich gehören natürlich auch die Viren zur Nanowelt. Mit einer Größe von 50 bis 100 Nanometern sind sie hundertmal kleiner als eine Zelle. Zumeist bestehen sie aus einem Strang DNA beziehungsweise RNA und einer Schutzhülle aus Proteinen. Ob sie Lebewesen sind, darüber wird in der Wissenschaft seit Langem gestritten. Entsprechend der klassischen Definition von Leben fehlt ihnen dazu neben einem eigenen Stoffwechsel vor allem ein entscheidendes

Merkmal, nämlich die Fähigkeit, sich selbstständig zu vermehren. Dazu benötigen sie andere Zellen (Körperzellen oder Bakterien), deren Stoffwechsel sie dann so manipulieren, dass er fast nur noch Viren produziert. Was dann häufig die bekannt unangenehmen Folgen nach sich zieht. Der jahrzehntelange Streit – lebendig oder nicht – ließe sich vielleicht durch eine neue Definition lösen: Viren sind höchst effektive biologische Nanomaschinen.

Doch zurück zur Zelle, diesem Wunderwerk voller miteinander kommunizierender Nanostrukturen. Eine ebenso plausible wie positive Botschaft von Transhumanisten und Nanotechnologieexperten lautet: Wenn es all das – Datenspeicher, Kraftwerke, Produktionsanlagen, Müllverwertung – bereits auf zellulärer Nanobasis gibt, dann ist es auch möglich, das technisch nachzubauen.

Ein Wissenschaftler, der sich dies zur Aufgabe gemacht hat, ist Robert A. Freitas Jr.. Der forscht seit Jahrzehnten am Institute of Molecular Manufacturing in Palo Alto und gilt als einer der führenden Köpfe der Branche. Sein monumentales Werk über *Nanomedicine* ist noch immer nicht abgeschlossen. Die ersten beiden Bände sind aber schon kostenlos im Internet abrufbar.[36] Freitas' spezielles Interesse gilt dem Blut, von dem wir spätestens seit Goethes *Faust* wissen, dass es »ein ganz besonderer Saft« ist. Diesen Saft und seine vielen Bestandteile nachzubauen gehört zu den wesentlichen Forschungstätigkeiten von Freitas. Die Nachfrage nach »künstlichem Blut« ist in der Medizin hoch. Die klassischen Blutkonserven sind weiterhin knapp und nur begrenzt haltbar. Aufgrund der Existenz von unterschiedlichen Blutgruppen sind sie nicht universell einsetzbar. Und nicht zuletzt sind sie häufig mit den bereits beschriebenen biologischen Nanomaschinen, den Viren, kontaminiert. Künstliches Blut könnte all diese Probleme auf einen Schlag lösen.

Nun wäre Freitas aber nicht der Transhumanist, der er ist,

würde er sich einfach damit begnügen, das Blut und seine zellulären Bestandteile nachzubauen. Wenn schon, dann soll das Blut der Zukunft auch neue, deutlich verbesserte Eigenschaften gegenüber dem haben, was da seit Millionen von Jahren durch die Adern von Säugetieren fließt. Blood Enhancement sozusagen.

Freitas' Vorschläge zeugen dabei von großer Kreativität. Das fängt schon bei den Namen an. »Klottozyten« etwa sollen künftig für den Wundverschluss zuständig sein. Das übernehmen im Blut klassischerweise die Thrombozyten, die Blutplättchen. Bei Blutungen schwimmen sie zu der entsprechenden Wunde und verbinden sich dort zu einem entsprechenden Pfropf, der die Blutung abdichtet. Dazu brauchen sie aber eine gewisse Zeit, und bei großen Wunden gerät der Effekt auch an seine Grenzen. Freitas' Klottozyten sind so designed, dass sie hundertmal schneller am Zielort sind und auch die Fähigkeit haben, größere Wunden zu verschließen. Verbluten wäre dann Geschichte.[37]

Respirozyten sind Freitas' Alternative zu den Hämatozyten, den roten Blutkörperchen. Deren hauptsächliche Aufgabe ist der Transport von Sauerstoff aus der Lunge zu den einzelnen Organen und Zellen beziehungsweise der Abtransport von Kohlendioxid zurück zur Lunge. Das machen die Respirozyten genauso, nur halt – wer hätte das bezweifelt – sehr viel effektiver. Freitas hat nämlich herausgefunden, dass die Fähigkeit von Hämatozyten, Sauerstoff zu binden, erbärmlich gering ist. Seine Respirozyten bestehen aus 18 Milliarden Atomen und sind damit kleiner als die roten Blutkörperchen. Sie können aber 236-mal mehr Sauerstoff transportieren als diese. Die Respirozyten sind im Übrigen die Basis für das künstliche Blut, an dem Freitas arbeitet. Weiße Blutkörperchen und Blutplättchen sind dafür nicht so wichtig. Eine zweihundertfach bessere Sauerstoffversorgung ist dabei natürlich nicht nur für die Notfallmedizin interessant. Sie würde auch

Sportlern und allen, die solche Respirozyten im Blut haben, eine ungeheure Leistungssteigerung ermöglichen. Wir könnten zum Beispiel mit einem Atemzug locker mal eine Stunde unter Wasser bleiben.

Der letzte zelluläre Blutbestandteil auf Freitas' Liste sind die Leukozyten, die weißen Blutkörperchen. Ihre Hauptaufgabe ist die Immunabwehr, also die gezielte Bekämpfung eingedrungener Mikroben. Auch Krebszellen stehen auf ihrer Liste, entgehen den Leukozyten aber häufig, da sie als ursprünglich körpereigene Zellen für die Abwehrzellen nur schwer erkennbar sind. All das ist kein Problem für die »Microbiovoren«, die laut Freitas künftig für diese Aufgaben zuständig sind. Auch sie werden nicht nur schneller, sondern vor allem deutlich effizienter und zielgenauer arbeiten als unser bisheriges Arsenal an Abwehrzellen. Die lassen sich von Pathogenen und Krebszellen ja leider immer wieder in die Irre führen. Das Problem der Energieversorgung lösen Freitas' künstliche Zellen im Übrigen genau so, wie es die klassischen Blutzellen auch tun – nämlich durch die Aufnahme von Zucker und Sauerstoff aus ihrer Umgebung.[38]

All das existiert – das muss man zugeben – derzeit lediglich auf dem Papier. Es ist aber höchst dezidiert ausgearbeitet und auf Plausibilität überprüft. Was jetzt noch fehlt, sind Nanomaschinen, die berühmten Assembler, welche die Fähigkeit haben, die entsprechenden Strukturen »bottom-up« zusammenzusetzen. Anders ausgedrückt: Die Baupläne bestehen bereits, nur an den Maschinen, um diese Strukturen zu konstruieren, wird noch gearbeitet.

Die Tatsache, dass sich diese Arbeit so schwierig gestaltet, hat unterschiedliche Gründe. Eines der wesentlichen Probleme ist folgendes: In der Nanowelt ist nicht nur alles sehr viel kleiner, dort herrschen auch andere Gesetze. Die Schwerkraft etwa, die in der Makrowelt bekanntlich eine große Rolle spielt, hat in der Nanowelt kaum einen Einfluss. Teilchen, die so klein sind, dass sie kaum eine Masse haben, fallen auch nicht herunter. Wir alle kennen das etwa vom Feinstaub, der Tage und Wochen in der Luft schweben kann, ohne zu Boden zu sinken.

Dafür werden andere Kräfte wichtig, die sonst kaum eine Rolle spielen. Aus dem Chemieunterricht wissen wir alle, dass Atome und Moleküle untereinander Verbindungen eingehen können. Dazu müssen die Oberflächen der einzelnen Partner aber auch zueinander passen. Unabhängig davon gibt es aber zwischen Atomen, die keine expliziten Verbindungen miteinander eingehen, trotzdem noch eine schwach wirkende anziehende Kraft, die immer da ist. Sie wird nach ihrem Entdecker, dem holländischen Physiker Hendrik van der Waals (1837–1923), als Van-der-Waals-Kraft bezeichnet. Diese Kraft besteht zwischen allen Oberflächen, die aus Atomen bestehen. Sie hat allerdings nur eine kurze Reichweite, weshalb sich die Atome sehr nahe kommen müssen, damit diese Art von Anziehung wirkt. Genau das geschieht im Nanobereich. Und genau das ist auch die Erklärung, warum eine Fliege eine Scheibe hinauf oder kopfüber an der Decke laufen kann. An den Füßen dieser Tiere befinden sich sehr viele feinste Haare, die jedes für sich die Oberfläche berühren. Durch die vielen Berührungspunkte wird eine so große Kontaktfläche geschaffen, dass die Van-der-Waals-Kräfte die Schwerkraft aufheben. Geckos haben sich dieses Prinzip von den Insekten abgeschaut. An ihren Füßen finden sich ebenfalls Hunderttausende feinster Fortsätze, sogenannte Spatulae, die wie ein wiederverwendbares Klebeband wirken.

Diese Van-der-Waals-Kräfte machen es allerdings den Nanomaschinen (Assembler) auch schwer, Strukturen Atom für Atom zusammenzufügen. Die Atome bleiben in vielen Fällen an ihren Arbeitsarmen kleben – eine Tatsache, die im Branchenjargon als »Sticky Finger Problem« bekannt ist.

Während derartige Besonderheiten der Nanowelt für den

gesunden Menschenverstand noch einigermaßen plausibel nachvollziehbar sind, stößt dieser bei anderen Phänomen an seine Grenzen. Wenn es um die kleinsten Teilchen geht, kommen wir nämlich in den Bereich der Quantenphysik. Und spätestens da haben wir es mit Gegebenheiten zu tun, die sich zwar mathematisch präzise beschreiben, aber mit Beispielen nicht mehr veranschaulichen lassen. Sie spielen sich schlichtweg außerhalb unserer Vorstellungswelt ab. Dazu gehört eine Tatsache, die von Max Planck, dem Begründer der Quantentheorie, entdeckt wurde: Quantenobjekte können Welle und Teilchen zugleich sein. Werner Heisenberg beschrieb die nach ihm benannte Unschärferelation, aus der hervorgeht, dass zwei Messgrößen eines Teilchens (etwa sein Ort und sein Impuls) nicht gleichzeitig genau bestimmt werden können. Es würde die Dimensionen dieses Buches wie auch die intellektuelle Kompetenz seiner Autoren sprengen, dies hier im Detail genauer auszuführen. Daher an dieser Stelle nur so viel: All diese Gegebenheiten machen das Arbeiten im Nanobereich sehr schwierig. Sie eröffnen andererseits aber auch ungeahnte Möglichkeiten. Man denke etwa an die Entwicklung des Quantencomputers, von dem später noch die Rede sein wird.

Wo sich neue Möglichkeiten auftun, wird natürlich auch über neue Gefahren spekuliert. Den Feinstaub, der ja nichts weiter ist als ein Aerosol von Nanopartikeln, haben wir bereits erwähnt. Solange er aus der Sahara in Form von Wüstenstaub zu uns kommt, ist er wohl ungefährlich. An die entsprechenden Bestandteile konnte sich unser Organismus über Jahrzehntausende adaptieren. Etwas anders verhält es sich mit dem Industriestaub beziehungsweise den völlig neuen Nanopartikeln, die wir in die Luft ausleiten. Da sind gesundheitliche Folgen bisher zwar nicht nennenswert in Erscheinung getreten, aber durchaus denkbar. Ähnliches gilt für Nanopartikel, die über die Haut oder den Darm aufgenommen werden. Die sich gerade entwickelnde Nanotoxikologie, also die Lehre von den potenziellen giftigen Eigenschaften einzelner Nanopartikel, ist sicherlich ein Fach mit Zukunft.

Das furchteinflößendste Horrorszenario zur Nanotechnologie sieht aber ganz anders aus. Eric Drexler hat es selbst in seinen *Engines of Creation* beschrieben. Es ist bekannt unter dem Titel »Grey Goo«. Die Weltuntergangsvision von der grauen Schmiere beschreibt, was außer Kontrolle geratene Nanomaschinen herbeizuführen vermögen: In dem ebenso effizienten wie endlosen Bemühen, immer mehr Kopien von sich selbst herzustellen, verbrauchen diese Nanobots alles an Ressourcen, was auf der Erdoberfläche verfügbar ist. Flora, Fauna und selbstverständlich auch die menschliche Zivilisation fällt den gefräßigen Nanomonstern zum Opfer. Am Ende ist dann nur noch ein dicker Schleim gleichförmiger Nanopartikel übrig.

»Grey Goo« hat zwar durchaus das Zeug, den vielen Endzeitvision noch eine weitere hinzuzufügen und gegebenenfalls auch den ein oder anderen Hollywood-Blockbuster zu inspirieren. Dennoch ist dieses Szenario extrem unwahrscheinlich. Zum einen missachtet es ein fundamentales Naturgesetz, nämlich das des Energieerhalts. Zum anderen gibt es solche sich selbst replizierenden Nanomaschinen bereits seit Langem. Viren haben wir als biologische Nanobots beschrieben, die eigentlich nur ein Ziel haben: nämlich Kopien von sich selbst herzustellen. Das tun sie zweifellos höchst effektiv. Welchen Schaden sie dabei anrichten können, muss man spätestens seit der Corona-Pandemie auch niemandem mehr erläutern. Doch trotz aller Verwüstungen ist es bisher noch keinem Virus gelungen, das Leben auf der Erde vollständig auszulöschen und deren Oberfläche in eine Schmierschicht welcher Farbe auch immer zu verwandeln. Die Chancen stehen also gut, auch dieser hypothetischen Apokalypse zu entkommen. Trotzdem gilt offensichtlich die

Regel: Keine neue Technologie ohne entsprechendes Weltuntergangsszenario.

Wie schaut also die Zukunft der Nanotechnologie aus? Bis zu den Nanorobotern im Miniformat, die in unserem Körper patrouillieren und Schäden beseitigen, wird es wohl noch ein wenig dauern. Doch bei den gegenwärtigen Technologien, die im Wesentlichen nur darin bestehen, Materialien durch das Hinzufügen von Nanopartikeln zusätzlichen Nutzwert zu verschaffen, wird es auch nicht bleiben. Derzeit zeichnen sich mehrere Felder ab, in denen die »Next Generation Nanotechnology« Erfolge erzielen wird.

Da ist zunächst einmal die Medizin. Hier arbeitet die moderne Krebstherapie derzeit daran, sich einige biologische Nanoeffekte zunutze zu machen. Damit eine Krebsgeschwulst wachsen kann, muss es ihr gelingen, eine eigene Blutversorgung zu organisieren. Der Fachbegriff dafür lautet Tumorneoangiogenese. Die speziell auf das schnelle Wachstum von Krebszellen ausgerichteten Blutgefäße weisen etwas größere Poren auf als die Gefäße im gesunden Gewebe. Partikel bis zu einer Größe von 400 Nanometern können sie durchdringen. Da sie dort nicht wieder abtransportiert werden, reichern sie sich im Tumor an. Dieser Effekt lässt sich in zweifacher Hinsicht nutzen. Zum einen lassen sich die Nanopartikel mit Wirkstoffen beschichten, die sie dann sozusagen im Huckepackverfahren direkt an den Zielort bringen. Eine Chemotherapie würde danach nicht mehr die immensen Kollateralschäden verursachen, die sie in ihrer jetzigen, systemisch verabreichten Form auslöst. Zum anderen könnte man Nanopartikel verwenden, die mit Metallen beladen sind. So ließe sich dann von außen durch eine Magnetfeldtherapie oder durch die Anwendung von Hitze (Hyperthermie) gezielt das mit den Nanopartikeln angereicherte Tumorgewebe abtöten.

Insgesamt verstehen wir die komplexen Vorgänge in unseren Zellen immer besser. Die bedienen sich – wie wir gesehen haben – eines ganzen Arsenals von biologischen Nanomaschinen. Je besser ein Prozess verstanden ist, umso wirksamer lässt er sich auch beeinflussen oder gar steuern. Und schließlich liefern die biologischen Nanomaschinen auch eine Art Blaupause zukünftiger technischer Anwendungen.

Die Bionik, auch bekannt als Biomimetik, beschäftigt sich bereits seit Langem mit der Übertragung von biologischen Phänomenen auf die Technik. Der von Kletten inspirierte Klettverschluss ist wohl das bekannteste Beispiel. Zugrunde liegt diesem Wissenschaftszweig die Annahme, dass die belebte Natur im Laufe der Evolution optimierte Strukturen und Prozesse entwickelt hat, von denen der Mensch noch heute lernen kann. Das gilt auch für die Nanobiologie. Ein weiterer Vorteil: Biologische Erfindungen lassen sich kopieren, ohne dass hier Copyright- und Patentrechte zu beachten sind.

Ein Bereich, in dem die Nanotechnologie ohne Zweifel eine Schlüsselrolle spielen wird, ist die Computertechnologie. Die digitale Revolution, deren Zeugen wir seit einigen Jahren sind, beruht im Wesentlichen darauf, dass Computerchips immer kleiner, leistungsfähiger und kostengünstiger werden. In einer handelsüblichen Waschmaschine steckt inzwischen mehr Rechenleistung als im Bordcomputer der Apollo-11-Mondfähre bei der Mondlandung 1969.

Für die zunehmende Effizienz der Computerchips gibt es sogar eine Regel, die inzwischen fast in den Rang eines Gesetzes aufgestiegen ist. Formuliert hat sie der amerikanische Physiker und Chemiker Gordon Moore, der einer der Mitbegründer des weltgrößten Halbleiterherstellers Intel war. Schon wenige Jahre nach dem erfolgreichen Start der Firma stellte er fest, dass sich die Anzahl der Transistoren auf einem integrierten Schaltkreis etwa alle achtzehn Monate verdoppelt, und das bei gleichzeitiger Halbierung der Kosten. In einem 1965 in der Zeitschrift *Electronics* veröffentlichten Artikel wagte er die Prognose, dass dies wohl die nächsten zehn Jahre so weitergehen wird.[39] In der Tat setzte sich die Entwicklung mehr als ein halbes Jahrhundert lang fort. »Moores Gesetz« wurde zum Leitfaden der Chiphersteller und letztendlich auch zum Antrieb, diese Technologie stetig zu verbessern. Auf modernen Computerchips finden derzeit pro Quadratmillimeter 333 Millionen Transistoren Platz. Die Strukturweite zwischen den Elementen beträgt inzwischen nur noch zwei bis drei Nanometer. Wir befinden uns also längst im Bereich der fortgeschrittenen Nanotechnologie. Das ist zweifellos beeindruckend. Es signalisiert aber auch etwas anderes: Moores Gesetz wird schon bald an seine Grenzen stoßen.

Das hat nichts damit zu tun, dass die Computerhersteller ihre innovative Kraft verloren hätten. Es ist ganz einfach durch die Grenzen der Physik bedingt. Transistoren funktionieren auf Computerchips wie Tore oder Schleusen, die so geschaltet sind, dass sie den Fluss der Elektronen in bestimmte Bahnen lenken oder ihn ganz unterbrechen. Das funktioniert aber nur bis zur magischen Grenze von etwa einem Nanometer. Werden die Abstände zwischen den Transistoren kleiner, so tauchen die Elektronen einfach unter ihnen hinweg beziehungsweise »durchtunneln« sie, was man in der Fachsprache als Quantentunneleffekt bezeichnet.

Die klassische Transistortechnologie gelangt also in absehbarer Zeit an ihre natürliche Grenze. Dann wird es nicht mehr ausreichen, auf das seit Jahrzehnten bewährte Konzept der Miniaturisierung zu setzen. Es gibt physikalische Grenzen, an denen einfach nicht zu rütteln ist. Anders ausgedrückt: Soll der Fortschritt weitergehen, muss über ganz neue Ansätze nachgedacht werden.

Das wird auch getan. Eine Möglichkeit der Leistungssteigerung bei Computern besteht darin, den Sprung in die Dreidimensionalität zu wagen. Bisher wurden Transistoren auf einem Chip lediglich nebeneinander angeordnet. Auch wenn die Dimensionen immer kleiner werden, so bleibt die Grundanordnung doch zweidimensional. Das ist ein wenig so wie mit einer Stadt, die man mit Einfamilienhäusern besiedelt. Irgendwann sind alle Möglichkeiten des Wohnraums ausgenutzt. Eine Möglichkeit besteht jetzt darin, die Nutzfläche in die Höhe auszudehnen. Anders ausgedrückt: Man baut Hochhäuser und Wolkenkratzer. Für die Computerchips bedeutet das die Entwicklung von 3D-Varianten, bei denen sich die Transistoren nicht nur nebeneinander, sondern übereinander stapeln lassen. Nanocubes wären hierfür die idealen Bauelemente. Die Firma Toshiba arbeitet bereits intensiv an der Entwicklung derartiger 3D-Chips.

Vorbild dafür ist wieder einmal die Natur. Genauer gesagt: unser zentrales Nervensystem. Auch dort liegen die Nervenzellen geschichtet übereinander und sind dreidimensional miteinander verschaltet. Das macht unser Gehirn auch weiterhin zum derzeit leistungsfähigsten Computer überhaupt – und das bei einem Energiebedarf, von dem IT-Firmen nur träumen können. Ein weiterer Ansatz in der Weiterentwicklung der Computertechnologie besteht also darin, Transistoren nicht nur – wie es im Gehirn bei den Nervenzellen der Fall ist – dreidimensional anzuordnen, sondern die Schaltkreise und die Anatomie des Gehirns insgesamt nachzuahmen. Solche Neurocomputer, die sich ebenfalls bereits in der Entwicklung befinden, hätten dabei nicht nur den Vorteil, dass sie effizienter und energiesparender arbeiten. Da sie unserem Gehirn nachempfunden sind, hätte unser Gehirn auch weniger Schwierigkeiten, sich auf sie einzustellen. Oder – das ist natürlich für Transhumanisten besonders wichtig – irgendwann einmal mit ihnen zu verschmelzen.

Ein letzter Ansatz besteht darin, genau diejenigen Probleme, welche die weitere Miniaturisierung gegenwärtiger Computerchips begrenzen, für deren Weiterentwicklung zu nutzen. Die Rede ist von den Quanteneffekten. Die sind dafür verantwortlich, dass klassische Transistoren bei einem Abstand von weniger als einem Nanometer nicht mehr funktionieren. Sie eröffnen aber auch völlig neue Möglichkeiten. Wir haben bereits darauf hingewiesen, dass in der Quantenwelt andere Gesetze herrschen als in der uns vertrauten makroskopischen Welt. Grund dafür ist vor allem das Phänomen, dass die dort dominierenden subatomaren Teilchen oft mehrere, partiell sogar gegensätzliche Eigenschaften aufweisen. Ein solches Teilchen kann zum Beispiel an einem bestimmten Ort, gleichzeitig aber auch an einem anderen sein. Es kann sich simultan links- oder rechtsherum drehen.

Ein Computer, der sich diese Eigenschaften zunutze macht – die Rede ist von einem Quantencomputer –, hat sehr viel mehr Möglichkeiten als die klassische Auswahl zwischen 0 und 1, auf der die derzeitige digitale Technologie beruht. Er existiert sozusagen selbst in verschiedenen Alternativwelten und kann eine Unzahl möglicher Wege zur Lösung einer Aufgabe beschreiben. Während die gegenwärtige Maßeinheit für den Informationsgehalt eines Computers, das Bit (Abkürzung für *Binary Digit*), also tatsächlich nur eine der beiden Alternativen 0 oder 1 und diese nur nacheinander annehmen kann, können Quantenbits (oder *Qbits*) zahlreiche weitere Zustände annehmen, und das sogar zeitgleich. Für die Praxis bedeutet dies, dass ein Quantencomputer dieselbe Rechenoperation mehrere Millionen Mal schneller ausführen kann als sein konventionelles Pendant. Die großen IT-Firmen liefern sich derzeit ein spannendes Rennen, wer den ersten praxistauglichen Quantencomputer auf den Markt bringen wird. Egal wer dabei siegt und wie der Computer dann letztlich aussieht, die Nanotechnologie ist der Schlüssel zum Erfolg dieser Bemühungen.

Ein weiterer Bereich, der immer an innovativen Technologien Interesse hat, ist zweifellos das Militär. An der renommierten Harvard University in den USA gibt es sogar ein eigenes Forschungsinstitut namens »Soldier Nanotechnology«. Zunächst einmal eröffnet die Miniaturisierung im militärischen Bereich die Möglichkeit, das häufig beträchtliche Gewicht, das Soldaten mit sich herumschleppen müssen, zu reduzieren. Werden Funk- und Nachtsichtgeräte und sonstige technische Ausrüstungsgegenstände kleiner, so erhöht das die Mobilität und Effektivität von Soldaten.

Ein sehr konkretes Forschungsvorhaben sind kugelsichere Westen, die dünn und leicht sind wie ein T-Shirt und auch bei großer Hitze problemlos getragen werden können. Kohlenstoff-Nanotubes sind dafür das ideale Ausgangsmaterial. Die bereits jetzt existierenden Möglichkeiten zur Herstellung von schmutz- und wasserabweisenden Textilien auch auf Kampfmonturen zu übertragen ergibt sicher ebenfalls einen Sinn. Krieg wird damit nicht unbedingt ein weniger schmutziges Geschäft. Aber zumindest bleiben die Uniformen sauber.

Der nächste Schritt wäre dann die Einführung intelligenter Bekleidung. Nanometergroße Sensoren könnten in die Kampfausrüstung eingewebt werden. Das erlaubt nicht nur einen permanenten Kontakt zur Zentrale, sondern würde es in einem nächsten Schritt auch ermöglichen, dass ein solcher Hightech-Anzug durch Ausübung von Druck auf Wunden Blutungen zum Stillstand bringt.

Eine Technologie, die in den letzten Jahren im militärischen Bereich immer wichtiger geworden ist, sind Drohnen. Die werden sowohl zur Aufklärung und Spionage eingesetzt als auch in Form von Kampfdrohnen zur Eliminierung von feindlichen Zielen. Mit Nanotechnologie lassen sich in Zukunft mit hoher Wahrscheinlichkeit Drohnen konstruieren, die nicht viel größer sind als ein Insekt und denen man auch ein entsprechendes Aussehen verleihen kann. Eine millimetergroße flugfähige Maschine in Form einer Fliege könnte die gegnerische Spionageabwehr mühelos überwinden. Und wenn wir schon im Bereich der Insekten sind, lässt sich natürlich auch noch eine Fähigkeit kopieren, die viele von ihnen zu wahren Plagegeistern macht. Ausgestattet mit einem winzigen Stachel und einem entsprechenden Nanolabor könnten die Miniaturdrohnen potenzielle Gegner durch einen gezielten Stich töten oder zumindest lähmen. Fliegengitter und Moskitonetze würden dann recht bald auch in gemäßigten Zonen wieder zu Verkaufsschlagern.

Eine etwas abenteuerliche, aber durchaus originelle mögliche Nutzung ergibt sich schließlich auch für den Kampf gegen die globale Erwärmung. Kritiker werfen den Transhumanisten immer wieder vor, bei dieser wichtigen und drängenden Menschheitsfrage nur wenig zur Diskussion beizutragen. Die Nanotechnologie könnte das ändern. Im Laufe der Menschheitsgeschichte ist es nämlich immer wieder zu Klimaabkühlungen gekommen. Der Grund hierfür waren zumeist große Vulkanausbrüche, die eine Unmenge feinster Partikel in die Atmosphäre schleuderten. Diese reflektierten dort das Sonnenlicht und führten zu einer deutlichen Abkühlung des Klimas. Das bekannteste Beispiel ist sicherlich der Ausbruch des Vulkans Tambora in Indonesien im April 1815, der selbst in Europa 1816 zu einem »Jahr ohne Sommer« führte, in dem es sogar im Juli schneite.

Denkbar wäre es, diesen Effekt zu kopieren, indem man in der oberen Atmosphäre gezielt biokompatible und umweltverträgliche Nanopartikel ausbringt, welche durch Reflektion des UV-Lichts die Klimaerwärmung reduzieren. Natürlich ist das keine ideale oder gar unproblematische Lösung. Vieles deutet aber darauf hin, dass die gegenwärtige Strategie, die auf einer deutlichen Reduktion der CO2-Emission beruht, wohl allein nicht ausreichen wird. Insbesondere aufstrebende Industrienationen wie Indien oder China beteiligen sich bisher – wie auch die Weltklimakonferenz im November 2022 im ägyptischen Sharm el-Sheikh gezeigt hat – nur halbherzig an den entsprechenden Bemühungen. Da ist es zumindest ein Hoffnungsschimmer, wenn es neben dem Plan A (der Reduktion des CO2-Ausstoßes) zumindest noch einen Plan B gibt. Spätestens wenn der Nanostaub dann das Weltklima gerettet hat, wird die Nanotechnologie wohl endgültig ihren Anspruch als innovativer Heilsbringer erfüllt haben.

Bleibt abschließend noch die Frage zu klären: Geht es auch noch kleiner als nano? Von der Skalierung her auf jeden Fall. Da kennen wir im metrischen System noch den Pikometer, der mit 10^{-12} Metern ein Billionstelmeter beschreibt. Noch einmal drei Zehnerpotenzen nach unten geht es dann in den Bereich des Femtometers, der Maßeinheit für ein Billiardstel (10^{-15}) eines Meters.

In beiden Fällen bewegen wir uns im subatomaren Bereich, der ja die entsprechende Grundlagenforschung schon seit Langem fasziniert. Dass es sich beim Atom nicht um den kleinsten und unteilbaren Baustein der Natur handelt – wie über lange Zeit angenommen wurde –, wissen wir bereits seit Beginn des 20. Jahrhunderts. Da hatte der dänische Physiker Niels Bohr sein Atommodell vorgestellt, wonach ein Atom aus einem Atomkern mit Protonen und Neutronen besteht, der seinerseits von Elektronen auf einer entsprechenden Hülle umkreist wird. Inzwischen wurden mit Photonen, Bosonen, Gluonen und Quarks etc. noch kleinere Elementarteile isoliert, die so vielfältig und unübersichtlich sind, dass selbst Experten inzwischen von einem »Teilchenzoo« sprechen.

Kann man darauf eine eigene Technologie aufbauen? Wenn es nach einigen Transhumanisten geht, durchaus. So veröffentlichte der russisch-amerikanische Raumfahrtwissenschaftler Alexander Bolonkin bereits 2009 einen vielbeachteten Grundsatzartikel mit dem Titel: »Femtechnology: Nuclear Matter with Fantastic Properties«.[40] Und der vor allem im Bereich der Künstlichen Intelligenz forschende Ben Goertzel legte noch einmal nach, indem er sich in einem Artikel elegant auf Richard Feynmans berühmten »Gründungsartikel« der Nanotechnologie bezog. Sein Beitrag trug den Titel: »There's Plenty More Room at the Bottom. Beyond Nanotech to Femtotech« (2011).[41]

Ob die Femtotechnologie jemals zu einer praktisch anwendbaren Wissenschaft wird, daran hegen allerdings viele Physiker erhebliche Zweifel. Einer der Einwände gründet darin, dass Elementarteilchen sich nicht zuletzt durch eine extrem kurze Halbwertszeit auszeichnen. Kaum sind sie entstanden, sind sie auch schon wieder zerfallen. Darauf lässt sich wenig Solides aufbauen. Man müsste dann eher mit den »angeregten Zustandsaggregaten« dieser Teilchen arbeiten. Das allerdings ist in der Tat noch so ferne Zukunftsmusik, dass selbst der chronisch hyperoptimistische Ray Kurzweil meint, in diesem Jahrhundert würde das wohl nichts mehr. Was für uns als Autoren bedeutet, dass wir die durchaus interessante Diskussion über diese neue potenzielle Zukunftstechnologie auf die im 22. Jahrhundert erscheinenden Auflagen dieses Buches vertagen.

Dialog: Nanotechnologien – The Next Small Thing

SLS: Im Gegensatz zur Künstlichen Intelligenz oder auch zum genetischen Enhancement sind die Nanotechnologien ja noch nicht so sehr im allgemeinen Bewusstsein. Dennoch handelt es sich dabei definitiv um eine weitere wichtige Zukunftstechnologie. Wie siehst du das?

BKG: Ich sehe für die Nanotechnologie tatsächlich ein unglaublich großes Potenzial. Grundsätzlich muss man sich ja bei jeder neuen Technologie erst einmal drei Fragen stellen. Die erste lautet: Ist das überhaupt machbar, oder handelt es sich nur um ein Hirngespinst? Da heißt die Antwort ganz klar: Nanotechnologie ist machbar. Sie existiert ja – wie wir beschrieben haben – bereits millionenfach in unseren Zellen. Hier müssen wir also nur das, was in der Natur bereits besteht, nachbauen.

Die zweite Frage ist: Bringt uns das tatsächlich einen Nutzen? Auch hier lautet die Antwort eindeutig Ja. Das gilt vor allem auch für das Gebiet, das ich besonders überblicke, nämlich die Medizin. Hier gibt es riesige potenzielle Anwendungsbereiche. Aber natürlich geht der Einsatz weit über die Medizin hinaus. Was auch immer wichtiger wird: Nanotechnologie ist ressourcenschonend. Wenn du siehst, was für andere Technologien an Rohstoffen beziehungsweis an Energie verbraucht wird, so bewegen wir uns hier ja im molekularen Bereich, wo von beidem nur wenig benötigt wird. Auch das macht die Nanotechnologie angesichts schwindender Rohstoffe und einer zunehmenden Energieknappheit zu einer der großen Versprechungen für die Zukunft.

Frage drei ist dann natürlich immer: Sind mit der Technologie auch Risiken verbunden? Das kann man sicherlich nicht völlig ausschließen. Aber ich denke, die sind tatsächlich gering. Das immer wieder beschworene »Grey-Goo-Szenario«, wonach dann unermüdliche Mikroroboter die gesamte Erde in Nanopartikel zerlegen, halte ich eher für eine Science-Fiction-Hysterie als für eine wirkliche Gefahr. Also – da haben wir sicherlich eine Technologie mit einer enormen Zukunft vor uns.

SLS: Die Zukunft hat ja in einigen Bereichen auch schon begonnen. Die vielbeschworenen Nanobots gibt es zwar noch nicht, aber durchaus schon Chips, die wir in unseren Körper implantieren können. Dort können dann zum Beispiel auch alle möglichen Daten gespeichert werden. In anderen Ländern ist das schon gang und gäbe. In Schweden werden zum Beispiel Chips angeboten, die sich in den Körper implantieren lassen und auf denen Gesundheitsdaten gespeichert sind, etwa ob man gegen COVID geimpft wurde. Auch das ist ja bereits angewandte Nanotechnologie. Ich sehe darin einen großen Gewinn. Wenn zum Beispiel jemand verunglückt und akut Hilfe braucht, ist es ja schwer, an diese Daten zu kommen. Wenn diese dann jederzeit abrufbar im Körper sind, macht das doch eine entsprechende Behandlung sehr viel leichter. Warum sind wir da diesbezüglich in Deutschland so zögerlich?

BKG: Das Abspeichern von Gesundheitsdaten ist sicherlich das eine. Solange die dann nur zwischen Arzt und Patient ausgetauscht werden, ist das auch sicherlich ein enormer Vorteil. Wir sind andererseits bezüglich der Datensicherheit auch sehr sensibel. Wenn mein Arzt über meine Vorerkrankung Bescheid weiß, dann ist das ohne Zweifel hilfreich. Aber es besteht eben auch immer die Gefahr, dass diese Daten gehackt werden oder in Hände geraten, in denen sie nichts verloren haben. Muss zum Beispiel mein Arbeitgeber wissen, dass ich eine genetische Prädisposition für bestimmte Erkrankungen habe oder Gefahr laufe, eine Depression zu entwickeln? Die Konsequenz wäre dann eventuell der Verlust des Arbeitsplatzes oder ein Karriereknick. Wenn meine

Krankenkasse solche Daten in die Hände bekommt, kann ich davon ausgehen, dass mein Mitgliedsbeitrag steigt.

Das sind keine an den Haaren herbeigezogenen Beispiele. Wir wissen etwa, dass China seine Bürger intensiv anhand von Daten überwacht. Da kann man schon fast von einer digitalen Diktatur sprechen. Bei uns ist das nicht so sehr die Regierung, sondern es sind andere Institutionen, die Daten missbräuchlich verwenden. Wenn ich mit meiner Apple Watch meine Gesundheitsdaten hochlade, dann kann ich davon ausgehen, dass mir innerhalb kürzester Zeit entsprechende kommerzielle Angebote zur Optimierung meiner Gesundheit ins Haus flattern. Zusammengefasst: Daten sind wichtig, Datenschutz aber auch. Das mag in Deutschland ein größeres Thema sein als in anderen Ländern. Aber das hat bei uns ja auch eine gewisse Tradition.

Ich erinnere mich noch an meine Studienzeit. Da sollte 1983 in Deutschland eine Volkszählung durchgeführt werden. Prinzipiell wurde da nicht viel mehr abgefragt, als wo ich wohne und wo ich arbeite. Dennoch sind die Leute damals in großer Zahl auf die Barrikaden gegangen, weil sie meinten, dass das ihr Recht auf »informationelle Selbstbestimmung« einschränke. Wenn man sieht, was heute alles an Daten abgefragt beziehungsweise auch freiwillig zur Verfügung gestellt wird, dann spielt sich das schon in einer ganz anderen Dimension ab.

SLS: Daten auf kleine Chips zu laden ist das eine. Ich kann aber die Technologie noch weiterführen und auch Sensoren im Nanobereich in meinen Körper integrieren. Auch da gibt es ja schon die ersten Anwendungen im Bereich der Medizin. Aber im Maschinenbau sind wir da teilweise schon erheblich weiter. Ich denke da zum Beispiel an die sogenannten *Predictive Maintenance*-Maschinen, also die vorausschauende Instandhaltung von Maschinen durch permanente Messung. Warum fliegen wir heutzutage so sicher? Unter anderem auch deshalb, weil wir inzwischen eine Unmenge von Messdaten an technischen Details, den Motoren und an Flugzeugen insgesamt erheben. Änderungen der Messdaten informieren uns dann bereits sehr frühzeitig darüber, dass die Motoren wohl innerhalb eines sehr präzise eingrenzbaren Zeitraums, zum Beispiel acht Monate, kaputtgehen werden. Ich habe dann also genug Zeit, die Teile zu ersetzen, noch bevor sie eine Gefahr für die Nutzer darstellen. Wenn wir das einmal auf unseren Körper übertragen, dann könnten wir ja auch Messdaten ermitteln, die uns frühzeitig darüber informieren, dass wir Diabetes oder andere Erkrankungen entwickeln. Dann bleibt uns noch genügend Zeit, dem entgegenzuwirken. Hier sehe ich ein extrem hohes Potenzial, das in absehbarer Zeit schon Wirklichkeit werden könnte.

BKG: Der Vergleich mit der Flugzeugtechnologie ist sicherlich gut. Es ist tatsächlich eindrucksvoll, wie sicher Fliegen inzwischen geworden ist. Früher stürzten Flugzeuge ja viel häufiger ab als heutzutage. Inzwischen ist das die sicherste Art der Fortbewegung überhaupt. Das höchste Risiko bei einem Transatlantikflug ist inzwischen die Taxifahrt zum Flughafen. Das Sicherheitsmanagement in diesem Bereich ist übrigens etwas, was wir auch in der Medizin versuchen nachzuvollziehen. Unter anderem auch bei Eingriffen im OP-Saal. Aber leider sind wir dort noch nicht so weit. Im OP arbeiten immer noch Menschen. Und die lassen sich nun einmal nicht so gut überwachen wie Maschinen.

Abgesehen von der Nanotechnologie, die in den Körper integriert wird, können wir aber jetzt schon Diagnosegeräte einsetzen, die uns 24 Stunden lang Informationen über unseren Gesundheitsstatus übermitteln. Bewegungsverhalten, Schlafverhalten, Blutdruck, Herzratenvariabilität – alles Dinge, für die man früher einen Arzt aufsuchen musste –, findet man ja inzwischen schon in Selftracker Devices. Google arbeitet an einer Kontaktlinse, die über die Tränenflüssigkeit den Blutzucker ermittelt. Das alles sind wichtige Zukunftsperspektiven für die Medizin, insbesondere für die Präventivmedizin. Und all diese Technologien sind auch nur deshalb möglich, weil wir den Trend zur Miniaturisierung haben. Wenn dieser sich nun auch noch in den Nanotechnologiebereich weiterentwickelt und die entsprechenden Applikationen sich damit nicht mehr an unserem Körper, sondern eventuell in unserem Körper befinden, dann ist dies natürlich ein weiterer Paradigmenwechsel.

SLS: Genau das ist eine weitere Verschmelzung von Biologie und Technik, wie wir sie als Transhumanisten propagieren. Aber auch da sehen wir ja wieder einmal, was das an Ängsten und Widerstand hervorruft. Viele Kritiker sehen da die »Natur des Menschen« gefährdet. Ist das tatsächlich so?

BKG: Bei dem Begriff »Natur« bin ich immer ein wenig skeptisch. Wer hat den eigentlich genau definiert? In vielen Fällen ist der Gebrauch ja auch höchst ungenau. Das fängt schon an bei dem Satz »Heute gehen wir mal hinaus in die Natur«. Was wir da als Natur wahrnehmen, ist ja meist vom Menschen gestaltete und veränderte Landschaft. Noch problematischer wird es bei dem Begriff »menschliche Natur«. Schau dir nur einmal an, wie die im 19. Jahrhundert definiert wurde. Da gehörte es zum Beispiel zur menschlichen Natur, dass Männer intelligenter sind als Frauen, weil sie das vermeintlich größere Gehirn besitzen. Mit diesem Argument wurde Frauen der Zugang zur Universität verweigert.

»Natürlich« war es auch, dass Mitglieder der »weißen Rasse« Asiaten und Afrikanern gegenüber überlegen seien. Das waren ja damals keine Außenseiterpositionen, sondern angeblich wissenschaftlich fundierte Erkenntnisse über die »menschliche Natur«. Heute haben wir an deutschen Universitäten mehr weibliche als männliche Studenten, und in den USA machen die eingewanderten Asiaten bessere Hochschulabschlüsse als die Amerikaner selbst. Also – der Begriff »Natur« ist ökologisch häufig verkitscht und historisch meist ideologisch missbraucht worden. Von dem Staatsrechtler und Philosophen Carl Schmitt gibt es den berühmten Satz: »Wer Menschheit sagt, der will betrügen.« Ich denke, Gleiches lässt sich auch über den Gebrauch des Begriffs »menschliche Natur« sagen.

SLS: Um noch einmal auf den Beginn unseres Gespräches zurückzukommen: Siehst du denn für die Nanotechnologie in den nächsten Jahren Durchbrüche, wie wir sie zum Beispiel bei der künstlichen Intelligenz mit dem Deep Learning gesehen haben oder bei der Gentechnik mit der CRISPR/Cas-Technologie?

BKG: Ich denke, das kann niemand seriös beantworten. Solche wissenschaftlichen Durchbrüche kommen ja häufig unerwartet. Was man aber sicherlich sagen kann: Der Fortschritt geschieht immer weniger dadurch, dass sich einzelne Technologien weiterentwickeln, sondern immer mehr durch ihr Zusammenwachsen. Im Englischen gibt es dafür inzwischen die Abkürzung NBIC (Nanotechnology, Biotechnology, Information Technology and Cognitive Science). Da werden wir sicherlich große Fortschritte erleben durch die Tatsache, dass zwischen diesen Technologien immer mehr Synergien geschaffen werden. Letztendlich ist ja Gene Editing auch bereits Nanotechnik. Bisher wissen Genetiker jedoch meistens nur relativ wenig von dieser Technologie im Allgemeinen. Umgekehrt interessieren sich Nanotechnologen nicht unbedingt für Humangenetik.

Künstliche Intelligenz ist zweifellos wichtig, um die ungeheure Datenmenge, die in dieser Art Forschung entsteht, zu speichern und zueinander in Beziehung zu setzen. Es braucht hier also tatsächlich einen neuen Typus von Wissenschafts-Allrounder, der all diese Felder überblickt und auch gezielt daran arbeitet, diese zusammenzubringen. Was durch diese »Konvergenz« entsteht, ist sicherlich mindestens genauso spannend wie die Weiterentwicklung der einzelnen Disziplinen selbst.

SLS: Vielleicht sollte hierzu sogar ein eigenes Fach geschaffen werden, das man studieren kann: Converging Technologies Studies …

Genetisches Enhancement – Tuning für die DNA

Bernd Kleine-Gunk

Lebewesen genetisch zu verändern, sie gar gezielt zu verbessern – das klingt schon sehr nach 21. Jahrhundert. Und natürlich klingt es vor allem nach einer weiteren, äußerst ambitionierten transhumanistischen Vision. Dennoch bleibt festzuhalten: Menschen machen das bereits seit Jahrtausenden. Spätestens seit Teile der Art *Homo sapiens* dazu übergingen, ihr bisheriges Leben als Jäger und Sammler aufzugeben und sich hauptsächlich dem Ackerbau und der Viehzucht zu widmen, fingen sie an, die Pflanzen- und Tierwelt ihren Bedürfnissen anzupassen.

Das passierte unabhängig voneinander vor etwa 8000 bis 10000 Jahren in unterschiedlichen Teilen der Welt. Ein effektiver Getreideanbau war mit den üblichen Wildpflanzen nicht möglich. Dazu mussten die Pflanzen verändert und ihr Ertrag gesteigert werden. Wildtiere ließen sich in den ersten Siedlungen nicht halten. Hier kam es darauf an, diese erst einmal zu domestizieren und dann bestimmte Eigenschaften – etwa die Milchproduktion – zu optimieren.

Das Mittel dazu waren gezielte Züchtungen. Zufällige genetische Mutationen der Natur wurden genutzt, um die Entwicklung von Lebewesen in eine bestimmte Richtung zu lenken. Paart man die größten Tiere einer Rasse miteinander, so ist die Wahrscheinlichkeit hoch, dass deren Nachkommen größer sind als der bisherige Durchschnitt. Kreuzt man Getreidepflanzen, die besonders viele Körner hervorbringen, mit solchen, die das ebenfalls tun, darf man bei der nächsten Generation auf einen höheren Ertrag hoffen.

Wie erfolgreich solche Züchtungsprogramme sind, lässt sich eindrucksvoll an unseren Haushunden zeigen. Noch vor 15 000 Jahren waren alle Hunde Wölfe. Inzwischen haben wir Hunde gezüchtet, die als »Arbeits- und Gebrauchshunde« bei der Polizei eingesetzt werden oder aber als »Schoßhunde« so klein sind, dass sie in eine Damenhandtasche passen. Und es werden auch weiterhin neue Rassen gezüchtet. Natürlich werden bei dieser Art von Züchtung noch keine gezielten genetischen Veränderungen durch Eingriffe ins Erbgut vorgenommen. Auch hier werden zufällige Mutationen genutzt, um Gene im Sinne des Menschen zu verändern. Nun lässt sich zweifellos darüber streiten, ob ein Mops tatsächlich eine optimierte Form des Wolfes ist. Aus der Sicht des Menschen ist er das aber wohl. Wölfe bleiben jedenfalls nicht so lange friedlich auf dem Sofa sitzen wie ein Mops.

Mutationen sind dabei so etwas wie der Motor der Evolution. Ohne diese hätte es weder die Vielfalt noch die Weiterentwicklung der Arten gegeben. Sie haben aber auch einen Nachteil. Zum einen sind sie relativ selten. Zum anderen bringen nur die wenigstens Mutationen Vorteile mit sich. Da der Mensch aber immer schon das Wesen war, das seine Umwelt aktiv gestaltete, ließ er sich auch hier etwas einfallen. Bereits seit Beginn des 20. Jahrhunderts ist bekannt, dass Gamma- oder Röntgenstrahlen sowie bestimmte Chemikalien Mutationen begünstigen. Für den Menschen bedeutet das vor allem, dass er diese Gefahrenquellen meiden sollte, da dadurch das Krebsrisiko steigt. Pflanzen haben da einen deutlichen Vorteil. Sie erkranken nicht an Krebs – und so setzt man in der Pflanzenzucht seit den 1920er-Jahren das Verfahren der Mutagenese ein. Dabei behandelt man pflanzliches Saatgut gezielt mit radioaktiver Strahlung beziehungsweise mit der das Erbgut verändernden Chemikalie Ethylmethansulfonat, um die DNA zu mutieren. Anschließend lässt man das Erbgut keimen und prüft dann, ob durch diese Maßnahme günstige Merkmale entstanden sind. Ist dies der Fall, so werden die mutierten Pflanzen mit vorhandenen Sorten gekreuzt. Mehr als 3000 verschiedene Kulturpflanzen wurden auf diese Art und Weise während der letzten einhundert Jahre geschaffen. Die Methode wird auch weiterhin breit eingesetzt.

Ein Grund für ihre Beliebtheit ist unter anderem die Tatsache, dass das Verfahren sehr preiswert ist. Und noch etwas ist von großer Bedeutung: Die so entstandenen Pflanzen werden weder vom US-Landwirtschaftsministerium noch vom deutschen Gentechnikgesetz als gentechnisch manipulierte Organismen (GMO) eingestuft. Damit entgehen sie auch der ebenso kontroversen wie hochemotional geführten Diskussion um gentechnisch veränderte Nutzpflanzen. Die Gamma-Strahlengewächse (Gottfried Benn hätte an dem Begriff seine Freude gehabt) lassen sich sogar problemlos unter dem Label »Bio« vermarkten.

Mutagenese bedeutet zwar, die Rate an DNA-Veränderungen drastisch zu verändern. Sie ist aber kein gezielter Eingriff in das Erbgut. Der setzt nämlich voraus, dass man dieses Erbgut auch genau kennt. Und das ist noch nicht sehr lange der Fall. Die Genetik ist eine relativ junge Wissenschaft. Ihre Geschichte beginnt im 19. Jahrhundert mit einem österreichischen Augustinermönch, der im Garten eines Brünner Klosters Erbsen züchtete. Über Generationen hinweg sortierte er diese gewissenhaft nach Farbe, Form und weiteren Merkmalen. Dabei erkannte er gewisse Gesetzmäßigkeiten. Die Ergebnisse seiner Fleißarbeit formulierte er in mehreren Merksätzen, die später nach ihm als »Mendel'sche Regeln« bezeichnet wurden. Mendels Arbeiten gerieten zwar zunächst für einige Jahrzehnte in Vergessenheit, gelten heute aber als die Geburtsstunde der Genetik. Sie belegen darüber hinaus zwei Tatsachen, die insbesondere für viele Transhumanisten eine Überraschung darstellen dürften. Erstens: Männer der Kirche können auch in der Neuzeit zum wissenschaftlichen Fortschritt beitragen. Zweitens: Erbsenzähler stehen häufig zu Unrecht in einem schlechten Ruf.

Einen nachhaltigen Aufschwung erlebte die Genetik dann in den 1950er-Jahren, als es dem Forscherteam James Watson und Francis Crick gelang, die Struktur jener DNA-Doppelhelix zu identifizieren, die für die Speicherung und Weitergabe der Erbinformationen verantwortlich ist. Ein weiterer Meilenstein war dann zu Beginn des neuen Millenniums die (vermeintlich) vollständige Sequenzierung des menschlichen Genoms im Rahmen des Human Genom Project sowie des parallel laufenden Konkurrenzprojekts von Craig Venter und dessen Firma Celera Genomics. Fast zehn Jahre lang hatten Dutzende von Laboren weltweit daran gearbeitet, die Abfolge der rund 3,2 Milliarden Basenpaare, die auf der menschlichen DNA gespeichert sind, zu entschlüsseln. Doch auch wenn bei der Verkündung der »vollständigen Entschlüsselung« des menschlichen Genoms im Jahr 2001 die Karte des menschlichen Genoms noch einige weiße Flecken aufwies – etwa 8 Prozent der Erbinformationen fehlten noch, »vollständig« entschlüsselt waren die Basenpaare erst im Jahr 2022 –, war damit ein wissenschaftliches Jahrhundertprojekt vorläufig abgeschlossen. Jetzt konnte das neue »genomische Zeitalter« beginnen.

Das ließ dann allerdings doch noch ein wenig auf sich warten. Einen geschriebenen Test – in diesem Fall die Reihenfolge der Basenpaare auf der DNA – im Wortlaut vorliegen zu haben, heißt ja noch nicht unbedingt, ihn auch vollständig zu verstehen. Vor allem bedeutet es nicht, ihn auch gezielt verändern zu können. Und darum geht es ja, wenn wir vom genetischen Enhancement sprechen.

Gleichwohl blickt das »Genetic Engineering« bereits auf eine über fünfzigjährige Geschichte zurück. Techniken, mit denen man einzelne Gene auf andere Organismen übertragen kann, wurden bereits Ende der 1970er-Jahre entwickelt. Besonders einfach geht das bei Bakterien. Ihre DNA ist nicht an Chromosomen gebunden, sondern liegt in Form sogenannter Plasmide vor. Die lassen sich relativ einfach isolieren, genetisch verändern und dann wieder in das Bakterium zurückführen. 1982 gelang es auf diese Weise erstmals, Bakterien zu züchten, die menschliches Insulin herstellen. Für Millionen von Diabetikern war das ein Segen. Die waren zuvor nämlich auf das Insulin aus den Bauchspeicheldrüsen geschlachteter Schweine angewiesen. Durchschnittlich ein Schwein pro Woche verbrauchte seinerzeit jeder insulinpflichtige Diabetiker. Rund 100 000 tiefgefrorene Schweinebauchspeicheldrüsen wurden allein in Frankfurt am Main täglich bei dem Pharmakonzern Hoechst angeliefert – püriert und extrahiert, um an das für Diabetiker lebenswichtige Hormon zu gelangen. Dabei kam es nicht nur immer wieder zu Lieferengpässen, sondern auch zu Erkrankungen. Denn von tierischen Produkten werden bekanntlich auch potenziell Keime auf den Menschen übertragen. Darüber hinaus ist das Insulin vom Schwein dem des Menschen zwar weitgehend ähnlich, aber doch nicht vollständig gleich. Die Folge: Es entwickelten sich Abwehrreaktionen und Unverträglichkeiten.

Die genetisch veränderten Kolibakterien (*Escherichia coli*) produzieren dagegen ein Insulin, das zu 100 Prozent dem des Menschen entspricht, da ihnen das entsprechende menschliche Gen übertragen wurde. Die Bakterien tun dies sauber und platzsparend in entsprechenden Stahltanks. Und da sich Bakterien sehr fleißig teilen, gehören auch Lieferschwierigkeiten der Vergangenheit an. Inzwischen werden eine Vielzahl von Hormonen und Arzneistoffen durch gentechnisch veränderte Bakterien hergestellt – vom Wachstumshormon über Erythropoetin bis zu Interferonen. Und all das funktioniert sogar, ohne dass aufgeregte Kritiker den Forschern vorwerfen, sie würden »Gott spielen« oder sich an der Natur versündigen.

Während die »rote Gentechnik«, also die Veränderung von Mikroorganismen zur Herstellung von Arzneistoffen, allgemein akzeptiert wird, hat die »grüne Gentechnik« mit deutlich stärkeren Widerständen zu kämpfen. Auch hier ist es bereits seit Jahren möglich, Erbanlagen mit bestimmten Eigenschaften auf Pflanzen zu übertragen. So lassen sich zum Beispiel in Nutzpflanzen Gene einbauen, die diesen eine Resistenz gegen Herbizide verleihen. Bei Mais, Soja und Baumwolle wird dieses Verfahren bereits seit Jahren eingesetzt. In den USA sind mittlerweile mehr als 90 Prozent der angebauten Sojapflanzen transgen. In Deutschland und Europa ist der Widerstand jedoch enorm. Das hat zum einen sicherlich damit zu tun, dass Firmen wie der ursprünglich amerikanische Konzern Monsanto aus dieser Technik ein durchaus fragwürdiges Geschäftsmodell gemacht haben. Der Widerstand ist aber vor allem geprägt durch die Furcht, transgene Pflanzen könnten als »Frankenstein Food« sowohl die Umwelt als auch die menschlichen Konsumenten schädigen. In Europa hat dies inzwischen zu einem Anbaustopp transgener Pflanzen geführt. Die »grüne Gentechnik« gilt vor allem in Deutschland als »verbrannte Erde«.

Prinzipiell lassen sich für die »rote Gentechnik« natürlich ähnliche Horrorszenarien entwerfen. Auch hier gibt es Großkonzerne, die an der Technologie verdienen. Auch hier kann man Gedankenspiele anstellen, bei deren Verlauf insulinproduzierende Bakterien aus den Tanks entweichen, sich im Grundwasser vermehren und dann Insulin massenhaft ins Trinkwasser abgeben. Das wäre im konkreten Falle des Insulins vielleicht nicht ganz so dramatisch, da dieses ja gespritzt werden muss und bei oraler Aufnahme nicht wirkt. Es gibt aber inzwischen auch andere Arzneimittel, die von Bakterien hergestellt werden und die durchaus auch im Trinkwasser ihre Wirkung – samt Nebenwirkungen – entfalten können. Doch ohne hier allzu sehr in die Details zu gehen: Die Diskussion um die verschiedenen Arten von Gentechnik ist nicht immer von allzu großer Sachkenntnis geprägt.

Wie schaut es nun beim Menschen aus? Der interessiert uns natürlich noch deutlich mehr als Kolibakterien oder Sojapflanzen. Die Medizin stand hier lange vor zwei großen Schwierigkeiten: Die eine bestand darin, dass bei dem sehr umfangreichen Genom des Menschen ein präzises Einfügen, Austauschen oder Entfernen einzelner Gene problematisch ist. Die andere Schwierigkeit betraf die Frage, wie man die entsprechenden Gene in die jeweiligen Körperzellen bringt. Genutzt wurden dazu lange Zeit vor allem Viren, die als eine Art Gen-Taxi (der Fachbegriff lautet »Vektor«) fungieren. Diese wiederum können aber auch mit anderen Zellstrukturen interagieren oder aber zu Reaktionen des Immunsystems führen.

Angewendet hat man die entsprechenden Therapien dennoch. Der achtzehnjährige Jesse Gelsinger litt in den 1990er-Jahren an einer erblich bedingten Stoffwechselstörung der Leber, die er bis dahin durch eine Diät relativ gut im Griff hatte. Die Aussicht, die Erkrankung ganz auszuheilen und dabei auch noch einen Beitrag zum Fortschritt der Wissenschaft zu leisten, veranlasste ihn 1999 dazu, sich für eine experimentelle Gentherapie an der Uniklinik in Philadelphia zur Verfügung zu stellen. Geleitet wurde diese von dem damals renommierten Gentherapeuten James Wilson. Vier Tage nach der entsprechenden Behandlung starb der junge Mann. Sein Immunsystem war aufgrund der Viruslast zusammengebrochen. Jesse Gelsingers Schicksal löste weltweit Entsetzen aus. Gentherapien beim Menschen waren über Jahre hinweg diskreditiert. Kaum jemand wagte sich danach noch an ähnliche Verfahren. Auch dies ist ein Beleg dafür, dass der wissenschaftliche Fortschritt eben nicht – wie häufig behauptet – kontinuierlich oder gar exponentiell verläuft. Vor allem in den Biowissenschaften gibt es immer wieder Rückschläge, die einen Forschungsbereich auf Jahre hinweg fast zum Erliegen bringen können.

Dafür gibt es allerdings auch umgekehrt Momente, welche die Forschung sozusagen vom einen auf den anderen Tag nach vorn katapultieren. Zu einem solchen Durchbruch kam es 2012 mit der Entdeckung der Genschere CRISPR/Cas. Die beiden Biochemikerinnen und Molekularbiologinnen Emmanuelle Charpentier, die mittlerweile in Deutschland arbeitet, und Jennifer Doudna von der University of California in Berkeley hatten in der Fachzeitschrift *Science* eine neue Methode des Genome-Editing beschrieben.[42] Während andere Innovationen häufig eine gewisse Zeit brauchen, um von der wissenschaftlichen Fachwelt anerkannt zu werden, war in diesem Fall sofort für alle Beteiligten klar: CRISPR/Cas ist für die Gentechnik eine Revolution. Die Methode ist effektiv, präzise, preiswert und so einfach zu handhaben, dass jeder Biologiestudent sie nutzen kann.

Eigentlich haben auch gar nicht Emmanuelle Charpentier und Jennifer Doudna sie erfunden, sondern ein Bakterium namens *Streptococcus pyogenes*. Das macht ziemlich fiese eitrige Entzündungen im Halsbereich und ist auch als Erreger von Scharlach bekannt. Vor allem aber hat es – neben anderen Einzellern – ein ziemlich geniales System entwickelt, um sich gegen Viren zu wehren. Hierzu muss man wissen, dass zwischen Viren und Bakterien seit Milliarden von Jahren ein Weltkrieg tobt, von dem wir Menschen aber zumeist nichts mitbekommen. Unter den Mikroben wird er allerdings mit einer beispiellosen Härte geführt. Die Hälfte aller weltweiten Bakterien wird jeden Tag durch Viren umgebracht. Als Spezies überleben diese Bakterien nur deshalb, weil sie sich ungeheuer schnell wieder neu vermehren.

Und sie überleben nicht zuletzt auch deshalb, weil sie gegen die Killer im Nanoformat spezielle Abwehrmechanismen entwickelt haben. Dazu gehört vor allem das CRISPR/Cas-System, das eine Art immunologisches Gedächtnis der Bakterien darstellt. Wenn die Bakterien ihr erstes Zusammentreffen mit einem Bakteriophagen – also einem auf Bakterien spezialisierten Virus – überleben, so bauen sie kurze Fragmente aus seinem Erbgut in die eigene DNA ein. Auf diese Weise legen sie eine Art Bildarchiv der früheren Eindringlinge an. Das hilft dabei, diese wiederzuerkennen, sobald sie erneut auftreten. Ähnlich arbeiten übrigens auch die Gedächtniszellen unseres Immunsystems, die es uns ebenfalls erlauben, bei bestimmten Erkrankungen nach einer einmaligen Erstinfektion – beziehungsweise nach einer Impfung – eine langjährige Immunität zu entwickeln. Damit die Virus-DNA-Teile rasch wiedergefunden werden können, werden sie zumeist in spezielle DNA-Sequenzen gepackt, die einen sich wiederholenden Aufbau haben. Etwas umständlich heißen sie »Clustered Regularly Interspaced Short Palindromic Repeats« (CRISPR). Die deutsche Übersetzung »Gehäuft auftretende, regelmäßig unterbrochene kurze palindromische Wiederholungen« ist leider auch nicht sehr viel prägnanter. Hätte man damals schon gewusst, welch entscheidende Rolle diesem Verfahren einmal in der Gentechnik zukommt, hätte man sich vielleicht für eine etwas eingängigere Bezeichnung entschieden.

Da liegt nun also die Viruserkennungs-DNA eingebettet wie ein Steckbrief in den Erbanlagen eines Bakteriums. Jetzt braucht es für den Ernstfall aber noch ein weiteres Werkzeug, das die Erkennungs-DNA wieder aus dem Erbgut herausschneidet, um den Steckbrief auch allen zeigen zu können. Diese Aufgabe übernimmt ein spezielles Enzym, das CRISPR-assoziierte Protein (Cas). Dieses ist die eigentliche Genschere. Was sich vor Millionen von Jahren Einzeller »ausgedacht« haben, um sich gegen Viren zu verteidigen, wird nun also im 21. Jahrhundert zum Präzisionsinstrument der modernen Gentechnologie. Um die Genschere genau an jene Stelle zu bringen, wo sie tätig werden soll, muss man nun nur noch ein kleines RNA-Molekül bauen, welches als »Guide RNA« dem Cas-Enzym den Weg weist.

Die Möglichkeiten, die sich aus einem derart zielgerichteten und präzisen Verfahren zur Modifikation des Erbgutes ergeben, sind enorm. Anders als es manch reißerischer Zeitungsartikel suggeriert, sind es allerdings nicht die Designerbabys, die hier an erster Stelle stehen. Ihre größten Auswirkungen dürfte die CRISPR/Cas-Revolution zunächst einmal in der Landwirtschaft haben. Anders als bei den unbestritten transgenen Nutzpflanzen, bei denen ein erwünschtes Merkmal von einem Organismus auf einen anderen, artfremden übertragen wird, lassen sich hier gezielt Veränderungen im Erbgut der Pflanze selbst vornehmen. Vergleicht man das mit der seit Jahrzehnten praktizierten Mutagenese, so ist der Unterschied ungefähr so wie zwischen einem Zielgewehr und einer Streubombe.

Stellen wir uns einen großen Raum vor, an dessen Wand eine Zielscheibe hängt. Bei der Mutagenese wirft man in den Raum eine Splitterbombe in der Hoffnung, dass einer der zahlreichen Splitter auch auf der Zielscheibe einschlägt. Bei der CRISPR/Cas-Methode nimmt man die Zielscheibe direkt ins Visier – und trifft ins Schwarze.

Auch wenn derart veränderte Pflanzen gar keine fremden Gene enthalten, hat der Europäische Gerichtshof – im Gegensatz zu den Behörden in den USA, Kanada und Australien – im Juli 2018 überraschenderweise entschieden, dass mit CRISPR/Cas veränderte Pflanzen ebenfalls als gentechnisch veränderte Organismen (GMO) einzustufen sind. In der Praxis kommt das einem Verbot dieser Technologie im landwirtschaftlichen Bereich gleich. Auch hier lässt sich die Gesetzgebung in Europa wieder einmal mehr von ideologischen Stimmungsmachern als von wissenschaftlichen Erkenntnissen leiten.

Wenn es um die genetische Modifikation von Tieren geht, ist man in den USA weniger restriktiv. Seit 2004 sind dort zum Beispiel GloFish-Spezies auf dem Markt (vom englischen *glow* = leuchten). Dabei handelt es sich um unterschiedliche Zierfischarten, denen – damals noch mit der herkömmlichen Biotechnologie – ein Gen aus der Qualle *Aequorea victoria* eingepflanzt wurde. Dieses Gen bewirkt bei der Qualle die Bildung eines grün fluoreszierenden Proteins (GFP), das die Qualle im Meer leuchten lässt. Zur großen Freude mancher Tierhalter tun dies die genetisch veränderten Fische nun auch im heimischen Aquarium. Freude daran hat nicht zuletzt die Firma Yorktown Technologies, die diese Fische züchtet und ein Patent darauf hält.

Die ersten mit CRISPR/Cas veränderten Tiere gibt es auch schon. Wachstum ist zu einem großen Teil erblich bedingt. Im Beijing Genomics Institute (BGI) hat man 2015 bei Schweinen ein Gen ausgeschaltet, das für das Wachstum der Tiere verantwortlich ist. Das Resultat sind Minischweine, die nur etwa ein Drittel der Größe ihrer natürlichen Verwandten erreichen und damit etwa die Dimensionen eines kleinen Hundes haben. Selbstverständlich sind diese »Mini-Pigs« auch »total süß« und in China inzwischen als Haustiere populär.

Zweifellos ist es ein ungeheurer Schritt, wenn die Menschheit die Evolution nun zunehmend selbst in die Hand nimmt und gezielt Lebewesen nach ihren eigenen Vorstellungen kreiert. Wenn dabei allerdings als Erstes lebende Nippes-Figuren entstehen, versteht man auch wieder die Kritiker. Oder zweifelt zumindest am Geschmack der entsprechenden Konsumenten.

Mehr als pestizidresistente Pflanzen, fluoreszierende Fische und Minischweine interessiert uns natürlich die Frage: Was leistet denn die neue Gentechnik beim Menschen? Auch da müssen wir zunächst einmal konstatieren: Bevor wir zum genetischen Enhancement und zu den vielbeschworenen Designerbabys kommen, stehen für die Wissenschaftler derzeit erst einmal ganz andere Fragestellungen im Vordergrund. Wie immer in der Medizin geht es zunächst darum, ganz konkrete Erkrankungen zu heilen und keine Enhancement-Fantasien umzusetzen. Erst kommt das Therapieren, dann das Optimieren.

Und selbst das Therapieren gestaltet sich nicht so einfach. Auch wenn viele Erkrankungen eine genetische Komponente aufweisen, so sind doch nur wenige durch einen eindeutigen genetischen Defekt bedingt. Ein einzelnes fehlerhaftes Gen zu eliminieren oder zu ersetzen ist daher in den meisten Fällen nicht ausreichend. Dennoch gibt es eine Reihe sogenannter »monogenetischer Erkrankungen«, bei denen tatsächlich nur ein einzelnes Gen für ein spezielles Krankheitsbild verantwortlich ist. Am bekanntesten ist wahrscheinlich der Morbus Huntington, der früher auch als »Veitstanz« bezeichnet wurde. Dabei kommt es durch einen Gendefekt auf dem Chromosom 4 in der zweiten Lebenshälfte zu einer fortschreitenden Zerstörung des Gehirns, die zunächst mit unwillkürlichen und unkoordinierten Bewegungen einhergeht (daher der Begriff »Veitstanz«), dann zu einer Demenz führt und schließlich mit dem Tod endet.

Bereits im Kindesalter manifestiert sich eine andere monogenetische Krankheit, die Mukoviszidose. Auch hier ist es ein einzelner Gendefekt, der dazu führt, dass die Betroffenen einen zähen Schleim produzieren, der ihnen die Atemwege und die Verdauungsorgane verstopft. Nur durch aufwendige therapeutische Maßnahmen gelingt es den Mukoviszidose-Patienten, mit dieser Stoffwechselerkrankung zu leben.

Viele andere monogenetische Erkrankungen sind so selten, dass sie ein normaler Arzt während seines Arbeitslebens niemals zu Gesicht bekommt. Dennoch summieren sie sich insgesamt auf die stattliche Zahl von mehr als 10 000 unterschiedlichen Krankheitsbildern. Viele von ihnen werden nur in speziellen Zentren behandelt, wenn sie denn überhaupt erkannt werden. Derartige monogenetische Erkrankungen sind ganz klar das erste Einsatzgebiet der CRISPR/Cas-Techniken im Bereich der Humanmedizin.

Und diesbezüglich gibt es auch schon erste Erfolge zu vermelden. So wurden 2021 in einem Londoner Krankenhaus erstmals Patienten mit einer hereditären Transthyretin-Amyloidose (hTATTR) erfolgreich mit der CRISPR/Cas-Technologie behandelt.[43] An der Uni Regensburg wurden die ersten Patienten mit Beta-Thalassämie und Sichelzellanämie therapiert.[44] Bei beiden Erkrankungen kommt es aufgrund einer genetischen Veränderung zu einer gestörten Bildung des roten Blutfarbstoffs Hämoglobin, der für den Transport von Sauerstoff und Kohlenstoff im Blut verantwortlich ist. CRISPR/Cas hält also langsam Einzug in die klinische Medizin.

Prinzipiell muss man bei genetischen Therapien jedoch zwei Bereiche unterscheiden. Somatische Therapien – so wie diejenigen in London und in Regensburg – behandeln die genetischen Defekte jeweils im entsprechenden Gewebe. Das ist technisch nicht ganz einfach, aber zumindest ethisch unproblematisch. Die Behandlung betrifft immer nur den jeweiligen Patienten. Davon zu unterscheiden sind Keimbahntherapien. Hier wird das Genome-Editing bereits in der Keimzelle (Eizelle beziehungsweise Samenzelle) oder aber in der soeben befruchteten Eizelle (Zygote) vorgenommen. Damit wirken sich solche Gentherapien nicht nur auf den jeweiligen Menschen aus, sondern werden – über die Keimbahn – auf alle nachfolgenden Generationen weitervererbt. Es ist nachvollziehbar, dass solche Eingriffe vom ethischen Standpunkt her sehr viel problematischer sind. Medizinisch ergeben sie gleichwohl mehr Sinn. Warum sollte man eine genetische Erkrankung erst zum Ausbruch kommen lassen, um sie dann mit hohem finanziellen und technischen Aufwand auf Organebene zu behandeln, wenn man auch die Möglichkeit hat, der Erkrankung bereits durch Genome-Editing vorzubeugen?

Eine Möglichkeit, genetische Krankheiten bereits im Keimbahnstadium zu erkennen und gegebenenfalls zu therapieren, eröffnet vor allem die Präimplantationsdiagnostik. Sie ist hauptsächlich ein Produkt der In-vitro-Fertilisation, also der künstlichen Befruchtung. Die hat sich seit der Geburt des ersten Retortenbabys 1978 weltweit erfolgreich etabliert. Bei der In-vitro-Fertilisation werden bekanntlich Ei- und Samenzelle miteinander außerhalb des Körpers (*in vitro*, also im Reagenzglas) verschmolzen. Nachdem sie mehrere Zellteilungen vollzogen hat, wird dann die sogenannte Zygote (der sehr frühe Embryo) in die Gebärmutter verpflanzt (implantiert). Bei einem solch aufwendigen Verfahren will man natürlich sicher sein, dass das erzeugte Kind auch genetisch gesund ist. Dies lässt sich im Rahmen der Präimplantationsdiagnostik feststellen. Mit dem Genome-Editing eröffnet sich nun die Möglichkeit, neben der Präimplantationsdiagnostik zusätzlich eine Präimplantationstherapie durchzuführen. Unerwünschte Gene können entfernt, erwünschte gegebenenfalls hinzugefügt werden. Der Weg zum Designerbaby ist geebnet.

Spätestens jetzt beginnen die ethischen Diskussionen hitzig zu werden. Denn Pläne, das menschliche Erbgut zu verbessern, hat es ja schon gegeben, bevor Genome-Editing die wissenschaftliche Welt revolutionierte. Welche Position man auf diesem umkämpften Gebiet einnimmt, lässt sich häufig schon an der Wortwahl erkennen. Während Transhumanisten bevorzugt vom »genetischen Enhancement«, also von einer Verbesserung des Erbguts, sprechen, verwenden die Gegner dieser Verfahren zumeist den Begriff »Eugenik«. Der bedeutet zwar übersetzt auch nichts anderes als »gute Gene«, ist aber spätestens durch die verbrecherische Eugenikpolitik des Dritten Reiches diskreditiert. Die Anstrengungen und Maßnahmen der Nationalsozialisten, im Sinne ihrer Rassenpolitik und ihrer Vorstellungen von »Volksgesundheit« angeblich »lebensunwertes Leben« auszumerzen und gleichzeitig eine neue »Herrenrasse« zu züchten, sind das zweifellos abstoßendste Beispiel einer fehlgeleiteten Eugenik.

Gleichwohl bleibt festzuhalten, dass es derartige eugenische Ansätze nicht nur während des Nationalsozialismus gab. Schon in den Schriften des griechischen Philosophen Platon wird empfohlen, schwächliche Kinder einfach auszusetzen, um damit den »Volkskörper« gesund zu erhalten. Verbote von »Mischehen«, Zwangssterilisation von geistig Behinderten oder sonstigen unerwünschten Personen gab es auch außerhalb Deutschlands und sogar noch lange nach Ende des Zweiten Weltkriegs. Japan, die Sowjetunion, Großbritannien, Kanada und die USA, aber auch skandinavische Länder taten sich dabei besonders hervor. In Schweden wurden Zwangssterilisationen noch bis 1975, in Finnland bis 1979 praktiziert. In unserem Nachbarland Schweiz wurde die letzte Zwangssterilisation 1985 vorgenommen.

Es ist diese unrühmliche Geschichte, die sich mit dem Begriff »Eugenik« verbindet und die jede Diskussion um genetische Verbesserungen schnell zu moralischen Überbietungskämpfen werden lässt. Als der Philosoph Peter Sloterdijk 1999 eine Rede auf Schloss Elmau mit dem Titel »Regeln für den Menschenpark« hielt und dabei auch das Wort »Züchtung« in den Mund nahm, löste das eine der heftigsten philosophischen Debatten im Nachkriegsdeutschland aus.[45] Sloterdijk wurde nichts weniger als eine Rehabilitierung der nationalsozialistischen Eugenikpolitik vorgeworfen. Auf die Details dieser Debatte wird im Kapitel »Vorurteile über den Transhumanismus« eingegangen. Auch wenn es natürlich absurd ist, einem Philosophen wie Peter Sloterdijk eine geistige Nähe zum Nationalsozialismus zu unterstellen, zeigte diese Diskussion einmal mehr: Wenn es um genetische Diagnostik und Therapie geht, bewegen wir uns auf vermintem Gelände. Ein falsches Wort – und die Empörungswellen überschlagen sich.

Dabei sind ethische Diskussionen selbstverständlich wichtig. Und sie müssen sich auch gar nicht immer auf eine imaginäre Zukunft mit Designerbabys und genetisch optimierten Menschen beziehen. Auch die derzeitige genetische Diagnostik – und die sich daraus ergebenden Konsequenzen – werfen bereits kontroverse Fragen auf. Seit einigen Jahren ist es etwa möglich, genetische Veränderungen des Embryos nicht nur im Rahmen der Präimplantationsdiagnostik zu erkennen. Das ist inzwischen auch bei einer ganz normalen Schwangerschaft machbar. *Liquid Biopsy* heißt das Verfahren, das es erlaubt, im Blut der Mutter Chromosomen des Kindes nachzuweisen. Und das bereits in der zehnten bis zwölften Schwangerschaftswoche – also zu einem Zeitpunkt, zu dem ein Schwangerschaftsabbruch auch rechtlich noch möglich ist. Durch einen simplen Bluttest, der mittlerweile nahezu routinemäßig eingesetzt wird, lassen sich chromosomale Veränderungen frühzeitig erkennen. Das betrifft vor allem die Trisomie 21 (früher als Mongolismus bezeichnet, heute unter der Bezeichnung Down-Syndrom bekannt), aber auch seltenere Chromosomenabweichungen wie Trisomie 13 oder Trisomie 18. Mehr als 90 Prozent aller Schwangeren, welche die Diagnose erhalten, dass ihr Kind an einer entsprechenden chromosomalen Erkrankung leidet, entscheiden sich für einen Schwangerschaftsabbruch. Kinder mit Trisomie 21 werden inzwischen kaum noch geboren.

Neben den für die Trisomien verantwortlichen Chromosomen können inzwischen auch die Geschlechtschromosomen überprüft werden. Die Frage »Junge oder Mädchen« lässt sich inzwischen bereits in der zehnten Schwangerschaftswoche eindeutig beantworten. Auch das ist nicht immer unproblematisch. Denn nicht überall auf der Welt sind beide Geschlechter gleich erwünscht. In Indien bedeutet etwa die Geburt eines Mädchens für viele Familien, dass sie später einmal bei der Heirat eine hohe Aussteuer zahlen müssen. Das dritte oder vierte Mädchen in Folge kann die Familie daher an den Rand des wirtschaftlichen Ruins bringen. Die »Lösung« war bisher häufig eine Geschlechtsbestimmung des Fötus per Ultraschall – mit anschließender Abtreibung, wenn es sich um ein Mädchen handelte. Allerdings ist die Geschlechtsbestimmung in der Frühschwangerschaft häufig ungenau – und nicht überall in Indien stehen hochauflösende moderne Ultraschallgeräte zur Verfügung.

Auch in China war in der langen Periode der staatlich verordneten »Ein-Kind-Politik« der Wunsch groß, dass das einzig erlaubte Kind ein »kleiner Prinz« sein sollte. Auch hier setzte man auf die Ultraschalldiagnostik und entsprechend gezielte geschlechtsspezifische Schwangerschaftsabbrüche. Das Ergebnis ist eine ganze Generation »einsamer Prinzen« im heiratsfähigen Alter, die keine Prinzessin mehr finden und sich ihre potenziellen Ehefrauen im benachbarten Ausland suchen müssen. Aufgrund des Frauenmangels sind in chinesischen Familien Mädchen inzwischen wieder sehr erwünscht, und jetzt sind es umgekehrt die jungen Männer, die häufig hohe Summen an die Familien der zukünftigen Braut zahlen und teure Sachgeschenke als »Mitgift« mitbringen müssen. Die Tatsache, dass die genetische Diagnostik immer genauer wird, ist sicherlich zu begrüßen. Spätestens aber dann, wenn sie dazu genutzt wird, einen derartigen »Markt« zu regeln, wird sie auch fragwürdig.

Mittlerweile hat sich die *Liquid Biopsy Technology* sogar noch weiterentwickelt. Nicht nur Trisomien, sondern genetische Erkrankungen wie die bereits erwähnte Mukoviszidose, die Sichelzellanämie oder bestimmte Formen von Muskelschwund (zum Beispiel die Amyotrophische Lateralsklerose, ALS) können damit diagnostiziert werden.[46] In all diesen Fällen leiden die Betroffenen zwar unter mehr oder weniger ausgeprägten Beeinträchtigungen, können aber über viele Jahre hinweg durchaus ein erfülltes Leben führen.

Noch gibt es hierzu keine aussagekräftigen Statistiken – es ist aber davon auszugehen, dass Schwangere, die im Rahmen eines genetischen Tests eine solche Diagnose erfahren, sich ebenfalls mehrheitlich dazu entschließen, die Schwangerschaft abzubrechen. Ein Genie wie der britische Astrophysiker Stephen Hawking, der bekanntlich an ALS litt, hätte wohl nie das Licht der Welt erblickt, hätten seiner Mutter schon die diagnostischen Möglichkeiten des 21. Jahrhunderts zur Verfügung gestanden.

Das Ganze lässt sich noch weiterführen. Es gibt eine Reihe von genetischen Veränderungen (sogenannte Polymorphismen), die nicht unmittelbar zu Erkrankungen führen, gleichwohl das Risiko für eine bestimmte Erkrankung erhöhen. Das bekannteste Beispiel ist das sogenannte APOE4-Allel, das mit einer leichten Erhöhung des Demenzrisikos einhergeht. Auch solche Polymorphismen des Embryos werden sich bald schon im Blut der Mutter nachweisen lassen. Dann stellt sich schon sehr nachdrücklich die Frage: Soll in der zwölften Schwangerschaftswoche ein Kind abgetrieben werden, weil es als Erwachsener mit sechzig Jahren ein 30 Prozent erhöhtes Risiko hat, Morbus Alzheimer zu entwickeln? Zumal es berechtigte Hoffnungen gibt, dass in sechzig Jahren die Demenz zu den heilbaren Erkrankungen zählt. Schon an diesen wenigen Beispielen, die im Wesentlichen die aktuellen Möglichkeiten der genetischen Diagnostik betreffen, zeigt sich, wie vielschichtig die Problematik ist.

Nun wollen Transhumanisten ja nicht in erster Linie unerwünschte Gene, Genvarianten oder Genveränderungen beseitigen. Sie wollen vor allem positive Veränderungen und

Merkmale ins Erbgut einfügen, um so zu einer wirklichen genetischen Verbesserung zu gelangen. Dabei stellt sich allerdings die Frage: Funktioniert das? Die Antwort lautet: Ja – und es wird sogar schon gemacht.

Im November 2018 berichtete die Weltpresse über die Geburt der ersten CRISPR/Cas-Babys in China. Der international völlig unbekannte 34-jährige Assistenzprofessor He Jiankui von der Universität Shenzhen hatte in den internationalen Medien berichtet, es seien zwei Mädchen geboren worden, deren Gene er zuvor mit CRISPR/Cas verändert habe (CCR5-Mutation). Konkret habe er ein Gen eingefügt, das eine Resistenz gegen AIDS bewirke. Das sei für die Zwillinge Lulu und Nana auch deshalb von Nutzen, weil der Kindsvater positiv auf HIV getestet worden sei. Den Geschwistern würde so ein AIDS-freies Leben ermöglicht.

Was sich nach einem großen medizinischen Durchbruch anhörte, löste in der wissenschaftlichen Welt eher Entsetzen aus. CRISPR/Cas-Mitentwicklerin Jennifer Doudna nannte die Aktion »schockierend und verrückt«. Eine Wissenschaftskonferenz in Hong Kong, auf der Jiankui sein Projekt in 20 Minuten ziemlich fahrig vorstellte, distanzierte sich einhellig von ihm. Bis heute hat He Jiankui seine Arbeiten in keinem Fachjournal veröffentlicht. Mit dem Eingriff an der Keimbahn hat der chinesische Forscher nicht nur eine derzeit geltende ethische Grenze überschritten. Er hat offensichtlich auch stümperhaft gearbeitet. Zumindest bei einem Mädchen liegt die Genveränderung als sogenanntes Mosaik vor. Das heißt: Sowohl die eigenen als auch die eingefügten Genabschnitte existieren nebeneinander. Welche Teile sich durchsetzen und welche Auswirkungen das auf die Gesamtgesundheit des Mädchens haben wird, ist derzeit noch völlig unklar. Und noch ein weiterer Aspekt kommt hinzu. Gene und Genvarianten sind selten nur für eine einzige Funktion verantwortlich. Häufig beeinflussen sie mehrere Merkmale. So auch die CCR5-Mutation. Sie verleiht zwar eine gewisse Immunität gegen HIV, erhöht aber das Risiko für eine ganze Reihe anderer Erkrankungen. Menschen mit einer angeborenen CCR5-Mutation haben eine signifikant niedrigere Lebenserwartung als solche, die die Mutation nicht aufweisen.[47]

Klar war jedenfalls schnell: Hier hatte ein offensichtlich ambitionierter, aber wenig qualifizierter Jungwissenschaftler die leichte Anwendbarkeit des CRISPR/Cas-Verfahrens dazu missbraucht, ohne jede weitere Absprache und ohne entsprechende Erfahrung im genetischen Baukasten herumzuexperimentieren. Sogar die chinesische Regierung, die sonst ihren Forschern auf dem Feld der Ethik kaum Grenzen setzt, reagierte rasch und konsequent. Sie schloss He Jiankuis Labor und verurteilte ihn zu drei Jahren Gefängnis.

Sosehr der verfrühte Alleingang des »chinesischen Frankensteins« auch auf internationale Ablehnung gestoßen ist, so hat er doch eines gezeigt: CRISPR/Cas-Babys sind möglich. Und damit ist prinzipiell der Weg zu den immer wieder beschworenen Designerbabys beschritten. Die werden allerdings doch anders ausfallen, als sich das manche Transhumanisten derzeit erträumen. Es gibt tatsächlich eine Reihe von Merkmalen, die durch ein einzelnes Gen bedingt sind. Die Resistenz gegen HIV etwa ist auf eine Mutation des Gens CCR5 zurückzuführen. Auch die Augenfarbe und die Körpergröße lassen sich durch die Modifikation nur weniger Gene beeinflussen. Anders sieht es allerdings bei Eigenschaften aus, die immer wieder ganz oben auf der Liste stehen, wenn es um genetisches Enhancement geht – zum Beispiel Intelligenz oder Musikalität.

Intelligenz ist definitiv nicht an ein einzelnes Gen gebunden. Sie entsteht durch das Zusammenspiel einer Vielzahl unterschiedlicher Gene und der Interaktion mit der Umwelt. Dabei ist es Genetikern bis heute noch nicht einmal gelungen, einzelne Genvarianten zu identifizieren, die mit einer deutlich höheren Intelligenz einhergehen. Mal eben über CRISPR/Cas ein »Intelligenz-Gen« zu implantieren wird also wohl nicht nur Zukunftsmusik, sondern reines Wunschdenken bleiben.

Und wo wir schon bei der Musik sind: Der Wunsch, durch Genetic Engineering einen kleinen Mozart zu zeugen, dürfte wohl auch kaum realisierbar sein. Ein Gen für Musikalität wurde bislang so wenig entdeckt wie eines für Intelligenz. Und Mozart wäre wohl auch nicht das weltberühmte musikalische Wunderkind geworden, hätte ihn nicht sein Vater, der ebenfalls Berufsmusiker war, schon von Kindesbeinen an gezielt gefördert.

Dennoch existieren Merkmale, die sich durch relativ einfache genetische Manipulation beeinflussen lassen. Die Augenfarbe haben wir schon genannt. Die wiederum ist häufig mit der Haarfarbe gekoppelt. Vor allem im asiatischen Raum gibt es viele private IVF-Institute, die sehr kommerziell arbeiten und Kunden mit einer »Wunscherfüllungs-Medizin« anlocken. Ein deutlicher Anstieg blonder und blauäugiger asiatischer Kinder dürfte damit schon bald zu erwarten sein.

Ist das dann bereits genetisches Enhancement? Geht man von dem für Transhumanisten so wichtigen Begriff der »morphologischen Freiheit« aus, so ist es das zweifellos. Und auch andere Körperfunktionen lassen sich ja genetisch mit beeinflussen. Die Körpergröße gehört ebenso dazu wie eine gewisse Veranlagung zum Übergewicht. Body-Positivity hin oder her – groß und schlank zu sein gehört für viele Menschen weltweit immer noch zum Körperideal. Spätestens wenn diese Veränderungen gentechnisch beeinflusst werden können, stellt sich das »Gattaca-Problem«. In dem Film aus dem Jahr 1997 des Regisseurs Andrew Niccol (mit Ethan Hawke, Uma Thurman, Jude Law, Ernest Borgnine, Gore Vidal), der laut Vorspann »in einer nicht allzu weit entfernten

Zukunft« spielt, geht es um eine Gesellschaft, in der genetisch enhancte Menschen bereits die Norm sind. Der Name »Gattaca« bezieht sich dabei auf die Basenpaare unserer DNA (Guanin, Adenin, Thymin, Cytosin). Natürlich gezeugte und nicht optimierte Menschen werden im Film zwar euphemistisch als »Gotteskinder« bezeichnet, sind im wahren Leben jedoch Personen zweiter Klasse, die zu vielen Berufsfeldern keinen Zugang haben.

Die Frage, die der Film stellt, berührt eine der kontroversesten Diskussionen innerhalb des Transhumanismus. Sollte es tatsächlich gelingen, Menschen genetisch zu optimieren – droht uns dann nicht eine nie da gewesene Spaltung der Gesellschaft? Wird sich die neue Elite dann nicht mehr allein durch Geld und Macht definieren, sondern vor allem durch optimierte geistige und körperliche Fähigkeiten? Und werden diejenigen, die sich dieser Optimierung nicht unterzogen haben, dann zu einer neuen Unterklasse? Wobei dann ja auch noch von Bedeutung ist, ob diese »Gotteskinder« auf die Optimierung verzichteten, weil sie solche Verfahren ablehnen, oder ob ihnen das Geld und der Zugang zu den entsprechenden Techniken fehlte.

Die Diskussionen darüber werden uns sicherlich noch lange begleiten. Wie komplex sie ist, soll abschließend an einem bemerkenswerten Beispiel gezeigt werden. Noch bevor CRISPR/Cas diesbezüglich völlig neue Möglichkeiten eröffnete, gab es bereits Verfahren, die genetische Ausstattung des eigenen künftigen Kindes zu beeinflussen. Eine Möglichkeit bestand etwa in der Auswahl eines entsprechenden Spenders bei der künstlichen Befruchtung.

In den USA machte 2001 der Fall des lesbischen Paares Sharon Duchesneau und Candace McCullough Schlagzeilen. Beide waren genetisch bedingt taub und wünschten sich nun ein gemeinsames Kind. Das Paar bestand aber darauf, dass auch das Kind taub sein sollte. Als Samenspender wurde deshalb gezielt ein Mann ausgesucht, der ebenfalls an genetischer Taubheit litt. Nach längeren juristischen Querelen und heftigen Diskussionen in der US-amerikanischen Presse setzte das Paar schließlich seinen Wunsch durch. Der kleine Gauvin Duchesneau kam am 22. November 2001 zur großen Freude seiner Mutter in Bethesda, Maryland weitestgehend taub zur Welt.

Eines der ersten Designerbabys wurde weitestgehend auf Wunsch seiner Eltern also mit einer gezielt herbeigeführten Behinderung geboren. Was die beiden weiblichen Eltern allerdings ganz anders sahen. Ihre Argumentation lautete: So wie ihre lesbische Liebe lediglich eine andere Form von Sexualität sei, so sei die Taubheit ihres Kindes eben nur »eine andere Art zu leben«. Die schöne neue Welt des genetischen Enhancement bietet offensichtlich Platz für viele Möglichkeiten. Die Debatten darüber haben gerade erst begonnen.

Dialog: Genetisches Enhancement – Tuning für die DNA

SLS: Wenn wir vom genetischen Enhancement sprechen, dann wird gerade in Deutschland besonders emotional darauf reagiert. Ich habe vor über 15 Jahren einmal eine Veranstaltung organisiert zum Thema »Eugenik und die Zukunft«. Damals mussten wir tatsächlich um Polizeischutz bitten, weil Sorge bestand, dass Demonstranten die Veranstaltung stürmen würden. Das ist dann letztendlich doch nicht passiert. Aber weil im Titel das Wort »Eugenik« vorkam, wurden wir bereits im Vorfeld mit E-Mails bombardiert, die deutlich machten, dass dieses Thema mit starken Emotionen belastet ist. Und ich merke auch heute noch, dass die Wahl des Begriffs ganz entscheidend ist. Es macht einen Unterschied, ob wir vom genetischen Enhancement oder aber von der liberalen Eugenik sprechen. Wie reagierst du denn darauf – würdest du den Begriff »Eugenik« überhaupt nutzen?

BKG: Den würde ich in der Tat auch nicht verwenden, schon weil er durch die verbrecherische Politik der Nazis diskreditiert ist. Auf der anderen Seite denke ich, dass Eugenik und genetisches Enhancement nicht unbedingt zwei Begriffe für die gleiche Sache sind. Eugenik ist eher darauf ausgerichtet, im Nazijargon »unwertes Leben« zu vernichten. Genetisches Enhancement geht ja eher in die Richtung, unser genetisches Potential zu verbessern. Das eine ist also eine Selektion, das andere eine Optimierung.

Dennoch bleibt festzuhalten: Jeder Gynäkologe betreibt auch heute bereits eine milde Form von Eugenik. Die Pränataldiagnostik, die sich in den gynäkologischen Praxen durchgesetzt hat, ist letztendlich nichts anderes als angewandte Eugenik. Fast jede Schwangere wird heute in der 11. Woche darauf getestet, ob ihr ungeborenes Kind gesund ist oder ob eine chromosomale Anomalie wie etwa Trisomie 21 vorliegt. Das wird inzwischen routinemäßig durch einen einfachen Bluttest festgestellt. Besteht eine chromosomale Anomalie, so entscheiden sich mehr als 95 Prozent aller Betroffenen für einen Schwangerschaftsabbruch. Trisomie 21 ist damit eine aussterbende Krankheit. Jetzt werden natürlich viele sagen: Das ist eine Behinderung – ist doch gut, dass das so ist. Das sehen die Betroffenen selbst aber durchaus anders. Für sie ist das die Fortführung der Eugenik mit modernen Methoden. Diese Kritik sollte man auch durchaus ernst nehmen. Hinzu kommt, dass dann in der 18./20. Schwangerschaftswoche noch ein sogenannter Organschall auf anatomische Missbildungen durchgeführt wird. Ein Freund von mir wurde zum Beispiel mit einem offenen Rücken geboren. Er ist zwar gehbehindert, aber geistig natürlich völlig fit. Das ist ein promovierter Kunsthistoriker und Direktor eines Museums. In einem Gespräch hatte er mir einmal gesagt: Wenn meine Mutter damals schon in deine Sprechstunde gegangen wäre, dann gäbe es mich heute nicht. Da läuft es einem schon ein wenig kalt den Rücken runter, wenn man solche Aussagen hört.

SLS: Aber dennoch kann man das doch nicht mit der Eugenik, wie sie im Dritten Reich praktiziert wurde, auf die gleiche Stufe stellen. Damals wurde auf gesellschaftlicher und politischer Ebene gesagt: Das ist »lebensunwertes Leben«, das sind Eigenschaften, die ausgemerzt werden müssen. Hier wurden die Kriterien von der Politik bestimmt und rechtlich verpflichtend durchgesetzt. Bei den Fällen, die du genannt hast, liegt die Entscheidung bei den Eltern. Die sollten doch das Recht haben, auch solche brisanten Entscheidungen bezüglich ihres Nachwuchses treffen zu dürfen. Und es kommt noch eine weitere Frage dazu. Es ist ja während der Schwangerschaft gar nicht klar, ob Embryonen eine so hohe Schutzwürdigkeit zukommen sollte. In der Regel braucht es schon eine religiöse Begründung dafür, und wenn man diese nicht hat, dann gibt es gute Gründe dafür zu sagen: Diese Schutzwürdigkeit ist gerade am Anfang der Schwangerschaft noch nicht anzunehmen. Ich denke: Eine befruchtete Eizelle ist eben noch keine Person.

BKG: Also, es macht schon einen Unterschied, ob man hier von einer befruchteten Eizelle spricht, die maximal aus ein paar Zellen besteht, oder von einem Embryo in der 12. Schwangerschaftswoche. Der ist im Prinzip ein voll ausgebildeter kleiner Mensch mit allen Organen und auch einschließlich eines zentralen Nervensystems. Was er denkt, können wir natürlich nicht genau sagen. Wir wissen aber, dass er durchaus schon in der Lage ist, Licht wahrzunehmen, Geräusche zu hören und aufgrund seines Nervensystems wahrscheinlich auch Schmerzen und Gefühle zu empfinden.

Einem solchen Embryo jegliche Rechte abzusprechen finde ich schon ein wenig problematisch. Wir haben in Deutschland ja mittlerweile eine Situation, wo sich sofort eine Bürgerinitiative gründet, wenn in einem Tümpel, über den eine Autobahn gebaut werden soll, irgendeine Gruppe von Molchen gefunden wird. Wenn ungeborene Kinder 100 000-fach abgetrieben werden, hat dies jedoch keinerlei Debatte zur Folge. Und die wenigen, die da Einspruch erheben, werden sofort in die rechte Ecke gestellt. Das ist aber sicherlich eine Diskussion, die wir hier nicht zu Ende bringen werden.

SLS: Dann lass uns doch tatsächlich zum genetischen Enhancement übergehen. Da hast du ja selbst in deinem Artikel geschrieben, dass mit der CRISPR/Cas-Technik ganz neue Möglichkeiten bestehen. Das ist ein echter Game-Changer, was das Genetic Engineering angeht. Aber auch hier gibt es ja erheblichen Widerstand. Wer das Genom verändern will, der spielt – so die Kritiker – Gott, oder er vergreift sich am Menschsein selbst. Ist unsere DNA tatsächlich etwas Heiliges?

BKG: So wird es tatsächlich häufig hingestellt. Es gibt sogar Naturwissenschaftler, die sehen im Genom so etwas wie die Heilige Schrift der Biologie. Das wird dann manchmal so dargestellt, als hätte Gott persönlich den Bauplan für das menschliche Leben in der DNA niedergeschrieben – und das sei nun unantastbar. Dabei ist unser Genom ein über Hunderttausende von Jahren angesammeltes Sammelsurium höchst unterschiedlicher Informationen. Da gibt es konkrete Bauanweisungen für Proteine, da gibt es aber auch viel »Junk-DNA«, also genetischen Müll, den wir mit uns rumschleppen. Viren, die uns irgendwann einmal infiziert haben, hinterlassen in der DNA Spuren. Frühe Techtelmechtel unserer Vorfahren haben dazu geführt, dass wir alle 1 bis 2 Prozent Neandertaler-Gene in uns tragen. Und dann gibt es natürlich auch noch das ganze evolutionsbiologische Erbe, das sich in unser Erbgut eingeschrieben hat – vom Einzeller über die Reptilien bis zur Pflanzenwelt. Rein genetisch gesehen sind wir ja alle zur Hälfte Banane. Also, das ist sicher nichts, was unantastbar wäre und was wir nicht gezielt verändern können, wie wir das ja auch mit jeder anderen Struktur in unserem Körper tun. Dass es dafür nicht nur eine entsprechende Technologie braucht, sondern auch eine adäquate Ethik, versteht sich von selbst.

SLS: Damit ist aber dann doch der Weg zum Designerbaby, also zum genetisch optimierten Menschen, eigentlich frei. Nur in Deutschland bremst man mal wieder diesen Fortschritt aus, zum Beispiel durch ein rigides Embryonenschutzgesetz.

BKG: Die Designerbabys werden ohne Frage kommen. Die Geburt der chinesischen Zwillinge mit genetisch editierter HIV-Resistenz hat ja gezeigt, wie relativ einfach das technisch möglich ist. Auch wenn in diesem spezifischen Fall die Aktion sicherlich zu früh kam und auch miserabel umgesetzt wurde. Diesbezüglich sehe ich für die nächsten Jahre einen weltweiten Trend zu einem Reproduktionsmedizin-Tourismus voraus. Wir haben ja heute bereits die Situation, dass Kinderwunsch-Paare ins Ausland fahren, weil dort fortschrittlichere IVF-Techniken angeboten werden oder weil es in bestimmten Ländern erlaubt ist, »Leihmütter« zu engagieren. Demnächst wird dann noch das Angebot für Designerbabys dazukommen. Aber auch hier muss man sagen: Das alles kostet natürlich sehr viel Geld. Insofern wird auch diese neue Technologie weiter zu einer Spaltung der Gesellschaft beitragen.

SLS: Aber wenn solche Eingriffe dazu führen, dass Menschen künftig länger und gesünder leben, dann ist das doch im allgemeinen Interesse. Das ist dann doch durchaus auch etwas, was sich gegenüber den gesetzlichen Krankenkassen rechtfertigen lässt.

BKG: Ich denke, da hast du ein allzu idealistisches Bild von den deutschen Krankenkassen. Als Arzt allgemein und als Anti-Aging-Mediziner im Besonderen muss ich mich mit denen ja ständig auseinandersetzen. Und ich kann dir sagen, die haben überhaupt kein Interesse daran, dass die Menschen sehr alt werden, selbst wenn sie das bei guter Gesundheit tun. Da lautet die Argumentation nämlich: Kostenträchtige Erkrankungen kriegen Menschen auch dann, wenn sie gesund alt werden – sie bekommen die entsprechenden Erkrankungen nur später. Und das belastet die Krankenkassen letztlich mehr, als wenn sie früher sterben. Für die Kranken- und Rentenkassen ist immer noch das am rentabelsten, was man mit dem saloppen Begriff »sozialverträgliches Frühableben« bezeichnet. Wenn du ein Jahr nach Renteneintritt am Herzinfarkt verstirbst, entlastest du unser Sozialsystem am effektivsten.

SLS: Aber diese Diskussion führen wir durchaus auch im Transhumanismus. Eine längere Lebens- und Gesundheitsspanne gehört ja zu den wichtigsten Anliegen des Transhumanismus überhaupt. Und damit ist auch klar: Wir müssen die Frage über das Renteneintrittsalter und die Finanzierung des Gesundheitssystems völlig neu diskutieren. Das ist eine enorme soziale Herausforderung, da besteht gar kein Zweifel. Insofern müssen wir auch darüber nachdenken, wie wir die Krankenkassen mit Geld ausstatten können. Ich bin darauf in meinem Buch *We Have Always Been Cyborgs* schon detailliert eingegangen. Eine Möglichkeit bestünde etwa darin, dass wir die Krankenkassen am digitalen Fortschritt beteiligen und damit auch finanziell entlasten, indem wir ihnen zum Beispiel unsere Gesundheitsdaten zur Verfügung stellen. Daten sind das neue Geschäftsmodell. Warum sollte das nicht auch Krankenkassen nutzen? Also – der transhumanistische Fortschritt ist durchaus etwas, wovon alle profitieren können.

Künstliche Intelligenz – Von den Anfängen bis heute

Bernd Kleine-Gunk

Während wir auf die großen Durchbrüche in Sachen Lebensverlängerung, Nanotechnologie und genetischem Enhancement noch warten, sind die Fortschritte im Bereich der künstlichen Intelligenz (KI) bereits überall spürbar. Firmen wie Google, Apple, Facebook und Amazon (GAFA) haben die Informationstechnologie alltagstauglich gemacht und dadurch unser gesamtes Leben grundlegend verändert. So wie man früher Epochen nach ihren Techniken und den dabei hauptsächlich verwendeten Materialien als Steinzeit oder Bronzezeit definierte, müsste man das frühe 21. Jahrhundert eigentlich als »Siliziumzeitalter« bezeichnen. Zumindest der Ort, an dem sich in den letzten zwei bis drei Jahrzehnten die entscheidenden Entwicklungen vollzogen haben, hat diese Form der Namensbenennung bereits durchgeführt. Das südlich von San Francisco gelegene Santa Claro Valley, das vor hundert Jahren noch vor allem für seine idyllischen Obstgärten berühmt war, kennt heute die ganze Welt als Silicon Valley. Hier sitzen die großen IT-Giganten und die engagierten Tech-Start-ups. Und wohl nirgendwo auf der Welt gibt es auf so engem Raum so viele Transhumanisten. KI ist daher mit Sicherheit auch das Feld, auf dem die angekündigte »transhumanistische Revolution« ihre ersten Erfolge erzielen wird.

Die Grundlagen für den märchenhaften Aufstieg des Silicon Valley beziehungsweise der Informationstechnologie insgesamt liegen allerdings deutlich weiter zurück – und auch außerhalb der Vereinigten Staaten von Amerika. Bereits im 17. Jahrhundert entwickelten unabhängig voneinander Blaise Pascal in Frankreich und Gottfried Wilhelm Leibniz in Deutschland mechanische Rechenmaschinen. Beide waren sowohl Mathematiker als auch Philosophen. Das gilt auch für den Engländer Charles Babbage (1791–1871), der Anfang des 19. Jahrhunderts eine Rechenmaschine entwickelte, die er als »Analytical Engine« bezeichnete und die heute allgemein als Vorläufer des modernen Computers angesehen wird.[48] Allerdings wurde die Analytical Engine niemals gebaut.

Weiterentwickelt wurde sie gleichwohl. Denn eine reine Rechenmaschine macht bekanntlich noch keinen Computer. Der braucht nicht nur eine Hardware, sondern auch eine Software, also Instruktionen, die ihm sagen, was er zu tun hat. Genau diesem Gebiet widmete sich Ada Lovelace (1815–1852), die nicht nur die Tochter des englischen Romantik-Literaturstars Lord Byron, sondern auch eine hochbegabte Mathematikerin war. Sie erkannte das große Potential von Babbages Rechenmaschine, das über die reine Berechnung mathematischer Tafeln hinausgeht.

Der erste funktionstüchtige Computer wurde ebenfalls nicht in den USA gebaut, sondern in einer Berliner Mietwohnung. Der deutsche Bauingenieur und Tüftler Konrad Zuse (1910–1995) stellte 1941 mit seinem Z3 einen vollautomatischen, programmgesteuerten und auch frei programmierbaren Rechner vor, der – so Zuse – in »binärer Gleitrechnung« arbeitet. Anders ausgedrückt: Zuse hatte einen Digitalrechner konstruiert und damit die technische Grundlage geschaffen, auf der die gesamte Informationstechnologie bis heute aufbaut.[49]

Das Wort »digital« leitet sich bekanntlich vom lateinischen

Wort für Finger (*digitus*) ab. Dahinter steckt das Prinzip, die Welt binär in Nullen und Einsen zu unterteilen. Für einen Computer reichen diese beiden, auch als »diskrete Entitäten« bezeichneten Zahlen aus, um die ganze Welt zu beschreiben und seine vielfältigen Funktionen auszuüben.

Analoge Daten sind hingegen kontinuierlich, also stufenlos. Für viele transhumanistische Anliegen ist diese Tatsache von fundamentaler Bedeutung. Insbesondere in der Philosophie geht es ja immer wieder um die Fragestellung: »Was ist die Wirklichkeit?« Lässt sie sich tatsächlich durch eine Folge von Nullen und Einsen abbilden? Und was passiert, wenn solche transhumanistischen Visionen wie Mind-Uploading tatsächlich einmal Realität werden? Lässt sich dann so etwas Komplexes wie unser Bewusstsein beziehungsweise unsere Persönlichkeit in digitale Daten umwandeln? Wir werden auf diese Fragen noch zu sprechen kommen.

Kehren wir zunächst zurück zu Konrad Zuse. Dem gebührt unbestritten das Verdienst, den ersten funktionsfähigen Computer der Welt gebaut zu haben. Dass er dafür international als Pionier gerühmt wurde, kann man allerdings nicht behaupten. Im Wesentlichen ist sein Name nur einigen Experten bekannt. Das ist der Nachteil, wenn man zur falschen Zeit am falschen Ort tätig ist. 1941 tobte der von den Deutschen begonnene Zweite Weltkrieg in voller Stärke. Da war die internationale Bereitschaft gering, einen Ingenieur aus Nazi-Deutschland für eine neuartige Rechenmaschine zu feiern.

Ein anderer Pionier der Informationstechnologie hat es dagegen sehr wohl zu Weltruhm gebracht. Der britische Mathematiker Alan Turing (1912–1954) gilt heute allgemein als der einflussreichste Theoretiker der Informatik und der geistige Vater des Forschungsbereichs Künstliche Intelligenz. Bereits 1936 hatte er die Turing-Maschine entwickelt, die allerdings kein physischer Computer, sondern ein abstraktes mathematisches Objekt war. Zum ersten Mal kamen dabei Algorithmen zum Einsatz, also Sequenzen von klar definierten Instruktionen, durch die spezifische Probleme gelöst werden.

Wegweisend für seine weitere Entwicklung war vor allem Turings Tätigkeit für den britischen Geheimdienst während des Zweiten Weltkriegs. Dort stand man vor der nahezu unlösbaren Aufgabe, die kodierten Funksprüche der Deutschen Wehrmacht zu entschlüsseln. Die wiederum nutzte eine ausgeklügelte Chiffriermaschine namens Enigma. Insbesondere für den U-Boot-Krieg, aber auch für die Kriegsführung insgesamt war es von entscheidender Bedeutung, die Pläne des deutschen Militärs frühzeitig zu kennen, indem man seine Funksprüche und ihren Entschlüsselungscode knackt. Ein mathematisches Genie wie Turing war dafür genau richtig. Und in der Tat gelang ihm und einem kleinen Team genau dies.

Wie kriegsentscheidend das war, lässt sich wohl am besten an der Bemerkung eines hochrangigen britischen Generals ablesen: »Ich will nicht behaupten, Turing hätte den Krieg für uns gewonnen. Aber ohne ihn hätten wir ihn wahrscheinlich verloren.«[50] Der Dank des Vaterlandes war dann jedoch beschämend. Aufgrund seiner Homosexualität, die damals noch als Verbrechen galt, wurde Turing zu einer chemischen Kastration gezwungen. Das wiederum stürzte ihn in eine schwere Depression, in deren Verlauf er sich 1954 das Leben nahm.

Der KI-Forschung hinterließ Turing nicht nur die nach ihm benannte Maschine, die dazu fähig ist, jedes Problem zu lösen, sofern es durch einen Algorithmus darstellbar – also in kleinste Einzelteile zerlegbar – ist. Er begründete auch einen Test, der heute noch als Goldstandard dafür gilt, ob eine Maschine wirklich als »intelligent« bezeichnet werden kann oder nicht. Der »Turing Test« gilt dann als bestanden, wenn bei einem Frage-Antwort-Spiel Menschen nicht unterscheiden können, ob es sich am anderen Ende der Leitung um einen Computer oder um einen Menschen handelt. Eine Reihe von KI-Programmen gibt inzwischen an, die Kriterien zu erfüllen.

Einige haben daraus auch bereits ein Geschäftsmodell gemacht. Bei einer Reihe von Telefonsex-Anbietern sitzen am anderen Ende der Leitung inzwischen keine Frauen mehr, sondern Sex-Bots. Kaum einem der Anrufer fällt das auf. Die Gespräche sind aber meist wohl auch nicht sonderlich tiefgründig. Auch in anderen Lebensbereichen haben sich Chatbots etabliert. So lassen sich Schüler und Studenten bei Hausaufgaben inzwischen gern von der KI-Software von ChatGPT unterstützen. Und mit »Alexa« und »Siri« sprechen inzwischen viele wie mit Familienmitgliedern.

Als die eigentliche Geburtsstunde der KI-Forschung wird zumeist ein Treffen angesehen, das 1956 am Dartmouth College in New Hampshire stattfand. Unter Leitung des Organisators John McCarthy traf sich dort so ziemlich alles, was zur damaligen Elite von Erfindern, Informationstheoretikern und Computerpionieren gehörte. Schnell war man sich einig, dass Denken auch außerhalb des menschlichen Gehirns stattfinden kann. Eine allgemeine künstliche Intelligenz sahen die anwesenden Experten bereits für die nächsten ein bis zwei Jahre voraus.[51]

Ein wenig länger dauerte es dann doch. Auch Rückschläge blieben nicht aus. So setzte man in den 1980er-Jahren große Hoffnungen auf automatisierte Übersetzungsprogramme. Allerdings hatten die KI-Forscher unterschätzt, dass Wörter in unterschiedlichen Zusammenhängen durchaus unterschiedliche Bedeutungen haben können. Die Übersetzungen waren häufig unverständlich, nicht selten auch unfreiwillig komisch. Die Enttäuschung war groß, die Geldgeber zogen sich zurück. Es folgte das, was man später als »KI-Winter« bezeichnete.

Ein Revival erfuhr die KI-Forschung dann mit dem weltweiten Siegeszug des Internets. Dessen Geschichte beginnt in den frühen 1960er-Jahren mit der Entwicklung des Arpa-Netzes durch das amerikanische Verteidigungsministerium und das MIT (Massachusetts Institute of Technology). Im Februar 1990 wurde es offiziell stillgelegt. Gleichzeitig war dies der Startschuss für die kommerzielle Nutzung des Internets.

Tim Berners Lee, der damals am europäischen Kernforschungszentrum CERN in der Nähe von Genf arbeitete, schuf die Software für das World Wide Web und mit HTML auch die Auszeichnungs- und Seitenbeschreibungssprache zur Strukturierung elektronischer Dokumente. Die KI fand in diesem sich explosionsartig verbreitenden Medium viele neue Möglichkeiten der Anwendung und der Weiterentwicklung.

Einer breiten Öffentlichkeit wurden die Fortschritte der KI-Forschung dann spektakulär vor Augen geführt, als der IBM-Supercomputer »Deep Blue« 1997 den amtierenden Schachweltmeister Garri Kasparow besiegte. Der transhumanistische Vordenker Ray Kurzweil hatte dies übrigens bereits 1990 genau so vorhergesagt.[52] Schach gilt als der anspruchsvollste Denksport überhaupt. Die Meister auf diesem Gebiet standen in dem Ruf, Genies zu sein. Wie intelligent muss also eine Maschine sein, die einen Schachweltmeister schachmatt setzt?

Interessanterweise sehen die KI-Forscher selbst den Sieg von »Deep Blue« inzwischen gar nicht mehr als einen großen Triumph Künstlicher Intelligenz an. Deep Blue bezog seine Spielstärke hauptsächlich aus seiner enormen Rechenleistung. Schnell rechnen zu können ist zweifellos eine Qualität, die Computer auszeichnet. Mit Intelligenz hat das aber nur bedingt zu tun. Ganz anders sah das schon 2016 aus, als Googles »AlphaGo« den besten Go-Spieler der Welt, Lee Sedol, schlug. Zum einen ist Go ein Brettspiel, das gegenüber Schach eine weitaus höhere Komplexität aufweist. Das größere Spielfeld und die größere Anzahl an Steinen ermöglichen eine ungleich größere Zahl von Zügen. Mit den traditionellen »BruteForce-Algorithmen«, also dem Durchprobieren aller möglichen Züge und Kombinationen, wie es »Deep Blue« noch gegen Kasparow machte, kommt man bei Go nicht weit.

Und so setzte Google bei AlphaGo auf eine völlig andere Art der Programmierung. Nämlich auf die Kombination von maschinellem Lernen und der Anwendung künstlicher neuronaler Netze (Deep Learning). Um den Algorithmus zu trainieren, fütterten die Forscher AlphaGo zunächst mit 100 000 Amateurspielen, die in öffentlichen Datenbanken zugänglich waren. Von da an spielte AlphaGo gegen sich selbst – und zwar mehrere Millionen Mal. Dabei entwickelte AlphaGo seine Fähigkeiten immer weiter. Lee Sedol zeigte sich jedenfalls nach seiner Niederlage »überrascht« und schockiert und bescheinigte seinem maschinellen Gegenüber eine nicht erwartete »Kreativität«. Auch andere führende Go-Spieler äußerten sich in dieser Richtung. »AlphaGo« hatte eine ganze Reihe von Spielzügen durchgeführt, die bei Experten zunächst Stirnrunzeln verursachten, sich dann aber als strategisch höchst erfolgreich erwiesen.

Inzwischen gibt es bereits eine neue Version: »AlphaGo Zero« hat ohne Weiteres menschliches Vorwissen gelernt, perfektioniert sich ständig weiter und besiegt seinen Vorgänger »AlphaGo« in jeder Partie. Googles Programmierer geben zu, dass sie die Algorithmen, nach denen »AlphaGo Zero« arbeitet, selber nicht mehr nachvollziehen können. Da kommen wir allmählich in eine ganz andere Dimension künstlicher Intelligenz als bei dem schnellen Rechner »Deep Blue«. Nach dem gleichen Prinzip arbeiten inzwischen auch die modernen Übersetzungsprogramme. Der derzeit wohl präziseste KI-Übersetzer DeepL trägt das Deep-Learning-Prinzip schon im Namen. Auch er lernt kontinuierlich und selbstständig permanent dazu.

Dennoch bleibt festzuhalten: »AlphaGo« und »AlphaGo

Zero« spielen hervorragend Go. DeepL liefert vorzügliche Übersetzungen. Sonst aber können diese Programme nichts. Auf den Gedanken, einkaufen zu gehen, weil der Kühlschrank leer ist, kommen sie nicht. Damit sind sie ein klassisches Beispiel für eine »schwache KI«. Die können sehr spezialisierte Aufgaben lösen und tun dies bereits häufig besser als der Mensch. Sie sind und bleiben aber Fachidioten. Die Frage ist, ob wir in Zukunft auch eine »starke KI« erleben werden. Diese würde dann einen möglichst großen Bereich kognitiver menschlicher Funktionen repräsentieren. Und wahrscheinlich wäre sie – wie wir das ja bereits von der schwachen KI kennen – besser und präziser als die ja doch häufig störanfälligen Menschen. Spätestens dann könnte der Spezies *Homo sapiens* eine ernsthafte Konkurrenz erwachsen. Transhumanisten gehen aber noch einen Schritt weiter. Sie sehen nicht nur eine allgemeine starke KI voraus, sondern auch eine allgemeine Superintelligenz, die über Fähigkeiten verfügt, die der Mensch nicht besitzt.[53] Die Wahrnehmung von Ultraschallwellen oder Infrarotstrahlen könnte dazu gehören – um nur einmal ein paar relativ naheliegende Dinge zu nennen. Spätestens mit dem Auftreten einer Superintelligenz wäre der Mensch in seiner heutigen Form dann eher ein Auslaufmodell. Zumindest als »Krone der Schöpfung« hätte er ausgedient.

Dialog: Künstliche Intelligenz – Von den Anfängen bis heute

BKG: Künstliche Intelligenz ist offensichtlich ein weniger emotionales Thema als etwa Genetisches Enhancement. Hat das auch damit zu tun, dass wir alle schon mit künstlicher Intelligenz leben und auch die Medien jeden Tag neu berichten, wie wichtig dieses Thema ist?

SLS: Ist das wirklich kein so emotionales Thema? In der Öffentlichkeit hat man vielleicht noch nicht so die große Angst, aber wenn man sich die Aussagen von Leuten wie Stephen Hawking oder Elon Musk anhört, dann werden da schon Untergangsszenarien beschworen. Da wird immer wieder betont, dass die KI die größte Herausforderung überhaupt darstellt, und die Sorge verbreitet, dass die KI sich einmal gegen uns wenden und die Menschheit vernichten wird. Aber wahrscheinlich hast du recht, dass es Sorgen sind, die eher die Speerspitze der Techno-Unternehmer bewegt und wahrscheinlich weniger die breite Öffentlichkeit.

BKG: Wir erleben derzeit ja, dass die jetzt vorherrschende KI eine schwache KI ist. Die ist in der Regel ein »Fachidiot«, also nur auf einem Gebiet exzellent, aber auf allen anderen uns unterlegen. Also mein Navi findet sich in Deutschland mit Sicherheit besser zurecht als ich, aber trotzdem habe ich noch keine Angst, dass mir mein Navi mein ganzes Leben aus der Hand nimmt. Mehr als navigieren kann es eben nicht. Eine echte Gefahr droht doch erst, wenn wir eine starke KI bekommen, die über das eigene Spezialgebiet hinausgeht und uns dann insgesamt übertrifft. Da gibt es dann durchaus berechtigte Ängste, dass wir irgendwann mal überflüssig werden.

SLS: Aber auch gewisse schwache KIs können sich schon gegen den Menschen richten oder zumindest großen Schaden anrichten. Ich denke da zum Beispiel an die KIs, die an der Wall Street tätig sind. Hier ist in der Tat schon schwache KI im Einsatz, die schneller und verlässlicher reagiert, als es Wall-Street-Broker können. Da könnte etwa von einer KI die Entscheidung getroffen werden, viel Mais in Äthiopien zu kaufen, da der Mais dort gerade enorm günstig ist. Das hätte Auswirkungen auf die Verfügbarkeit von Mais in Äthiopien. Die Folge: Die Preise steigen dort, infolgedessen könnte sich die lokale Bevölkerung Mais wohl nicht mehr leisten, und Hungersnöte würden sich ausbreiten. Insofern kann eine Entscheidung, die von einem Algorithmus-Broker bereits jetzt getroffen wird, schon Menschenleben gefährden.

BKG: Nun ja, KI hat halt keine Moral. Die Frage ist allerdings, ob die klassischen Wall-Street-Broker die je hatten.

SLS: Die sind natürlich in erst Linie daran interessiert, Geld zu verdienen und den Gewinn zu maximieren. Aber trotzdem könnte der Algorithmus noch mehr Probleme schaffen, als es ein menschlicher Broker zu tun vermag. Oder siehst du da keine signifikant neue Entwicklung?

BKG: Die sehe ich tatsächlich nicht. Die derzeitigen Computer manchen einfach vieles effizienter als Menschen das bisher getan haben. Das hat mit dem Bereich der Moral eher wenig zu tun. Aber wo wir beim Stichwort Moral sind: Ihr Transhumanisten geht ja auch da voran. Für euch sind ja Roboter und KI nicht nur Rechenmaschinen, sondern ihr redet auch schon von Roboterrechten wie von Menschenrechten. Demnach müssten die Roboter der Zukunft dann auch eine Art von Moral entwickeln, die sie bisher noch nicht haben. Müssen die dann irgendwann auch uns Menschen gleichgestellt werden mit entsprechenden Rechten?

SLS: Also grundsätzlich waren in der westlichen Geschichte die Rechte, die Würde und der Personenstatus nur Menschen zugeordnet. Inzwischen hat sich zunehmend die Ansicht durchgesetzt: Wir müssen all diejenigen Leben und Entitäten respektieren und berücksichtigen, die moralische Eigenschaften besitzen. Besonders die Leidensfähigkeit scheint eine moralisch relevante Eigenschaft zu sein. Warum sollte ein Wesen, das nicht leiden kann, moralisch berücksichtigt werden? Und wenn dann ein Orang-Utan stark leidet, dann muss ihm genauso viel Respekt zukommen wie einem Menschen, auf den das zutrifft. In Argentinien hat das sogar der dortige Oberste Gerichtshof bestätigt und einem Orang-Utan den Personenstatus zugesprochen. Infolgedessen hat man den Orang-Utan aus dem Zoo in die Wildnis freilassen müssen. Dann stellt sich natürlich die Frage: Wenn eine entsprechende moralische Eigenschaft nicht nur beim Orang-Utan vorhanden ist, sondern auch bei einer verkörperlichten KI, dann müsste eine entsprechende Berücksichtigung grundsätzlich auch bei dieser erfolgen.

Die Vorstellung, dass zum Beispiel kognitives Leiden möglich ist, erscheint mir zumindest plausibel. Wenn ich mich mit einem Messer in den Finger schneide, dann spüre ich einen körperlichen Schmerz. Wenn mich aber jemand beleidigt, dann ist das kein körperlicher Schmerz, sondern primär eine kognitive Wahrnehmung. Ich erlebe, dass diese Person mich nicht so respektiert, wie ich denke, dass ich es verdient habe – und auch das schmerzt mich dann. Es handelt sich hierbei aber um einen kognitiven Schmerz, der sich von einem durch eine offene Wunde ausgelösten körperlichen Schmerz doch signifikant unterscheidet. Für die Zukunft lässt sich durchaus prognostizieren, dass eine hinreichend entwickelte KI auch solches kognitive Leid erfahren kann. Das bedeutet dann, dass diese KI durchaus auch als Person angesehen werden und respektiert werden müsste. Oder geht dir das zu weit?

BKG: Nun gut, ich beschimpfe meinen Computer ja häufiger mal, wenn er abstürzt oder nicht das tut, was ich möchte. Ich hoffe, der ist dann persönlich noch nicht gekränkt. Sonst muss ich da in Zukunft tatsächlich mein Verhalten ändern [lacht]. Ehr-

er Biologe und Philosoph **Julian**
uxley (1887–1975) gilt als der Vater des
egriffs »Transhumanismus«. Der ausge-
iesene Philanthrop spielte sowohl bei
er Gründung der UNESCO als auch beim
ufbau des World Wildlife Fund (WWF)
ne entscheidende Rolle. Sein Bruder ist
er bekannte Schriftsteller Aldous Huxley,
er mit *Brave New World* ironischerweise
ne Art transhumanistischer Dystopie
eschrieben hat.

So ungewöhnlich wie sein Name, so ungewöhnlich ist auch der Lebenslauf von **FM-2030**. Als Sohn eines iranischen Diplomaten unter dem Namen Fereidoun M. Esfandiary geboren hatte er bereits mit elf Jahren in 17 Ländern gelebt. Früh begeisterte er sich für futuristische Ideen. Sein Buch Are You a Transhuman? von 1989 gilt noch immer als einer der besten Texte zum Thema. Den Namen FM-2030 nahm er an, weil es sein erklärtes Ziel war, bis 2030 zu leben. Das ist ihm nicht gelungen. Aber in den Stahltanks von Alcor eingelagert hat er zumindest die Möglichkeit, später noch einmal zur transhumanistischen Gemeinschaft hinzuzustoßen.

Aubrey de Grey ist der unbestrittene Guru der radikalen Lebensverlängerung. Der exzentrische Brite gibt sich nicht mit ein paar zusätzlichen Jahren bei guter Gesundheit zufrieden. Eine Lebenserwartung von 1000 Jahren hält er für eine durchaus realistische Option. In seinem SENS-Programm beschreibt er detailliert, wie das zu erreichen ist.

Der Philosoph und Futurist **Max More** ist ein Transhumanist der ersten Stunde. Das von ihm gegründete Extropy Institute war der erste Versuch, der Bewegung eine organisatorische Struktur zu geben. Über viele Jahre hinweg war er auch Präsident und CEO des führenden Kryonik-Instituts Alcor. Verheiratet mit Natasha Vita-More sind die beiden so etwas wie das Traumpaar des Transhumanismus. Der selbstgewählte Nachname »More« beschreibt das transhumanistische Programm treffend in einem Wort.

Natasha Vita-More ist eine »Frau der ersten Stunde« im Transhumanismus. Die 1950 in New York geborene Designerin, Autorin und Künstlerin hat eines der frühesten transhumanistischen Manifeste geschrieben und ist derzeit Präsidentin der transhumanistischen Weltorganisation Humanity+. Verheiratet ist sie mit dem Philosophen Max More, ebenfalls ein Pionier transhumanistischen Denkens.

Martine Rothblatt ist zweifellos eine der schillerndsten Figuren im transhumanistischen Universum. Sie ist Anwältin, Pilotin, Autorin, Pharmaunternehmerin und LGBTQIA+-Aktivistin – um nur einige ihrer wichtigsten Tätigkeiten zu nennen. Auch die von den Transhumanisten hoch geschätzte morphologische Freiheit setzt sie überzeugend um. Bis zu ihrem vierzigsten Lebensjahr war Martine Rothblatt ein Mann.

ay **Kurzweil** hat den Transhumanismus ım Hauptberuf gemacht. In unzäh-gen Büchern, Artikeln, Videobeiträgen nd nicht zuletzt in der von ihm gegrün-eten Singularity University verkündet er nermüdlich seine frohe Botschaft einer esseren Zukunft durch technischen ortschritt.

Reich und einflussreich: Der deutsch-amerikanische Multimilliardär und Venture Kapitalist **Peter Thiel** fördert nicht nur zahlreiche transhumanistische Projekte, er engagiert sich auch politisch. Als »Libertärer« ist er bemüht, den Einfluss des Staates auf ein Minimum zu reduzieren. Die persönliche Weiterentwicklung des Einzelnen soll möglichst nicht durch staatliche Institutionen behindert werden.

Elon Musk ist inzwischen so etwas wie der Rockstar unter den Unternehmern und n den Medien allgegenwärtig. Manche ıaben Mühe, seine auf den ersten Blick sehr unterschiedlichen Aktivitäten auf einen Nenner zu bringen. Klarer wird die Sache, wenn man weiß: Elon Musk st bekennender Transhumanist. Seine vielfältigen Unternehmungen sind im Wesentlichen der Versuch, transhumanistische Ideen praktisch umzusetzen.

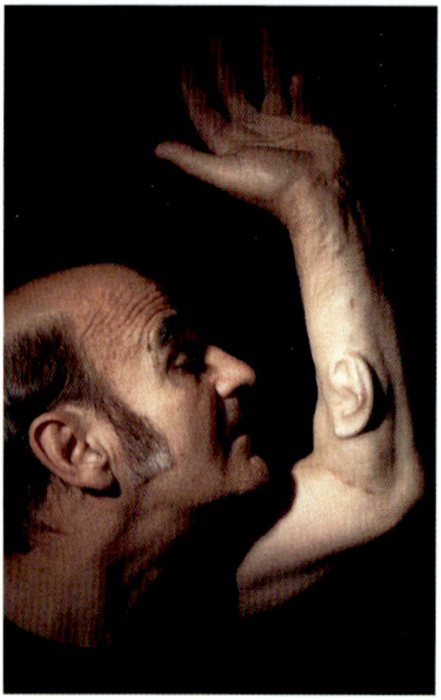

Der zypriotisch-australische Performance Künstler **Stelarc** setzt sich seit Jahrzehnten mit dem Verhältnis von Biologie und Technik auseinander. Experimentiert wird dabei vor allem mit dem eigenen Körper. Ein in den Unterarm transplantiertes Ohr ließ nicht nur die Kunstwelt aufhorchen.

Die Verschmelzung von Natur und Technik ist auch das Thema der australischen Künstlerin **Patricia Piccinini**. Aus Plastik und Silikon formt sie neue Hybridwesen. Während die Arbeiten ihrer männlichen Kollegen Stelarc und Kac nicht selten heftigste Ablehnung hervorrufen, werden ihre »netten Monster« häufig zu Publikumslieblingen.

Wenn Gentechnik zur Kunst wird. Der brasilianische Künstler **Eduardo Kac** prägte 1997 den Begriff »Bio-Art« und ist der wichtigste Vertreter dieser neuen Kunstgattung. Und Alba, ein grün fluoreszierendes Kaninchen, ist sein bekanntestes Werk. Der Streit darüber ob ein gentechnisch verändertes Tier tatsächlich Kunst ist, dauert immer noch an.

der griechischen Mythologie der Titan Prometheus diejenige gur, die den Menschen das Feuer ingt, welches er zuvor den Göttern twendet hat. Damit hat er den ıhrscheinlich wichtigsten Schritt zum ıman Enhancement geleistet. Bei den anshumanisten genießt Prometheus für höchste Verehrung. Die Götter ıhmen es ihm dauerhaft übel.

Links: Auch der Transhumanismus will organisiert sein. 1998 gründeten Nick Bostrom und David Pearce die World Tranhumanist Asscociation (WTA). 2018 benannte sich die Organisation um in Humanity+. Ihr Logo ist inzwischen weltweit präsent.

ltan Istvan trat 2016 als Präsidentschaftskandidat für die Amerikanische Transhumastische Partei an. Auch Kritiker bescheinigen ihm, dass seine Werbetour durch Amerika t einem »Sarg-Bus« durchaus originell war. Die Wahl hat dann allerdings doch Donald ump gewonnen.

SpaceX ist eines der vielen Unternehmen von Elon Musk. Erfolgreich ist es vor allem, weil die Raketen wiederverwendbar sind. Das macht nicht nur das Satellitengeschäft lukrativ, es ermöglicht auch in naher Zukunft eine völlig neue Art von Tourismus: Flüge ins All sind ein Angebot für alle, die nach der letzten Weltreise endlich mal etwas anderes sehen wollen.

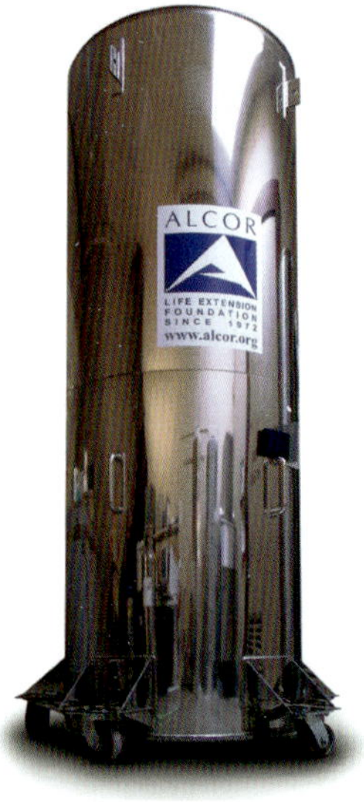

Longevity on Ice: Sollte es mit der radikalen Leben verlängerung doch noch nicht so bald klappen, bietet sich die Kryonik als Alternative an. In Stahltanks tiefgekühlt warten die »Kryonauten« darauf, i einem Zeitalter wieder aufgetaut zu werden, in der sich alle transhumanistischen Ideale erfüllt haben.

Was Pillen nicht schaffen, das schafft vielleicht die Technik. Die transkranielle Stimulation ist eine von vielen Hoffnungsträgern, die aus unserem Gehirn ein kognitives Hochleistungsorgan machen sollen.

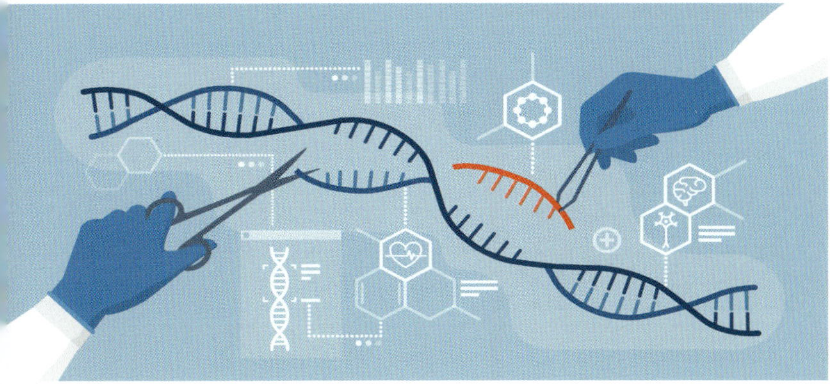

ie Gen-Schere ist inzwischen keine Zukunftsversion mehr. Es gibt sie bereits seit 2012. ie CRISPR/Cas-Technik erlaubt Eingriffe an der DNA mit höchster Präzision. Zumindest chnisch ist damit dem genetischen Enhancement der Weg geebnet.

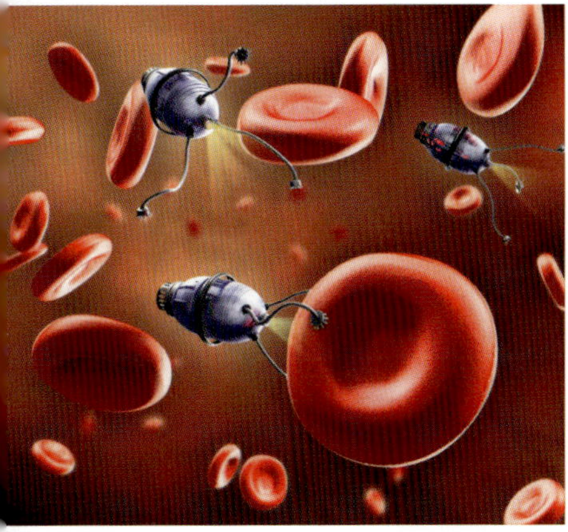

Nanobots – in unserem Körper zirkulierende Roboter im Miniformat – sind derzeit noch Science-Fiction. Die Nanotechnologie selbst gilt aber unbestritten als eine der innovativen Schlüsselwissenschaften.

'on allen futuristischen 'isionen des Transhumanismus ist diese vahrscheinlich die spektakuärste: Beim Mind-Uploading vird unser Gehirn – und lamit unser Bewusstsein – n ein digitales Medium berführt. Der Übergang von iner kohlenstoffbasierten Biologie zu einer siliziumbaierten neuen Existenzform väre dann der endgültige Jbergang zum »posthumanen Zeitalter«.

Im Jahr 2013 ging die Google-Tochterfirma Calico an den Start. Erklärtes Ziel des Unternehmens wie sich im Cover des *Time Magazine* zeigt: Killing death! Das Magazin fand dies zwar ambitioniert, hält es aber trotzdem für möglich.

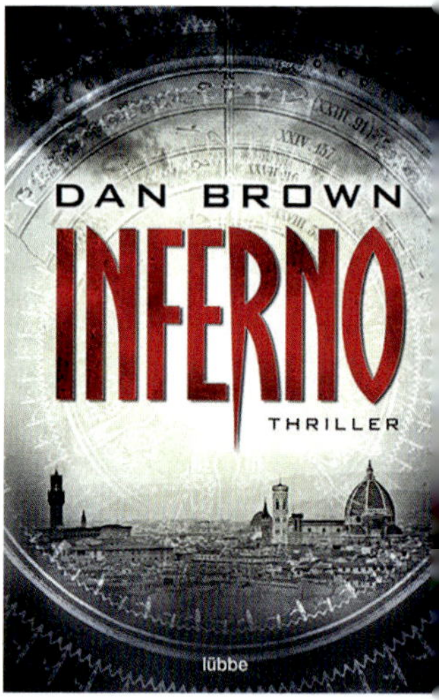

Einer der erfolgreichsten Autoren der Neuzeit ist Dan Brown. Romane wie Inferno, Der Da Vinci Code oder Illuminati wurden Weltbestseller – und mit Tom Hanks auch erfolgreich verfilmt. Es geht in diesen Büchern nicht nur um verrätselte Botschaften und vatikanische Finsterlinge – es geht, so verspricht es auch ein wenig das Cover, auch sehr dezidiert um transhumanistische Ideen.

Der Science-Fiction-Thriller aus dem Jahr 1997 genießt inzwischen Kultstatus. Der in einer »nicht zu weiten Zukunft« spielende Film zeigt eine Welt, in der sich zwei Arten von Menschen gegenüberstehen: Die genetisch optimierten und die, die noch immer mit ihrer alten und fehleranfälligen DNA herumlaufen. »Gattaca« ist dabei so realistisch, dass sich um den Film herum zahlreiche akademische Debatten herausgebildet haben, z. B. das »Gattaca«-Argument.

lich gesagt interessiert es mich aber auch gar nicht so sehr, ob ich in Zukunft höflicher zu meinem Computer sein muss, sondern vielmehr: Wie verhält sich Künstliche Intelligenz mir gegenüber? Gibt es da nicht Gefahren, wenn KI in Zukunft immer leistungsfähiger wird?

SLS: Nehmen wir mal einen ganz konkreten Fall, der immer wieder diskutiert wird und der deutlich macht, wo eine KI auch hinsichtlich einer moralischen Bewertung in Zukunft nötig wird: der Einsatz von KI bei selbstfahrenden Autos. Die sind jetzt schon verlässlicher als die vom Menschen gefahrenen Autos. Aber auch da kann es immer wieder zu Unfällen kommen, weil etwa die Bremsen versagen. Trotzdem sind bei der KI dann noch Eingriffsmöglichkeiten gegeben, und es stellt sich die Frage, wie wohl der Algorithmus reagieren sollte. Welcher Logik sollte ein moralischer Algorithmus folgen? Wenn er sieht und erkennt, welche Personen sich vor ihm auf der Fahrbahn befinden, dann besteht doch die Möglichkeit einer gewissen Einflussnahme. Es gibt da diesen Moral Machine Test vom MIT, wo man direkt ausprobieren kann, wie man auf solche Situationen reagiert. Die KI hat dann etwa die Alternative: Soll der Wagen weiterhin geradeaus fahren und zwei alte Frauen töten, oder soll das Kfz nach links ausweichen, wo sich eine junge schwangere Frau auf der Fahrbahn befindet. Da stellt sich dann konkret die Frage, was die moralisch richtige Reaktion ist. Wenn ich die Entscheidungsmöglichkeit habe, bin ich dann nicht verpflichtet, ein Ergebnis einzuprogrammieren und zu sagen: Wenn auf der einen Seite nur eine Person ist und auf der anderen Seite stehen zehn, dann ist es besser, die zehn zu retten als nur eine Person. Aber hier treffe ich natürlich eine starke moralische Entscheidung.

BKG: Aber letztendlich ist doch auch das nur ein Algorithmus, der einer Maschine einprogrammiert wird. Das macht doch aus dieser Maschine kein ethisch oder moralisch handelndes Wesen.

SLS: Und wenn es dann Moralität in Algorithmenform gibt, dann besteht natürlich die Möglichkeit, dass sich Werte und Normen durch Deep Learning selber weiterentwickeln können. Aber zunächst einmal sind wir gezwungen, so etwas zu programmieren und in digitale Daten zu übersetzen. Das ist ein Teil des Gebiets der Maschinenethik, die gegenwärtig intensiv erörtert wird. Man könnte diese Ideen ja auch noch weiterspinnen. Das Problem von vielen politischen Entscheidungsprozessen ist ja, dass Politiker auch gern an sich selbst denken. Wenn sie Informationen über ihre politischen Gegner haben, nutzen sie das gern für sich selbst aus. Wenn sie die Möglichkeiten haben, Spesen abzusetzen, dann werden diese nochmals in die Höhe getrieben. Und wenn sie generell ihren Machtbereich ausdehnen und irgendetwas für ihre Freunde und Bekannte tun können, dann gibt es doch einige, die das ausnutzen. Wenn wir hingegen auf politischer Ebene Algorithmen einsetzen könnten, dann mögen verkörperlichte Algorithmen vielleicht sogar die besseren Politiker sein und könnten bessere Entscheidungsprozesse vollziehen, als es gegenwärtige Politiker tun.

BKG: Also, wenn ich mir das derzeitige politische Personal so anschaue, würde ich sagen: So schwer dürfte es eigentlich nicht sein, da zu intelligenteren und besseren Alternativen zu kommen [lacht].

Mind-Uploading – Völlig losgelöst

Bernd Kleine-Gunk

Der Transhumanismus hat ohne Zweifel viele spektakuläre Ideen in seinem Gepäck. Kaum eine klingt aber abenteuerlicher als die des Mind-Uploading. Werden wir tatsächlich in der Lage sein, unser Gehirn auf ein digitales Speichermedium zu transferieren? Können wir unser Bewusstsein in eine Cloud hochladen? Werden wir unsere kohlenstoffbasierte Biologie gegen eine neue, siliziumbasierte Existenzform austauschen?

Zunächst einmal: Eine Sicherheitskopie unseres Gehirns wäre auch unter medizinischen Gesichtspunkten keine schlechte Idee. Neurodegenerative Erkrankungen sind weltweit auf dem Vormarsch. Das *Deutsche Ärzteblatt* hat die Demenz einmal als die »Pandemie des 21. Jahrhunderts« bezeichnet. Das ist durchaus nachvollziehbar. Demenzen sind im Wesentlichen Alterserkrankungen. Mit zunehmender Lebenserwartung werden sie immer häufiger. In Deutschland sind derzeit 1,7 Millionen Menschen an Demenz erkrankt. Jahr für Jahr kommen mehr als 300 000 Neuerkrankungen hinzu.

Und noch etwas macht die Lage brisant: Effektive Therapien gibt es derzeit nicht. Trotz intensiver Forschung ist es der Pharmaindustrie bisher nicht gelungen, wirksame Medikamente gegen die Demenz zu entwickeln. Da ergibt es also durchaus Sinn, sich eine »Sicherheitskopie« seiner Gehirninhalte anzulegen, bevor diese dem endgültigen Vergessen anheimfallen.

Die Frage ist nur: Ist das auch möglich? Nein, sagen viele Experten. Dafür ist unser Gehirn viel zu komplex. Ganz ähnlich argumentierten aber auch viele Genetiker und Biologen, als Anfang der 1990er-Jahre das »Human Genome Project« antrat, um das komplette menschliche Genom zu entschlüsseln. Drei Milliarden Basenpaare dekodieren – und das auch noch in der richtigen Reihenfolge? Das erschien als ein Ding der Unmöglichkeit. Die Computerkapazitäten reichten damals dafür auch gar nicht aus. Zehn Jahre später war es dann doch so gut wie geschafft. Drei Milliarden US-Dollar hatte das wissenschaftliche Großprojekt gekostet. Dutzende von Forschergruppen hatten sich weltweit daran beteiligt. Und heute? Da analysiert einem ein gutes Labor das gesamte Genom an einem Vormittag. Und das für weniger als 1000 Euro.

Was liegt also näher, nach der Entschlüsselung des genetischen Codes jetzt auch den neuronalen Code zu dechiffrieren. Auf das »Human Genome Project« folgt das »Human Brain Project«. Das ist kein transhumanistisches Fantasieunternehmen, sondern ein internationales wissenschaftliches Konsortium, das sich ein klares Ziel gesetzt hat: Das menschliche Gehirn 1 zu 1 am Computer nachzubauen. Mind-Uploading ist das zwar noch nicht, aber die Grundlage dazu. Wenn ich nun mein Gehirn auf ein anderes Medium verlagern will, muss ich es erst einmal in seiner Gesamtheit verstanden und analysiert haben. Und zwar Molekül für Molekül.

Das ist dann doch eine ganz andere Dimension als beim »Human Genome Project«. Da ging es um »nur« 3 Milliarden Basenpaare, die hintereinander auf der DNA aufgereiht sind. Hier geht es um 87 Milliarden Nervenzellen, die untereinander jeweils mit etwa 1000 Verbindungen verknüpft sind – und das in einem dreidimensionalen Raum. Mit heutigen Computern ist eine solche Simulation nicht zu machen. Aber das galt, wie gesagt, zu Beginn des »Human Genome Project« genauso. Sollte der Quantencomputer in den nächsten Jahren Realität werden, wird es zumindest an der Computerkapazität nicht scheitern.

Die Schwierigkeiten liegen eher auf anderen Gebieten. Das menschliche Genom liegt in jeder unserer Körperzellen vollständig vor. Die lassen sich leicht durch einen Zellabstrich oder durch eine Blutprobe gewinnen. Dann kann man diese Zellen nach allen Regeln der Kunst und Laboranalytik sequenzieren.

Das ist jedoch bei unserem Gehirn anders. Es liegt von Knochen umgeben in unserer Schädelhöhle. Bei Mäusen kann man das Gehirn zwar entnehmen, in hauchdünne Scheiben schneiden und dann elektronenmikroskopisch den Nervenaufbau analysieren. Beim Menschen ist das aber keine Option, zumindest nicht bei lebenden. Und um die geht es ja beim Mind-Uploading.

Hier ist man also auf bildgebende Verfahren wie die Kernspintomografie oder PET-Scans angewiesen. Die liefern zwar immer genauere Bilder, aber doch nicht so genau, dass sich dadurch einzelne Zellen oder ihre Verbindungen darstellen ließen. Das wird sich auch so schnell nicht ändern. In solchen Fällen zaubern die Transhumanisten dann aber immer wieder ein Ass aus dem Ärmel, mit dem sie solche Probleme lösen. Der allgegenwärtige Ray Kurzweil will in diesem Fall seine geliebten Nanobots einsetzen, die im Gehirn millionenfach patrouillieren und die Daten über dessen Aufbau nach draußen senden.

Ein weiteres Problem kommt hinzu: Unser Genom ist weitgehend stabil. Gelegentlich kann es zwar durch Mutationen verändert werden. Im Wesentlichen ist aber die Abfolge von Basenpaaren auf der DNA, die den genetischen Code ausmachen, von der Geburt bis zu unserem letzten Atemzug gleich. Und das in jeder Körperzelle. Ganz anders unser Gehirn. Das ändert sich ständig. Lange hat man sich gefragt: Wo wird Wissen in unserem Gehirn eigentlich gespeichert? Was passiert dort, wenn wir etwas lernen oder erfahren? Heute weiß man: Die Ausbildung neuer Synapsen, also der Verbindungsstellen zwischen den Nervenzellen, ist dafür verantwortlich. Lernen wir etwas neu, bilden sich auch neue Synapsen. Wiederholen wir das Gelernte, verstärken sich die Synapsen. Aber auch der umgekehrte Weg ist möglich. Werden Synapsen lange nicht genutzt, bilden sie sich zurück. Anders ausgedrückt: Wir vergessen.

Unser Gehirn befindet sich also in einem ständigen Umbauprozess. Wenn Sie dieses Buch zu Ende gelesen haben, ist Ihr Gehirn anders strukturiert als vorher. Neurowissenschaftler sprechen in diesem Zusammenhang von »Plastizität«, also von der ständigen Umformung unseres Gehirns. Für ein Mind-Uploading bedeutet das: Ich kann nicht »das Bewusstsein« oder »mein Gedächtnis« hochladen. Allenfalls würde dieses Upload den Zustand meines Gehirns in einem ganz konkreten Moment widerspiegeln. Am nächsten Tag könnte es bereits ganz anders aussehen – zum Bespiel, weil ich mit der Lektüre eines spannenden Buches über Transhumanismus begonnen habe.

Und es wird noch komplizierter: Für viele IT-Wissenschaftler ist das Gehirn einfach eine Art Computer in unserem Kopf. Nervenzellen sind miteinander verschaltet und übermitteln Informationen. Das kennen wir aus der Softwareentwicklung, heißt es dann. So etwas lässt sich nachbauen. Nicht umsonst kommen viele Transhumanisten aus der IT-Branche.

Und trotzdem ist das Gehirn komplexer als ein Computer. Die entsprechenden Verbindungen – die bereits erwähnten Synapsen – übermitteln Informationen nämlich nicht nur in der starren binären Form derzeitiger Computer. Die kennen bekanntlich nur Nullen und Einsen. Unser Gehirn nutzt zur Informationsübermittlung zwischen den Synapsen aber sogenannte Neurotransmitter. Die kann man als die Hormone unseres Gehirns bezeichnen. Und von denen gibt es Dutzende. Je nachdem, welches überwiegt, bekommt die übermittelte Information eine ganz andere »emotionale Färbung«. Bekannt ist zum Bespiel der Neurotransmitter Serotonin, der sich inzwischen einen Ruf als »Glückshormon« erworben hat. Serotonin ist eine der häufigsten Substanzen, die zur Informationsübertragung eingesetzt werden. Ist Serotonin nicht oder nicht in ausreichendem Maß vorhanden, trübt sich die Stimmung ein. Das kann bis hin zu einer Depression führen, die viele Neurologen mittlerweile als eine Serotoninmangelerkrankung ansehen. Andere Neurotransmitter wie das Dopamin versetzen uns nach erfolgreichem Handeln in eine Art Belohnungseuphorie. Das ist eine feine Sache, kann aber problematisch werden. Viele Drogen wirken direkt auf das Dopaminsystem. Der erwünschte Wohlfühlmodus stellt sich dann auch ohne Anstrengung ein, was die Gefahr einer Sucht mit sich bringt.

All das kennen Computer nicht. Sie neigen weder zur Depression, noch hat man den Eindruck, als würden sie ihre Arbeit mit besonders viel Freude verrichten. Und wenn sie einmal »abstürzen«, dann hat das zumeist nichts mit Alkohol oder Drogenkonsum zu tun.

Für das Mind-Uploading bedeutet dies: Es reicht eben nicht, 87 Milliarden Nervenzellen mit all ihren Verknüpfungen exakt nachzubauen. Das Gehirn ist mehr als nur ein aus Neuronen bestehender Bio-Computer. Es wird durch zahlreiche Neurotransmitter modelliert. Die wiederum sind häufig von Außeneinflüssen abhängig. Jeder weiß aus eigener Erfahrung, dass ein sonniger Frühlingstag, ein gutes Essen, der Anblick eines geliebten Menschen oder auch nur der Lieblingsschlager im Radio das Denken in eine ganz andere Richtung lenken kann. Ist es möglich, dass ein auf einem USB-Stick ausgelagertes oder in eine Cloud hochgeladenes Gehirn Ähnliches empfindet? Manche Transhumanisten sind davon überzeugt. Viele Neurowissenschaftler haben da ihre Zweifel.

Lassen wir einmal die technischen Probleme des Mind-Uploading beiseite und gehen davon aus, dass künftige Generationen diese zur allgemeinen Zufriedenheit lösen werden. Spätestens dann stellen sich einige philosophische Fragen. Bin »ich« tatsächlich nur das Bewusstsein in meinem Kopf? Oder gehört dazu nicht auch ein Körper – wie alt und gebrechlich der auch immer sein mag? Ist der exakte Nachbau meines Gehirns tatsächlich mein Gehirn oder doch nur eine Kopie?

Diese Frage beschäftigte – in einem anderen Zusammenhang – bereits die alten Griechen. Plutarch (ca. 45–125) stellte in seiner Schrift *Das Leben des Theseus* folgendes Gedankenexperiment an. Aus Verehrung für ihren legendären König, der im 13. Jahrhundert v. Chr. lebte, bewahren die Griechen sein Schiff in einem Hafen auf. Da dieses im Wesentlichen aus Holz und anderen organischen Materialien besteht, müssen Teile des Schiffes immer wieder restauriert und ersetzt werden. Bereits nach zweihundert Jahren entspricht kein Teil des Schiffes mehr dem Original. Alles ist nachgebaut. Das Schiff selbst ist allerdings unverändert, da alle Ersatzteile exakt kopiert wurden. Plutarch stellt nun die Frage, die eine endlose philosophische Debatte zum Thema Identität und Kontinuität auslöste: Ist dieses Schiff, in dem alle Originalteile ausgetauscht wurden, tatsächlich noch das ursprüngliche Schiff des Theseus oder nicht?

Übertragen auf unseren Fall: Repräsentiert ein Gehirn, das 1 zu 1 dem unseren nachgebaut wurde – und wir gehen jetzt einfach mal davon aus, dass die Neurotransmitterprobleme gelöst werden konnten –, tatsächlich unser Bewusstsein oder ist es doch etwas anderes? Bin ich noch ich, auch als eine Kopie von mir?

Eine weitere interessante Frage tut sich noch auf, sollte das Mind-Uploading je gelingen. Wenn mein Bewusstsein auf ein wie auch immer geartetes Speichermedium hochgeladen wurde – wer verpflichtet mich, es nur einmal wieder herunterzuladen? Prinzipiell lässt es sich dann ja auch auf mehrere biologische, maschinelle oder virtuelle Körper übertragen. Wir würden alterslos leben und das auch noch in mehreren Existenzformen. Richard David Prechts berühmter Buchtitel *Wer bin ich – und wenn ja, wie viele* bekäme da noch einmal eine ganz andere Dimension.

Das ist im Übrigen eine Vorstellung, die viele Transhumanisten nicht irritiert, sondern fasziniert: das eigene Selbst nicht nur zu optimieren, sondern auch noch zu multiplizieren. Ausgestattet mit dem gleichen Grundbewusstein könnten die vielen Ichs dann ihre eigenen Wege gehen und unterschiedliche Erfahrungen machen. Eventuell könnten sie auch das Weltall bereisen. Für ein hochgeladenes Bewusstsein ist so etwas jedenfalls deutlich einfacher als für einen biologischen Körper, der auf Eis gelagert wurde. Irgendwann werden diese vielen Ichs sich dann am Ende des Universums vielleicht zu einer großen und höchst interessanten »Reunification Party« treffen. Für viele Transhumanisten gilt ja der Grundsatz: Was denkbar ist, ist auch machbar.

Vieles, was gestern noch Science-Fiction war, ist heute schon Science-Fact. Insofern sollten wir das Thema Mind-Uploading vielleicht nicht unbedingt für die nächsten Jahre einplanen. Auf dem Schirm behalten sollten wir es aber auf jeden Fall.

Dialog: Mind-Uploading – Völlig losgelöst

SLS: Ich höre immer wieder auf Veranstaltungen, dass sowohl Transhumanisten als auch Kritiker des Transhumanismus sagen, Mind-Uploading sei doch eigentlich das Zentrum des Transhumanismus. Darauf erwidere ich dann immer, dass selbst derjenige, der den Begriff »Transhumanismus« geprägt hat – Julian Huxley –, nie den Ausdruck »Mind-Uploading« verwendet hat. Aber die meisten Leute scheint das Mind-Uploading sehr zu faszinieren. Auch in Netflix-Serien und Hollywood-Filmen ist das ja ein beliebtes Thema. Wie stehst du denn zu der Idee des Mind-Uploading?

BKG: Zunächst einmal glaube ich auch, dass Ideen umso attraktiver sind, je extremer sie sind. Das ist offensichtlich auch im Transhumanismus der Fall. Wenn du Leute dazu befragst, kommen sie sehr schnell auf das Thema Mind-Uploading. Diese Tendenz zur Übertreibung sehen wir ja auch in anderen Bereichen. Da reicht dann nicht die radikale Lebensverlängerung, sondern es muss gleich das ewige Leben sein. Es genügt auch nicht, die Nanotechnologie voranzubringen, sondern es müssen dann gleich Nanobots in unserem Gehirn herumreisen. Diese Extreme werden teilweise aber auch von den Transhumanisten selbst vertreten, das wird nicht nur von außen herangetragen. Auf der einen Seite mag das faszinierend sein, es birgt aber auch die Gefahr, dass man relativ schnell in die Spinner-Ecke gestellt wird. Ich sehe da in mehreren Bereichen eine Tendenz, dass man den Techno-Utopismus einfach zu weit treibt und damit letztendlich alles infrage stellt. Wo dann auch Leute, die etwas naturwissenschaftliches Verständnis haben, schnell abwinken. Im Berlinerischen würde man wohl sagen: »Hamse det nich ooch 'ne Nummer kleener?« Diese Frage würde ich auch immer wieder gern dem Transhumanismus stellen.

SLS: Und trotzdem ist es immer wieder so: Selbst der reichste Mann der Welt spielt mit solchen Gedanken, dass wir in 30 Jahren unsere Persönlichkeit digitalisieren werden. Und das sind ja keine dummen Leute, viele sind wissenschaftlich durchaus ernst zu nehmen. Elon Musk hat selbst Physik studiert. Die müssen doch wissen, dass das nicht so einfach zu realisieren ist. Was könnte denn da die Motivation sein, dass so ein Gedanke in der Öffentlichkeit thematisiert wird?

BKG: Ich glaube, das liegt auch daran, dass viele Transhumanisten aus der IT-Branche kommen. Die sehen alles mit den Augen eines IT-Spezialisten. Das Gehirn ist dann ein biologischer Computer, die Neuronen entsprechen den Prozessoren, und wenn ich genügend Prozessoren habe und die alle korrekt miteinander verknüpfe, entspricht das den Synapsen. Ich glaube, da unterschätzen wir ein bisschen die Komplexität des menschlichen Gehirns. Das ist dann doch mehr als ein Computer, der im Kopf arbeitet.

Da spielen zum Beispiel Neurotransmitter eine Rolle, die es im Computer nicht gibt. Die Neurowissenschaft konzentriert sich ja zumeist ausschließlich auf die Neuronen – die ja schon komplex genug sind. Allerdings sind das nur 15 Prozent unseres Gehirns – 85 Prozent sind sogenannte Gliazellen. Die hat man eine ganze Weile gar nicht beachtet. Da war man der Meinung, das sei nur so eine Kittsubstanz, welche die Nervenzellen isoliert und keine eigene Funktion hat. Das haben die Gliazellen nach neueren Erkenntnissen aber doch. Es wird immer alles noch komplexer. Dieses letztlich doch simple Weltbild: »Was am Computer funktioniert, können wir auch beim Menschen nachbauen« ist einfach zu kurz gedacht.

SLS: Die grundsätzliche Vorstellung ist ja so ein funktionalistisches Geistesverständnis, das beim Mind-Uploading vorausgesetzt wird. Bestimmte Gehirnstrukturen sind an Funktionen gebunden, an denen unsere Persönlichkeit festgemacht wird, und das sei vergleichbar mit der Software, die auf unserem Körper als unserer Hardware aktiv ist. Und wenn ich diese Funktionen ins Digitale übertrage, dann könnte ich das Mind-Uploading realisieren. Das ist aber wohl nicht so einfach in die Praxis umzusetzen. Selbst wenn ich solche Strukturen technisch rekonstruieren würde, dann hätte ich zwar ein künstlich nachgebautes Gehirn, aber das heißt ja noch lange nicht, dass das, was mich ausmacht, auch automatisch übertragen wird. Da scheint ja noch etwas anderes vorhanden zu sein, das unser Bewusstsein ausmacht. Es müsste dann noch ein Konnex zwischen meinem Bewusstsein und den digital geschaffenen Strukturen etabliert werden.

Und selbst wenn das realisiert werden könnte, dann gibt es da noch unterschiedliche Möglichkeiten, das umzusetzen. Ist das Mind-Uploading eventuell nur eine Extension der kohlenstoffbasierten Persönlichkeit? Und ist die Übertragung in die Siliziumwelt dann die Möglichkeit der Vervielfältigung unserer Persönlichkeit? Diese Überlegungen werfen viele grundsätzliche Fragen auf. Wir sind noch weit davon entfernt, sie auch nur klar intellektuell fassen zu können.

BKG: Bleiben wir zunächst mal bei dem, was das Spezifische des menschlichen Gehirns ausmacht. Man muss da jetzt nicht den vielzitierten göttlichen Funken heranziehen oder vitalistische Konzepte, wie man sie im 19. Jahrhundert hatte. Ich glaube schon, dass man das Gehirn auf einer rein materiellen Basis erklären kann. Es entsteht einfach durch eine Zunahme an Komplexität. Aber es ist eben eine Komplexität, welche die gegenwärtige Computertechnologie, die ja die Welt eigentlich nur einteilt in Nullen und Einsen, nicht abbildet. Insofern gebe ich dir einerseits recht: Ich kann durch Mind-Uploading eine Menge nachbauen. Aber das, was ich dann nachgebaut und hochgeladen habe, das bin nicht ich, das ist nicht mein Bewusstsein.

SLS: Eine grundsätzlich andere Vorgehensweise wäre natürlich, dass man grundsätzlich ein digitales Bewusstsein erschafft. Wir haben diese analoge Welt, und die simulieren wir in einer digitalen Welt. Stephen Hawking geht davon aus, dass wir schon digitales Leben kreiert haben. Wenn wir weiter daran arbeiten, dass die Evolution im digitalen Bereich weiter voranschreitet, dass so etwas wie digitales Bewusstsein entstehen kann, dann hätten wir auch in diesem Fall wieder keinen Upload, sondern hätten ein neues Bewusstsein geschaffen. Hawkings Beispiel für digitales Leben ist das Computervirus. Aber da stellt sich die Frage, ob das so ist. Ein biologisches Virus wird auch nicht als Lebewesen bezeichnet. Bei beiden Virenarten fehlt der Metabolismus, beide benötigen einen Wirt. Es ist eine Herausforderung, uns digitales Leben, digitales Bewusstsein und schließlich sogar digitales Selbstbewusstsein auch nur vorzustellen. Es gibt für mich kein Indiz dafür, dass sie tatsächlich in absehbarer Zeit entstehen werden. Das bedeutet aber nicht, dass sie nicht entstehen können. Als die ersten Lebensformen auf der Welt vor 3,5 Milliarden entstanden, sind diese aus etwas Anorganischem hervorgegangen. Anorganisches kann also durchaus Leben hervorbringen.

BKG: Viren gelten biologisch gesehen tatsächlich nicht als Lebewesen. Ihnen fehlen ein eigener Stoffwechsel und die Möglichkeit zur selbstständigen Vermehrung. Wenn also schon biologische Viren keine Lebewesen sind, dann sind es Computerviren sicher auch nicht. Klar kann man darüber spekulieren, eines Tages völlig synthetische Lebewesen zu erschaffen, die sich dann irgendwann auch so entwickeln, dass sie ein eigenständiges Bewusstsein haben. Zu den ersten digitalen Wesen mit eigenem Bewusstsein ist es aber noch ein langer Weg. Und das geht ja schon wieder etwas weg von dem, was eigentlich hinter dem Mind-Uploading steht: Das ist ja die Idee, das menschliche Gehirn 1 zu 1 nachzubauen und zu kopieren und es dann in irgendeine Cloud hochzuladen. Da muss man einfach sagen: Das ist im Moment reine Utopie. Vielleicht wird es in ferner Zukunft mal möglich sein. Aber das zu einer aktuellen Agenda für den Transhumanismus zu machen halte ich für verfehlt.

SLS: Kannst du dir denn vorstellen, dass so etwas wie künstlich geschaffenes Bewusstsein überhaupt entsteht? Denn Bewusstsein geht ja auch mit so etwas wie Leidensfähigkeit, Freude, Wahrnehmung von Farbe einher. Wir haben zwar Computer mit Sensoren, die auf verschiedene Sachen reagieren, aber dass ein Computer irgendwelche Arten von Leidensfähigkeit realisiert – hältst du das für realistisch?

BKG: Leidensfähigkeit gehört zweifellos zum Bewusstsein dazu, Körperbewusstsein auch. Wir haben ja schon darauf hingewiesen, dass das gern von den Transhumanisten vernachlässigt wird. Aber Mind-Uploading geschieht ja ohne Körper. Ein in eine Cloud hochgeladenes Gehirn hat kein Körperbewusstsein. Das ist einfach ein logischer Schluss. Und dann stellt sich natürlich die Frage – Bostrom hat ja schon darüber spekuliert –, ob ein solches Bewusstsein vielleicht gar keine menschlichen Züge wie Freude oder Trauer hat, sondern tatsächlich in seiner ganz eigenen Welt lebt. Das ist dann wahrscheinlich keine Weiterentwicklung, sondern da wird eine Parallelwelt geschaffen, von der man nur noch hoffen kann, dass diese Parallelwelten friedlich nebeneinander existieren und nicht in Konflikt miteinander geraten. Künstliche Intelligenz, die kein Leid kennt, wird wahrscheinlich auch kein Mitleid kennen.

SLS: Möglicherweise kann jemand auch ohne Bewusstsein leiden. Föten können leiden, ohne dass sie ein Bewusstsein besitzen. Möglicherweise könnte es auch eine Art des kognitiven Leidens geben, für das kein Bewusstsein notwendig ist und das weiterentwickelte Algorithmen entwickeln könnte. Unsere gegenwärtigen Computer besitzen es wohl noch nicht …

Singularität – Das transhumanistische Jenseits

Bernd Kleine-Gunk

Ein Begriff, der im Zusammenhang mit dem Transhumanismus immer wieder auftaucht, ist die »Singularität«. Das wohl bekannteste Buch des Transhumanismus-Gurus Ray Kurzweil trägt den Titel *Menschheit 2.0 – Die Singularität naht*. Der von Google und NASA geförderte transhumanistische Thinktank schmückt sich mit der Bezeichnung »Singularity University«. Und auch in anderen Zusammenhängen taucht die Singularität immer wieder auf.

So allgegenwärtig der Begriff ist, so unklar ist er auch. Wer ihn bei Wikipedia aufruft, ist zunächst einmal überrascht, wie viele unterschiedliche Singularitäten es offensichtlich gibt. So bezeichnet Singularität in der Astronomie einen »Ort mit unendlicher Krümmung der Raumzeit«, in der Systemtheorie einen Zusammenhang, in dem »eine kleine Ursache eine große Wirkung hervorruft«, oder in der Geografie »ein Objekt, das sich deutlich von seiner Umgebung unterscheidet, aber nicht wesentlich für die Landschaft ist«. Diese Aufzählung ist nicht erschöpfend, es sind noch ein halbes Dutzend andere Singularitäten aufgeführt.

All das werden Kurzweil und Kollegen wohl kaum gemeint haben, wenn sie die Singularität als die Endzeitvision des Transhumanismus beschreiben. In der Tat beziehen sie sich dabei auf die »technologische Singularität«. Die beschreibt

Wikipedia folgendermaßen: »Überwiegend wird darunter ein hypothetischer zukünftiger Zeitpunkt verstanden, an dem künstliche Intelligenz (KI) die menschliche Intelligenz übertrifft und sich dadurch rasant selbst verbessern und neue Erfindungen machen würde, wodurch der technische Fortschritt irreversibel und derart beschleunigt würde, dass die Zukunft der Menschheit nach diesem Ereignis nicht mehr vorhersehbar wäre.«

Das zumindest würde erklären, warum selbst diejenigen, die sich ständig auf die Singularität berufen, eigentümlich vage bleiben, wenn es darum geht, diese genauer zu beschreiben. Eine Zukunft, die sich dadurch auszeichnet, dass sie nicht mehr vorhersehbar ist, lässt sich eben auch von den profiliertesten Futurologen nicht mehr charakterisieren. Im Wesentlichen bezieht sich die oben zitierte Wikipedia-Definition jedoch auf eine mögliche Fortführung der KI-Entwicklung. Die Singularität wäre damit mehr oder weniger das Gleiche wie die Superintelligenz, die der in Oxford lebende schwedische Philosoph Nick Bostrom 2016 in seinem gleichnamigen Bestseller beschreibt. Singularität im transhumanistischen Sinn geht gleichwohl noch weit über dieses Konzept hinaus.

Was nicht bedeutet, dass die Weiterentwicklung der KI keine Schlüsselrolle spielt. Der britische Statistiker Irving John (Jack) Good beschrieb bereits 1965 – also zu einem Zeitpunkt, als sich die Computertechnologie noch in ihren Kinderschuhen befand – eine Zukunft, in der die Maschinenintelligenz die der Menschen übertreffen wird.

»Eine ultraintelligente Maschine sei definiert als eine Maschine, die die intellektuellen Fähigkeiten jedes Menschen, und sei er noch so intelligent, bei Weitem übertreffen kann. Da der Bau ebensolcher Maschinen eine dieser intellektuellen Fähigkeiten ist, kann eine ultraintelligente Maschine noch bessere Maschinen bauen; zweifellos würde es dann zu einer explosionsartigen Entwicklung der Intelligenz kommen, und die menschliche Intelligenz würde weit dahinter zurückbleiben.« Good beschließt seinen Artikel mit einem Satz, der seither immer wieder zitiert beziehungsweise variiert wurde: »Die erste ultraintelligente Maschine ist also die letzte Erfindung, die der Mensch machen wird.«

Da haben wir sie also schon sehr früh formuliert: die Angst, dass uns eine künftige Generation intelligenter Maschinen überflüssig machen, im schlimmsten Fall sogar ausrotten wird. In Hollywood-Blockbustern wie der »Terminator«-Reihe bis hin zu hochwissenschaftlichen Fachbüchern wird dieser Topos seitdem immer wieder neu aufbereitet.

Nun würden die Transhumanisten die Singularität ja nicht geradezu hymnisch beschwören, wenn es sich dabei lediglich um ein Untergangsszenario handelte. Vernor Vinge – Mathematikprofessor, Computerspezialist, Science-Fiction-Autor und eine von Transhumanisten ikonisch verehrte Figur – war einer der Ersten, der sich intensiv mit dem Konzept der Singularität auseinandergesetzt hat. Bereits 1983 prophezeite er: »Wir werden schon bald Intelligenzen schaffen, die größer sind als wir. Wenn dieses geschieht, werden wir den Zustand der Singularität erreicht haben … und die Welt wird sich unserem Verständnis entziehen.«

Zehn Jahre später macht er in seinem berühmt gewordenen Artikel »The Coming Technological Singularity: How to Survive in the Post-Human Era« doch noch den Versuch zu beschreiben, wie es nach dem Erreichen der Singularität aussehen könnte. Vinge setzt seine Haupthoffnung darauf, dass nicht nur die künstliche Intelligenz sich weiterentwickeln wird, sondern auch die Menschheit selbst. Die wird ihre kognitiven Fähigkeiten durch die bereits beschriebenen Biotechnologien – Neuro-Enhancement, Nanotechnologie, genetisches Enhancement – optimieren. Wo diese Fortschritte nicht ausreichen, wird man sich mit der IT-Technologie durch

Brain-Computer-Interfaces verbinden. Jedenfalls wird der Mensch Schritt halten können mit der Entwicklung der künstlichen Intelligenz – so er sich denn darum bemüht. Die Singularität wird dann im Wesentlichen eine große Symbiose von biologischer und künstlicher Intelligenz, das »Awakening des Universums, in dem sich die Netzwerke aller Computer mit den untereinander kommunizierenden Gehirnen der Menschen verbinden«. Anders ausgedrückt: Es ist nicht das Ende der Menschheit, sondern der Eintritt in ein neues, posthumanes Zeitalter. Dem jetzigen Menschen zu erklären, was dann möglich ist, entspräche in etwa der Aufgabe, einer Ameise am Beginn der Evolution zu erklären, in welcher Welt der *Homo sapiens* einmal leben wird.

Am meisten zur Popularisierung des Begriffs »Singularität« beigetragen hat zweifellos Ray Kurzweil. Er sieht die Singularität nicht nur als eine Weiterentwicklung der künstlichen Intelligenz, sondern auch als den Endpunkt eines zunehmenden Fortschritts sämtlicher Zukunftstechnologien – sowie deren zunehmendes Zusammenwachsen. In seinem 2001 veröffentlichten Artikel »The Law of Accelerating Returns« stellt Kurzweil die These auf, dass das Moore'sche Gesetz, das ursprünglich die Weiterentwicklung von Mikroprozessoren beschrieb, auf nahezu alle Wissens- und Technologiefelder zutrifft. Dieser These wurde zwar von vielen Experten aus den jeweiligen Fachbereichen widersprochen. Kurzweil sieht gleichwohl schon allein im exponentiellen Wachstum des Wissens eine revolutionäre Kraft. Sie erlaubt es ihm sogar, das Jahr für die Singularität exakt festzulegen. Kurzweils 2005 erschienenes Schlüsselwerk *The Singularity is Near* ist ja nicht nur eine vage Zukunftsvision, sondern enthält auch einen dezidierten Zeitplan. 2045 ist es so weit. Dann hat die Longevity-Forschung das Altern endgültig abgeschafft, das genetische Enhancement verleiht uns überragende Fähigkeiten. Dank Internetanschluss im Hirn sind wir nicht nur allwissend, sondern auch mit allen anderen Gehirnen verbunden und natürlich auch mit allen Computern. Wer seiner biologischen Existenz überdrüssig ist, lädt sein Bewusstsein einfach mittels Mind-Uploading in eine Cloud hoch und verschmilzt dort mit Millionen anderer Bewusstseine. Die Singularität als Nirwana für das Technologiezeitalter! Dem angesehenen *Time Magazine* war das immerhin eine Titelgeschichte wert.

Wie auch immer man das Konzept der Singularität definieren mag – die meisten transhumanistischen Befürworter sehen darin schlichtweg den Endpunkt, auf den die Evolution hinausläuft. Verbesserte Menschen leben in einer verbesserten Welt, die ihnen neue, bisher unvorstellbare Möglichkeiten eröffnet. Das Szenario, wonach eine höhere Form von Intelligenz für den Menschen eventuell doch eine Gefahr darstellt, betrachten Transhumanisten eher entspannt. Eine solche Intelligenz wird, gerade weil sie höher entwickelt sei, auch ein dem Menschen überlegenes friedfertiges ethisches Bewusstsein besitzen.

Da sind sich andere nicht ganz so sicher. Der amerikanische Computerwissenschaftler Bill Jay veröffentlichte im Jahr 2000 einen vielbeachteten Artikel mit dem Titel »Why the Future Doesn't Need Us«, in dem er ausführt, dass genau jene Technologien, auf die die Transhumanisten ihre Hoffnung setzen – KI, Nanotechnologie, Genetic Engineering –, ziemlich sicher zur Auslöschung der Gattung Mensch führen werden.

Der bisherige Verlauf der Evolution habe klar gezeigt, dass das Erscheinen einer überlegenen Spezies fast immer zum Untergang der bis dahin vorherrschenden Gattung geführt habe. Aus der großen Gruppe der unterschiedlichen Vormenschenarten – vom *Homo erectus* bis zum Neandertaler – habe auch niemand überlebt, nachdem der *Homo sapiens* mit seiner überlegenen Intelligenz die Erde erobert habe. Bestenfalls könne man hoffen, dass einige Mitglieder der Menschen, wie wir sie bisher kennen, von der zukünftigen Herrscherspezies intelligenter Maschinen zu Studienzwecken in Reservate gesteckt oder in Gehegen gehalten werden. Ganz so, wie wir uns ja auch immer noch gern die Menschenaffen in Zoologischen Gärten anschauen.

Ein ähnliches Szenario beschreibt auch Apple-Gründer Steve Wozniak. Auch er sieht in der neuen KI-dominierten Zukunft kaum noch eine Rolle für den klassischen Menschen, es sei denn als »Haustier superschlauer Computer«. Aber unsere Haustiere würden ja auch zumeist gut behandelt. Irgendetwas Tröstliches lässt sich ja immer finden.

Der schwedische Hightech-Guru Nick Bostrom sieht in seinem Bestseller *Superintelligenz – Szenarien einer kommenden Revolution* die Zukunft der Gattung Homo auch eher skeptisch. Allerdings weist er darauf hin, dass wir dazu neigen, einer künftigen weltbeherrschenden KI zu viele menschliche Eigenschaften zuzuschreiben. Wahrscheinlich sei es vielmehr, dass diese eine völlig andere kognitive Architektur aufweist, die mit den bisherigen Formen menschlichen Denkens nicht vergleichbar sei. Von daher sei auch nicht anzunehmen, dass eine solche Intelligenz über menschliche Gefühle wie Liebe, Hass, Angst oder Freude verfüge. Das künftige Schicksal der traditionellen Menschheit würde sie daher im wahrsten Sinne des Wortes ziemlich kaltlassen. Was im Übrigen auch für deren Verschwinden von der Bildfläche gelte.

Es gibt aber auch Kritik aus einer ganz anderen Richtung. Weniger techno-utopistisch ausgerichtete Denker stellen derartige Zukunftsvisionen insgesamt infrage. So erklärte der kanadisch-amerikanische Kognitionspsychologe Steven Pinker, der sich als Professor in Harvard, Stanford und am MIT sowie als Bestsellerautor einen Namen gemacht hat und gern mit pointierten Thesen an die Öffentlichkeit tritt:

> Es gibt nicht den geringsten Grund, an eine kommende Singularität zu glauben. Die Tatsache, dass Sie sich eine Zukunft in Ihrem Geist imaginieren können, ist kein Beweis dafür, dass diese wahrscheinlich oder sogar möglich ist. Schauen Sie sich gewölbte Städte, Raketenrucksack-Pendler, Unterwasserstädte, kilometerhohe Gebäude oder atomkraftbetriebene Autos an – alles Grundnahrungsmittel futuristischer Fantasien, die es gab, als ich noch ein Kind war, und die nie Wirklichkeit wurden. Bloße Rechenleistung ist kein Feenstaub, der all diese Probleme auf magische Weise löst.[54]

Letztendlich läuft die gesamte Diskussion wohl wieder auf eine Erkenntnis hinaus, die – wenn auch nicht sicher nachgewiesen – dem bayerischen Komiker Karl Valentin zugeschrieben wird. Der hatte das Problem schon vor fast hundert Jahren in dem wundervollen Satz zusammengefasst: »Vorhersagen sind schwierig – vor allem wenn sie die Zukunft betreffen.«

Dialog: Singularität – Das transhumanistische Jenseits

BKG: Es ist ja immer schwierig, über Dinge zu reden, von denen selbst Transhumanisten sagen, dass sie sich diese nur schwer vorstellen können. Probieren wir es trotzdem einmal: Was stellst du dir denn unter der Singularität vor?

SLS: Ich sehe darin vor allen Dingen den Prozess, bei dem sich die Entwicklung von Algorithmen zunehmend vom Einfluss von biologischen Menschen abkoppelt. Wir sprechen hier nicht mehr von einer schwachen KI, auch nicht von einer starken, sondern vielmehr von einer Superintelligenz. Die hätte dann tatsächlich Fähigkeiten, welche die des menschlichen Gehirns weit übersteigen und darüber hinaus auch noch Funktionen, die Menschen gar nicht besitzen. Solche Maschinen sind dann auch in der Lage, sich selber zu reparieren und eigene Energieressourcen zu erschließen. Da stellt sich dann natürlich letztlich auch die Frage, welche Rolle der Mensch da noch spielt. Vielleicht könnte die darauffolgende Zeit als Alghorithzän beschrieben werden.

BKG: In der Tat scheinen mir die Transhumanisten in dieser Frage ein wenig gespalten zu sein. Die Position, die du gerade beschrieben hast, zeigt ja ein Szenario, das auf das Ende des Anthropozäns – also des Menschenzeitalters – hinausläuft. Die Maschinen werden immer schlauer und übernehmen dann irgendwann einmal die Herrschaft. Aus Sicht des Menschen ist das ja eher einer Dystopie. Aber es gibt auch die Gegenseite. Der chronisch optimistische und zukunftseuphorische Ray Kurzweil beschreibt die Singularität als das Zeitalter, in dem der Mensch nicht nur unsterblich, sondern auch allwissend ist. Er verbindet sein Gehirn einfach mit allen anderen menschlichen und künstlichen Intelligenzen. Spätestens dann wird aus dem Homo ex machina der Homo deus. Und damit wären wir doch wieder bei der von dir wenig geliebten Religion.

SLS: Ich muss wohl zugeben, dass die Tendenz zur Ersatzreligion bei einigen Transhumanisten sicherlich besteht. Kurzweil ist da wohl gegenwärtig das prägnanteste Beispiel. Dennoch ist er ja kein Spinner. Bill Gates hat einmal gesagt, wenn es jemanden gibt, dem er bezüglich digitaler Entwicklungen vertraut, dann wäre es Ray Kurzweil. Und Bill Gates weiß schließlich, wovon er bei diesem Thema redet. Darüber hinaus ist Kurzweil ja auch Chefingenieur und Vordenker bei Google. Auch die würden ja nicht jemanden einstellen, der nur ein nicht ernstzunehmender Esoteriker ist. Trotzdem habe auch ich den Eindruck, dass Ray Kurzweil gelegentlich über das Ziel hinausschießt. Möglicherweise ist das ja eine Frage des Alters. Er ist ja inzwischen Mitte siebzig. Vielleicht manifestiert sich in solchen Aussagen ja irgendwie die Hoffnung, das mit der signifikant erhöhten Lebensspanne noch auf die eine oder andere Weise hinzukriegen.

BKG: Kurzweil prophezeit ja nicht nur die Singularität, er nennt auch ein konkretes Datum. 2045 soll es so weit sein. Mit ein wenig Glück könnten wir das ja noch beide erleben. Hast du schon Vorkehrungen getroffen?

SLS: Vielleicht kommt es tatsächlich so, wie Kurzweil es beschreibt. Nanobots werden eingesetzt, um unser Gehirn zu reparieren. Der Hirntod ist dann nicht mehr das endgültige Aus, sondern kann rückgängig gemacht werden. Unter diesem Gesichtspunkt ändert sich auch die Bewertung der Kryonik. Wenn all dies eintrifft, lohnt sich das Einfrieren des Gehirns vielleicht doch. Und dann muss man auch sagen: Viele Transhumanisten betonen, dass die Singularität über unsere Vorstellungskraft hinausgeht. Dann lässt sie sich aber auch mit heutigen Argumenten nicht widerlegen.

BKG: Dann gehen wir einmal nicht bis 2045, sondern schauen auf die nächsten zehn bis zwölf Jahre. Wo siehst du denn den Transhumanismus im Jahr 2035?

SLS: Da tu ich mich schwer. Ich bin kein Futurologe. Futurologie halte ich für eine Pseudowissenschaft. Aber auf der Basis der gegenwärtigen Entwicklungen ist es einfach naheliegend, dass wir in diesem Zeitraum enorme Fortschritte machen, sowohl im Bereich der Digitalisierung als auch auf dem Feld der synthetischen Biologie. Ich denke, da werden wir Dinge erleben, die wir uns derzeit noch gar nicht vorstellen können. Ein Beispiel ist etwa, dass wir tatsächlich neues Leben im Computer programmieren und per 3D-Drucker als Organismus ausdrucken können. Das erscheint mir angesichts der derzeitigen Entwicklungen sehr plausibel. Du kommst ja aus dem Bereich der Naturwissenschaften, hältst du das ebenfalls für realistisch?

BKG: Ich übernehme dann mal wieder die wenig populäre Rolle des Skeptikers. Ganz ohne Zweifel haben wir in den letzten Jahren enorme Fortschritte erlebt, und das wird auch weiterhin so sein. Trotzdem lohnt es sich aber auch, einmal zurückzublicken und zu sehen, was eben nicht in Erfüllung gegangen ist. Ich nehme da jetzt einmal mein eigenes Feld, die Medizin. Bereits in den 1970er-Jahren haben ja Wissenschaftler vorausgesagt, dass in zwanzig bis dreißig Jahren der Krebs besiegt sein würde. Das liegt nun fünfzig Jahre zurück. Sicherlich haben wir in der Krebstherapie Fortschritte gemacht, aber davon zu sprechen, dass der Krebs besiegt sei, wäre einfach unzutreffend. Zur Jahrtausendwende hatten wir das »Human Genome Project«. Auch da herrschte nach dem Abschluss große Euphorie, dass nun in der Medizin das »genetische Zeitalter« anbrechen würde. Zumindest in den Krankenhäusern ist davon nur wenig zu spüren.

Und zum Abschluss vielleicht noch ein geradezu tragisches Beispiel: Eine der ganz großen und furchtbaren Volkskrankheiten ist inzwischen die Demenz. Die wurde 1907 von Alois Alzheimer erstmals beschrieben. Das ist nun bereits mehr als ein Jahrhundert her. Seit Jahrzehnten forschen Pharmafirmen intensiv an einer Therapie gegen diese Erkrankung. Bis heute gibt es sie nicht. Da müssen wir ganz klar konstatieren: Käme Auguste D., die berühmte Patientin von Alois Alzheimer, nicht 1905 ins Krankenhaus, sondern 2023, so könnte ihr genauso wenig geholfen werden wie damals. Ohne den Fortschrittsglauben insgesamt infrage zu stellen, würde ich daher sagen: Das Narrativ vom kontinuierlichen wissenschaftlichen Fortschritt, der dann sogar exponentiell zunimmt, ist eben nicht auf alle Bereiche übertragbar. Vor allem nicht auf die Biowissenschaften.

Trotzdem sehe ich für 2035 aber eine ganz konkrete Aufgabe. Unser Buch wird dann zwölf Jahre alt sein. Da braucht es dringend eine Neubearbeitung und eine weitere Auflage.

SLS: Da bin ich gern dabei.

4.

Transhumanistische Argumente und Betrachtungen

Vorurteile über den Transhumanismus

Stefan Lorenz Sorgner

Es gibt eine Reihe von weithin geteilten, aber unzutreffenden Vorurteilen gegenüber dem Transhumanismus, die mehr oder weniger darauf hinauslaufen, dass der Transhumanismus eine naive Denkhaltung sei. Darauf soll im Folgenden näher eingegangen werden.

1. Unsterblichkeit als irreale Utopie

Es gibt zwar Transhumanisten, die von der Unsterblichkeit sprechen, aber kein ernstzunehmender Transhumanist meint dies wörtlich. Es wäre absurd, dies zu tun. Die meisten Transhumanisten sind Skeptiker, Naturalisten und Atheisten. Sie gehen davon aus, dass die Welt wohl mit dem Big Bang entstanden ist und die fortschreitende Expansion des Universums irgendwann einmal zu einem Stillstand oder es zu einer Umkehr kommt, die letztlich zu einer kosmischen Singularität führt, also einem Punkt unendlicher kosmischer Dichte. Die kosmische Singularität ist übrigens nicht mit der technologischen Singularität zu verwechseln, von der viele Transhumanisten sprechen. Vor dem Hintergrund der möglichen Entwicklungen des Universums von der Unsterblichkeit zu sprechen und diese als realisierbar zu verstehen, ist absurd. Selbst eine auf eine Festplatte hochgeladene Persönlichkeit könnte den Zustand der kosmischen Singularität nicht überleben. Ein Unsterblicher müsste hierzu jedoch in der Lage sein.

Dies bedeutet nicht, dass die Verlängerung der Lebensspanne, oder genauer gesagt: der Gesundheitsspanne, für Transhumanisten nicht relevant ist. Wenn von »Unsterblichkeit« gesprochen wird, dann ist der Begriff hier lediglich ein rhetorisches Mittel oder Schlagwort, mit dessen Hilfe auf die Relevanz der gesteigerten Gesundheitsspanne aufmerksam gemacht werden soll. Länger zu leben und dabei gesund zu sein, wird von den meisten Menschen in irgendeiner Form mit einer Steigerung der Lebensqualität identifiziert. Für manche Menschen ist die Verlängerung der Gesundheitsspanne an sich schon eine Verbesserung der Lebensqualität. Andere hingegen wollen nur gesund länger leben, um auf diese Weise mehr reisen oder neue Erfahrungen machen zu können. In irgendeiner Form ist eine verlängerte Gesundheitsspanne für die meisten Menschen relevant.

2. »Ich will gar nicht 90 werden.«

So denken viele, wenn sie jung sind und menschliche Verfallserscheinungen noch nicht am eigenen Körper erfahren haben. Doch bei vielen Hochbetagten kommt eine enorme Angst auf, wenn es dem Ende zugeht. Zu gern möchte man noch einen weiteren Elisenlebkuchen genießen, sich an einem weiteren Glas Ardbeg erfreuen oder die eigene Enkelin groß werden sehen. Häufig hört man jedoch das Argument, dass das mit dem Alter häufig verbundene Leid die individuelle Lebensqualität zu stark einschränkt. Hier muss noch einmal explizit hervorgehoben werden: Transhumanisten sprechen hier dezidiert nicht von einer Verlängerung der Lebensspanne, sondern von der Erweiterung der Gesundheitsspanne. Die meisten Menschen wollen nicht leidend und bettlägerig noch Jahrzehnte weiterleben. Es geht hier darum, Altern ganz neu zu denken. Transhumanisten sprechen nicht nur davon, dass mehr Menschen neunzig Jahre alt werden oder die Menschen eine durchschnittliche Lebensdauer von hundert Jahren haben, sondern es geht ihnen um die Realisierung einer Gesundheitsspanne, die über die maximal uns bekannte Lebensspanne hinausgeht, also auch über die wohl 122 Jahre, die die Französin Jeanne Calment, der Mensch mit dem höchsten bisher eindeutig nachgewiesenen Lebensalter, gelebt hat.

Hier gilt es zu berücksichtigen, dass dies für andere Tiere möglich ist. Grönlandwale sollen ein Alter von über 200 Jahren erreichen. Auch Koi-Karpfen können über 200 Jahre alt werden. Es ist bekannt, dass Aldabra-Riesenschildkröten mehr als 250 Jahre leben können. Die Islandmuschel *Ming* hat es sogar auf über 500 Lebensjahre gebracht. Die Quallenart *Turritopsis dohrnii* kann sich beständig verwandeln. Sie kann so lange am Leben bleiben, bis sie sich sexuell fortpflanzt.[55] Entscheidend für uns ist es zu realisieren, dass eine so lange Lebenszeit möglich ist. Und wenn dies bei manchen Tieren der Fall ist, spricht zunächst einmal grundsätzlich nichts dagegen, dass dies auch für Menschen möglich sein sollte. Die meisten Menschen identifizieren eine Steigerung der Lebensqualität damit, dass sie gesund sind und dass sie gesund länger leben, wie zahlreiche psychologische Studien gezeigt haben. Dieses Ziel zu erreichen, insbesondere mithilfe von neuesten Techniken, ist eines der zentralen Ziele des Transhumanismus.

3. Die gute Natur

Eine romantisierende Haltung gegenüber einer angeblich guten Natur, zu der wir zurückzukehren haben, ist leider weit verbreitet. Das ist jedoch nicht plausibel. Die sogenannte gute alte Zeit, in der man noch scheinbar harmonisch in und mit der Natur lebte, ging mit einer durchschnittlichen Lebenserwartung von 40 Jahren einher und einer globalen absoluten Armutsrate von über 90 Prozent. Und hier sprechen wir nur von der guten alten Zeit von vor 200 Jahren. Die Situation etwa vor 2000 Jahren oder noch früher war noch wesentlich schlimmer. Die Natur zu idealisieren und die Technik zu verteufeln, ist keine plausible Grundhaltung. Der Einkauf im Reformhaus, die Behandlung durch einen Homöopathen und eine anthroposophische Erziehung garantieren nicht notwendigerweise eine bessere Lebensqualität als die Einnahme von Nahrungsergänzungsmitteln, Vertrauen auf die Schulmedizin und der Besuch von etablierten Bildungsstätten.

Natur und Technik stellen keine Gegensätze dar. Es ist das Erbe von überkommenen Weltvorstellungen, dass Natur, Kultur und Technik voneinander zu trennen seien. Wir müssen realisieren, dass wir Teil der Natur sind und damit aber auch die Technik immer schon ein Teil der Natur gewesen ist. Technik und Natur sind keine Gegensätze, sondern Technik und Natur gehören stets zusammen. Transhumanisten wollen nicht zurück zur Natur. Mit einer schweren geistigen Behinderung geboren zu werden, ist natürlich. An Krebs zu erkranken, ist natürlich. Ein Alzheimerpatient zu werden, ist natürlich. In der Vergangenheit der Erde ist es zu fünf großen Massenaussterben von Leben gekommen, bei denen jeweils mindestens drei Viertel der jeweils existierenden Arten ausstarben. Und auch dies war natürlich. Alle diese Katastrophen fanden statt, noch bevor es irgendeinen Menschen auf der Erde gab. Beim schlimmsten Massenaussterben, das vor 253 Millionen an der Perm-Trias-Grenze stattfand, starben über 90 Prozent der damals lebenden Spezies aus. Die bislang jüngste globale Katstrophe fand vor 66 Millionen Jahren wahrscheinlich nach einem Asteroideneinschlag im heutigen Yucatán (Mexiko) statt. Dabei wurden über 70 Prozent aller damaligen aller Spezies getötet, unter anderem auch die Dinosaurier, weshalb dieses Ereignis des Massenaussterbens das weltweit wohl bekannteste ist. Die besondere Dialektik der Geschichte ist es, dass es nur aufgrund dieses Ereignisses überhaupt den Homo sapiens gibt. Menschen waren für diese Ereignisse des Massensterbens also nicht verantwortlich.

Mit diesen Hinweisen zu den fünf Ereignissen von Massenaussterben soll nicht gesagt werden, dass der Mensch am gegenwärtigen Klimawandel nicht entscheidend beteiligt ist. Das Gegenteil ist der Fall. Wir müssen uns jedoch vor Augen führen, dass Dinosaurier durch Umweltkatastrophen beziehungsweise ein kosmisches Ereignis ausgestorben sind, auf die der Mensch keinen Einfluss hatte, weil es den Menschen damals einfach noch nicht gab, was bei den anderen vier Ereignissen von Massenaussterben auch der Fall war. Allein diese Erkenntnis sollte verdeutlichen, dass die Natur nicht grundsätzlich gut und Technik nicht grundsätzlich schlecht ist und ein einfaches »Zurück zur Natur« zu kurz gedacht ist. Zu einem Naturzustand zurückkehren zu wollen, in dem Mensch und Natur in Harmonie leben, in einer perfekten Harmonie, in deren Kontext die Gesundheit des Menschen, das Wohlbefinden aller anderen Tiere und das Florieren der Umwelt auf gleiche Weise gefördert werden, ist unrealistisch, da es einen solchen Zustand nie gegeben hat.

Noch problematischer wird es, wenn von der Gesundheit der Natur, der Umwelt oder der Erde gesprochen wird, die gefördert werden soll. Weder die Natur noch die Umwelt oder die Erde stellen einen einheitlichen Organismus dar. Der ohnehin komplexe und schwierige Gesundheitsbegriff lässt sich, wenn überhaupt, nur sinnvoll auf Organismen anwenden. Dass die Erde »gesund« sein kann, lässt sich nur als poetische Metapher verstehen, nicht jedoch als ein politisch, naturwissenschaftlich und auch philosophisch sinnvoller Begriff. Wir haben noch nicht einmal eine philosophisch klare Vorstellung davon, was wir meinen, wenn wir von der Gesundheit des Menschen sprechen. Die Gesundheit der Welt oder die Gesundheit der Natur sind schöne Worthülsen, die mit keinem sinnvollen Inhalt zu füllen sind. Menschen erkranken am Renpenning-Syndrom, an Krebs, an Parkinson oder an Alzheimer. Alle diese Ereignisse, die auf den betroffenen Menschen fatale Auswirkungen haben, sind natürliche. Bedeutet dies, dass es gut und in unserem Interesse ist, hieran zu leiden? Doch wohl eher nicht.

In den vergangenen Jahrhunderten haben wir Antibiotika, Impfungen und Anästhetika entwickelt. Sind diese Techniken etwas Schlechtes? Was haben Menschen vor 300 Jahren durchgemacht, als ihnen ein Zahn ohne Betäubung gezogen werden musste? Die damalige Zahntechnik war ohnehin keine besonders ausgefeilte. Zähne verfaulten, entwickelten Löcher, eiterten, brachen ab und fielen aus. Es wurden keine haltbaren Plomben und Kronen gesetzt. Wenn man sich zusätzlich noch die Mundhygiene von vor 300, 500 oder auch 1000 Jahren vorstellt, weiß man auch, dass Küsse damals meist nicht so süß waren, wie dies heutzutage der Fall sein mag. Wenn wir uns dann noch vor Augen führen, bei starken Zahnschmerzen nicht auf Anästhetika zurückgreifen oder bei bakteriellen Erkrankungen keine Antibiotika einnehmen zu können, die es damals alle noch nicht gab, dann sollte klar sein, dass diese Vergangenheit für menschliches Leben keine rosarote war. 1928 entdeckte Alexander Fleming Penicillin. Nicht zuletzt durch die Antibiotika-Entwicklung hat sich in den vergangenen 50 Jahren die durchschnittliche Lebenserwartung in Deutschland um über 15 Jahre erhöht, bei Männern von etwa 65 Jahren in den 1950er-Jahren auf heute knapp über 80. Auf persönlicher Ebene macht dieser Zugewinn einen enormen Unterschied aus. 1889 konnte man mit 70 Jahren und mindestens 30 Beitragsjahren eine Altersrente erhalten. Ab 1913 konnten Angestellte bereits mit 65 Jahren eine Altersrente beziehen. Seit dem Rentenpaket aus dem Jahr 2014 ist die abschlagfreie Rente für langjährig Versicherte ab 63 Jahren möglich. Während das Alter für die abschlagsfreie Rente gesunken ist, ist die Lebenserwartung stetig gestiegen. Es sind diese Entwicklungen, die wir den technischen Innovationen zu verdanken haben und die verdeutlichen, dass es eher angemessen wäre, die Technik als etwas Gutes und die Natur als etwas Schlechtes zu charakterisieren.

Wir müssen das vorherrschende Naturbild revidieren. Die Natur mit dem Guten und die Technik mit dem Bösen zu identifizieren ist eine Grundhaltung, die mit der Wirklichkeit nichts zu tun hat. Die Verklärung einer angeblichen idealen Vergangenheit, in der der Mensch sich noch im Gleichgewicht mit der Natur befunden haben soll, ist jedoch sowohl in der allgemeinen Bevölkerung als auch unter Intellektuellen weit verbreitet. Rousseau wollte zurück zu einer vorzeitlichen Natur. Winckelmann sehnte sich nach der Antike. Novalis glorifizierte das Mittelalter. Aber wollen wir denn wirklich zu einer Zeit zurückkehren, in der die durchschnittliche Lebenserwartung bei 30 oder 40 Jahren und die absolute Armutsquote weltweit bei über 90 Prozent lag? Nur einer von zehn Menschen musste damals nicht jeden Tag ums Überleben kämpfen. Die Wahrscheinlichkeit, für die beiden Autoren dieses Buches, dass sie mit ihrem jetzigen Alter noch am Leben wären, wäre damals nicht besonders hoch gewesen. Dies hätte vor zweihundert Jahren wahrscheinlich auch auf viele Leser dieses Buches zugetroffen.

Gleichzeitig können wir weiterhin davon ausgehen, dass sich die Gesundheitsspanne zukünftig noch weiter erhöhen lassen wird, wenn die technischen Entwicklungen so weitergehen werden, wie dies in der Vergangenheit der Fall war. Es gibt zahlreiche Gründe, die sogar dafür sprechen, dass wir von einem exponentiellen Wachstum der Leistungsfähigkeit zahlreicher Techniken ausgehen können. Dies würde auch bedeuten, dass die Zukunft eine signifikant verbesserte Lebensqualität mit sich bringen wird.

Trotzdem ist im deutschsprachigen Raum weithin eine technikkritische Grundhaltung vorhanden. Ganz anders ist dies in ostasiatischen Ländern. Südkorea war noch vor 70 Jahren ärmer als Nordkorea und ist mittlerweile gleichauf mit den am weitesten entwickelten Ländern Europas. In China war die Entwicklung noch stärker. Die Frage ist nicht so sehr, ob China die wirtschaftlich erfolgreichste Nation der Welt werden wird, sondern vielmehr, wann dies der Fall sein wird. In beiden Fällen wurden die entscheidenden Entwicklungen durch die Fokussierung auf die neuesten Technologien initiiert.

In Deutschland hingegen setzte man lange Zeit auf das, was bislang stets funktionierte. Man war dem Neuen gegenüber nicht besonders aufgeschlossen. Obwohl der erste Computer in Deutschland entwickelt wurde, hat man hierzulande das digitale Mittelalter immer noch nicht erreicht. Während in China 2018 bereits genetisch gegen HIV immunisierte Kinder geboren werden (was auch dort selbstverständlich weder unproblematisch noch ein alltäglicher Vorgang war), entscheidet der Europäische Gerichtshof, dass Pflanzen und Tiere, die mit der Gen-Schere modifiziert wurden, bezüglich Zulassung, Kennzeichnung und Sicherheitsbewertung den gleichen Regeln unterliegen wie transgene, also genetisch veränderte Organismen, was jede diesbezügliche Innovation erheblich erschwert. In Deutschland sind die diesbezüglichen Regelungen meist sogar noch rigider als im restlichen kontinentaleuropäischen Ausland. Es ist naheliegend, dass diese Grundhaltung noch höchst problematische wirtschaftliche Konsequenzen für Deutschland nach sich ziehen wird. All diese Überlegungen legen jedenfalls nahe, dass der schlichte Antagonismus »Natur ist gut, Technik ist schlecht« höchst fragwürdig ist.

4. Transhumanisten richten ihren Fokus nur auf Menschen und nicht auf Tiere und Pflanzen

Es gibt kaum ein Vorurteil bezüglich des Transhumanismus, das unzutreffender ist als dieses. Die meisten Transhumanisten plädieren dafür, auch nicht menschlichen Lebewesen den Personenstatus zuzusprechen. Es geht ihnen also gerade darum, von einem moralisch höchst problematischen Anthropozentrismus abzurücken, wie er auch heute noch im deutschen Grundgesetz vorherrschend ist.

Es ist das anthropozentrische Weltbild, das uns daran hindert, an zahlreichen technischen Entwicklungen teilzuhaben, insbesondere was die Gentechniken betrifft. Das implizit im deutschen Grundgesetz vorhandene Weltbild wird von den meisten Transhumanisten nicht geteilt. Nur Menschen kommt gemäß dem Grundgesetz Würde zu, und zwar von der Befruchtung bis zum Tod, unabhängig von den tatsächlichen Eigenschaften, die sie besitzen. Es ist hinreichend, eine befruchtete menschliche Eizelle zu sein, um jedem nicht menschlichen Tier moralisch überlegen zu sein. Zwar stellt das Grundgesetz heraus, dass alle nicht menschlichen Lebewesen keine Gegenstände sind, trotzdem sollen sie rechtlich wie diese behandelt werden. Auf befruchtete menschliche Eizellen trifft diese Klassifizierung nicht zu. Damit verdient eine befruchtete menschliche Eizelle mehr moralischen Respekt als ein ausgewachsener Schimpanse, der rechtlich wie ein Gegenstand zu behandeln ist, da er ansonsten auch nicht gekauft und verkauft werden könnte. Und das, obwohl eine befruchtete Eizelle noch nicht einmal leiden kann, da sie kein Nervensystem oder auch kein Gehirn besitzt. Die Ausbildung des Gehirns hat zu diesem Zeitpunkt noch nicht einmal begonnen.

Die enorme rechtliche und kulturelle Bedeutung der Menschenwürde in Deutschland wird insbesondere am Embryonenschutzgesetz deutlich. Hier wird implizit davon ausgegangen, dass der göttliche Funken im Moment der Befruchtung in den menschlichen Körper entzündet wird, sodass wir dann zu einer gottebenbildlichen Entität werden. Diese habe es deshalb auch zu diesem frühen Zeitpunkt bereits verdient, genauso geschützt zu werden wie ein erwachsener Mensch. Eine befruchtete Eizelle hat schon die volle Menschenwürde, die gleiche Würde wie Sie und wir Autoren, so etwa der Verfassungsrechtler Ernst-Wolfgang Böckenförde. Dies ist der Grund dafür, weshalb Abtreibungen in Deutschland in der Regel rechtswidrig sind. Dies ist nur dann nicht der Fall, wenn die Schwangerschaft durch eine Vergewaltigung zustande kam oder mit der Schwangerschaft das Überleben der werdenden Mutter gefährdet wird. Diese Regelung kann sowohl für Frauen, die abtreiben wollen, als auch für das behandelnde medizinische Personal, das Abtreibungen vornimmt, eine moralische Herausforderung darstellen. Eine Frauenärztin aus Gießen wurde 2017 zu einer Geldstrafe verurteilt, nur weil sie auf ihrer Webseite über Abtreibungen aufgeklärt hat. Diese rechtliche Bewertung des menschlichen Embryos hat ebenso Konsequenzen für die Forschung an embryonalen Stammzellen.

Noch spannender sind die mit der Schaffung von Mensch-Tier-Hybriden einhergehenden Möglichkeiten. Anfang 2022 wurde in den USA eine erfolgreiche Xenotransplantation, das heißt die Transplantation eines genetisch modifizierten Schweineherzens in einen menschlichen Körper, realisiert. Das genetisch modifizierte Schweineherz wurde übrigens von einer Firma entwickelt, die der Transgender-Transhumanistin Martine Rothblatt gehört. Die Bedeutung der Menschenwürde im deutschen Grundgesetz untergräbt die Möglichkeiten, auf diesem Gebiet entscheidende gentechnische Fortschritte zu realisieren.

Die alleinige Sonderstellung aller menschlichen Wesen ist im Übrigen in einigen Ländern heutzutage nicht mehr gegeben. So wurde etwa in Argentinien 2015 gerichtlich festgestellt, dass ein Orang-Utan namens Sandra eine nicht menschliche Person und keine Sache ist und daher auch nicht wie eine Sache behandelt werden darf. Aus diesem Grund musste man dort entsprechend handeln und Sandra aus dem Zoo in die Wildnis entlassen. Warum Menschenaffen auch als Personen anerkannt werden sollten, kann etwa mit folgender Logik begründet werden: Viele ausgewachsene Menschenaffen können sich selbst im Spiegel erkennen, was ein Anzeichen für Selbstbewusstsein ist. Wer nicht in der Lage ist, sich selbst im Spiegel zu erkennen, aber zumindest ein Gehirn entsprechender Größe und Komplexität besitzt, hat zumindest Bewusstsein. Der Unterschied zwischen Selbstbewusstsein und Bewusstsein scheint zu sein, dass Lebewesen mit Selbstbewusstsein das eigene Selbst vom momentanen Selbst separieren können und somit eine Ahnung von Vergangenheit, Gegenwart und Zukunft haben, wohingegen diejenigen, die hierzu nicht in der Lage sind, primär in der Gegenwart leben. Wer sich an vergangenes Leid erinnern kann und zukünftiges voraussehen kann, hat ein größeres Potential zu leiden als derjenige, der nur in der Gegenwart lebt. Aus diesem Grund sollte selbstbewussten Lebewesen ein höherer moralischer Status zukommen als solchen, die lediglich ein Bewusstsein haben. Da erwachsene Schimpansen oder Orang-Utans häufig in der Lage sind, sich selbst im Spiegel zu erkennen und demzufolge ein Selbstbewusstsein haben, sollte man auch ihnen den Personenstatus zusprechen. Hierfür plädieren die meisten Transhumanisten.

Eine befruchtete Eizelle kann den Spiegeltest selbstredend nicht bestehen. Warum diese mehr Respekt verdient als der ausgewachsene Orang-Utan, lässt sich nur vor dem Hintergrund der europäischen Kulturgeschichte und damit einhergehend auch der Rolle des Christentums in dieser nachvollziehen. An der Bedeutung der Menschenwürde im deutschen Grundgesetz werden die verkrusteten kulturellen Relikte unserer christlichen Kulturgeschichte deutlich. Sie sind noch immer sehr wirkmächtig. Mit dieser Grundhaltung geht ein moralisch problematischer Anthropozentrismus einher. Aufgrund des göttlichen Funkens im Menschen stehe dieser kategorial über allen anderen Tieren. Transhumanisten erachten dieses Menschenbild als Hybris. Sie vertreten in der Regel ein evolutionäres Weltbild, gemäß dem sich Menschen ausschließlich graduell von anderen Lebewesen unterscheiden, woraus sich aber keine kategoriale moralische Sonderstellung ableiten lässt. Eine befruchtete Eizelle, die nicht leiden kann, da sie weder ein Nervensystem noch ein Gehirn besitzt, sollte nicht besser geschützt werden als ein ausgewachsener Schimpanse, der sich selbst im Spiegel erkennen kann.

Der letzte gemeinsame Vorfahre von Menschen und Menschenaffen lebte vor etwa sechs Millionen Jahren. Der *Homoe sapiens* bildete sich vor etwa 300 000 Jahren in Afrika heraus. In Europa tauchte er als Cro-Magnon-Mensch erst vor etwa 45 000 Jahren auf. Bald hatte sich der Homo sapiens über die ganze Erde ausgebreitet. Ab der zweiten Hälfte des 20. Jahrhunderts beschleunigten sich die genetische und informationstechnische Forschung immer rasanter. Hier einige Meilensteine: 1953 wurde die Struktur der DNA entschlüsselt, 1973 die ersten Bakterien gentechnisch verändert, 1988 die Krebsmaus (Oncomouse) in den USA patentiert. 1983 wurden gentechnisch veränderte Pflanzen realisiert, 2000 das erste pflanzliche Genom komplett entschlüsselt und 2012 die Gen-Schere CRISPR/Cas entwickelt. Im selben Jahr erlaubte es das europäische Patentamt, genetisch veränderte Schimpansen zu patentieren. Der Z3, der weltweit erste funktionsfähige digitale Rechner, wurde ab 1935 von Konrad Zuse entwickelt und 1941 fertiggestellt. 1970 baute Texas Instruments Mikroprozessoren, die die Realisierung von immer leistungsfähigeren Computern ermöglichten. Mit der Abschaltung des Arpanet, eines vom US-Verteidigungsministerium und MIT entwickelten Vorläufers des Internets, begann 1990 die kommerzielle Nutzung des Internets, und seit 2007 sind Smartphones weithin verfügbar. Hiermit sind die genetischen und informationstechnologischen Entwicklungen jedoch sicherlich nicht abgeschlossen. Wird es den Menschen in 300 000 Jahren noch geben? Es ist wahrscheinlich, dass der Mensch dann entweder ausgestorben sein oder sich weiterentwickelt haben wird. Auch aus diesem Grund ist es so wichtig, aktiv in die Evolution einzugreifen, so der Transhumanismus. Von Anthropozentrismus abzurücken bedeutet nämlich nicht, dass dann einem Berg oder einem Baum eine höhere Beachtung zukommen sollte als einem Menschen.

Es gibt aber noch zahlreiche weitere Gründe, die dafür sprechen, dass ein nachhaltiges und ein technisches Denken nicht notwendigerweise miteinander in Konflikt stehen müssen. Das Gegenteil ist der Fall. Nachhaltiges Leben kann wahrscheinlich nur unter der Zuhilfenahme der neuesten Techniken realisiert werden. Das folgende Beispiel veranschaulicht dies auf einsichtige Weise.

Im Rahmen des *Global Initiatives Symposium* 2016 in Taiwan begegnete mir ein fünfzehnjähriger, indischstämmiger US-amerikanischer Junge, der in der Gegend um San Francisco und des Silicon Valley groß geworden ist – Advait Patil, der mittlerweile in Stanford Computerwissenschaften und Biologie studiert – eine fantastische Kombination. Statt Fußball spielte er mit Genen. Er ist Biohacker und ein Mitbegründer des »Real Vegan Cheese Project«. Im Rahmen dieses Projekts, an dem auch Forscher von großen Universitäten wie der University of California, Berkeley, mit beteiligt sind, hat Advait Patil mit einer Gen-Schere Hefe-Gene so modifiziert, dass daraus Laktose entstand. Laktose ist wiederum ein entscheidender Grundbestandteil von Kuhmilch. Die Teammitglieder haben es geschafft, mithilfe von genetischer Modifizierung Milch herzustellen, eine echte vegane Milch. Ohne eine Kuh zu halten und sie zu melken, erschufen sie also Milch. Hierfür ist allein Hefe notwendig, die genetisch modifiziert werden muss. Daraus wurde Laktose gewonnen, aus der schließlich Milch und Milchprodukte wie Käse entstehen können, echter veganer Käse. In der Regel schmecken vegane Käse nicht wie Kuhmilchkäse, da in ihnen keine Laktose enthalten ist. Statt Kuhmilch wird dann eine Milch genutzt, die aus Hülsenfrüchten gewonnen wird, wie etwa Mandelmilch oder Haselnussmilch. Bei Patils veganen Käseprodukten ist jedoch tatsächlich Laktose enthalten, aber eben eine vegane Laktose, die chemisch identisch mit der Laktose der Kuhmilch ist. Patil hat diese Innovation zusammen mit einem Team von anderen jungen Leuten realisiert. Sie arbeiten immer noch daran, unterschiedliche Käsesorten zu schaffen.

Insofern hat Patil mit diesem Projekt aufgezeigt, dass zwischen nachhaltigem, ökologischem Denken und der Anwendung von Gentechniken nicht notwendigerweise ein Konflikt bestehen muss. Patils Entwicklung ist vielmehr sogar ein starkes Argument dafür, dass grüne Ziele und ein nachhaltiges Leben nur durch den angemessenen Einsatz von Biotechnik, aber auch von digitalen Techniken realisiert werden können.

Diese Einsicht steht im Gegensatz zur Grundhaltung der meisten deutschen Grünen. Ganz anders ist dies im Übrigen bei den französischen Grünen. Dort sind zahlreiche Transhumanisten aktiv. Und selbstverständlich bejahen sie den angemessenen Einsatz von Gentechniken. Bei manchen deutschen Grünen lässt sich hingegen noch immer die Grundhaltung finden, dass Gentechnik böse ist und man »im Einklang mit der Natur« leben muss. Das »Real Vegan Cheese Project« hat gezeigt, dass veganes Leben durchaus im Einklang mit Gentechnik sein kann und dass Veganer auf laktosebasierten Käse nicht verzichten müssen, der dann schmeckt wie normaler Kuhmilchkäse.

Nach dem Vortrag von Patil in Taiwan wollten viele der jungen Studierenden ein Foto mit ihm oder auch eine Unterschrift von ihm. Die verbreitete Grundhaltung war: Wow! Ich bin begeistert. Du inspirierst mich. Was du geschafft hast, würde ich auch gern schaffen. Auch erkannten sie das finanzielle Potential dieser Entwicklung. Das ist ein Millionengeschäft! Du musst das umsetzen, ein Unternehmen gründen! Auf diese Weise kannst du die Milchindustrie und die Käseindustrie revolutionieren. Das könnte fantastische Konsequenzen für ein nachhaltiges Leben haben! Wenn sich diese Innovation im großen Stil umsetzen lässt, dann müssen wir zur Milchproduktion nicht mehr Kühe in Massentierhaltung halten, was moralisch, aber auch gesundheitlich äußerst problematisch ist, weil Tiere in Massentierhaltung leichter erkranken und deshalb mit Antibiotika vollgepumpt werden. Mit ihren Fäkalien verseuchen sie den Boden, und mit dem von ihnen ausgehenden Methan fördern sie die Klimaerwärmung. Durch den massenhaften Einsatz von Antibiotika werden viele Bakterien zudem dagegen resistent, was wiederum enorme Konsequenzen für die menschliche Gesundheit hat. Stattdessen kann mit dieser genetisch modifizierten Hefe vegane Milch erschaffen werden, ohne dass Tiere in Massentierhaltung leiden müssen. Sowohl das Tierwohl also auch das menschliche Wohl werden damit gefördert – ganz zu schweigen von den positiven Konsequenzen für die Umwelt. Hier sehen wir ein herausragendes Beispiel dafür, wie der Einsatz von neuesten Bio-Techniken der Natur, dem Tierwohl und der menschlichen Lebensqualität zugutekommt.

Aufschlussreich ist, wie unterschiedlich die Reaktionen auf dieses Beispiel ausfallen. In Taiwan, aber auch in anderen ostasiatischen Ländern, in denen ich das Beispiel vorgestellt habe, waren die Zuhörer fast ausschließlich begeistert. Wir können ökologische, nachhaltige Ziele durch biotechnische Innovation auf fantastische Weise fördern. Das ist genau die Richtung, in die wir uns bewegen sollten. Es ist nicht notwendig und auch praktisch gar nicht realisierbar, dass nur viele kleine Bauernhöfe in Gebirgsregionen entstehen müssen, um ökologisch angemessenes und nachhaltiges Leben zu fördern. Vielmehr können wir dies mit solchen Innovationen schaffen, auch vor dem Hintergrund einer steigenden Weltbevölkerung. Auch in den USA waren viele von dem jungen Mann begeistert und unterstützten ihn.

Dasselbe Beispiel habe ich häufig bei Veranstaltungen in Deutschland erwähnt. Die Reaktionen waren in der Regel so, wie im kontinentalen Europa üblich: Der arme, junge Mann! Er hat wahrscheinlich keine Kindheit gehabt. Wahrscheinlich wurde er von den Eltern gezwungen, sich mit Biologie und mit Chemie zu beschäftigen. Statt ihn mit Gentechnik hantieren zu lassen, sollte man ihn draußen herumtollen und mit seinen Freunden Fußball spielen lassen. Er hat wohl nie eine Jugend gehabt. Jetzt spielt er mit Techniken herum, die gefährlich für die Menschheit sind. Und wenn etwas schiefgeht, dann führt er auf diese Weise vielleicht sogar das Ende der Menschheit herbei. Er spielt mit unserem Leben, mit unserer Gesundheit, mit der Gesundheit der Natur. Viele erkennen nicht, dass wahrscheinlich genau in der Realisierung von solchen Projekten die Zukunft Europas liegen könnte.

5. Der Transhumanismus ist eine Weltanschauung für die Schweiz und das Silicon Valley

Eine technisch unterstützte Verlängerung der Lebensspanne ist nicht allein ein Phänomen der entwickelten Länder. Die absolute Armutsrate ist weltweit in den vergangenen 200 Jahren von über 90 Prozent auf gerade einmal 10 Prozent gesunken.[56] Auch diese 10 Prozent bedeuten ein immenses Leid, und es muss daran gearbeitet werden, die Rate weiter zu senken. Eine berechtigte Hoffnung darauf, dieses Ziel zu realisieren, ist jedoch nur gegeben, wenn wir auf die Möglichkeiten der neuesten Techniken setzen. Bildung, Zugang zu sauberem Wasser, ein funktionierendes Gesundheitssystem, all diese Zielsetzungen bedeuten auch den Einsatz von innovativer Technik. Auch die Sprache und die Mathematik sind Techniken. Techniken haben Menschen in allen Teilen der Welt geholfen, eine höhere Lebensqualität zu erreichen.

Einzelne Beispiele verdeutlichen auch die Potenziale, die mit den neuesten Techniken und sogar mit den sozialen Medien einhergehen. Siyanda Mohutsiwa war eine junge Mathematikstudentin aus Botswana. Dann begann sie Twitter zu nutzen. Sie schaffte es mittels Twitter zum Sprachrohr ihrer Generation zu werden. Sie hat ein enormes Gefühl für Sprache, und so versammelte sie bereits als Teenager erst 20-, 30- und schließlich über 40 000 Follower auf Twitter hinter sich. Mit folgender Frage bekam ihr Twitter-Account 2015 besonders viel Zuspruch: »If Africa was a bar, what would your country be drinking/doing?« (Wenn Afrika eine Bar wäre, was würde Ihr Land trinken/tun?) Im gleichen Jahr hielt sie einen so erfolgreichen TEDx-Vortrag in Amsterdam, dass ihr 2016 sogar die Möglichkeit gegeben wurde, in Vancouver einen *TED Global*-Vortrag zu halten, der mittlerweile weit über eine Million Mal aufgerufen wurde. Mittels eines enormen Talents für Sprache und Twitter hat sie es geschafft, von einer Mathematikstudentin in Botswana zu einer Repräsentantin des sozialen Panafrikanismus und einer ganzen Generation von Jugendlichen zu werden. Es handelt sich bei den neuesten Techniken nicht notwendigerweise nur um Machtinstrumente der Reichen in Ländern und Regionen wie der Schweiz oder dem Silicon Valley. Bei entsprechendem Einsatz haben sie das Potenzial, die Lebensqualität in allen Teilen der Welt signifikant zu verbessern.

6. Transhumanisten spielen Gott

Viele Transhumanisten vertreten in der Tat, dass es nichts moralisch Verwerfliches sein muss, auch die menschliche Keimbahn gentechnisch zu verändern. Hiermit soll im Übrigen nicht gesagt werden, dass notwendigerweise eine Spannung zwischen dem Christentum und dem Transhumanismus besteht. Es gibt katholische, mormonische und auch buddhistische Transhumanisten. Der Transhumanismus kommt in vielfältigen Ausprägungen vor.

Nicht alle Transhumanisten wollen, dass ihre Persönlichkeit auf eine Festplatte transferiert wird, dass sie superintelligent werden oder dass sie sich zukünftig als digitale Wesen weiterentwickeln werden. Kein ernstzunehmender Transhumanist will durch das Hochladen auf eine Festplatte unsterblich werden, auch wenn dies häufig so dargestellt wird. Die Erweiterung der Gesundheitsspanne ist ein weit verbreitetes Ziel, die Unsterblichkeit lässt sich noch nicht einmal konsistent denken – oder wie könnte es gedacht werden, dass wir als digitale Entitäten den Kollaps des Universums und daraufhin die kosmische Singularität überstehen können? Wir müssen endlich aufhören, von der Unsterblichkeit als transhumanistischer Zielsetzung zu reden. Dass wir in 20 oder 30 Jahren dazu in der Lage sein sollen, unsere Persönlichkeit auf eine Festplatte zu laden, ist kein realistisches Ziel, auch wenn dies weithin dem Transhumanismus unterstellt und in vielen Science-Fiction-Serien so behandelt wird.

Eine ernsthafte Auseinandersetzung muss die Vielfältigkeit des Transhumanismus verdeutlichen sowie die Relevanz und Brisanz transhumanistischer Ziele. Das erste Smartphone wurde 2007, die Gen-Schere 2012 entwickelt, die Zulassung einer Geburt von Kindern mit drei Eltern erfolgte 2016 in Großbritannien, die Xenotransplantation eines genetisch modifizierten Schweineherzens in einen Menschen dank Rothblatts United Therapeutics Cooperation 2022; erste Studien von Musks Neuralink am Menschen sind vielleicht 2023 möglich.[57] Dies sind die entscheidenden Entwicklungen unserer Zeit, die politisch, kulturell und rechtlich ernst genommen werden müssen, da sie auf radikale Weise unsere Lebensführung verändern können. Es sind diese Herausforderungen, für die der Transhumanismus steht. Sowohl Rothblatt als auch Musk verstehen sich selbst als Transhumanisten.

Ist es unchristlich, die neuesten Gentechniken zu bejahen und sie einzusetzen? Selbstverständlich nicht. In der Bibel kommen zahlreiche 120-Jährige vor. Wir haben gegenwärtig eine Lebenserwartung von durchschnittlich 80 Jahren. Wenn wir mithilfe der neusten Techniken auf eine durchschnittliche Lebenserwartung von 120 Jahren kommen sollten, dann stünde dies sicherlich nicht im Widerspruch zur Bibel. Der biblische Methusalem ist im Übrigen noch viel älter geworden. Außerdem darf auch das Gleichnis von den biblischen Talenten nicht vergessen werden. Gott hat nicht den belohnt, der seine Talente verbuddelte, sondern denjenigen, der sie nutzte. Die neuesten Techniken zu nutzen, ist sicherlich ein enormes Talent. Insofern ist es sicherlich nicht zutreffend, dass zwischen christlichem und transhumanistischem Denken – wie oft behauptet – ein Konflikt bestehen muss. Gleichwohl muss herausgestellt werden, dass die Mehrheit der Transhumanisten eher Skeptiker, Naturalisten, Agnostiker und Atheisten sind.

7. Der Transhumanismus ist eine neue Variante des Faschismus

Eine der ältesten Anschuldigungen gegen den Transhumanismus ist, er sei eine Spielart des Faschismus oder stehe ihm zumindest geistig nahe. Auch als der Transhumanismus zum ersten Mal in deutschen Feuilletons zum Thema wurde, spielte dieser Vorwurf eine zentrale Rolle. Dies geschah anlässlich der sogenannten Sloterdijk-Habermas-Debatte vor mehr als 20 Jahren. Peter Sloterdijk hatte im Sommer 1999 auf Schloss Elmau die Rede »Regeln für den Menschenpark« gehalten, in der er unter Bezugnahme auf Heidegger, Nietzsche und Platon über die Möglichkeiten gegenwärtiger Biotechniken reflektierte, wobei schon seine Bezugnahme auf Philosophen, die allesamt nicht als lupenreine Demokraten angesehen werden, genügte, um eine heftige Kontroverse zum Thema Gentechniken auszulösen. Initiiert wurde sie durch einen Schüler von Habermas in der Wochenzeitung *Die Zeit*. Später haben sich auch andere führende Intellektuelle sowie Habermas selbst in die Diskussion eingebracht.

Sloterdijk hat hier bereits davon gesprochen, dass Heidegger, indem er die »Bedingungen des europäischen Humanismus« offenlegte, einen »trans-humanistischen« oder »post-humanistischen« Denkraum« betrat, der »seither ein wesentlicher Teil des philosophischen Nachdenkens über den Menschen« darstellt.[58] Habermas rückte Sloterdijk im Nachhall dieser Debatte in den Kontext einer »Handvoll ausgeflippter Intellektueller«, die »aus dem Kaffeesatz eines naturalistisch gewendeten Posthumanismus die Zukunft zu lesen« versuche,[59] indem er aus Sloterdijks Rede wörtlich zitiert, das Zitat auch als Zitat kenntlich macht, aber den Urheber des Zitats, also Sloterdijk, nicht mit Namen nennt. Habermas wollte an dieser Stelle Sloterdijk als einen Transhumanisten darstellen. Dieser Umstand ist sicherlich falsch, da Sloterdijk sich in der Rede »Zur Optimierung des Menschen«, die er am 6. Dezember 2005 an der Universität Tübingen hielt, explizit gegen den Nutzen der Gentechniken zur Verbesserung des Menschen ausgesprochen hat. Außerdem ist der Verweis auf den Transhumanismus als einen ins Naturalistische gewendeten »Posthumanismus« irreführend, da es sich beim kritischen Posthumanismus um eine kulturelle Bewegung handelt, die klar vom Transhumanismus zu unterscheiden ist. Entscheidend ist in diesem Kontext, dass Habermas hier herausstellte, dass solche nietzscheanischen Züchtungsfantasien gegenwärtig nur als »Medienspektakel« taugten, womit auch der Vorwurf verbunden war, dass Transhumanisten sich für faschistische Eugenikpraktiken aussprechen und Menschenzüchtungsfantasien vertreten würden.

Politisch sind Transhumanisten jedoch entweder libertär, also radikal liberal, oder sie vertreten eine eher sozialdemokratische Variante des Liberalismus. Kein ernstzunehmender Transhumanist bejaht autoritäre politische Strukturen. Das Wort »Eugenik« erhielt seine moralisch problematische Konnotation aufgrund der totalitären politischen Entscheidungsstrukturen, in die die Eugenik während des sogenannten »Dritten Reichs« eingebettet war. Solche totalitären Strukturen werden von allen ernstzunehmenden Transhumanisten abgelehnt, weshalb der Faschismus- und auch Totalitarismusvorwurf schlicht und einfach unzutreffend ist.

Das Wort »Eugenik« setzt sich aus den altgriechischen Wörtern für »gut« und für »Erbanlagen« zusammen und steht für Prozesse zur Verbesserung unserer Erbanlagen. Eine bestimmte politische Grundhaltung geht hiermit nicht notwendigerweise einher. Heutzutage wird im Gegensatz zur staatlichen Eugenik auch von der liberalen Eugenik gesprochen, bei der Eltern das Recht haben, über die Modifikation der Erbanlagen des eigenen Nachwuchses zu entscheiden. Es ist eine offene Frage, wie dieser Vorgang moralisch zu bewerten ist. Tendenziell ist festzustellen, dass Gegner gentechnischer Eingriffe eher auf den Ausdruck »liberale Eugenik« zurückgreifen, um so historische Resonanzen mit aufzugreifen, weshalb wohl auch Habermas von der »liberalen Eugenik« gesprochen hat. Befürworter solcher Eingriffe hingegen bevorzugen den Ausdruck »genetisches Enhancement«, also genetische Verbesserung, da gegen eine Verbesserung kaum jemand etwas einzuwenden hat.

Transhumanisten ist die Freiheit wichtig. Dies betrifft die Reproduktionsfreiheit, also das Recht, sich einen Partner zu Fortpflanzungszwecken frei auswählen zu dürfen, genauso wie die Erziehungsfreiheit, also das Recht den eigenen Nachwuchs erziehen zu dürfen. Hierunter könnte auch das Recht fallen, den eigenen Nachwuchs genetisch zu modifizieren, wie sich später noch herausstellen wird. Von zentraler Bedeutung ist für Transhumanisten die morphologische Freiheit, was deutlich macht, dass sie politisch einen Gegenpol zu totalitären Strukturen bejahen. Personen soll ermöglicht werden, nach der jeweils idiosynkratischen Vorstellung eines guten Lebens ihr Leben führen, gestalten und realisieren zu können. Das Recht auf morphologische Freiheit, für das Transhumanisten plädieren, ist die explizite Ablehnung von jeder Form von Totalitarismus, Faschismus und Autoritarismus.

Trotz dieser klaren Abgrenzung von einer totalitären Politik wird der Faschismusvorwurf immer wieder erneuert. Zuweilen wird dann argumentiert, dass unsere liberalen, kapitalistischen Strukturen zum Totalitarismus führen würden. Stattdessen werden häufig relationale politische Modelle vorgeschlagen, bei denen die Einzelnen nicht nur als Individuen, sondern auch deren relationale Verstrickungen berücksichtigt werden sollen. Hierbei handelt es sich jedoch um einen höchst gefährlichen Vorschlag, der zunächst sympathisch klingt, in der Praxis jedoch selbst paternalistische Implikationen hat, weshalb jede relationale Politik unbedingt abzulehnen ist.

Das folgende Beispiel veranschaulicht diese Einsicht: Das chinesische Sozialkreditsystem ist relational strukturiert. Relationen sind wichtig für die Bewertung von Personen. Nicht der Einzelne zählt, sondern das relationale Geflecht, in dem er sich befindet, ist zentral für die Bewertung einer Person. In China kam es zu dem Fall, dass sich ein Junge auf einen Studienplatz bewarb und alle Eignungs- und Zugangstests bestand. Trotzdem wurde er von der Universität nicht aufgenommen. Der Grund hierfür lag in den Kreditschulden seines Vaters, die Einfluss auf seinen Sozialkreditwert hatten, obwohl er selbst nicht für die Schulden seines Vaters verantwortlich war. Hieran werden die moralisch-problematischen paternalistischen Implikationen von relationalen politischen Strukturen deutlich. Nicht die Handlungen eines Einzelnen zählen, sondern der Wert eines Einzelnen wird durch das relationale Geflecht bestimmt, indem er sich befindet. Hieraus ergeben sich moralisch höchst problematische paternalistische Strukturen, weshalb ein politischer Relationalismus abzulehnen ist.

Dies bedeutet übrigens nicht, dass liberale politische Strukturen keine Herausforderungen beinhalten. Die mit dem Liberalismus einhergehende Errungenschaft, dass andere einem nicht vorschreiben dürfen, nach welcher Konzeption des Guten der Einzelne zu leben hat, kann jedoch nicht hoch genug eingeschätzt werden – als Brandmauer gegen Faschismus und Totalitarismus. Auch diese Überlegung verdeutlicht, dass der Faschismusvorwurf gegenüber dem Transhumanismus nicht gerechtfertigt ist.

Gentechniken – Das Buch des Lebens lässt sich umschreiben

Stefan Lorenz Sorgner

Die Genschere CRISPR/Cas9 wurde erst im Jahr 2012 entwickelt. Mit dieser Methode des Genome-Editing wurde das 21. Jahrhundert als Zeitalter der Biotechnologie initialisiert. Was früher als Science-Fiction galt, wurde durch diese Technik zu einer günstigen, präzisen und verlässlichen menschlichen Option. Das Potenzial dieser Gentechnik kann kaum überschätzt werden. Neben dem Genome-Editing sind auch die Auswahl von befruchteten Eizellen nach künstlicher Befruchtung und anschließender Präimplantationsdiagnostik sowie das Bioprinting und die synthetische Biologie Techniken, deren praktische Relevanz in diesem Bereich enorm ist. Mit allen diesen Gentechniken lassen sich Krankheiten heilen, präventive genetische Eingriffe realisieren und auch verbessernde Veränderungen vornehmen. Wer kann schon gegen eine Verbesserung der Gene sein?

Eugenik und Enhancement

Wenn wir nun statt von der Verbesserung der Gene von Eugenik sprechen würden, würde die Reaktion auf die vorangegangene Frage wohl eher ablehnend ausfallen. Inhaltlich hat sich die Frage jedoch nicht grundlegend geändert.

Eu stammt aus dem Altgriechischen und bedeutet »gut«, weshalb »Eugenik« auch mit »Theorie der Verbesserung der Erbanlagen« übersetzt werden kann. Es handelt sich um das gleiche *eu* wie bei der Eudaimonia, der Eucharistie oder der Euthanasie. Wenn heutzutage von genetischem Enhancement oder der Verbesserung der Gene gesprochen wird, dann unterscheidet sich die Bedeutung nicht signifikant vom Begriff »Eugenik«. In beiden Fällen ist von der Verbesserung von Erbanlagen die Rede. Gleichzeitig ist es auffallend, dass Befürworter dieses Prozesses eher von »genetischem Enhancement« sprechen und Kritiker auf den Begriff »Eugenik« zurückgreifen. Dieser Umstand liegt ohne Zweifel darin begründet, dass durch die Wortwahl auch zahlreiche Konnotationen mit transportiert werden. Menschen »enhancen« oder verbessern sich ständig. Wer will sich schon verschlechtern? Wenn von Eugenik gesprochen wird, dann kommen Assoziationen aus der düstersten Epoche der deutschen Geschichte auf.

Beim Begriff »Eugenik« denken viele noch immer an die Grausamkeiten, die während des sogenannten »Dritten Reichs« unter diesem Schlagwort begangen wurden. Die Zwangssterilisation von Menschen mit Behinderung, die Separierung von Homosexuellen von der restlichen Gesellschaft sowie auch die Massenvernichtung von sogenanntem »lebensunwertem Leben« wurden auf der Grundlage eugenischer Überlegungen gerechtfertigt. Hier wurde vom Staat vorgegeben, welche Rasse, welche Fähigkeiten und welche Eigenschaften gefördert und welche ausgemerzt werden sollen. Der Begriff »ausmerzen« stammt übrigens aus dem 16. Jahrhundert und verweist auf den Monat März, in dem die zur Zucht ungeeigneten Schafe aus der Herde ausgesondert wurden. So wurde im Dritten Reich auch mit Menschen umgegangen, sie wurden wie Schafe ausgesondert und getötet. Relevant für die Bewertung der damaligen Eugenik ist, dass die Entscheidungen, welche Eigenschaften gefördert werden sollen und welche nicht, auf staatlicher Ebene getroffen wurden und nicht auf individueller. Dies ist der zentrale Unterschied zwischen der damaligen Eugenik und derjenigen, die heute wissenschaftlich diskutiert wird.

Wer entscheidet, was eine wünschenswerte Eigenschaft ist oder nicht? Wenn der Staat hier die Kriterien bestimmt, handelt es sich um staatliche Eugenik. Wenn Eltern das Recht zugesprochen wird, Entscheidungen bezüglich der Veränderung genetischer Eigenschaften des Nachwuchses zu treffen, dann handelt es sich um die liberale Eugenik. Wenn heutzutage bei uns von genetischem Enhancement gesprochen wird, dann setzt man sich mit Fragen der liberalen Eugenik auseinander.

Hiermit ist übrigens nicht gesagt, dass es staatliche Eugenik in der Gegenwart nicht mehr gibt. Bei der chinesischen Ein-Kind-Politik, die mittlerweile abgeschafft wurde, bei den seit 2004 in Saudi-Arabien gesetzlich verpflichtenden Gen- und Gesundheitstests vor der Heirat und auch bei den bis 2013 in kalifornischen Gefängnissen illegal durchgeführten Zwangssterilisationen handelt es sich um vom Staat verordnete eugenische Praktiken. Bei weiterem Fortschritt auf dem Gebiet der Gentechnik könnte es noch zu ganz anderen moralischen Herausforderungen kommen. Wenn wir zum Beispiel mithilfe des Genome-Editing die allgemeine Gesundheitsspanne auf zuverlässige Weise um dreißig Jahre erhöhen könnten, würde es sich dann nicht um eine Vernachlässigung des eigenen Nachwuchses handeln, diesen nicht auf entsprechende Weise zu verändern? Sollten dann nicht Versicherungsbeiträge für diejenigen erhöht werden, die nicht gewillt sind, diesen Eingriff am eigenen Nachwuchs durchführen zu lassen? Müssten dann nicht die öffentlichen Krankenkassen für einen solchen Eingriff aufkommen, da die damit einhergehenden Vorteile von vielen mit einer Steigerung der Lebensqualität identifiziert werden und mit ihnen auch ein enormer Wettbewerbsvorteil einhergeht?

In diesem Zusammenhang wurde hier übrigens bewusst von der Gesundheitsspanne gesprochen und nicht von der Lebenserwartung. Wenn Transhumanisten von diesen Themen reden, dann ist in der Regel die Gesundheitsspanne gemeint, da ihnen bewusst ist, dass eine alleinige Lebensverlängerung nicht notwendigerweise im menschlichen Interesse ist. Dieser Gedanke lässt sich ganz einfach verdeutlichen. Schauen wir uns einmal an, wie das Älterwerden sich in der Gegenwart vollzieht. Das heißt, dass oft schon ab 80, spätestens mit 90 Jahren die Lebensqualität aufgrund von immer mehr Körperteile und Organe erfassenden Krankheiten erheblich sinkt: Man ist bettlägerig. Man ist schwerstbehindert. Man ist auf einen Rollstuhl angewiesen. Ist es dann notwendigerweise im eigenen Interesse, in diesem Zustand noch weitere 100 Jahre zu verbringen? Nicht unbedingt. Die Lage ist jedoch eine andere, wenn die Gesundheit noch vorhanden ist. Gesund, aktiv und mobil als Neunzigjähriger, der aussieht wie ein Vierzigjähriger, noch weitere 100 Jahre leben zu können, ist doch eine erfreuliche Aussicht, die mit einer hohen Lebensqualität gleichgesetzt wird. Eine Erweiterung der bloßen Lebensspanne bedeutet daher für die meisten nicht notwendigerweise eine Steigerung der Lebensqualität. In der Verlängerung der Gesundheitsspanne hingegen sehen viele eine Erhöhung der Wahrscheinlichkeit, ein gutes Leben genießen zu dürfen.

Wann immer wir von Verbesserung sprechen, benötigen wir also ein Kriterium für das Besser und das Schlechter sowie dafür, wer über das Kriterium entscheiden darf. Bei der liberalen Eugenik sind dies die Eltern, bei der staatlichen Eugenik ist dies der Staat in Gestalt von Herrschern und Verwaltung. Dabei stellen sich die folgenden Fragen: Sollen die Eigenschaften einer Spezies, einer Art oder einer Population oder sollen die Eigenschaften eines Einzelnen verbessert werden? Worauf zielt die Verbesserung? Auf die Überlebensfähigkeit oder auf die Wahrscheinlichkeit, ein gutes Leben zu führen? Auf die Möglichkeit der weiteren Entdeckung neuer Welten oder auf die Aufrechterhaltung des Angepasst-Seins an die gegebenen Umweltbedingungen?

Geprägt wurde der Begriff »Eugenik« von Francis Galton 1883, dem Cousin von Charles Darwin. Eugenische Gedanken finden sich jedoch bereits in Platons *Staat*, wenn er etwa davon spricht, Menschen mit Behinderung auszusetzen. Auch die Spartaner seien so vorgegangen, stellt der Mediziner Ernst Häckel (1834–1919) heraus, wenn er sich über Heldentugenden äußert. Die Begriffe »Volksgesundheit«, »arische Reinheit« oder »Rassenhygiene« gehören in den eugenischen Kontext. Sie waren für Hitler besonders relevant, als er die »Aktion T4« veranlasste, die mit dem Massenmord an Menschen mit seelischer, körperlicher oder geistiger Behinderung einherging und auf die bald der Holocaust, der Völkermord an den europäischen Juden, folgte. Die Eugenik war jedoch nicht nur auf Deutschland beschränkt. Auch in Japan, der Sowjetunion, Großbritannien, den USA, Kanada, der Schweiz und Skandinavien wurden eugenische Praktiken angewendet. In der Schweiz wurden Zwangssterilisationen noch bis 1985 praktiziert, in Finnland bis 1979 und in Schweden bis 1975. Das sind nur einige wenige Beispiele. Diese Liste ließe sich beliebig verlängern.

An diesen Ausführungen wird deutlich, dass aus historischer Perspektive in der Regel die staatliche Eugenik gemeint war, wenn von Eugenik gesprochen wurde. Debatten zur liberalen Eugenik hingegen spielen erst in der jüngeren Vergangenheit eine Rolle. Auch der erste UNESCO-Generaldirektor sprach sich für Eugenik aus, er war sogar Präsident der British Eugenics Society. Die Rede ist von Julian Huxley, der – wie bereits weiter oben erwähnt – aus einer besonders eng mit dem evolutionären Denken in Verbindung stehenden Familie stammte.

Ein Diskussionsschwerpunkt unter Transhumanisten ist, wie Praktiken der liberalen Eugenik oder des genetischen Enhancements moralisch zu bewerten sind und wo Grenzen gesetzt werden müssen. Häufig werden Therapien kategorial von verbessernden Maßnahmen unterschieden, jedoch ist diese Unterscheidung philosophisch gar nicht so einfach zu bestimmen. Gern wird hervorgehoben, dass es sich bei der Impfung um Vorbeugung handelt. Genauso gut könnte jedoch von einer Verbesserungstechnik gesprochen werden. Immer dann, wenn eine Verbesserung, ein Enhancement, realisiert werden soll, ist es notwendig, ein Konzept des Guten und damit auch des guten Lebens zu haben.

Auch im Transhumanismus gibt es zu dieser Frage nicht nur eine einzige Antwort. Häufig mag ein Renaissance-Ideal mit dem Transhumanismus identifiziert werden, es gibt jedoch auch gute Gründe dafür, von einer radikalen Pluralität des Guten auszugehen, insbesondere dann, wenn das Recht auf morphologische Freiheit in den Mittelpunkt gerückt wird. Es ist sogar hoch umstritten, ob es überhaupt Eigenschaften gibt, die bei allen Menschen notwendigerweise mit einem guten Leben verbunden sind. Dass eine Erweiterung der Gesundheitsspanne in der Regel förderlich für ein gutes Leben ist, wird hierbei von den meisten Transhumanisten bejaht. Ob es sich hierbei um ein instrumentelles oder ein intrinsisches Gut handelt, bleibt hingegen eine offene Frage.

Auch ist es wichtig zu beachten, dass es ganz unterschiedliche Gentechniken gibt, die nicht alle nach der gleichen moralischen Logik behandelt werden können. Insbesondere die Modifikation von Genen, die Selektion von befruchteten Eizellen und die Kreation von Leben sollten voneinander unterschieden werden. Welche moralischen Herausforderungen bei den verschiedenartigen Gentechniken auftreten, kann jeweils nur für eine spezielle Gentechnik analysiert werden. Wie realistisch, verlässlich und vorteilhaft die verschiedenartigen Technologien sind, ist wiederum eine andere Frage. Ein analytisches Vorgehen ist bei der moralischen Auseinandersetzung mit diesen gesellschaftlichen Herausforderungen unerlässlich.

Genetisches Enhancement mittels Selektion

Es gibt bereits zahlreiche Gentechniken, die auf verlässliche Weise funktionieren. Trotzdem sind sie oft verboten. Es handelt sich hierbei also weniger um technische Herausforderungen als vielmehr um ethische. Besonders weit vorangeschritten ist die Möglichkeit der Selektion von befruchteten Eizellen.

IVF steht für In-vitro-Fertilisation, die künstliche Befruchtung. Sie wurde 1978 erstmals erfolgreich angewendet. Heutzutage läuft dieser Prozess üblicherweise wie folgt ab: Frauen mit Kinderwunsch werden Hormone gegeben, damit die Eizellreifung stimuliert wird. Dann wird der Eisprung medikamentös ausgelöst, sodass Eizellen entnommen werden können. Diese werden dann durch über Masturbation gewonnene Spermien in einem Reagenzglas befruchtet, bevor sie nach einem Tag im Brutkasten wieder in die Gebärmutter eingesetzt werden. Um die Wahrscheinlichkeit eines erfolgreichen Nidationsprozesses zu erhöhen, werden Hormone dazugegeben. Die Wahrscheinlichkeit, dass sich die befruchteten Eizellen an der Gebärmutterwand einnisten – diesen Vorgang nennt man Nidation –, ist allerdings nicht sehr hoch. Dies tut nur eine von drei Zellen. Was sind nun die Herausforderungen, die sich im Rahmen dieses Prozesses ergeben?

Wie viele Eizellen werden entnommen und befruchtet?

Das kommt ganz darauf an, wo die betroffenen Frauen diesen Eingriff vornehmen lassen. Wenn sich die Frauen in den USA oder in Großbritannien befinden, werden ihnen in der Regel zehn bis zwanzig Eizellen entnommen, und alle werden befruchtet[60]. Dann ist man mit genauso vielen befruchteten Eizellen konfrontiert, und es stellt sich die Frage, welche und wie viele implantiert werden sollen. Man könnte meinen, dass die Mütter sich in der Regel nur *ein* Kind wünschen und daher auch nur *eine* befruchtete Eizelle implantiert wird. Das ist jedoch nicht der Fall, da die Implantation allein es noch nicht hinreichend wahrscheinlich macht, dass die Frau schwanger wird. Aufgrund der oben erwähnten geringen Nidationsrate – 1 zu 3 – werden viele befruchtete Eizellen wie bei einer stärkeren Monatsblutung einfach ausgeschwemmt.

Aber auch bei der traditionellen Befruchtung ist die Nidationsrate nicht höher, was wiederum bedeutet, dass jeder von uns sich einst in der Gebärmutter eingenistet hat, während dies bei zwei anderen befruchteten Eizellen nicht geschehen ist. Hat deshalb jeder von uns zwei verstorbene Geschwister? Wie komme ich auf diese Frage? Seit 1869 gibt es in der katholischen Kirche nicht mehr die Unterscheidung zwischen dem beseelten und dem unbeseelten Embryo, als Papst Pius IX. postulierte, dass die Beseelung bereits mit der Befruchtung geschieht. Zuvor war man von einer graduellen Beseelung ausgegangen. Gemäß Thomas von Aquin hat die Beseelung von männlichem Nachwuchs (nach 40 Tagen) bei Weitem nicht so lange gedauert wie beim weiblichen Nachwuchs (nach 80 Tagen)[61]. Erst wenn die Vernunftseele mit dem Körper verbunden ist, steht diesem Lebewesen die Menschenwürde oder der Personenstatus zu. Es ist von da an keine Sache, sondern ein gottebenbildliches Lebewesen, dass den gleichen Respekt verdient wie ein erwachsener Mensch auch. Die Vernunft ist nämlich das Göttliche in uns, und durch die Beseelung mit der Vernunftseele werden wir zu einem gottebenbildlichen Lebewesen. Gott ist dann in uns. Wir verdienen es deshalb, moralisch respektiert zu werden.

Unabhängig davon, wie wir handeln, besitzt jeder von uns eine Würde. Die Würde ist klar vom Wert zu unterscheiden. Jede Entität, die eine solche Würde besitzt, hat quasi einen unendlichen Wert, jede Entität, die sie nicht besitzt, hat einen endlichen Wert. Was immer nur einen endlichen Wert hat, kann gekauft oder auch verkauft werden – im Gegensatz zu Lebewesen mit Vernunftseele und einem unendlichen Wert.

Aus katholischer Perspektive trifft diese Einschätzung seit 1869 auf alle befruchteten Eizellen zu. Ab ihrer Befruchtung besitzen Eizellen also bereits Würde. Sie nicht zu implantieren, sie nur unter gewissen Bedingungen zu implantieren oder auch nur an ihnen zu forschen bedeutet, dass diese befruchteten Eizellen nicht mit dem ihnen gebührenden Respekt behandelt werden. Stattdessen werden sie allein instrumentalisiert und wie eine Sache behandelt. Es ist moralisch falsch, eine Person wie eine Sache zu behandeln. Diese Einschätzung hat gravierende Implikationen für den gerade geschilderten Vorgang der künstlichen Befruchtung.

In Großbritannien ist man wie erwähnt mit zehn bis zwanzig befruchteten Eizellen konfrontiert. Von diesen werden jedoch nur drei Zellen implantiert, da die Nidationsrate etwa 1 zu 3 beträgt. Wenn man drei befruchtete Eizellen implantiert, ist die Chance hoch, ein Kind zu bekommen, allerdings wird dadurch auch die Wahrscheinlichkeit von Mehrlingsschwangerschaften erhöht. Die übrigen Zellen werden entweder entsorgt, für einen späteren Gebrauch eingefroren oder zu Forschungszwecken verwendet. Sie werden also gebraucht, was bedeutet, dass sie allein wie eine Sache genutzt werden. Aus katholischer Perspektive ist das unmoralisch. Es ist ein Vorgang, der mit der Ermordung von unschuldigen Menschen gleichgestellt wird.

Warum wird in Großbritannien bei der künstlichen Befruchtung auf diese Weise vorgegangen? Ein Grund hierfür ist, dass man bei zehn bis zwanzig befruchteten Eizellen eine größere Auswahl hat. Die befruchteten Eizellen werden zunächst mit einem Mikroskop untersucht, um zu sehen, ob Auffälligkeiten vorhanden sind, die eine Implantation nicht wünschenswert erscheinen lassen. Eine andere Möglichkeit ist, die befruchteten Eizellen per Präimplantationsdiagnostik zu untersuchen, um eine bessere Einschätzung bezüglich der Eigenschaften der vorhandenen Zellen zu erhalten. Dabei gibt es unterschiedliche Vorgehensweisen. Eine Variante der Präimplantationsdiagnostik nutzt totipotente befruchtete Eizellen, eine andere pluripotente. Totipotent sind die Zellen nur bis zum 8- bis 10-Zell-Stadium, das am dritten Entwicklungstag erreicht wird.

Hierbei handelt es sich um eine moralisch zentrale Unterscheidung: Aus jeder totipotenten Zelle kann ein gesamter Mensch werden, bei pluripotenten Zellen ist dies nicht mehr der Fall. Sie sind bereits stärker ausdifferenziert, sodass sie sich nur noch zu bestimmten Organen entwickeln können. Am dritten Entwicklungstag sind aber noch alle Zellen totipotent. Dies bedeutet, dass man prinzipiell jede der acht bis zehn Zellen in einen anderen Uterus implantieren könnte, und aus jedem könnte sich ein eigener Mensch entwickeln. Diese Menschen hätten dann zusätzlich noch die faszinierende Eigenschaft, dass sie genetisch identisch sind – wie dies bei eineiigen Zwillingen auch der Fall ist! Die Bildung von eineiigen Zwillingen ist im Übrigen nur während der ersten zwei Wochen nach der Befruchtung einer Eizelle möglich. Danach kann es höchstens noch zur Bildung von siamesischen Zwillingen kommen. So viel zu den biologischen Vorgängen.

Was geschieht im Rahmen der Präimplantationsdiagnostik? Eine Variante ist, dass im 8- bis 10-Zell-Stadium ein bis zwei Zellen entnommen werden, die im Anschluss genetisch untersucht werden. Genetische Untersuchung bedeutet hier, dass die betroffene totipotente Eizelle in Einzelteile zerlegt, also zerstört wird. Auf diese Weise kann festgestellt werden, welche Gene vorhanden sind, was für Eigenschaften sie haben, wie sie auf bestimmte pharmazeutische Wirkstoffe reagieren wird und welche Krankheiten später zu erwarten sein könnten. Ständig kommen über Big-Data-Analysen von Genen neue Erkenntnisse hinzu.

Aus katholischer Sicht ist dieser Prozess in vielfacher Weise moralisch problematisch. Grundsätzlich lässt sich die Sexualethik des Katholizismus auf Aristoteles zurückführen. Dies bedeutet, dass jeder Körperteil eine spezielle Funktion hat. So wie das Auge zum Sehen und die Nase zum Riechen dient, so sind unsere Genitalien für die Reproduktion bestimmt. Wir benutzen unseren Körper nur dann auf natürliche Weise, wenn wir seine Teile ihrer Bestimmung gemäß nutzen. Bei der Selbstbefriedigung geschieht dies nicht, da hier die Möglichkeit der Reproduktion nicht gegeben ist. Auf Sex mit Verhütungsmittel trifft dies ebenso zu, ebenso auf die künstliche Befruchtung. Somit ist die IVF allein schon deshalb, weil sie nicht dem Naturrecht entspricht, also unnatürlich ist, ein unmoralischer Vorgang. Schließlich werden die Genitalien dabei auf unnatürliche Weise genutzt. In dieser Logik ist die Präimplantationsdiagnostik (PID) sogar noch schlimmer. Wie bereits erwähnt, werden bei einer speziellen Methode der PID ein bis zwei totipotente befruchtete Eizellen vernichtet und die nicht implantierten befruchteten Eizellen werden wie eine Sache, etwa zu Forschungszwecken, gebraucht. Und selbst die implantierten Eizellen werden nur deshalb implantiert, weil sie bestimmte gewünschte Eigenschaften aufweisen. Auch sie werden also instrumentalisiert. Befruchtete Eizellen, die es verdienen, mit Respekt behandelt zu werden, da sie gottebenbildlich sind, werden wie Sachen behandelt. Dies ist aus katholischer Perspektive moralisch höchst verwerflich. Ist für die katholische Kirche schon die künstliche Befruchtung moralisch problematisch, so ist es die Selektion nach Präimplantationsdiagnostik erst recht.

Hieraus ergeben sich jedoch noch andere Fragestellungen. Schließlich haben wir bereits zuvor festgestellt, dass die Nidationsrate etwa 1 zu 3 ist. Dies bedeutet auch, dass bei einer erfolgreichen Geburt in der Regel zwei solche Nicht-Einnistungen von befruchteten Eizellen stattgefunden haben. Wenn dies jedoch der Fall ist, dann heißt dies auch, dass zwei Menschen gestorben sind, schließlich entsteht ein Mensch mit Würde, sobald eine Vernunftseele vorhanden ist, und dieser Umstand ist, gemäß der katholischen Kirche, ab der Befruchtung gegeben. Muss nicht jeder Mensch auch begraben werden? Sollte nicht bei jeder Nicht-Einnistung ein Begräbnis stattfinden? Diese Überlegungen scheinen Rabulistik zu sein, sie haben jedoch durchaus praktische Relevanz, etwa wenn es um die Frage geht, ab welchem Gewicht ein Recht auf Bestattung besteht. In Nordrhein-Westfalen ist dieses gewichtsunabhängig, was auf die große Bedeutung des Katholizismus in diesem Bundesland zurückzuführen ist. In der Regel ist das Bestattungsrecht erst ab einem Mindestgewicht von einem halben Kilogramm gegeben.

Hieran erkennen wir, warum der stark durch evolutionäres Denken geprägte Transhumanismus von vielen für eine gefährliche Idee gehalten wird. Er bricht mit entscheidenden Grundhaltungen des christlichen Abendlandes. Statt von einer immateriellen Vernunftseele gehen Transhumanisten meist von einer evolutionär entstandenen Vernunft aus. Sprache ist eine körperliche Eigenschaft, die sich evolutionär entwickelt hat, nicht eine Fähigkeit, die wir aufgrund des Geschenks des göttlichen Funkens erhalten haben. Daraus ergeben sich jedoch zahlreiche weitere Herausforderungen im Hinblick auf den Begriff der Menschenwürde sowie darauf, was als Grundlage für die Unterscheidung in Personen und Sachen gelten sollte, die wiederum so fundamental für die moralische Bewertung der Selektion nach IVF und PID ist.

Von vielen Transhumanisten wird der von Peter Singer, dem berühmten, in Princeton lehrenden Bioethiker, gegenüber dem traditionellen katholischen Würdeverständnis erhobene Speziesismus-Vorwurf geteilt. Der katholischen Kirche zufolge tragen in dieser Welt ausschließlich Menschen, nicht jedoch Tiere, den Gottesfunken in sich. In der anderen, der jenseitigen Welt mag dies auch auf Engel zutreffen. Singer stellt heraus, dass diese Grundhaltung durchaus vergleichbar sei mit derjenigen von Rassisten und Sexisten, weil stets eine moralische Bevorzugung einer bestimmten Gruppe stattfinde, ohne dass dies mit einer moralisch relevanten Eigenschaft begründet würde. Befruchtete Eizellen haben weder ein Nervensystem noch ein Gehirn, weshalb es ihnen unmöglich ist zu leiden, trotzdem soll ihnen mehr Respekt als einem ausgewachsenen Schimpansen gebühren. Nur 50 Prozent aller zweijährigen Menschen können sich selbst im Spiegel erkennen. Ausgewachsene Schimpansen sind hierzu in der Regel in der Lage. Diese Fähigkeit scheint mit der Leidensfähigkeit auf entscheidende Weise zu korrelieren. Wenn ich mich im Spiegel selbst erkennen kann, dann kann ich mich von meinem momentanen Selbst abstrahieren. Ich lebe in der Vergangenheit, Gegenwart und Zukunft und kann mich daher auch an vergangenes Leid erinnern und zukünftiges Leid erwarten. Meine Leidensfähigkeit scheint daher höher zu sein als diejenige eines Hundes, der sein Spiegelbild wie einen Feind anbellt. Verdienen Lebewesen mit einer höheren Leidensfähigkeit nicht höheren moralischen Respekt als solche, die nicht in der Lage sind zu leiden, wie etwa Lebewesen ohne Nervensystem und Gehirn?

Dieser Paradigmenwechsel bezüglich der moralischen Berücksichtigung von Lebewesen ist für viele Transhumanisten von zentraler Bedeutung. Daraus folgt jedoch auch, dass manchen menschlichen Wesen keine Würde zukommt, es andererseits aber auch Vertreter von bislang wohl neun nicht menschlichen Arten gibt (Schimpansen, Bonobos, Gorillas, Orang-Utans, Delphine, Elefanten, Elstern, Orcas, Ameisen, vielleicht auch Putzlippfische und Rhesusaffen)[62], denen der Personenstatus zukommen würde, da sie in der Lage sind, sich selbst im Spiegel zu erkennen, und damit eine erhöhte Leidensfähigkeit bezeugen.

Der Paradigmenwechsel hinsichtlich der moralischen Neubewertung von Lebewesen hat nicht nur den US-amerikanischen Politikwissenschaftler Francis Fukuyama dazu veranlasst, den Transhumanismus als die gefährlichste Idee der Welt zu bezeichnen, sondern er stellt auch einen Bruch mit der christlich-humanistischen Tradition des Abendlandes dar, die gerade in Deutschland auf besonders prägnante Weise in der Verfassung verortet ist. Das wirkt sich auch darauf aus, wie in Deutschland bei der künstlichen Befruchtung vorgegangen wird. In Deutschland werden lediglich drei Eizellen entnommen, die alle befruchtet und anschließend implantiert werden müssen. Schließlich kommt jeder befruchteten Eizelle in Deutschland rechtlich ein hoher Schutzstatus zu.

Dies hat auch Auswirkungen auf den vielversprechenden Bereich der embryonalen Stammzellforschung, denn diese nutzt nicht implantierte oder aus einer Abtreibung hervorgegangene befruchtete Eizellen. Um die Forschung an embryonalen Stammzellen nicht zu verhindern, hat man in Deutschland eine Stichtagsregelung[63] etabliert. An embryonalen Stammzellen geforscht werden darf nur, wenn sie aus dem Ausland importiert werden und sie vor einem bestimmten Stichtag entstanden sind. Damit die Stammzellen nicht zu alt und damit auch unwirksam sind, wird der Stichtag regelmäßig neu festgelegt. Damit sagt man aber eigentlich Folgendes aus: Eigentlich kommt embryonalen Stammzellen eine hohe Schutzwürdigkeit zu. Wenn sie jedoch aus dem Ausland stammen und vor einem Stichtag entstanden sind, trifft diese Regelung nicht zu. Alten ausländischen Zellen kommt keine Würde zu, befruchteten deutschen Eizellen jedoch schon. Dass diese Handhabung höchst problematisch ist, bedarf wohl keiner näheren Begründung. Es muss betont werden, dass hier nur von embryonalen Stammzellen die Rede ist, es jedoch noch andere Arten von Stammzellen gibt.

Auch hinsichtlich der Vorgänge im Rahmen der Selektion nach IVF und PID ist man in Deutschland aus pragmatischen Gründen zu einer höchst fragwürdigen Regelung gelangt. Wie bereits erläutert, steht hier der Vorwurf im Raum, dass bei diesem Vorgang Menschen wie Sachen behandelt werden. Trotzdem ist Deutschland zu der Regelung gekommen, die PID und die anschließende Selektion zu erlauben, nämlich dann, wenn die Wahrscheinlichkeit für die Entstehung eines Menschen mit einer schweren Form von Behinderung hoch ist. Eigentlich ist der gesamte Vorgang der Selektion von befruchteten Eizellen moralisch verwerflich. Die Entstehung eines Menschen mit einer schweren Form von Behinderung ist jedoch so schlimm, dass dieser ansonsten verbotene Vorgang erlaubt ist, so das deutsche Recht. Gleichzeitig wird die uneingeschränkte Anwendung der Selektion nach IVF und PID abgelehnt, um die Stigmatisierung von Menschen mit Behinderung zu unterbinden. Hier untergräbt sich die Plausibilität der getroffenen Regelung selbst: Man ist darum bemüht, die Stigmatisierung von Menschen mit Behinderung zu unterbinden, schafft aber gleichzeitig eine Regelung, gemäß der ein ansonsten verbotener Vorgang erlaubt wird, um die Wahrscheinlichkeit der Entstehung von Menschen mit Behinderung zu reduzieren.

Dabei sollte Folgendes berücksichtigt werden: Strukturell ist die Selektion nach IVF und PID nichts anderes als die übliche Partnerwahl zu Fortpflanzungszwecken. Genauso wie der Staat sich im Hinblick auf Fortpflanzungsfreiheit und Partnerwahl nicht einzumischen hat, sollte dies auch bezüglich der Auswahl von befruchteten Eizellen nicht der Fall sein. Die Anlagen, Wünsche und Werte der Eltern sind vielfältig, sodass gerade durch IVF und PID eine Vielfalt von Lebensformen ermöglicht und die Stigmatisierung von Menschen mit Behinderung, wie sie gegenwärtig gesetzlich verankert ist, unterbunden werden kann.

Die Freiheit auszuwählen ist eine großartige Errungenschaft. In liberalen Gesellschaften wird es für moralisch höchst problematisch erachtet, dass Partner sich einer Genanalyse unterziehen müssen, bevor sie heiraten, wie dies in Saudi-Arabien der Fall ist. Um moralisch problematische eugenische Maßnahmen zu verhindern, ist es deshalb unerlässlich, auf die Fortpflanzungsfreiheit zu setzen. Diese ist im Übrigen in Deutschland nicht so umfassend gegeben, wie dies in Spanien der Fall ist. Schauen wir uns hierzu den Fall einer inzestuösen Beziehung zwischen zwei kompetenten, mündigen Erwachsenen an. Inzest unter kompetenten Erwachsenen ist in Deutschland verboten.[64] Die unmittelbare emotionale Reaktion hierauf mag sein: Und das ist auch gut so.

Wenn wir den Fall jedoch genauer analysieren, dann sind wir hier mit einer eugenischen Maßnahme konfrontiert. Eine weit verbreitete Argumentationslinie für das Inzestverbot stellt heraus, dass bei solchen Beziehungen die Wahrscheinlichkeit der Entstehung von Menschen mit Behinderung erhöht ist. Bei der moralischen Bewertung von Inzest spielen also die möglichen Konsequenzen eine entscheidende Rolle. Zu beachten ist, dass auch diese Argumentation, wenn überhaupt, nur bei bestimmten heterosexuellen Beziehungen greifen kann. Mit der gleichen Logik könnte man im Übrigen auch verpflichtende Gentests vor jedem Fortpflanzungsversuch einführen. Auch ein Verbot der Reproduktion für Menschen mit einer genetisch bedingten Behinderung wäre mit einer derartigen Logik zu begründen. Beide Regelungen wären moralisch verwerfliche eugenische Prozesse. Betrachten wir ganz objektiv die Ausgangslage bei Inzest: Es gibt zwei kompetente, volljährige und mündige Erwachsene, die miteinander Sex haben wollen. Mit welcher Begründung sollte der Staat das Recht haben, sich hinsichtlich dieser Entscheidung einzumischen, wenn keiner der Beteiligten dazu gezwungen wird? Selbstverständlich trifft diese Aussage, wie bereits gesagt, nur auf mündige Erwachsene zu, denn es gilt deren Freiheitsrechte zu achten. Die Errungenschaft der Freiheit ist zu wichtig, als dass der Staat hier irgendein Wörtchen mitzureden haben sollte.

Genauso wie die Freiheit, selbst zu bestimmen, mit wem wir uns als Erwachsene fortpflanzen wollen, sollte auch die Freiheit bei der Auswahl der zu implantierenden befruchteten Eizellen gegeben sein. Die genauen Grenzen dieser Wahlfreiheit werden auch im Transhumanismus intensiv diskutiert. Hier gibt es zahlreiche moralische Herausforderungen, die beachtet werden müssen. Es ist durchaus eine offene Frage, ob es realistische Auswahlkriterien gibt, die moralisch unangemessen sind. Sollten Eltern das Recht haben, das Geschlecht des Nachwuchses auszuwählen? In den USA ist diese Option gegeben, damit Eltern, die bereits vier Jungen haben, auch noch ein Mädchen bekommen können. Zugegebenermaßen mag diese Option in Ländern mit einer stärkeren Geschlechterdiskriminierung wie etwa Indien höchst problematische Konsequenzen nach sich ziehen.

Wie steht es um die Nutzung von IVF und PID, um ein Rettungskind zu bekommen? Darunter versteht man ein Geschwisterchen, das geeignete Eigenschaften hat, um einem erkrankten vorhandenen Kind als Nieren- oder Knochenmarkspender zu dienen. Folgendes Szenario: Ein Kind leidet an Anämie und benötigt geeignetes Knochenmark, für das sich jedoch kein passender Spender findet. Nun könnten über IVF und PID entsprechend geeignete befruchtete Eizellen ausgewählt und implantiert werden, damit der daraus hervorgehende Mensch nach seiner Geburt als Knochenmarkspender für sein Geschwisterchen fungiert. Dies bedeutet selbstredend nicht, dass man Kinder zeugt, die dann getötet werden, nur um ihnen die Organe zu entnehmen, so wie das aus manchem Blockbuster-Film bekannt ist. Vielmehr geht es darum, ein weiteres Kind zu bekommen, das außerdem noch eine Heldenfunktion übernehmen und dem Geschwisterkind das Leben retten kann, indem von ihm eine Knochenmarkspende genommen wird.

Wie steht es darum, die Wahrscheinlichkeit einer bestimmten sexuellen Orientierung zu erhöhen, wenn es zutreffend sein sollte, dass das Vorhandensein eines speziellen Gens die Wahrscheinlichkeit einer speziellen sexuellen Orientierung erhöht? Wie ist die Auswahl von befruchteten Eizellen zur Erhöhung der Gesundheitsspanne zu bewerten, wenn sich ergeben sollte, dass mit dem Vorhandensein einer bestimmten Genkonstellation eine erhöhte Wahrscheinlichkeit einer um dreißig Jahre verlängerten Gesundheitsspanne gegeben ist?

Ein Extremfall ist die Frage, wie die Wahl eines tauben Kindes einzuschätzen ist. Es geht hier nicht darum, dass einem Hörenden die Fähigkeit des Hörens genommen, ihm also direkt geschadet wird, sondern darum, dass bewusst eine befruchtete Eizelle mit der Eigenschaft der Taubheit ausgewählt wird mit der Intention, auf diese Weise ein besseres Verständnis für die anderen Familienmitglieder zu fördern, da beide Eltern auch taub sind. In den USA ist es 2001, wie bereits weiter oben geschildert, tatsächlich zu einem solchen

Fall im Rahmen einer künstlichen Befruchtung gekommen. Dort wählte ein taubes lesbisches Paar als Samenspender für ihr Kind einen befreundeten Kollegen aus, in dessen Familie Taubheit seit Jahren vorherrschend ist – und es wurde tatsächlich ein annähernd taubes Kind geboren. Das Verständnis von Taubheit ist in diesem Fall nicht das einer Behinderung, sondern das einer Andersheit. In der Gehörlosen-Community sind beide Auffassungen anzutreffen. Für beide Grundhaltungen gibt es gute Begründungen. Dabei gilt es jedoch zu beachten, dass man, wenn man die eigene Taubheit nur als Andersheit ansieht, auch moralisch nicht berechtigt ist zu erwarten, dass die mit dem geschilderten Fall einhergehenden möglichen Zusatzkosten von der Krankenkasse, das heißt von der Allgemeinheit, getragen werden. Hält man Gehörlosigkeit aber für eine Behinderung, dann wäre ein Argument vorhanden, mögliche Zusatzkosten bei einer Krankenkasse geltend zu machen. Ein analoger Fall könnte auch bei der Selektion von befruchteten Eizellen auftreten. Wie sollte hier vorgegangen werden?

Je besser die Korrelationen von Genen und Eigenschaften erforscht werden, desto mehr Auswahlmöglichkeiten werden sich uns bieten. Durch die Verschmelzung von digitalen und biometrischen Daten wird unser diesbezügliches Wissen immer mehr erweitert, Unternehmen wie »23andMe«, die Genanalysen anbieten, generieren auf diesem Gebiet ständig neue Einsichten und Erkenntnisse. Es handelt sich bei dieser Technik also nicht mehr um Science-Fiction, sondern bereits um handfesten Science-Fact.

Der herausragende Science-Fiction-Film »Gattaca« thematisiert genau diese Technologie und malt ein düsteres Bild möglicher Konsequenzen. Der Regisseur Andrew Niccol hat für diese Herausforderung den Begriff *genoism* geprägt, der für die moralisch illegitime Diskriminierung aufgrund von Erbanlagen steht. Im Film wird das Bild einer Gesellschaft gezeichnet, in der für eine Bewerbung lediglich eine Genanalyse notwendig ist und in der alle sozial besser gestellten Jobs nur von nicht natürlich gezeugten Menschen besetzt werden können. Im Film geht es nicht um eine Veränderung der Erbanlagen, sondern ausschließlich um eine Auswahl von in vitro befruchteten Eizellen. Auf diese Weise wird die Wahrscheinlichkeit erhöht, dass Eigenschaften vorhanden sind, die ein gutes Leben fördern. Ist es nicht vielleicht sogar eine moralische elterliche Pflicht, diese Technik zu nutzen, wenn sie verfügbar und verlässlich ist? Es gibt zahlreiche Bioliberale und Transhumanisten, die so argumentieren.

Die transhumanistische Fragestellung, die mit diesem Film verbunden ist, wird als Gattaca-Argument bezeichnet: Führt die Nutzung dieser Technologie notwendigerweise zur Aufspaltung der Gesellschaft? Untergräbt sie nicht notwendigerweise die soziale Gerechtigkeit? Eine naheliegende Antwort ist sicherlich: Es kommt auf die politischen Randbedingungen an. In einem libertären System, ohne starke soziale Absicherungen, in dem allein die individuellen finanziellen Ressourcen dafür entscheidend sind, auf welche Technik man zurückgreifen kann, dürfte eine weitere Aufspaltung der Gesellschaft eher die Folge sein als in einer sozialen Ordnung, die es dank gesetzlicher Krankenversicherung jedem ermöglicht, auf die grundlegenden, mit dieser Technik verbundenen Vorzüge zurückzugreifen.

Diese sozialethische Fragestellung ist sicherlich eine zentrale, mit dieser Technik verbundene Herausforderung. Die andere wichtige Frage ist die nach dem moralischen Status von befruchteten Eizellen. Handelt es sich um Personen, die Respekt verdienen, oder nicht? Möglicherweise könnte eine andere neue Technik einen spannenden Ansatz darstellen, um nicht mehr menschliche Blastozysten für diese Anwendung nutzen zu müssen, sondern Blastoide. Eine fünf bis sechs Tage alte befruchtete Eizelle ist eine Blastozyste. Blastoide ähneln Blastozysten, wurden jedoch im Labor künstlich geschaffen. Forscher können mittlerweile induzierte Blastoide aus genetisch umprogrammiertem Bindegewebe, embryonalen Stammzellen und aus adulten Zellen gewinnen[65]. Möglicherweise lassen sich auf diese Weise auch ganze Lebewesen künstlich erschaffen. Wie diese Zellen moralisch einzuschätzen sind, ist offen.

Anhand der hier dargestellten Optionen sollte deutlich werden, dass die entscheidende Entwicklungslinie des Transhumanismus von der Natur hin zur Kultur verläuft. Im katholischen Naturrecht war Sexualität klar an die Fortpflanzung gekoppelt. Im Transhumanismus entkoppeln sich Sexualität und Reproduktion immer stärker voneinander durch Kondome und Anti-Baby-Pille, Leihmutterschaft, künstliche Befruchtung, Präimplantationsdiagnostik, Pränataldiagnostik, das Einfrieren unbefruchteter Eizellen. Und inzwischen ist bereits die Entwicklung von Bio-Bags, der externen künstlichen Gebärmutter für Menschen, weit vorangeschritten. Bei Schafen haben Forscher es bereits geschafft, eine solche künstliche Gebärmutter zu kreieren. Der komplette Reproduktionsprozess könnte auf diese Weise professionalisiert werden. Frauen könnten aufgrund einer externalisierten Schwangerschaft weiterarbeiten, Alkohol trinken, ausgehen und feiern, und der Nachwuchs befände sich wohlbehalten in der idealen Umgebung einer künstlichen Gebärmutter, könnte je nach Wunsch mit Musik von Beatles, Mozart oder Wagner beschallt werden und die für den jeweiligen Körper am besten geeigneten Vitamine und Nährstoffe erhalten. Der Fortpflanzungsprozess wird verbessert, sicherer gestaltet und technisch gefördert, und Sexualität wäre primär eine lustvolle Freizeitgestaltung. Dies ist die Stoßrichtung der neuesten technischen Innovationen. Frauen könnten sich auf der Basis der morphologischen Freiheit entscheiden, wie sie Fortpflanzung realisieren wollen, wenn sie Nachwuchs haben wollen. Soll dieser Vorgang traditionell erfolgen oder auf der Basis der neuesten Techniken professionalisiert werden? Doch diese moralische Herausforderung ist nicht die einzige in diesem Bereich.

Was ist genetisches Enhancement mittels Modifikation?

Klar von der genetischen Verbesserung durch Selektion zu unterscheiden ist die genetische Modifikation eines Genoms. Die Doppelhelix, das heißt der spiralförmig gewundene DNA-Doppelstrang, stellt das Genom einer Zelle dar. Der Großteil der DNA (Desoxyribonukleinsäure) befindet sich im Zellkern, jedoch nur ein geringer Teil in den Kraftwerken einer Zelle, den Mitochondrien. Die Struktur der verwundenen Leiter der DNA wurde 1953 von James Watson und Francis Crick beschrieben. Diese Entdeckung war von kaum überschätzbarer Bedeutung für die Entwicklung der Genetik. 1981 wurde das erste transgene Tier geschaffen, also ein Tier, dessen Genom ein Gen eines fremden Organismus enthielt. Damals wurde ein Hasen-Gen in das Genom einer Maus übertragen. 1982 wurde das erste genetisch modifizierte Medikament für Menschen entwickelt, das synthetische Insulin. 1996 wurde das Klon-Schaf Dolly geboren. Kurz nach der Jahrtausendwende nahm die Entwicklung der Gentechniken weiter an Fahrt auf. Seit 2003 wird der Glo-Fisch, ein genetisch modifizierter Fisch, der im Dunkeln leuchtet, als Haustier in den USA verkauft. 2006 wurden erstmals induzierte pluripotente Stammzellen geschaffen. Dabei wurde eine Zellart des Bindegewebes, Fibroblasten, so umprogrammiert, dass sie zu pluripotenten Stammzellen wurden, aus denen sich eine Vielzahl anderer Zellen ausdifferenzieren kann. 2010 hat Craig Venter, dessen Firma Celera einige Jahre zuvor fast zeitgleich mit dem »Human Genome Project« erstmals das menschliche

Genom weitgehend sequenziert hatte, sogar die erste synthetische Lebensform geschaffen.

Ein Meilenstein für die Genetik war es schließlich, als im Jahr 2012 Jennifer Doudna und Emmanuelle Charpentier mit ihren Teams die Genschere CRISPR/Cas9 entwickelten. 2020 haben diese beiden Forscherinnen für ihre bahnbrechende Entwicklung den Chemie-Nobelpreis erhalten. Diese Technik hat ein ungeheures Potenzial für die Anwendung bei Pflanzen, Tieren und auch bei Menschen und dürfte das 21. Jahrhundert zu einem Jahrhundert der Biotechnologie werden lassen. In der Verbindung mit einer weiteren neuen Technik, dem 2014 entwickelten Gene Drive, besteht sogar die Möglichkeit, dass sich eine Veränderung rasch über eine gesamte Spezies ausweiten lässt.

Praktisch relevant könnte die Anwendung der Gene-Drive-Technologie bei der Bekämpfung der Malaria sein. Dies könnte 500 000 Menschen, die jährlich an Malaria sterben, das Leben retten. Der Überträger der Malaria, die Anopheles-Mücke, wurde bereits im Labor genetisch so verändert, dass sie nicht mehr Malaria überträgt. Mithilfe der Gene-Drive-Technologie ist es prinzipiell möglich, diese genetische Veränderung weltweit zu verbreiten. Dies hätte zur Folge, dass die Anopheles-Mücke ausstirbt und stattdessen eine neue Spezies entsteht, die nicht mehr die Malaria übertragen würde. Diese genetische Modifikation würde einerseits zahlreiche Menschen vor großem Leid bewahren. Andererseits könnte ein solcher Eingriff in das weltweite Ökosystem kaum abschätzbare Folgewirkungen nach sich ziehen. Hieran wird bereits deutlich, welches enorme Potenzial mit den neuen Gentechniken verbunden ist. Spezielle Anwendungen sind bereits rechtlich zugelassen. Seit 2015 werden genetisch modifizierte Lachse auf kanadischen Märkten verkauft.

Möglicherweise bahnbrechend für die Geschichte der Genmodifikationen waren die durch den chinesischen Biophysiker He Jiankui durchgeführten Keimbahnmodifikationen an weiblichen Zwillingen, die praktisch eine genetische Impfung gegen HIV darstellen. Keimbahnmodifikationen werden an den eigenen Nachwuchs weitergegeben, was bei der Veränderung von somatischen Zellen nicht der Fall ist. Keimbahnzellen, also Eizellen und Spermien, sind haploide Zellen. Sie weisen also nur einen einfachen Chromosomensatz aus. Hierin unterscheiden sie sich von diploiden Zellen, den normalen Körperzellen, die einen doppelten Chromosomensatz in sich tragen und die erst nach der Kernverschmelzung von Ei- und Samenzellen entstehen. Eine seltene Mutation im Gen CCR5 bewirkt eine Immunität gegen HIV. Dieser Umstand ist nur bei sehr wenigen Menschen gegeben. Der erwähnte Eingriff wurde an befruchteten Eizellen durchgeführt, die von Eltern stammen, bei denen der Vater HIV-positiv ist. Im Rahmen der Befruchtung wurde das sogenannte »Spermienwaschen« durchgeführt, sodass bereits bei der Befruchtung die Wahrscheinlichkeit sehr gering war, dass die HIV-Infektion auf den Nachwuchs übertragen wurde. Eine Spermienwaschung erhöht die Wahrscheinlichkeit einer erfolgreichen Befruchtung, nachdem mittels der Polymerasen-Kettenreaktion überprüft wurde, dass keine HI-Viren im Nachwuchs vorhanden sind. Es war also ohnehin eine hohe Wahrscheinlichkeit gegeben, dass die befruchteten Eizellen nicht HIV-positiv sind.

Kritiker der erwähnten Keimbahnmodifikation stellten fest, dass die gefundenen Modifikationen nicht identisch mit denen sind, die bei Menschen vorhanden sind, die auf natürliche Weise immun gegen HIV sind. Außerdem hat nur einer der beiden Embryonen zwei Kopien des editierten CCR5-Gens, also eines von jedem Elternteil. Bei dem anderen Embryo war nur eine Kopie vorhanden, was wohl nur eine partielle Immunität gegen HIV mit sich bringt. Außerdem wurde das Risiko von Off-Target-Mutationen erwähnt, also von nicht beabsichtigten, aber realisierten genetischen Veränderungen. Ob solche Mutationen vorhanden sind, ist unklar. Geboren wurden die keimbahnveränderten Zwillinge Lulu und Nana entweder im Oktober oder November 2018 in China. Wegen der erwähnten Risiken wurde der Eingriff weltweit scharf kritisiert. Es gibt jedoch auch Forscher, die den Eingriff weniger kritisch sehen, wie etwa der renommierte Harvard-Genetiker George Church.[66]

Spätestens mit diesem wissenschaftlichen Quantensprung haben sich Visionen der Potenziale von Genmodifikationen aufgetan, die von kaum überschätzbarer gesellschaftlicher Relevanz sind. Bei Pflanzen haben wir mittels der präzisen, verlässlichen und günstigen Genschere bereits zahlreiche erfolgreiche Veränderungen vorgenommen. So wurden Kartoffeln geschaffen, die länger frisch bleiben, ebenso Blattsalat mit erhöhtem Vitamingehalt und Weizen mit weniger Gluten. Unerwünschte gefährliche Nebeneffekte können sich auf verlässliche Weise ausschließen lassen.

Auch bei Nutztieren sind dank dieser faszinierenden Technik bereits zahlreiche Errungenschaften zu vermelden: Bei einer Meerbrassenart, die Ende 2021 als Lebensmittel zugelassen wurde, hatte man etwa ein bestimmtes Gen blockiert, um das Muskelwachstum zu hemmen. Bei Ferkeln wurde mittels dieser Technik in den USA Immunität gegen ein spezielles Virus geschaffen. Auch um Zuchtlachs steril zu machen, hat man bereits erfolgreich auf diese Methode zurückgegriffen. Nach all diesen Erfolgsmeldungen bei Pflanzen und Tieren wird die Frage der verlässlichen Anwendbarkeit bei Menschen immer drängender.

Das Besondere am Experiment von He Jiankui ist, dass er sich mit einer genetischen Impfung gegen HIV auseinandergesetzt hat. Er hat seine Veränderungen nicht bei Betroffenen von Sichelzellanämie, Mukoviszidose oder Chorea Huntington angewendet, hat also keine Krankheit therapiert, sondern sich vielmehr darum bemüht, eine besondere Eigenschaft bei den Betroffenen hervorzubringen, die zuvor nicht vorhanden war.

Impfungen sind Verbesserungsprozesse, genauso wie es sich bei der Erziehung um einen Verbesserungsvorgang handelt. Unmittelbar nach der Geburt kann der Neugeborene noch nicht sprechen. Schließlich sagt er irgendwann »Mama«, »Papa«, und »Hunger«. Einen Menschen mit Sprache upzugraden ist in der Tat ein faszinierender Vorgang. Im Laufe der Erziehung eines Kindes wird dieser Prozess weiter fortgesetzt. Eigentlich handelt es sich bei allen Erziehungsvorgängen um Upgrades. Mathematik, Physik und Chemie zu beherrschen, musizieren zu können und Fremdsprachen zu erlernen sind hervorragende Fähigkeiten, an denen deutlich wird, dass die unterschiedlichen Vorgänge, die wir mit Erziehung verbinden, letztlich Prozesse sind, bei denen der Körper mit neuen Fähigkeiten ausgestattet wird. Es handelt sich um Veränderungsvorgänge der körperlichen Konstitution eines Menschen. Diese Veränderungen können Menschen dabei unterstützen, Ziele zu erreichen, die in irgendeiner Form dabei behilflich sein sollen, die Lebensqualität der betroffenen Person zu verbessern. Bei der Erziehung handelt es sich also um eine Form der Körpergestaltung, die gleichzeitig mit der Förderung von Techniken verbunden ist, mit denen zahlreiche Ziele verfolgt werden können. Jede Technik wirkt gestalterisch, ist aber gleichzeitig auch ein Mittel zur Realisierung von Zielen, die intrinsisch, aber auch instrumentell wichtig sein können. Ein spezielles Musikstück auf dem Saxophon zu beherrschen kann mir Freude bereiten. Mittels einer herausragenden musikalischen Fähigkeit eine Anstellung zu bekommen mag jedoch auch von existenzieller Bedeutung für einen Menschen sein, da er vielleicht nur so sein Überleben sichern kann.

Wenn es sich sowohl bei der Erziehung als auch bei der

genetischen Veränderung am Nachwuchs um Verbesserungsprozesse handelt, sollte man dann nicht auch die gleichen moralischen Standards bei beiden Prozessen anlegen? Handelt es sich bei der genetischen und bei der erzieherischen Verbesserung um strukturanaloge Prozesse? Fällt dann das Recht der Eltern, ihre Kinder genetisch zu modifizieren, unter die Erziehungsfreiheit? Dies sind die entscheidenden moralischen Fragen, die diskutiert werden müssen. An ihnen wird deutlich, um was für einen grundlegenden Paradigmenwechsel es sich beim Transhumanismus handelt.

Exkurs: Ab wann ist ein Mensch eine Person?

Für Transhumanisten steht die Freiheit der Person im Mittelpunkt. Drei Freiheiten spielen eine besonders exponierte Rolle:

1. Personen sollten morphologische Freiheit besitzen. Sie sollten also das Recht haben, sich nach ihren eigenen Selbstvorstellungen verändern zu dürfen, solange sie dabei keine Dritten schädigen. Eine Schädigung kann auch indirekt erfolgen. Jemand will wissen, wie es ist, taub zu sein, und schafft es, sich so zu verändern. Im Anschluss kann die betroffene Person jedoch nicht mehr als Musiker tätig sein und möchte ein Cochlea-Implantat erhalten. Wenn die öffentliche Krankenkasse das bezahlen würde, dann kann durchaus argumentiert werden, dass es sich um eine Schädigung von Dritten, das heißt der Allgemeinheit, handelt.
2. Die Reproduktionsfreiheit umfasst das Recht, frei zu wählen, mit wem eine Person sich fortpflanzen möchte. Dieses Freiheitsrecht könnte auch das Recht implizieren, auf eine Technik zurückgreifen zu dürfen, mit der zwei Frauen und ein Mann sich miteinander fortpflanzen können. Diese zugrunde liegende Methode ist in anderen Ländern be-

reits unter speziellen Bedingungen legal verfügbar, etwa in Großbritannien, wenn bei einer Frau mit einer mitochondrialen Erkrankung der Wunsch nach einem biologisch verwandten Kind besteht. Diese Option mag in einigen Jahren auch homosexuellen männlichen Paaren offenstehen. In Japan ist es kürzlich gelungen, eine Maus zu erschaffen, wobei ausschließlich auf männliche Zellen zurückgegriffen wurde.[67]

3. Die Erziehungsfreiheit wiederum umfasst das Recht und die Pflicht der Erziehung des eigenen Nachwuchses. Dem Nachwuchs nicht die Sprache zu vermitteln ist unzweifelhaft eine gravierende Vernachlässigung. Stellen wir uns vor, dass sich mithilfe einer genetischen Veränderung eine um etwa dreißig Jahre erhöhte Gesundheitsspanne auf verlässliche Weise realisieren ließe und die öffentliche Krankenkasse auf Wunsch für die Kosten aufkommen würde: Wäre es eine elterliche Vernachlässigung des eigenen Nachwuchses, sich gegen diese Methode zu entscheiden?

Ab wann ist der eigene Nachwuchs eigentlich eine moralisch eigenständige Person? Wo sind die Grenzen dieses Personenstatus? Auch diesbezüglich muss auf der Grundlage transhumanistischer Überlegungen intellektuell einiges revidiert werden. Das Wesen einer Person lag in der christlichen Tradition in unserem unveränderlichen Wesenskern, der immateriellen Vernunft, unserem freien Willen, unserer Gottebenbildlichkeit, unserer Autonomie, unserer besonderen Beziehung zu Gott begründet. All diese Eigenschaften und Relationen sind empirisch nicht zugänglich. Wir besitzen aus dieser Perspektive etwas Essentielles, etwas Unveränderliches, etwas empirisch nicht Zugängliches. Mittlerweile hat sich konzeptionell radikal verändert, womit der Personenstatus begründet wird.

Im Transhumanismus wird die folgende Anthropologie

weithin geteilt: Zunächst einmal ist unser Geist zu etwas Körperlichem geworden. Der Geist ist evolutionär entstanden, und er ist Teil des Körpers. Er ist nicht mehr immateriell, nicht mehr geeint, nicht mehr auf identische Weise in allen Menschen vorhanden, sondern vielmehr bei jedem Menschen auf einzigartige Weise ausgeprägt. Unser *mind* ist zu einem *embodied mind,* unser Körper zu einer sich ständig verändernden Entität geworden, zu einem beständigen Werden. Im Übrigen wissen wir, dass unser Körper ohnehin ein Hybrid ist. Er besteht aus 30 Billionen menschlichen und etwa 39 Billionen nicht-menschlichen Zellen, die sich etwa als Bakterien in unserem Darm befinden. Entscheidend ist es, dass wir aus mehr nicht-menschlichen Zellen als aus menschlichen Zellen bestehen und dass wir ohne diese nicht-menschlichen Zellen gar nicht überleben könnten. Wir sind bereits Hybride, und unsere Überlebensfähigkeit hängt davon ab, dass wir als hybride Wesen weiter bestehen können. Es ist eine spannende Frage, ob diese nicht-menschlichen Zellen Teil unseres Person-Seins sind oder nicht, da wir ohne sie nicht überleben können.

Die genauen Grenzen unseres Person-Seins sind im Laufe der Zeit immer unklarer geworden. Jemand, der an eine Beatmungsmaschine angeschlossen ist oder der einen Herzschrittmacher oder ein Cochlea-Implantat trägt, das mit einem Smartphone gesteuert wird, mag diese technischen Objekte als zugehörig zum eigenen Personen-Sein verstehen. Wenn eine Polizistin einer solchen Person das Smartphone wegnimmt, dann kann durchaus argumentiert werden, dass sie der Person einen Schaden zufügt und deren Recht auf körperliche Unversehrtheit untergräbt. Ein Smartphone würde dann als ausgedehnter Geist, *extended mind,* einer Person aufgefasst werden.

Eine analoge Überlegung mag auch auf einen Avatar im Metaversum zutreffen. Nehmen wir einmal an, dass sich ein anderer Avatar dem eigenen Avatar nähert, um ihn digital zu vergewaltigen. Würde es sich bei dieser digitalen Vergewaltigung um eine Verletzung der körperlichen Unversehrtheit handeln? Allein anhand dieser wenigen Überlegungen wird deutlich, dass aufgrund des transhumanistischen Paradigmenwechsels zahlreiche moralische Fragen neue Antworten erfordern.

Auch der Zeitpunkt, ab wann ein Wesen moralisch als Person angesehen werden sollte, muss neu bestimmt werden. Die Vertreter mancher Kirchen argumentieren, dass mit der Beseelung auch die Identität einhergeht. Diese ist jedoch erst dann geklärt, wenn eine Bildung von eineiigen Zwillingen nicht mehr möglich ist, was erst zwei Wochen nach der Befruchtung der Fall ist. Aber selbst nach 14 Tagen können sich noch immer siamesische Zwillinge bilden, bei denen durchaus von unterschiedlichen Personen gesprochen werden sollte. Das wird besonders dann deutlich, wenn sie erfolgreich voneinander getrennt werden. Andere Ethiker vertreten die Auffassung, dass die Identität erst dann gegeben ist, wenn die Organogenese, also die vollständige Organentwicklung, abgeschlossen ist, also nach etwa drei Monaten. Mit diesem Entwicklungsschritt spricht man auch nicht mehr vom Embryo, sondern vom Fötus. Wiederum andere Ethiker identifizieren den Zeitpunkt des Vorhandenseins einer eigenständigen Identität mit der Geburt, schließlich ist man ab dann auch nicht mehr direkt mit der Mutter verbunden. Die Fähigkeiten eines Wesens nach einer Frühgeburt unterscheiden sich aber signifikant von denen eines nach neun Monaten geborenen Menschen. Wie wäre ein Kind zu behandeln und zu bewerten, das in einer künstlichen Gebärmutter heranreift? Unmittelbar nach der Geburt können Kinder sich noch nicht selbst im Spiegel erkennen, wozu ausgewachsene Schimpansen in der Regel in der Lage sind. Sollte dies nicht moralisch entscheidend für den Personenstatus sein, da erst dann von einer signifikanten Leidensfähigkeit gesprochen werden kann? Die Hälfte der Kinder erkennt sich erst mit etwa zwei Jahren selbst im Spiegel.

Bei diesen Überlegungen zum moralischen Status am Lebensanfang stehen wir zweifelsohne vor hochbrisanten ethischen Herausforderungen. Genau das wird im Transhumanismus thematisiert, da die meisten Transhumanisten den Speziesismus als Problem ernst nehmen. Respekt verdient ein Wesen nicht aufgrund der Zugehörigkeit zu einer bestimmten Spezies, sondern aufgrund des Vorhandenseins von moralisch relevanten Eigenschaften. Um welche es sich dabei handelt und ab wann sie vorhanden sind, bedarf für Transhumanisten einer grundlegenden Diskussion.

Mit derartigen Überlegungen geht im Transhumanismus zumeist auch eine grundsätzliche Abkehr von einer Ethik der Menschenwürde einher, hin zu einer moralischen Berücksichtigung aller Personen. Der Unterschied zwischen diesen beiden Ethikkonzeptionen ist gravierend. Beim bisherigen Begriff von Menschenwürde geht man davon aus, dass die Zugehörigkeit zur Spezies Mensch notwendig und hinreichend dafür ist, moralisch respektiert zu werden. Dass ein ausgewachsener Schimpanse leidet, wenn er gequält wird, was auf eine befruchtete menschliche Eizelle ohne Nervensystem und ohne Gehirn nicht zutreffen kann, ist irrelevant für die Einschätzung, ob diesem Schimpansen Würde zukommen sollte. Eine befruchtete menschliche Eizelle stellt biologisch bereits ein menschliches Leben dar, was hinreichend dafür ist, moralisch wertgeschätzt zu werden.

Die meisten Transhumanisten halten eine solche Einschätzung für absurd, da aus ihrer Sicht ein Wesen, das nicht leiden kann, keinen moralischen Respekt verdient. Eine personenzentrierte Ethik hingegen stellt die Frage nach moralisch relevanten Eigenschaften. Jedes Wesen mit solchen Eigenschaften verdient es demzufolge, moralisch respektiert und als Person klassifiziert zu werden. Ein populärer diesbezüglicher Vorschlag besagt, dass eine besonders hohe Leidensfähigkeit eine moralisch relevante Eigenschaft sei und es alle Wesen mit einer solchen Leidensfähigkeit deshalb verdienten, als Person klassifiziert zu werden.

Unter Transhumanisten wird eine Vielzahl von unterschiedlichen Perspektiven bezüglich der Frage vertreten, ab wann einem menschlichen Wesen der Personenstatus zukommen sollte. Entscheidend für die meisten Transhumanisten ist jedoch, dass befruchteten menschlichen Eizellen nicht notwendigerweise der Personenstatus zukommen sollte. Welche rechtliche Vorgehensweise in diesem Kontext als angemessen zu gelten hat, ist auch im Transhumanismus stark umstritten. In einem pluralistischen liberal-demokratischen Staat wäre es wohl legitim, dass eine so stark metaphysisch aufgeladene Frage wie die nach der Würde oder dem Personenstatus die gegebene gesellschaftliche Pluralität mitberücksichtigt. Dies bedeutet jedoch auch, dass von der im Grundgesetz verankerten Position, wonach ab dem Zeitpunkt der Befruchtung allen menschlichen Wesen eine hohe Schutzwürdigkeit zukommen sollte, abgerückt werden müsste.

Eine transhumanistische Bewertung des genetischen Enhancement

Allein an diesen Ausführungen zum Personenstatus wird deutlich, wie stark sich der Transhumanismus vom gegenwärtig gesetzlich vorherrschenden Menschenbild unterscheidet. Diese Neueinschätzung ist auch der Grund dafür, warum die moralische Bewertung von genetischen Modifikationen vor diesem Hintergrund getroffen werden sollte. Hierbei ist selbstredend zu unterscheiden zwischen der Entscheidung zu einer genetischen Veränderung, die einen selbst betrifft, und der Entscheidung für den eigenen Nachwuchs. Der erste Fall fällt unter das Recht auf morphologische Freiheit, der zweite unter das Recht auf Erziehungsfreiheit. Die Technik der Selektion nach künstlicher Befruchtung und anschließender Präimplantationsdiagnostik hingegen steht mit der Reproduktionsfreiheit in Verbindung. Jede neue Technik hat das Recht auf eine ihr zukommende spezifische moralische Bewertung. Es sollte stets genau analysiert werden, ob Strukturanalogien zu bereits bekannten Techniken vorhanden sind, sodass auf bereits etablierte moralische Einschätzungen und Bewertungen zurückgegriffen werden kann. So kann ein bereits bestehendes komplexes Ideengeflecht angepasst und weiterentwickelt werden.

Wenn es um Erziehung geht, können wir uns zum Beispiel auf eine über 2500 Jahre alte Tradition von anregenden philosophischen Überlegungen zum Thema beziehen. Platons *Staat* war primär der Frage der Erziehung gewidmet. Seit Platon haben unzählig viele Denker über die Frage nach der Bedeutung von Erziehung reflektiert. Deshalb müssen moralische Überlegungen zu einer neuen Technik, die strukturanalog zur Erziehung ist, nicht völlig neu entwickelt werden. Aus diesem Grund ist die Strukturanalogie zwischen traditioneller Erziehung und von den Eltern veranlassten genetischen Modifikationen so hilfreich, schließlich können wir auf eine jahrtausendelange Kulturgeschichte mit zahlreichen intellektuellen Überlegungen zur Erziehung zurückgreifen, die uns bei der moralischen Einschätzung von genetischen Modifikationen enorm behilflich sein können. In beiden Fällen nehmen Eltern nämlich Veränderungen an ihrem Nachwuchs vor, um die Wahrscheinlichkeit zu erhöhen, dass er ein erfülltes Leben führen kann. Statt dass man sein Kind wie Kaspar Hauser verwahrlosen lässt, werden im Rahmen der Erziehung liebende Eltern hinsichtlich der Gestaltung ihres Nachwuchses aktiv. Statt genetisches Roulette zu spielen, greifen sie nun auf die aktive Gestaltungsmöglichkeit mittels einer präzisen Gen-Schere zurück. Es geht Transhumanisten aber nicht um eine Armee von Supersoldaten oder andere problematische eugenische Zielsetzungen, sondern vielmehr darum, das eigene Leben und das des Nachwuchses ein wenig zu erleichtern, um gegen die zahlreichen Widrigkeiten des Lebens bestehen zu können, von denen es leider allzu viele gibt.

Was sind nun die zentralen moralischen Fragestellungen beim Thema genetische Modifikation? Ein wichtiger Aspekt ist die Reversibilität. Sind die Veränderungen, die mittels Erziehung und mittels genetischer Modifikation herbeigeführt werden, reversibel oder nicht? Es steht hier der Einwand im Raum, dass der Nachwuchs im Falle von unveränderlichen genetischen Modifikationen quasi wie eine Sache behandelt wird, was wiederum der Würde des Menschen widersprechen würde. Eltern würden dann mit dem Nachwuchs wie mit einem Kunstwerk umgehen. Sie würden ihn gestalten und formen ohne Rücksicht auf die Interessen des Kindes. Ist dieser weit verbreitete Einwand denn berechtigt? Schaden Eltern ihrem Nachwuchs oder untergraben sie dessen Würde, wenn sie ihn auf unveränderliche Weise modifizieren? Auch im Rahmen der Erziehung findet eine Gestaltung des Nachwuchses statt. Oft werden erzieherische Veränderungen unzutreffenderweise als stets reversibel aufgefasst – im Gegensatz zu genetischen, die stets irreversibel seien.

Theoretisch ist es möglich, dass genetische Veränderungen im Erwachsenenalter wieder rückgängig gemacht werden können. Wenn eine Person jedoch aufgrund genetischer Eingriffe immun gegen HI-Viren wäre, warum sollte sie dann diese Veränderung wieder rückgängig machen wollen? In anderen Konstellationen mag dies jedoch anders sein. Wenn wir davon ausgehen, dass genetische Modifikationen auf verlässliche Weise durchgeführt werden können, dann spricht grundsätzlich nichts dagegen, sie wieder zu revidieren, etwa wenn der Wunsch aufkommt, eine von den Eltern herbeigeführte Augenfarbe im Erwachsenenalter wieder umzugestalten. Wenn sich die Eltern für die Eigenschaft der Taubheit beim Nachwuchs entschieden haben sollten – wie ja bereits in den USA geschehen –, so hat der Nachwuchs unter bestimmten Bedingungen die Möglichkeit, diese Veränderung wieder zu revidieren, zum Beispiel durch ein Cochlea-Implantat. Im ersten Fall würde der Genotyp, im zweiten der Phänotyp verändert werden. Entscheidend ist, dass genetische Modifikationen nicht irreversibel sein müssen. Sie können es sein, jedoch ist dies nicht notwendigerweise der Fall.

Analoge Überlegungen sind im Fall der erzieherischen Veränderungen anzustellen. Nicht alle erzieherischen Veränderungen sind reversibel. Wenn eine bestimmte Handlung nur genügend häufig wiederholt wird, dann wird sie quasi zur zweiten Natur. Dann kann sie so fest in der Persönlichkeit der davon Betroffenen verankert sein, dass sie sich praktisch nicht mehr verändern lässt. Es kann zum Beispiel unmöglich sein, eine Muttersprache völlig zu verlernen. Auch andere durch Umweltbedingungen hervorgerufene Zustände können sich als unveränderlich erweisen. Angstneurosen oder posttraumatische Belastungsstörungen, die durch schreckliche Erlebnisse hervorgerufen wurden, können unheilbar sein. Studien zeigen, dass persistierende Persönlichkeitsstörungen gar nicht so selten auftreten. Erzieherische und umweltbedingte Veränderungen können also unveränderlich sein. Damit ist gleichwohl nicht gesagt, dass dies stets der Fall sein muss.

Entscheidend für die hier relevante Argumentation ist ausschließlich, dass sowohl erzieherische als auch genetische Veränderungen sowohl irreversible als auch reversible Eigenschaften herbeiführen können. Auch das unterstreicht die Strukturanalogie zwischen der genetischen und der erzieherischen Veränderung. Damit ist nicht gesagt, dass alle genetischen Modifikationen gerechtfertigt sind. Schließlich sind auch nicht alle Erziehungsmaßnahmen moralisch gerechtfertigt. Manche sollten vielmehr als Kindeswohlgefährdung oder Vernachlässigung klassifiziert und damit auch moralisch abgelehnt werden. Diese Kategorien lassen sich analog auf die genetische Modifikation übertragen. Das bedeutet dann auch, dass genetische Modifikationen auch zu Verbesserungszwecken nicht notwendigerweise moralisch verwerflich sein müssen, sondern vielmehr unter das elterliche Recht der Erziehungsfreiheit fallen. Wenn bestimmte genetische Veränderungsmaßnahmen besonders verlässlich und von allgemeinem Vorteil für den Nachwuchs sein sollten, stellt sich vielmehr die Frage, ob die Veränderung nicht vielleicht sogar eine moralische elterliche Pflicht darstellt, etwa wenn so die mathematische Intelligenz um 30 Punkte gesteigert werden könnte.

Gegen die Parallelisierung der genetischen und der erzieherischen Veränderung werden einige Argumente vorgebracht. Wie sind etwa die Auswirkungen von genetischen Modifikationen auf die Autonomie? Wird die Autonomie auf diese Weise untergraben? Besitzt der genetisch Veränderte notwendigerweise weniger Autonomie als der natürlich Gezeugte, weil er wie eine Sache verändert wurde? Auch dieses Argument scheint wenig stichhaltig zu sein. Allein die Partnerwahl ist schon eine aktive Vorbestimmung des eigenen Nachwuchses, da auf diese Weise sein Genpool festgelegt wird. Wenn ein Kind in einem besonders religiösen Umfeld aufwächst, dann kann dies eine lebenslange Furcht vor dem Fegefeuer und dem Inferno nach sich ziehen. Auch auf diese Weise bestimmen wir Eigenschaften des Nachwuchses. Hiergegen mag eingewendet werden, dass sich bei diesen Fällen das vernünftige Subjekt noch immer dafür oder dagegen entscheiden kann. Wenn es dieses vernünftige Subjekt gibt, dann geht dieses jedoch auch durch eine genetische Modifikation nicht verloren. Schließlich kann nur der Körper, nicht jedoch der immaterielle Geist verändert werden. Ob es diesen Geist jedoch gibt, ist eine wichtige Frage. Die meisten Transhumanisten bezweifeln das. Sie gehen von einem körperlichen Geist aus, der evolutionär entstanden ist. Wenn diese Einschätzung zutreffend ist, dann ist eine genetische Veränderung nicht anders zu bewerten als eine erzieherische.

Könnte die Autonomie jedoch nicht auch auf eine andere Weise untergraben werden? Etwa indem die Menschheit aufgeteilt wird in die genetisch Veränderten und die natürlich Gezeugten, wie dies im Film »Gattaca« dargestellt wird. Wenn eine solche Aufteilung anhand genetischer Veränderungen erfolgt, dann könnte dies auch bei erzieherischen Maßnahmen der Fall sein. Die Unterschiede zwischen den mathematischen Fähigkeiten einer Fields-Medaille-Gewinnerin und denen einer Person ohne Schulbildung sind enorm. Auch dieses Gegenargument ist daher kein schlüssiges.

Wie steht es jedoch um das Recht eines Kindes auf eine offene Zukunft? Wird dieses nicht durch eine genetische Veränderung untergraben? Jedes Kind hat eine bestimmte genetische Ausstattung. Wie kommt sie zustande? Entweder geschieht dies durch genetisches Roulette oder durch eine bewusste elterliche Entscheidung. In beiden Fällen ist das Kind nicht vorherbestimmt. Es hat bestimmte genetische Voraussetzungen. Ein Kind ohne genetische Voraussetzungen ist noch nicht einmal zu denken. Wie das Kind mit den Voraussetzungen umgeht und was es aus diesen Voraussetzungen macht, ist nicht notwendigerweise gegeben. Durch genetische Modifikationen wird die offene Zukunft des Nachwuchses nicht untergraben. Es werden höchstens die Vorbedingungen verändert. Möglicherweise könnte auch einiges dafür sprechen, dass durch genetische Veränderungen die Autonomie des Kindes gesteigert werden kann. Wenn kognitive Fähigkeiten, die Erinnerungsfähigkeit und die Intelligenz verbessert werden, dann verbessert dies auch das Urteilsvermögen und die Entscheidungsstärke. Würde dadurch nicht auch die Autonomie des Nachwuchses gesteigert werden? Ist Autonomie überhaupt eine Eigenschaft, die man verändern kann? Wenn sie durch Erziehung gefördert werden kann, dann sicherlich auch durch genetische Veränderungen.

Gern werden noch weitere Einwände gegen die genetische Modifikation vorgebracht, etwa derjenige der Verdinglichung. Aus der Menschenwürde ergibt sich die Pflicht, eine andere Person niemals allein wie eine Sache zu gebrauchen. Eine Person muss stets auch als Vernunftwesen respektiert werden, ansonsten untergräbt man ihren moralischen Status und behandelt sie nicht gemäß dem ihr gebührenden Respekt. Könnte dieser Einwand gegen die durch die Eltern veranlasste genetische Modifikation ein stichhaltiges Argument sein? Möglicherweise. Manche Eltern behandeln ihren Nachwuchs wie eine Sache, etwa wenn sie ihn verprügeln oder misshandeln. In beiden Fällen handelt es sich um unmoralische und möglicherweise auch strafrechtlich relevante Handlungen, die sowohl moralisch als auch rechtlich verboten sind. Und das ist auch gut so. Wenn bei genetischen Veränderungen der Nachwuchs nicht respektiert wird, dann handelt es sich um eine moralisch problematische Handlung. Wie der Nachwuchs respektiert werden sollte, ist jedoch eine andere Frage. Die Antwort hängt davon ab, ob es sich beim Nachwuchs bereits um eine Person handelt oder nicht. Wenn es sich um eine Person handelt, dann ist klar, dass die gleichen moralischen Kriterien angelegt werden sollten, wie im Rahmen der Erziehung. Der Nachwuchs darf nicht missbraucht oder vernachlässigt werden.

Ein weiterer Einwand gegen die genetische Veränderung ist, dass durch die irreversible Veränderung einer Person durch eine andere das symmetrische Verhältnis freier und gleicher Personen untergraben werde. Aber auch dieser Einwand läuft ins Leere. Die Norm der Gleichheit von Personen ist eine normative Setzung und keine Beschreibung von Menschen. Menschen haben unterschiedliche Eigenschaften und Fähigkeiten und werden durch eine Vielzahl von Einflüssen geprägt. Auf der Ebene der Beschreibung von Menschen kann es keine Gleichheit geben. Außerdem besteht bereits jetzt ohne genetische Modifikation eine asymmetrische Beziehung zwischen Eltern und Kindern. Bei der normativen Gleichheit handelt es sich jedoch ausschließlich um eine Setzung, wie etwas sein soll, und diese Setzung ist unabhängig von den Fähigkeiten und gegebenen Umständen. Also ist auch dieser Einwand kein plausibler.

Eine weitere Überlegung zu genetischen Modifikationen besteht darin, dass sie zu therapeutischen Zwecken legitim seien, aber nicht der Verbesserung dienen dürfen. Ob eine solche rigide Unterscheidung überhaupt getroffen werden kann, ist unklar. Ebenso, ob verbessernde Maßnahmen moralisch problematisch sein müssen. Schließlich handelt es sich auch bei der Impfung um eine Verbesserungsmaßnahme, da hier eine Eigenschaft generiert wird, die zuvor noch nicht vorhanden war. Handelt es sich bei der Verlängerung der Gesundheitsspanne nicht auch um eine Verbesserungsmaßnahme? Ist eine Erhöhung der Intelligenz nicht mit einer gesteigerten Planungsfähigkeit verbunden, mit der in der Regel verbesserte Gesundheitsvorsorgemaßnahmen einhergehen? Hat sich historisch nicht das, was als Krankheit eingestuft wird, immer wieder signifikant verändert? Hier sei nur einmal die Homosexualität erwähnt. Diese Überlegungen scheinen nahezulegen, dass nicht kategorial zwischen verbessernden und therapeutischen Maßnahmen unterschieden werden kann.

Ein entscheidendes Argument, das für die Strukturanalogie von erzieherischen und genetischen Verbesserungen spricht, ist die Epigenetik, also die Wissenschaft davon, wie die Umwelt unsere Gene beeinflusst und ob diese durch Umwelteinflüsse bedingten Veränderungen möglicherweise auch vererbt werden können. Lange Zeit ist man im 20. Jahrhundert davon ausgegangen, dass beides nicht möglich sei. Erst die seit Anfang dieses Jahrtausends aufkommende Epigenetik-Forschung hat beide Phänomene bei verschiedenen Lebewesen nachgewiesen und aufgezeigt, dass auch Stress, Ernährung und Umwelteinflüsse für das An- und Ausschalten von Genen beziehungsweise für das Verhältnis der Gene zueinander verantwortlich sein können.

Damit ist klar, dass Gene und Umwelt keine kategorial voneinander getrennten Lebensbereiche darstellen und dass Erziehung immer schon eine genetische Erziehung war. Die Umwelt hat stets einen Einfluss auf unsere Gene gehabt, weshalb die gegenwärtig sich etablierenden Genom-Editierungsverfahren eigentlich in einer Tradition dessen stehen, was immer auch schon im Rahmen der Erziehung geschehen ist. Stets wurden beim Nachwuchs Veränderungen realisiert, die sowohl unveränderliche als auch veränderliche Eigenschaften hervorbringen und die sowohl auf die tatsächlichen Fähigkeiten als auch auf die genetische Konstitution Auswirkungen haben können. Damit stellen die neuesten Genome-Editing-Verfahren eine weitere Möglichkeit dar, um im Rahmen der Erziehung Eigenschaften zu fördern, die die Wahrscheinlichkeit für ein gutes Leben des Nachwuchses erhöhen. Auch deshalb sehen viele Transhumanisten die genetische Modifikation als eine Fortführung der traditionellen elterlichen Erziehung mit präziseren Mitteln an.

Zukünftige Herausforderungen: Bioprinting, Bioterrorismus und synthetische Biologie

Der Bereich des Genome-Editing ist für den Transhumanismus von kaum zu überschätzender Bedeutung. Dieses Urteil ist noch plausibler, wenn sie mit Einsichten aus effizienten Big-Data-Analysen von Genen in Verbindung gebracht wird. Die Firma »23andMe« hat bereits jetzt über zwölf Millionen Kunden weltweit. Wenn die chinesische Regierung verpflichtende Genanalysen und Big-Data-Analysen in ihrer Bevölkerung durchführt, dann werden die Erkenntnisse zu Korrelation von Fähigkeiten und Genen beziehungsweise Genkonstellationen exponentiell wachsen.

Möglicherweise lassen sich auch neue Lebewesen durch KI realisieren, die anschließend am Bioprinter ausgedruckt werden. Hier deuten sich über die Genmodifikation hinausgehende transhumanistische Möglichkeiten an. Gedruckte Organe, In-vitro-Fleisch und synthetische Biologie sind die Bereiche, in denen sich digital geschaffenes Leben als besonders vielversprechende Option realisieren wird. 1976 wurden solche Überlegungen noch als Schreckensvision im Film »Brust oder Keule« mit Louis de Funès präsentiert. Mittlerweile lassen sich Burger mit In-vitro-Fleisch bereits in Singapur kaufen. Eine nachhaltige Zukunft, ohne auf Fleischgenuss verzichten zu müssen, lässt sich wahrscheinlich sogar nur auf diese Weise realisieren. Einst als Horrorvision belächelt, wird künstlich gezüchtetes Fleisch heute eher hoffnungsfroh als wichtiger Beitrag zu einem nachhaltigen Lebensstil betrachtet, bei dem keine Tiere gequält werden müssen, aber auf den Verzehr von (artifiziellem) Fleisch trotzdem nicht verzichtet werden muss. Gleichzeitig hat sich gezeigt, dass sich mit KI enorm gefährliche Biokampfstoffe entwickeln lassen. Wenn sich diese dann noch mit weit verbreiteten Bioprintern ausdrucken lassen, dann verheißt dies für die künftige Kriegsführung nichts Gutes.[68] Diese Entwicklung könnte schreckliche Konsequenzen haben, insbesondere dann, wenn Terroristen auf dieses Weise, neue tödliche, in der Luft übertragbare Viren herzustellen in der Lage wären, die schwer nachweisbar sind, weil die ersten Symptome erst nach einer längeren Zeit auftreten, dann jedoch rasch zum Tod führen. Solche Viren könnten mittels Genome-Editing oder auch mittels Bioprinting realisiert werden. Die hierfür notwendigen Kenntnisse sind weit verbreitet, die technischen Voraussetzungen relativ anspruchslos.

Anhand dieser kurzen Ausführungen sollte deutlich werden, dass die mit den neuesten Gentechniken einhergehenden Möglichkeiten enorme Gefahren mit sich bringen. Gleichzeitig ist der Nutzen dieser Techniken zur Förderung der Lebensqualität jedoch kaum zu überschätzen.

Mensch-Maschine – Auf dem Weg zum Cyborg

Stefan Lorenz Sorgner

Ein besonders wichtiger Bereich für Transhumanisten ist derjenige der Mensch-Maschine. Einer breiteren Öffentlichkeit bekannt wurde dieser Begriff bereits 1978, als die deutschen Elektronikmusikpioniere der Band »Kraftwerk« ihr siebtes, höchst empfehlenswertes Studioalbum so benannten (unter anderem mit dem gleichnamigen Titelsong sowie den Hits »Das Model« und »Die Roboter«).

Unter den Begriff »Mensch-Maschine« fallen auch sogenannte Hirnschrittmacher. In einem Interview mit mir zum Thema Transhumanismus in *Die Zeit* hatte ich mich bereits 2013 für »Hirnschrittmacher für alle« ausgesprochen. Mit Elon Musks Firma Neuralink und verwandten Projekten geht die technische Entwicklung mittlerweile in der Tat in diese Richtung. Hirnschrittmacher beziehungsweise Gehirn-Computer-Schnittstellen, sind hierfür genauso bezeichnend wie Cochlea-Implantate, die tauben Menschen das Hören ermöglichen, oder auch Implantate, die für das Bezahlen, zum Speichern sensibler Daten oder zur Körperanalyse genutzt werden können. Es ist nicht allein der Organismus, der hier genetisch gestaltet werden kann, oder der Mensch als digitales Wesen, sondern hier tritt auch die Auflösung der traditionellen Vorstellung des menschlichen Körpers besonders deutlich hervor.

Von diesem Beispiel abgesehen begeben wir uns auch

sonst schrittweise immer mehr in digitale Welten. Im Metaversum haben wir einen Avatar, für den wir uns NFT-Bekleidung (NFT: Non-Fungible Token) und auch eine digitale Immobilie zulegen, in der wir dann Crypto-Art aufhängen können. In welchem Verhältnis steht der Avatar zu uns? Wie ist die Situation zu bewerten, wenn andere Avatare den eigenen Avatar berühren, ohne dass dies von uns gewollt wird, oder unser Avatar von anderen zu Handlungen gezwungen wird, an denen wir nicht interessiert sind? Die Preise für digitale Häuser, NFT-Bekleidung und Crypto-Art sind teilweise höher als für die analogen Äquivalente. Wir geben Geld gern für solche digitalen Entitäten aus, weil es in unserem eigentlichen Interesse ist, auch im Metaversum vor anderen gut dazustehen und von diesen geschätzt zu werden. Bedeutet dies, dass auch Avatare Teil unseres Personenstatus sind? Sollte auch unseren Avataren Respekt zukommen? Haben sie einen eigenen moralischen Status und verdienen es, wertgeschätzt zu werden?

An diesen Überlegungen wird deutlich, dass sich das menschliche Körperverständnis in den vergangenen Jahrhunderten entscheidend verändert hat: von der Idee, dass der göttliche Funken das menschliche Wesen ausmacht bis hin zur Vorstellung, dass wir ständig im Werden befindliche Wesen sind, die aus menschlichen und nicht-menschlichen Zellen wie auch aus maschinellen und digitalen Bestandteilen bestehen können. Es handelt sich um eine radikale Re-Konzeptionalisierung des menschlichen Körpers. Durch Neuralink- und RFID-Chips, die in unseren Körper hineinwandern, setzen sich die beschriebenen Entwicklungen anhand direkter Verbindungen mit dem Gehirn und anderen Körperteile fort, womit noch beeindruckendere Möglichkeiten der Modifikation von Personen einhergehen.

Angedeutet hat sich das Potenzial von Gehirn-Computer-Schnittstellen bereits vor etwa 100 Jahren. Im Jahr 1924 hat der Neurologe Hans Berger die elektrische Aktivität des menschlichen Gehirns nachgewiesen und den Begriff »Elektroenzephalographie« geprägt, als er an der Universität Jena die ersten Elektroenzephalogramme von Menschen machte. Der entsprechende englische Begriff Brain-Computer-Interface (BCI) wurde erst 1973 durch Jacques J. Vidal konzipiert.

Der Hirnschrittmacher, die tiefe Hirnstimulation, zeigt das enorme Potenzial auf, das mit diesen Mensch-Maschine-Schnittstellen einhergeht. Bereits seit 1997 darf es bei Parkinson eingesetzt werden, seit 2018 auch bei Epilepsie. Auch bei äußerst schweren Formen von Depressionen hat sich der Hirnschrittmacher als äußerst erfolgreich erwiesen. Alles, was hierfür benötigt wird, ist eine Batterie, die in der Schulter eingesetzt wird und die regelmäßig elektrische Impulse versendet, die dann durch Kabel über ein Loch in der Schädeldecke direkt zum Gehirn transportiert werden. Je nach Behandlungsziel müssen die Kabel in unterschiedlichen Gehirnarealen enden. Der Erfolg dieser Behandlungsmethode ist äußerst beeindruckend.

2021 hat Elon Musks Neuralink verkündet, dass invasive BCIs erfolgreich bei Affen implantiert wurden, die sie wiederum in die Lage versetzen, am Computer zu spielen. Im gleichen Jahr gelang es auch, dass ein gelähmter Mann über eine solche Schnittstelle seine Gedanken unmittelbar in Worte verwandeln konnte.

Jedoch nicht nur das Gehirn wird erfolgreich mit Maschinen verbunden. Auch das bereits erwähnte Cochlea-Implantat hat sich als enorm nützlich erwiesen. Bereits 2019 gab es weltweit weit über 700 000 solche Implantate, die tauben Menschen das Hören ermöglichen. Eine andere spannende Mensch-Maschine-Technik sind RFID-Chips. Eine verwandte Technik wird bereits seit Mitte der 1980er-Jahren bei Hunden angewendet. 2021 hatten sich schon etwa 6000 Schweden einen RFID-Chip implantieren lassen, auf dem etwa der

Nachweis über deren Covid-Impfung gespeichert werden kann. Forscher der Tufts University in Boston haben 2018 einen RFID-Chip in menschliche Vorderzähne implantiert, um damit das Essverhalten der betroffenen Person zu erfassen und die generierten Daten an ein Smartphone zu senden. Die so generierten Daten können dann analysiert werden, sodass eine App eine Warnung aussprechen kann, wenn die Diät nur aus Pizza und Bier besteht.

Solche RFID-Chips könnten schließlich das Internet der Dinge um ein Internet der körperlichen Dinge ergänzen. Damit findet eine effiziente und hilfreiche Digitalisierung biometrischer Daten statt, die sogar so weit gehen könnte, wie wir es am Beispiel der Digitalisierung von Gedanken und deren Umsetzung in Sprache gesehen haben. Auch wenn die Techniken noch nicht so weit entwickelt sind, dass sie eine umfassende Verbreitung gefunden haben, so haben die oben genannten Beispiele bereits aufgezeigt, dass es nur eine Frage der technischen Effizienz ist, bis diese Techniken zu einer gesellschaftlichen Selbstverständlichkeit werden.

Konsequent weitergedacht könnten Hirnschrittmacher so weiterentwickelt werden, dass wir damit Hirninhalte und womöglich auch die menschliche Persönlichkeit digitalisieren könnten. Bis dahin wird aber noch viel Zeit verstreichen. Eine gegenwärtig viel spannendere Frage ist die nach der Bedeutung der auf diese Weise generierten personalisierten digitalen Daten. Wie sollte mit diesen digitalen Daten umgegangen werden? Welche gesellschaftliche Relevanz haben sie? Wem sollten sie gehören? Wie sollten sie genutzt werden?

2006 hat der britische Mathematiker Clive Humby davon gesprochen, dass Daten das neue Öl sind. Die Relevanz dieser Einschätzung kann gar nicht hoch genug veranschlagt werden. Zwar ist Öl eine natürliche Substanz, und Daten sind eine Form des geistigen Eigentums, doch das Entscheidende an Humbys Aussage ist, dass beide Entitäten mit Geld, Macht und Einfluss zu tun haben. Der offensichtlichste Grund für die überragende Bedeutung von Daten ist deren Einsatz im Bereich der Werbung. Die digitalen Daten der großen US-amerikanischen Social-Media-Unternehmen werden häufig dafür genutzt, um personalisiertes Marketing zu realisieren, damit erfolgreicher Produkte zu verkaufen und entsprechende Werbeeinnahmen zu generieren. Ein weiterer Nutzen von Daten ist die Förderung der Sicherheit. Um Kriminelle, Terroristen und andere Straftäter aufzuspüren, werden Informationen über sie benötigt. Je mehr digitale Daten gesammelt und analysiert werden, desto schwieriger ist es für Kriminelle, Taten vorzubereiten, ohne dass diese aufgedeckt werden. Außer Marketing und Sicherheit sind aber auch alle anderen Lebensbereiche von der Erhebung von Big Data betroffen. Das Spektrum an Einsatzbereichen ist enorm und wird selbst von gebildeten Menschen noch immer stark unterschätzt.

Wir sind bereits jetzt in einer Situation angelangt, in der der Kampf um digitale Daten zu einem globalen Phänomen geworden ist. Es tobt ein globaler Krieg um digitale Daten, an dem die EU sich nicht beteiligen möchte, da sie die Privatheit besonders wertschätzt. Mit der 2018 in Kraft getretenen General Data Protection Regulation (GDPR) hat sie das umfassende Sammeln digitaler Daten enorm erschwert. Ob dies im europäischen Interesse ist, sei dahingestellt. Die konkurrierenden Ansprüche von Recht auf Privatheit, dem Sammeln personalisierter digitaler Daten und dem Recht auf den Zugriff auf die gespeicherten Dateninhalte dürfte wohl mit das brisanteste Thema der immer weiter voranschreitenden Digitalisierung sein. Besonders hilfreich, um sich die ethischen, gesellschaftlichen und politischen Herausforderungen von Privatheit deutlich zu machen, ist das Konzept des Panopticons.

Das Panopticon war zunächst eine von dem Begründer

des Utilitarimus, dem englischen Philosophen Jeremy Bentham (1748–1832), entwickelte architektonische Struktur für ein Gefängnis, um die Überwachung von Gefangenen so effizient, günstig und wirkmächtig wie möglich zu gestalten. Sie wurde nicht zu seinen Lebzeiten realisiert, jedoch hat man auf der Basis seiner Entwürfe letztendlich Gefängnisse, Krankenhäuser und psychiatrische Anstalten realisiert. Die Grundkonstruktion des Panopticons besteht aus einem kreisförmigen Gebäude, in dessen Zentrum sich ein Turm befindet. Die Vorder-, aber auch die Rückseite der zum Turm hin ausgerichteten Räume des kreisförmigen Gebäudes sind mit Fenstern versehen, sodass die Räume vom Turm aus vollkommen einzusehen sind. Die Beobachter in dem im Zentrum des Kreises befindlichen Turms können also alles sehen, was die Bewohner der einzelnen Räume von morgens bis abends tun. Die Insassen hingegen wissen nicht, ob und wann sie beobachtet werden, da die Gefängniswärter im Turm von den einzelnen Räumen aus nicht zu sehen sind. In den Turm sind entweder nur kleine Sehschlitze eingebaut oder semitransparente Spiegel, sodass von außen nicht zu erkennen ist, wann sich Wärter im Turm befinden und wann sie wen beobachten. Die Gefangenen wissen lediglich, dass sie stets unter Beobachtung stehen könnten und dass jedes ihrer Fehlverhalten bestraft werden könnte.

Ein solche Struktur hat Auswirkungen auf Verhalten und Handlungen der Gefängnisinsassen. Wenn sie bei Aktivitäten gesehen werden, die nicht den Gefängnisregeln entsprechen, werden sie sanktioniert. Da sie stets beobachtet werden könnten, ist die Wahrscheinlichkeit sehr hoch, dass ihre Regelbrüche ans Licht kommen. Eine solche räumliche Struktur führt in der Regel zur Selbstzensur. Die Wahrscheinlichkeit, dass sich die Insassen bei einem solchen Arrangement an die Regeln halten, wird erhöht, da es in ihrem Interesse ist, weitere Sanktionen gegen sich selbst zu verhindern. Da die Wahrscheinlichkeit hoch ist, dass Regelbrecher erwischt und bestraft werden, fördert eine solche Überwachungsstruktur auf signifikante Weise das Einhalten der vorhandenen Regeln. Foucault hat dies in seinen philosophischen Überlegungen anschaulich verdeutlicht. Außerdem gehen die Kosten für die Überwachung zurück, da alle Räume von einem zentralen Turm eingesehen werden können – es genügt eine geringe Anzahl von Wächtern. Das Gefühl der Überwachung bei den Insassen ist auch dann vorhanden, wenn sich kein Wächter im Turm befindet, da die Insassen, wie erwähnt, nicht wissen, wann dies der Fall ist.

Warum wird hier auf eine vor 200 Jahren entwickelte architektonische Struktur eingegangen? Welche Bedeutung hat diese Struktur für die weiter oben angesprochene Fragestellung für uns als Mensch-Maschinen? Was haben digitale Daten mit einem Gefängnis zu tun? Bei der Beantwortung dieser Fragen ist es entscheidend zu realisieren, dass das Internet als ein digitales Panopticon anzusehen ist. Zumindest sind zahlreiche Parallelen zwischen dem Internet und dem Panopticon gegeben. Wer Zugriff auf persönliche Daten eines Nutzers hat, dessen Kontrollmacht ist durchaus vergleichbar mit derjenigen eines Wächters in einem Panopticon-Gefängnis. Gleichzeitig gibt es aber auch wichtige Unterschiede zwischen beiden Strukturen, die nicht unberücksichtigt bleiben dürfen: 1. Jeder Internet-Wächter ist auch gleichzeitig Insasse im Internet-Panopticon, da von jeder Person digitale Daten existieren, die überwacht werden können. Dies ist beim Panopticon nicht der Fall. 2. Deshalb ist es bei den gegenwärtig vorhandenen digitalen Strukturen auch praktisch unmöglich, kein Insasse des Internet-Panopticons zu sein. 3. Jeder Insasse kann außerdem bei entsprechend vorhandenen Fähigkeiten zu einem Wächter werden, was im Gefängnis-Panopticon nicht der Fall ist. Es ist diese Komplexität der vorhandenen Strukturen, die unsere Überlegungen zu den praktischen Implikationen von Privatheit und der Bedeutung von digitalen Daten philosophisch besonders anregend machen.

Welche Daten sind von jedem von uns vorhanden? Zunächst einmal sind hier die psychologischen Daten zu berücksichtigen. Wir suchen im Internet nach Themen, die uns irgendwie interessieren und die für uns in irgendeiner Form wichtig sind. Wie und warum sie wichtig sind, lässt sich in der Regel aus dem Kontext aller vorhandenen Informationen erschließen. Auch anhand unserer E-Mail-Inhalte und Anhänge werden wichtige Informationen vermittelt. Welche Seite wir aufrufen, wie lange wir auf einer Seite bleiben und ob wir zu einer Internetseite zurückkehren, sind wichtige Informationen zu unserer Persönlichkeitsstruktur. Mit wem wir auf sozialen Netzwerken befreundet sind, welche Gedanken und Informationen wir austauschen, welche Emoticons wir nutzen, welche Seiten, Posts oder Bilder wir liken, ob wir sie mit einem Like, einem Herzen oder einem Dislike versehen, sagt etwas über unsere psychologische Persönlichkeitsstruktur aus. Wer es schafft, auf all diese Daten zuzugreifen und sie miteinander zu verbinden, bekommt zahlreiche verlässliche Informationen zur Persönlichkeitsstruktur eines Menschen. Sie sagen jedoch nur etwas über einen speziellen Bereich eines Menschen aus, dessen psychologische Struktur.

In digitaler Form sind jedoch zahlreiche weitere Informationen vorhanden. An vielen Straßen, Plätzen und auch Gebäuden gibt es Überwachungskameras, GPS- und andere Daten zu unserem Aufenthaltsort werden vom eigenen Smartphone gesammelt. Unsere Autos sind voller Chips. Wenn wir eine Impf-App nutzen und uns mit dieser bei Geschäften, Museen oder Konzerthallen registrieren, dann werden auch damit personalisierte Ortsdaten weitergegeben. Lokale Daten, also Daten über den jeweiligen Aufenthaltsort, geben einen aufschlussreichen Einblick in das Verhalten eines Menschen. Weiterhin werden auf diese Weise Informationen darüber gesammelt, wann man mit wem wo war. Welche beiden Smartphones befinden sich regelmäßig am gleichen Ort, checken im selben Hotel ein oder befinden sich im selben Restaurant? Wem schreibt man wie häufig? Dabei können auch Emotionalität und Intensität des Austausches analysiert werden. Berücksichtigt man noch den Inhalt der Kommunikation, dann wird deutlich, in welchem Verhältnis wir mit wem stehen und wie wichtig uns die jeweilige Person ist. Außer den lokalen Daten offenbaren sich so auch die zwischenmenschlichen Beziehungen einer Person.

Zusätzlich zu den psychologischen, lokalen und relationalen Daten einer Person werden in der jüngsten Vergangenheit auch die physiologischen, biometrischen und genetischen Daten von Menschen immer häufiger digitalisiert. Es gibt ganz unterschiedliche Ansätze, an diese digitalen Daten zu gelangen. Das von Anne Wojcicki, der Ex-Frau des Google-Mitgründers Sergey Brin, gegründete, auf Genanalysen spezialisierte Unternehmen »23andMe« (der Name leitet sich von den 23 Chromosomenpaaren des Menschen ab) hat mittlerweile weltweit über zwölf Millionen Kunden. »23andMe« liefert damit Informationen zu Anlagen zu Erbkrankheiten und zur geografischen Herkunft seiner Klienten. In Kuwait war es sogar eine Zeit lang für alle Bewohner und Besucher gesetzlich verpflichtend, eine Speichelprobe zu hinterlassen. Estland bietet allen seinen Bewohnern an, deren Gentest zu bezahlen, wenn sie sich bereit erklären, die Ergebnisse mit der nationalen Gendatenbank zu teilen. In Island gab es ein ähnliches Projekt, dessen Gendaten von der Regierung den US-Unternehmen Decode Genetics und Amgen zur Verfügung gestellt wurden. Hier wird deutlich, wie groß das Interesse an digitalen Genanalysen von Menschen ist.

Das Smartphone durch den eigenen Fingerabdruck oder die Gesichtserkennung freizuschalten stellt eine weitere

Möglichkeit dar, personalisierte biometrische Daten zu sammeln. Die Zahl solcher Daten wird noch stark zunehmen, sobald biometrische Analysen mittels weiterer Chips am und innerhalb des Körpers noch in sehr viel größerem Umfang möglich sind. Je mehr Daten vorhanden sein werden, desto zielgenauer lassen sich auch weitere medizinische Eingriffe vornehmen. Insbesondere der Bereich der Gesundheitsvorsorge dürfte künftig von kaum überschätzbarer Bedeutung sein.

Predictive Healthcare oder *Predictive Maintenance*, die vorausschauende Instandhaltung des menschlichen Körpers, sind entscheidende Schlagworte, wenn man vom Zusammenwirken von digitalen biometrischen Daten und Gesundheit spricht. Die vorausschauende Instandhaltung wird gegenwärtig primär bei Maschinen eingesetzt. Dort ist der Erfolg enorm. Aufgrund solcher Methoden ist das Fliegen inzwischen so sicher wie nie zuvor. An allen Teilen eines Passagierflugzeugs wurden in den letzten Jahrzehnten immer mehr Sensoren verbaut. Aufgrund zurückliegender Messerfahrungen verfügen die Luftfahrtingenieure über Informationen darüber, welche Messdaten ein Indiz dafür sind, dass ein bestimmtes Teil in absehbarer Zeit dysfunktional wird. Die Messdaten können so spezifiziert werden, dass bereits ein Warnsignal ausgelöst wird, wenn die ersten Anzeichen einer absehbaren Dysfunktionalität gegeben sind. Damit kann ein Teil bereits ausgetauscht werden, bevor es zu einer Gefahr für das Leben von Besatzung und Passagieren eines Flugzeugs wird.

Analog hierzu könnte auch bei der menschlichen Gesundheit vorgegangen werden. Passive RFID-Chips, also Chips ohne eine eigene Batterie, die nur einige wenige Cents kosten, werden an unterschiedlichen Stellen im Körper platziert, um Funktionen und Organe des Körpers zu analysieren. Nach der Datenerhebung kann festgestellt werden, welche Gesundheitsrisiken für eine Person bestehen. Auch wenn jemand noch nicht an Diabetes oder Bluthochdruck erkrankt ist, können Messdaten auf ein hohes Risiko einer entsprechenden Erkrankung hinweisen, wenn die betroffene Person nicht rasch ihren Lebensstil ändert und ihre Diät anpasst. Auf diese Weise könnten Diabetes und Bluthochdruck mittels der vorausschauenden Instandhaltung des Körpers vermieden werden. Je umfangreicher und je genauer die Messdaten sind, desto mehr Bereiche könnten mit dieser Methode vorausschauend behandelt werden. Dies macht deutlich, welch enormes Potenzial zur Steigerung der eigenen Lebensqualität mit dieser Methode einhergeht. Wenn Daten zu Diät, Lebensstil und anderen äußeren Einflussfaktoren auf solche Weise erfasst und auch deren Interaktionen analysiert werden können, dann haben wir einen Ansatz, Gesundheitsvorsorge völlig neu zu denken.

Wenn etwa mittels Neuralink neue Daten zu Gehirnfunktionen generiert werden, wird man im Hinblick auf kognitive Prozesse, die Erinnerungsfähigkeit oder die Intelligenz noch viel präziser von außen eingreifen können, um diese Fähigkeiten weit über die gegenwärtig vorhandenen Grenzen hinaus zu fördern und zu verbessern. Die vorausschauende Instandhaltung des menschlichen Körpers wird übrigens bereits jetzt im medizinischen Bereich praktiziert. Ein Beispiel dafür ist der Grenzwert, ab dem man von Bluthochdruck spricht. Sobald dieser überschritten wird, erhält eine Person Blutverdünner. In den vergangenen Jahren hat man die Definition von Bluthochdruck verändert und den entsprechenden Grenzwert herabgesetzt. Deshalb gelten heutzutage Menschen als von Bluthochdruck betroffen und bekommen entsprechende Blutverdünner, die früher nicht mit Bluthochdruck diagnostiziert worden wären. Auch dieser Vorgang ist eine vorrauschauende Instandhaltung. Selbstredend gibt es noch weitere Ansätze für die Therapie von Bluthochdruck. Statt Blut zu verdünnen, könnte auch ein Medikament genommen werden, um die sich verstopfenden Gefäße freizuhalten. Ab einem bestimmten Alter könnte jeder ein solches Medikament täglich einnehmen, um so dem Risiko des Herzinfarkts oder des Schlaganfalls vorzubeugen.

Die vorausschauende Instandhaltung der menschlichen Gesundheit ist ein faszinierendes Beispiel für die Relevanz von digitalen biometrischen Daten im Gesundheitswesen. Personalisierte Daten sind also von enormer Relevanz, insbesondere für die medizinische Forschung. Aber auch für politische Entscheidungen, die Forschung in den Sozial- und den Naturwissenschaften oder technologische Innovationen im Allgemeinen ist die Bedeutung digitaler Daten kaum zu überschätzen. Wenn jedoch die genannten Vorteile des Sammelns personalisierter Daten nicht realisiert werden können, dürfte dies signifikante wissenschaftliche, ökonomische und politische Folgen haben. Sägen wir damit nicht den Ast ab, auf dem wir sitzen? Vor allem Innovation und Forschung verdanken Deutschland und Europa seit jeher ihren wirtschaftlichen Erfolg. Wenn jedoch entscheidende Innovationen nicht mehr realisiert werden können, weil es uns nicht möglich ist, auf die dafür nötigen Daten zuzugreifen, bedeutet dies dann nicht auch, dass wir aufgrund der GDPR ökonomisch, wissenschaftlich und politisch Selbstmord begehen? Die erste Gruppe, die die wirtschaftlichen Folgen einer solchen Entwicklung zu spüren bekommen wird, dürfte die deutsche Mittelklasse sein. Ihr wird es bald nicht mehr so gut gehen wie etwa Angehörigen der immer größer werdenden chinesischen Mittelklasse. Der Vorsprung, den China in Bezug auf Datensammlung und datengesteuerte Politik bereits hat, dürfte in absehbarer Zeit wohl kaum mehr aufzuholen sein.

Abgesehen von den Konsequenzen für das individuelle Wohlergehen haben diese Entwicklungen auch Auswirkungen auf andere Staatsstrukturen und Politikfelder. Wenn China auf effiziente Weise digitale Daten sammelt, dann wird dies nicht nur den Wohlstand im Land heben, sondern es werden damit auch mehr finanzielle Mittel für den Ausbau des Militärs frei, um außenpolitische Ziele auch auf diese Weise durchzusetzen. Dies gilt auch für andere Länder, die die Sammlung personalisierter Daten politisch auf besonders effiziente Weise fördern. Deshalb ist zu erwarten, dass politische Ordnungen, die stärker hierarchisch oder autoritär strukturiert sind, an Einfluss gewinnen werden. Der bereits heute zu beobachtende Einfluss Chinas in einigen Ländern Afrikas bedeutet, dass diese Entwicklungen auch politische Konsequenzen für diese Länder haben werden. Und natürlich wird es ebenso Auswirkungen auf all jene Gebiete haben, von denen China ausgeht, dass sie eigentlich zur Volksrepublik gehören.

Dieser Exkurs soll verdeutlichen, dass auch die Entscheidung, digitale Daten nicht zu sammeln, gravierende Konsequenzen haben kann. Die Verabschiedung der GDPR durch die EU kann im Extremfall durch den damit einhergehenden Wohlstandsverlust bürgerkriegsähnliche Zustände zur Folge haben. Und von außen wächst die Gefahr, dass autoritäre politische Strukturen so mächtig werden, dass damit gravierende Konsequenzen für sozial-liberale Demokratien einhergehen. Es sind dies Herausforderungen, die mit der Digitalisierung einhergehen und deren Implikationen dringend auf politischer Ebene berücksichtigt werden müssen. Trotzdem sträubt sich die EU dagegen, das Recht auf Privatheit neu zu denken.

Ist die in liberalen Demokratien so hoch geschätzte Freiheit in der Tat an das Konzept von Privatheit gekoppelt? Oder kann Freiheit auch ohne Wertschätzung von Privatheit gegeben sein? Das sind die entscheidenden Fragen. Liberale oder sozial-liberale Demokratien sind sich der Gefahr von paternalistischen Strukturen und auch der Korrumpierbarkeit von Individuen bewusst. Macht korrumpiert. Wenn man die Möglichkeit hat, Informationen im eigenen Interesse zu nutzen, dann ist diese Gefahr sehr groß. Politiker und Herrscher werden versucht sein, auf vom Staat gesammelte personalisierte Daten zuzugreifen und sie im eigenen Interesse zu nutzen. Im schlimmsten Fall könnte es das Ziel sein, die Weltherrschaft an sich zu reißen. Sobald personalisierte digitale Daten vorhanden sind, ist die Gefahr gegeben, dass digitale Daten im Interesse derer genutzt werden, die die Möglichkeit haben, auf diese zuzugreifen. Dieser Umstand stellt für viele EU-Politiker ein so großes Risiko dar, dass sie sich für die GDPR entschieden haben. Statt eine Lösung zu suchen, um die mit dem Sammeln von Daten verbundenen Probleme zu umgehen, gehen sie bereitwillig die beträchtlichen ökonomischen, wissenschaftlichen und militärischen Risiken ein, die damit verbunden sind, wenn andere Länder diese Daten haben, das eigene Land jedoch nicht. Gibt es denn keine Alternative zur völligen Überhöhung von Privatheit? Untergräbt die Privatheit nicht notwendigerweise sich selbst, wenn plötzlich kein Geld mehr vorhanden ist, um die anderen Freiheitsrechte einer sozial-liberalen Demokratie zu finanzieren? Hier sind wir an einem entscheidenden Punkt der Argumentation angelangt.

Privatheit untergräbt sich selbst, wenn sie auf unangemessen Weise gefördert wird. Eine liberal-demokratische Demokratie beruht nicht allein auf Privatheit, sondern sie muss sich auch um die Aufrechterhaltung und Finanzierbarkeit anderer Freiheitsrechte kümmern. Gleichzeitig kann festgestellt werden, dass autoritärer strukturierte Länder in der Lage sind, digitale Daten effizienter zu sammeln als liberal-demokratische, was ein wichtiges Element für ihren wirtschaftlichen, wissenschaftlichen und militärischen Aufstieg darstellt.

Besteht denn nicht auch die Möglichkeit des Sammelns personalisierter digitaler Daten durch den Staat, ohne dass dabei Freiheitsrechte verloren gehen oder das Risiko des Datenmissbrauchs gegeben ist? Dies ist in der Tat die entscheidende Frage. Das Risiko des Datenmissbrauchs kann nie ganz ausgeschlossen werden, sobald personalisierte Daten vorhanden sind. Doch das Leben ist stets voller Risiken, denen man sich stellen muss. Wie kann dies auf angemessene Weise erfolgen? Warum schätzen wir Privatheit eigentlich? Kann man Privatheit aufgeben, aber Freiheit beibehalten? Können digitale Daten auf demokratische Weise genutzt werden, das heißt so, dass eine angemessene Datensammlung im Rahmen einer sozial-liberalen Demokratie erfolgt?

Es gibt primär zwei Gründe, weshalb wir Privatheit schätzen. Diese schließen sich nicht gegenseitig aus. Erstens ist es die Furcht vor Sanktionen, die mit der Abwesenheit von Privatheit einhergeht, und zweitens wollen wir, dass unser Eigentum gut geschützt wird – und bei digitalen Daten handelt es sich schließlich um unser geistiges Eigentum. Es sind diese beiden zentralen Begründungen für Privatheit, die in diesem Kontext relevant sind. Was geschieht also mit unseren digitalen Daten in den verschiedenen Regionen der Welt? In der EU werden digitale Daten gut durch das GDPR geschützt. In den USA und China hingegen sind die Vorgehensweisen anders. In den USA werden digitale Daten durch große Unternehmen gesammelt, die sie weiterverkaufen und sie primär für Marketing nutzen. Die Nutzung von Google-Mail ist nicht gratis. Vielmehr zahlen wir mit unseren Daten. Eine alternative Sichtweise ist es, dass wir die Arbeiter sind, die mit unseren Tätigkeiten im Netz gratis für die großen Datenkraken tätig sind. Möglicherweise sollten wir uns aber auch als die Produkte betrachten, mit denen sich diese Unternehmen finanzieren. Alle diese Betrachtungsweisen haben plausible Elemente. Aufschlussreich ist auch die Methode des von dem libertären Transhumanisten Peter Thiel mit begründeten US-Unternehmens Palantir Technologies, das sich explizit auf den Datenhandel fokussiert hat und die gesammelten

Daten an große Unternehmen und staatliche Akteure verkauft. In China ist die Vorgehensweise eine andere: Dort sind alle großen Unternehmen verpflichtet, ihre Daten dem Staat zur Verfügung zu stellen. Gleichzeit gibt es dort eine digitale Firewall, die es ausländischen Unternehmen unmöglich macht, in China Daten zu sammeln, wenn sie nicht bereit sein sollten, sich an die gesetzlichen Vorgaben der Volksrepublik zu halten. Außerhalb von China können chinesische Unternehmen wie Huawei, Alibaba oder TikTok jedoch Daten sammeln. Somit kann der chinesische Staat auf noch viel effizientere Weise Daten sammeln, als dies bei US-amerikanischen Unternehmen der Fall ist.

Nach Locke erwerben wir ursprünglich das Eigentumsrecht an einer Sache, wenn wir etwas, was von niemandem besessen wird, bearbeiten. Auf diese Weise vermischen wir uns selbst mit dieser Sache, sodass sie zu unserem Eigentum wird. Wenn wir unsere digitalen Daten wertschätzen, da sie unser intellektuelles Eigentum darstellen, dann könnte die Benutzung unserer digitalen Daten durch andere gegen unseren Willen als Enteignung angesehen werden. Hier wird etwas, was wir selbst besitzen, gegen unseren Willen genutzt. Aus diesem Grund wird auch in der EU die Privatheit bezüglich unserer digitalen Daten geschützt. So soll einer Enteignung unseres geistigen Eigentums vorgebeugt werden.

Der zweite Grund für die Wertschätzung von Privatheit ist, dass wir bei deren Abwesenheit Sanktionen befürchten. Diese Sanktionen können auf unterschiedliche Weise erfolgen, es können moralische, institutionelle oder auch politische Sanktionen sein. Wenn herauskommt, dass eine Person in einer polyamourösen Beziehung lebt, dies jedoch in vielen sozialen Kontexten als unmoralisch empfunden wird, dann könnte dieser Umstand moralische Sanktionen nach sich ziehen, was bedeuten könnte, dass das eigene soziale Umfeld mit dieser Person nichts mehr zu tun haben will. Wenn es innerhalb einer Institution vorgeschrieben ist, eine Maske zu tragen, auch wenn dies gesetzlich nicht vorgeschrieben ist, und eine Person dagegen verstößt, dann können institutionelle Sanktionen darauf erfolgen. Wenn jemand über das Internet illegale Drogen kauft und die Polizei auf diese Information zugreifen kann, dann wird die betreffende Person rechtlich sanktioniert.

Zwar könnte man anmerken, dass das umfangreiche Sammeln digitaler Daten besonders nützlich ist, da auf diese Weise kriminelle Handlungen besser unterbunden werden können. Andererseits können damit jedoch auch Handlungen sanktioniert werden, die nicht sanktioniert werden sollten. Unabhängig davon, welcher Werte- und Normenkatalog den Sanktionen zugrunde liegen sollte, kann es immer wieder zu problematischen Fällen kommen. Und ein vollkommen perfekter Werte- und Normenkatalog lässt sich nicht konzeptualisieren. Das Risiko des Missbrauchs ist also enorm hoch. Wer Zugriff auf personalisierte digitale Daten hat, kann diese Informationen im eigenen Interesse nutzen. Viele scheinen jedoch keine so große Angst vor Datenmissbrauch zu haben, wenn sie ihre Daten Google, Amazon und Meta überlassen. Diese Grundhaltung ist etwas naiv. Es ist bekannt, dass zum Beispiel Mitarbeiter von Videotelefonie-Apps angeblich aus Sicherheitsgründen, in Wirklichkeit jedoch zu Unterhaltungs- und voyeuristischen Zwecken die erotische Kommunikation zwischen Kunden überwacht haben. Wem sollten wir personalisierte digitale Daten eher anvertrauen? Einem privaten Unternehmen oder einer sozial-liberalen Demokratie? Ich hätte hier größeres Vertrauen in die Strukturen einer sozial-liberalen Demokratie in der EU, auch wenn sich hier politische Verhältnisse schnell ändern und auch ursprünglich vertrauenswürdige Individuen korrumpierbar sein können.

Hätten jedoch primär Algorithmen das Zugriffsrecht auf digitale Daten, dann ließe sich das Risiko des Datenmissbrauchs erheblich reduzieren. Personalisierte Daten sollten also primär von Algorithmen überwacht werden. Menschen sollte nur in Ausnahmefällen das Zugriffsrecht gewährt werden. Depersonalisierte Daten könnten dann zur weiteren Analyse genutzt werden, um das Risiko des Datenmissbrauchs noch weiter zu reduzieren.

In jedem Fall bleibt immer noch die Frage nach der zweiten Herausforderung – neben der Furcht vor Sanktionen – bezüglich der Privatheit offen, der Enteignung von geistigem Eigentum. Wenn personalisierte digitale Daten unser geistiges Eigentum darstellen, werden wir dann nicht vom Staat enteignet, wenn dieser das Sammeln von personalisierten digitalen Daten für rechtlich verpflichtend erklärt? Dies muss nicht unbedingt der Fall sein. Auch das Zahlen von Steuern ist rechtlich verpflichtend, da der Staat Geld benötigt, um die Aufgaben für die Allgemeinheit zu erfüllen: Infrastruktur, Militär, Bildung, Krankenversicherung ... All diese Bereiche sind enorm kostenintensiv. Insbesondere die Ausgaben der öffentlichen Krankenkassen werden aufgrund ständig sich neu entwickelnder Techniken immer höher. Dass wir eine öffentliche Krankenversicherung haben, ist jedoch eine große Errungenschaft. Ich habe US-amerikanische Studierende, die sich unter anderem deshalb dazu entschlossen haben, in Rom zu studieren, weil es in Italien eine öffentliche Krankenversicherung gibt. In den USA wurden ihnen aufgrund von Vorerkrankungen enorme Hürden in den Weg gestellt, was den Zugang zu einer Krankenversicherung betraf. Auch wenn es in Europa überall eine gesetzliche Krankenversicherung gibt, unterscheiden sich deren Leistungen jedoch auf gravierende Weise voneinander. Was eine Krankenkasse leisten kann, hängt schließlich davon ab, wie viel Geld vorhanden ist. Auch gibt es Therapieformen, die so speziell sind, dass sie nur in den USA angeboten werden. Geld spielt im Gesundheitswesen eine enorm wichtige Rolle. Vielleicht lassen sich sogar die meisten medizinethischen Herausforderungen auf wirtschaftliche Fragestellungen reduzieren.

Die Frage nach der Enteignung von geistigem Eigentum wäre trotzdem noch ungeklärt, wenn EU-Staaten personalisierte Daten sammeln, sie primär durch Algorithmen analysieren und sie zur weiteren Nutzung zur Verfügung stellen würden. Enteignung ist in der Regel kein demokratischer Vorgang. Wenn der finanzielle Gewinn jedoch auf eine Weise genutzt werden würde, die im Interesse der Bevölkerung wäre, dann wäre ein demokratischer Nutzen der Sammlung personalisierter digitaler Daten gegeben. Dies könnte etwa dadurch geschehen, dass der aus der Nutzung der digitalen Daten erzielte Gewinn für die Steigerung der Qualität der öffentlichen Krankenversicherung eingesetzt werden würde oder auch dafür, diese zumindest partiell zu bezahlen. Für die meisten Menschen bedeutet eine verlängerte Gesundheitsspanne eine erhöhte Lebensqualität. Es besteht also ein allgemeines Interesse an einer möglichst effektiven öffentlichen Krankenversicherung. Deren Qualität kann über die Mittel gefördert werden, die sich aus der verpflichtenden Sammlung digitaler Daten ergeben. In den USA erhöhen digitale Daten den Gewinn der großen Unternehmen. In China stärken digitale Daten das dortige politische System. Wenn wir mit den von uns gesammelten digitalen Daten die Qualität der öffentlichen Krankenversicherungen steigern oder sie damit zumindest teilweise bezahlen könnten, dann wäre in der Tat ein demokratischer Nutzen unserer digitalen Daten gegeben.

Nun kann gegen diesen Vorschlag jedoch eingewendet werden, dass damit die wunderbare Errungenschaft der Freiheit weiter untergraben werden würde. Sollte den Einzelnen deshalb nicht die Wahl gelassen werden, ob sie ihre Krankenkassenkosten selbst oder ob sie sie mit ihren Daten bezahlen wollen? Wäre der Freiheit damit nicht besser gedient? Zunächst einmal mag dies der Fall sein. Was wären jedoch die Konsequenzen dieser Vorgehensweise? Wenn die Kosten für die Krankenversicherung gering wären, dann würden wohl viele Menschen die Ausstiegsoption nutzen, was bedeutet, dass sie ihre digitalen Daten nicht durch eine EU-Behörde sammeln lassen würden. Dies untergräbt jedoch den enormen Nutzen der Datensammlung, da damit verbunden ist, dass die digitalen Daten möglichst vieler Personen analysiert werden können. Um den Nutzen beizubehalten, würden die Kosten für die Krankenversicherungen wiederum steigen. Dies hätte jedoch zur Folge, dass sich nur noch wenige Superreiche den Ausstieg aus der Datensammlung leisten könnten. Dies wiederum untergräbt die Freiheit, da sich dann nur wenige Reiche von den mit der Datensammlung verbundenen Risiken freikaufen könnten, dies jedoch der großen Masse nicht möglich wäre. Von bedeutenden Risiken frei zu sein ist ein zentrales Element von Freiheit. Außerdem handelt es sich um eine öffentliche Krankenversicherung, für die mit dem Verkauf von digitalen Daten erzielte Einnahmen genutzt werden würden. Deshalb sollte auch die Bezahlmethode aus Gerechtigkeitsgründen für alle die gleiche sein, was gegen die Option spricht, sich aus der allgemeinen Sammlung digitaler Daten freikaufen zu können.

Sind mit diesem Ansatz alle Herausforderungen behoben? Selbstverständlich nicht. Die Risiken, die mit der umfangreichen Sammlung von personalisierten Daten einhergehen, sind beträchtlich. In dieser Argumentation ist jedoch hoffentlich deutlich geworden, dass die Risiken, die mit dem Unterlassen des umfangreichen Sammelns von Daten verbunden sind, ebenfalls enorm sind.

Das soeben beschriebene transhumanistische Modell der Finanzierung der Krankenversicherung durch Daten stellt sicherlich nur einen *As good as it gets*-Ansatz dar. Die Frage der Privatheit, die Relevanz digitaler Daten und unsere Art des Umgangs mit dem Internet-Panopticon sind die zentralen

Herausforderungen bei der künftig weiter voranschreitenden Digitalisierung unseres Lebens. Wir müssen in absehbarer Zeit keine Angst davor haben, von digitalen Superintelligenzen in einen Zoo verbannt zu werden, oder über die Implikationen reflektieren, ob wir uns in einer Computersimulation befinden oder nicht. Dass die großen Tech-Unternehmen am Metaversum arbeiten, ist in der Tat spannend. Dass sich daraus in absehbarer Zeit eine von der grundlegenden Wirklichkeit nicht mehr zu unterscheidende Computersimulation entwickelt, ist höchst unwahrscheinlich. Die machtpolitischen Herausforderungen, die mit digitalen Daten und auch dem Metaversum einhergehen, hingegen sind enorm, weshalb dringend über die Bedeutung von digitalen Daten neu nachgedacht werden muss.

Dialog: Mensch-Maschine – Auf dem Weg zum Cyborg

BKG: Das Thema Mensch-Maschine spielt im Transhumanismus ja eine große Rolle. Auch medial ist es sehr präsent. Aber ab wann ist man denn eigentlich ein Cyborg? Reicht da schon das künstliche Hüftgelenk beziehungsweise der Herzschrittmacher, oder muss es doch eher die Neuroprothese sein?

SLS: Also ich würde ja sagen, dass wir bereits mit der Menschwerdung Cyborgs geworden sind. Die Genmutation, die zur Sprachfähigkeit geführt hat, stellt ein entscheidendes Upgrade dar. Unsere Eltern haben uns ebenso beständig technisch upgegradet, allein dadurch, dass sie uns mit Sprache versehen haben. Das ist natürlich ein Technikbegriff, der vielen zu weit geht – ich denke aber, er ist durchaus gerechtfertigt. Und über Sprache und Erziehung hinaus haben wir während unserer gesamten Geschichte immer Werkzeuge und Technologien genutzt, um uns zu optimieren. Das muss also nicht unbedingt die Neuroprothese sein.

BKG: Nach dieser Definition wäre aber auch schon jemand, der eine Lesebrille aufsetzt, ein Cyborg, oder?

SLS: Genau, das ist eine Variante der Steuerung eines menschlichen Organismus. Es ist eine technische Gestaltungsmöglichkeit.

BKG: Das kann man natürlich so sehen. Ich weiß auch, dass du ein Buch geschrieben hast mit dem Titel *We Have Always Been Cyborgs*. Das ist zweifellos eine interessante These, nimmt der ganzen Sache aber auch irgendwie die Spannung. Wenn wir bereits alle Cyborgs sind, dann ist das ja auch keine Zukunftsperspektive mehr.

SLS: Ich sehe da in der Tat keinen qualitativen Bruch. Technik haben wir immer schon genutzt, um uns zu optimieren, und wir werden das auch weiterhin tun. Die Technik hat sich natürlich im Laufe der Zeit weiterentwickelt und eröffnet permanent neue Möglichkeiten. Letztlich ist es eine konsequente Entwicklung, dass wir irgendwann ganz mit der Technik verschmelzen. Neuroprothesen sind lediglich die konsequente Fortführung der bisherigen Entwicklungen.

BKG: Dass wir uns als Menschen mithilfe von Technik immer weiterentwickelt haben, ist zweifellos richtig. Dennoch sehe ich die körperliche Verschmelzung mit Technik schon als eine neue Dimension von Enhancement. Hier stellt sich ja auch die Frage: Wenn Mensch und Maschine in Zukunft zu einem gemeinsamen Organismus werden – wird dann der Mensch nicht doch immer unwichtiger?

SLS: Und selbst wenn das so ist – wenn die Maschinen uns dann dabei helfen, dass wir zufriedener und glücklicher sind und mehr Freude am Leben haben, dann ist das doch eine wunderbare Sache.

BKG: In der Tat habe ich bei manchen Transhumanisten den Eindruck, die können das Menschsein gar nicht schnell genug hinter sich lassen. Ist das nur meine subjektive Wahrnehmung oder gibt es diesen Trend wirklich?

SLS: Diese Tendenz gibt es durchaus. Ich habe da auch an meiner Uni Studierende, die in diese Richtung gehen. Wenn die sich selbst als »Trans« bezeichnen, dann ist das nicht im Sinne von Transgender zu verstehen, sondern im Sinne von »Ich möchte meinen Körper hinter mir lassen und möchte mich auf einen Computer hochladen«. Das ist dann eine ganz neue Form von Outing. Das bereitet vielleicht manchen Älteren großes Kopfzerbrechen, weil es noch viel radikaler ist als alles, was wir derzeit an Grenzüberschreitungen haben.

BKG: Müssen wir für die dann auch ein neues grammatikalisches Geschlecht erfinden und gesonderte Toiletten bauen? (lacht)

SLS: Das glaube ich nun nicht. Aber mal ernsthaft: Ich sehe zum Beispiel in einer Cyborgisierung meiner Studierenden auch enorme Chancen für mich als Hochschullehrer. Da wird eine Unmenge von biometrischen Daten generiert, die völlig neue Möglichkeiten eröffnen. Wenn ich dann zum Beispiel eine Vorlesung halte, dann reagiert die eine Gruppe besonders intensiv darauf, eine andere Gruppe verfällt vielleicht in einen Schlaf. Insgesamt könnte man mittels Biosensoren hervorragend analysieren, wie Informationen aufgenommen werden. Es könnten dann auch noch zusätzlich Kameras aufgestellt werden, die darüber hinaus registrieren: Wo schauen die Studierenden hin, worauf fokussieren sie sich etc.? Damit lässt sich der Unterricht stark personalisieren.

BKG: Dass das für einen Dozenten interessant ist, kann ich durchaus nachvollziehen. Ob ich mir als Student wünschen würde, dass mir permanent jemand in den Kopf schaut und meine Gedanken analysiert, da habe ich dann doch Zweifel.

SLS: Aber das ist doch nicht nur für den Bereich der Lehre wichtig. Auch für die Medizin eröffnet das ganz neue Perspektiven. Du als Arzt müsstest doch auch froh sein über neue Möglichkeiten, Daten und Informationen zu sammeln. Und wenn da der Körper mit Maschinen verschmolzen ist und Sensoren einen kontinuierlichen Datenfluss erzeugen, dann kannst du ja auch in deinem Metier viel präziser darauf reagieren.

BKG: Nun gut, das haben wir ja derzeit schon in Form von Wearables, die alle möglichen Körperfunktionen registrieren und deren Informationen wir ja auch ärztlich nutzen können, insofern der Patient uns das erlaubt. Aber da habe ich als Anwender ja immer noch die Möglichkeit, diese Wearables einfach abzulegen und mich dann in mein Privatleben zurückzuziehen. Wenn die Sensoren tatsächlich fest in meinen Körper integriert sind, habe ich da schon eine andere Situation. Dennoch: Auch hier gibt es offensichtlich Menschen, die sich nichts sehnlicher wünschen, als eben ein Cyborg zu sein. Ich habe auf einem Kongress mal jemanden getroffen, der mir ganz stolz zeigte, dass er bereits einen

Chip unter der Haut hat. Mit dem könne er jetzt zum Beispiel sein Smartphone freischalten. Ich habe ihm geantwortet, dass ich das auch könne, indem ich mir das Smartphone einfach vors Gesicht halte. Dazu müsste ich mir keinen Fremdkörper unter die Haut implantieren lassen. Das hat ihn aber wenig beeindruckt. Wichtig war ihm vor allem, dass er sich durch diesen Chip als Mensch-Maschine fühlte. Da stelle ich mir schon die Frage: Warum müssen sich manche Leute jetzt schon als Cyborg inszenieren, wenn es einfach nur darum geht, simple Applikationen anzuwenden?

SLS: Weil es funktioniert. Es erregt Aufmerksamkeit. Das war im Jahr 2010 auch schon so. Da gab es einen englischen Wissenschaftler, der behauptete, er sei der erste Mensch, der sich mit einem Computervirus infiziert habe. Die Presse ist dann gleich drauf aufgesprungen und hat darüber berichtet. Dahinter steckte aber lediglich, dass er einen Chip implantiert hatte und diesen Chip nun zum Beispiel dafür nutzte, Türen zu öffnen. Da hat er dann einen Computervirus hochgeladen. Dieser hatte dann zur Folge, dass alle Bluetooth-Geräte in seiner Nähe automatisch diesen Virus übertragen bekommen haben. Seinem Körper selbst hat das natürlich nichts ausgemacht. Aber die Journalisten fanden es toll, und die Medien haben weltweit berichtet.

BKG: Dann warten wir mal ab, was da noch so alles kommt. Ich bin überzeugt, dass wir auf Instagram demnächst die ersten Cyborg-Influencer erleben. Da wird dann bestimmt auch ein hipper Cyborg-Chic propagiert. Wo wir aber schon bei den Medien sind: Lass uns abschließend noch einmal in einen Bereich gehen, wo Cyborgs schon seit Langem ihre Faszination entfalten: im Kino. Viele, die an Mensch-Maschinen denken, haben da vor ihrem geistigen Auge die von Arnold Schwarzenegger verkörperte Figur des »Terminator«. Strikt genommen ist das aber doch nicht wirklich ein Cyborg. Cyborgs sind ja per Definition Menschen, die sich mit Maschinen verschmelzen. Der Terminator in dieser Filmreihe ist aber eine reine Maschine, die lediglich ein menschliches Aussehen besitzt.

SLS: Das ist richtig. In diesem Sinne würde man hier nicht unbedingt von einem Cyborg, sondern eher von einem humanoiden Roboter beziehungsweise Androiden sprechen.

BKG: Gut, dass wir das auch noch geklärt haben. Dann sage ich Danke und verabschiede mich für heute mit einem herzlichen »Hasta la vista, Baby«.

Künstliche Intelligenz – Die Alternative zur natürlichen Dummheit

Stefan Lorenz Sorgner

Im Zusammenhang mit der künstlichen Intelligenz stellt sich zunächst einmal die Frage: Was macht eigentlich die menschliche Intelligenz aus? Schließlich orientiert sich das Konzept der künstlichen Intelligenz an dem der menschlichen. Der Intelligenzquotient ist eine Zahl, die auf der Lösung von standardisierten Aufgaben beruht, bei denen die numerischen, sprachlichen und räumlich-visuellen Fähigkeiten getestet werden. James Flynn hat diesbezüglich festgestellt, dass die durchschnittliche Intelligenz während des 20. Jahrhunderts von Generation zu Generation zunahm. Diese Einsicht wird als Flynn-Effekt bezeichnet. Ein Vergleich zwischen den unterschiedlichen Testergebnissen wurde möglich, da Intelligenztests seit Anfang des 20. Jahrhundert standardisiert waren. Die Stanford-Binet-Intelligenz-Skala wurde im Jahr 1916 zum ersten Mal veröffentlicht. Ob mit diesen Tests jedoch alle Formen von Intelligenz erfasst werden, ist eine offene Frage. Wenn es so etwas wie emotionale Intelligenz, soziale Intelligenz und körperliche Intelligenz geben sollte, dann werden diese Arten von Intelligenz jedenfalls nicht im Rahmen des traditionellen IQ-Tests mitberücksichtigt. Auch die Frage, ob es einen Sinn ergibt, von nicht-menschlicher Intelligenz zu sprechen, kann noch nicht abschließend beantwortet werden.

Die Angelegenheit wird noch schwieriger, wenn man darum bemüht ist, das Verhältnis von Autonomie und Intelligenz genauer zu klären. Selbstfahrende Autos sind ein klares Beispiel für eine schwache KI. Der Ausdruck »selbstfahrend« bedeutet jedoch auch »autonom«. Im Englischen werden diese Autos auch als »autonomous cars« bezeichnet. Bedeutet dies, dass Tesla-Autos autonom sind? Von welcher Art von Autonomie sprechen wir hier? Sind sie genauso autonom wie wir Menschen, sind Menschen autonomer als selbstfahrende Autos, oder sind Letztere vielleicht sogar autonomer als wir Menschen? Es gibt durchaus Gründe für ganz unterschiedliche Einschätzungen. Selbstfahrende Autos schaffen es, das gewünschte Ziel so schnell wie möglich zu erreichen, mit dem geringstmöglichen Energieverbrauch oder auch so, dass man an den meisten touristisch interessanten Attraktionen vorbeikommt. Selbstfahrende Autos erstellen einen Plan, um die jeweiligen Zielsetzungen so gut wie nur möglich zu erfüllen. Bedeutet dies, dass sie Aufgaben stets besser erfüllen als Menschen? Dies muss nicht der Fall sein, da unterwegs stets Unerwartetes geschehen kann. Aufgrund eines Unfalls auf dem Weg mag der normalerweise schnellste Weg auf einmal länger dauern als die ansonsten umständlichere Verbindung. Auf der Basis der vorhandenen Daten sind selbstfahrende Autos trotzdem in der Lage, die geforderten Parameter in der Regel hervorragend zu erfüllen. Meist sogar besser als ein Mensch. Menschen werden müde, es wird ihnen langweilig, oder sie entscheiden sich plötzlich für eine Planänderung, weil sich ihr emotionaler Zustand verändert. Dies ist bei selbstfahrenden Autos nicht der Fall. Sie sind bereits jetzt sicherer als von Menschen gefahrene Autos.[69]

Diese Feststellung könnte sogar nahelegen, dass selbstfahrende Fahrzeuge autonomer sind als von Menschen gefahrene, da sie stets den vorgegebenen Anforderungen folgen und eben nicht durch Begierden, Emotionen oder körperliche Fehlfunktionen abgelenkt werden. Es gibt jedoch auch noch andere Möglichkeiten, Autonomie zu definieren. Wenn Autonomie in der Fähigkeit liegt, eine spezielle Funktion zu erfüllen, dann ergibt sich daraus ein hierarchischer Begriff von Autonomie, der nahelegt, das KI-Systeme autonomer sein können als Menschen, zum Beispiel wenn es um das Schachspielen geht. Dies muss aber nicht bei jeder Tätigkeit der Fall sein. Autonomie kann aber auch mit der Fähigkeit identifiziert werden zu realisieren, was im eigenen Interesse ist. Ein Mensch, der stark durch soziale Medien beeinflusst wird, mag daher weniger autonom sein als jemand, der mittels Achtsamkeitsmeditationen regelmäßig über die eigenen Anliegen reflektiert. Könnte eine KI diese Form von Autonomie erlangen? Diesbezüglich könnte auf unterschiedliche Weise argumentiert werden. Da eine KI stets der ihr zugrunde liegenden Funktion folgt, handelt ein solcher Algorithmus stets autonom. Andererseits könnte jedoch auch davon ausgegangen werden, dass der Prozess der Realisierung der eigenen Interessen mit dem Vorhandensein von Intentionen verbunden ist, eine KI solche Intentionen jedoch nicht besitzt und auch der Realisierungsprozess ein Bewusstsein voraussetzt, das gegenwärtig vorhandene KIs noch nicht haben.

Dies ist jedoch bei Weitem noch keine vollständige Liste von Bedeutungen des Autonomiebegriffs. Möglicherweise könnte Autonomie mit der Fähigkeit verbunden sein, zu bestimmen, was man selbst will. Wenn dies die treffende Charakterisierung von Autonomie sein sollte, dann sind KIs sicherlich nicht in der Lage dazu. Eine KI folgt der ihr zugrunde liegenden Funktion, die durch einen Algorithmus vorgegeben ist. Wie ist das bei Menschen? Wenn davon ausgegangen wird, dass Menschen einen freien Willen besitzen, dann wären sie auch in der Lage zu bestimmen, wer sie sein wollen. Ob es einen freien Willen gibt, ist jedoch mehr als fraglich. Allein diese begriffliche Definition von Autonomie ist höchst problematisch, da sie in einem infiniten Regress endet. Ich müsste dazu in der Lage sein zu bestimmen, wer ich sein will. Wenn dies ein leeres Ich voraussetzt, dann hätte dieses keine Grundlage, um irgendeine Entscheidung zu treffen. Wenn das entscheidende Ich jedoch bereits Kriterien besäße, auf deren Basis es eine Entscheidung getroffen hat, dann stellt sich die Frage, woher diese Kriterien stammen – wodurch ein infiniter Regress initialisiert würde. Ohne eine Persönlichkeit und die damit einhergehenden Präferenzen könnte eine Persönlichkeit noch nicht einmal gewählt werden.

Woher könnten menschliche Eigenschaften und Präferenzen denn kommen? Einerseits von den biologischen Eltern und andererseits von Umwelt, Erziehung und allen weiteren externen Faktoren. Man selbst ist für beide Umstände jedoch nicht verantwortlich. Wie wäre es denn, wenn wir eine immaterielle Seele besäßen? In diesem Fall müsste auch diese einen Urheber haben. Wenn Gott dieser Urheber wäre, wäre dann nicht Gott für die eigenen Eigenschaften verantwortlich? Die Vorstellung, selbst für die eigenen Eigenschaften verantwortlich zu sein, ist philosophisch damit gar nicht so einfach zu begründen.

Wenn es jedoch so etwas wie den freien Willen gäbe, dann könnte mit ihm unsere Autonomie gegeben sein. Wenn KIs keine solche immaterielle Seele haben, dann könnten sie auch keine solche Autonomie besitzen. Die Frage, ob KIs autonom sein können, hängt daher ganz eng mit der Frage zusammen, was wir unter dem Begriff »Autonomie« verstehen. Wenn es allein um die Fähigkeit geht, eine bestimmte Zielsetzung zu erfüllen, dann könnten autonome KIs, wie etwa autonome Fahrzeuge, durchaus autonomer sein als Menschen.

Hieraus ergibt sich sogar die Frage, unter welchen Umständen von Menschen gefahrene Autos vielleicht sogar verboten werden müssten. Wenn autonome Autos wesentlich seltener Unfälle verursachen, dann wäre dies durchaus naheliegend.

Zumindest müsste man wohl höhere Versicherungsprämien für von Menschen gefahrene Fahrzeuge verlangen. Bei Aufzügen hat eine strukturell-analoge Entwicklung in der Vergangenheit bereits stattgefunden: *Lift Boys* oder *Elevator Girls* wurden durch die Automatisierung von Aufzügen überflüssig. Dieses Beispiel verdeutlicht, dass es wahrscheinlich sogar naheliegend ist, dass zuverlässige und sichere selbstfahrende Autos einmal die uns bekannte Transportweise ersetzen werden, auch wenn wir uns dies gegenwärtig noch schwer vorstellen können.

Mittels einer anderen schwachen KI, nämlich der von Chatbots, begibt man sich auf das Gebiet der menschlichen Konversation. Ein Chatbot ist ein technisches Dialogsystem, das Konversationen zwischen Menschen und einem technischen System ermöglicht. Für ein solches System war auch der Turing-Test gedacht, den der bereits erwähnte Turing in seinem 1950 publizierten Artikel »Computing Machinery and Intelligence« entwickelte. Menschliche Richter sollten die Möglichkeit haben, fünf Minuten lang an einer digital verfassten Konversation teilzunehmen. Wenn zumindest 30 Prozent aller Richter den Dialogpartner fälschlicherweise für einen Menschen halten, dann hat der Chatbot den Turing-Test bestanden, was wiederum ein Indiz für künstliche Intelligenz darstellt. Gemäß des transhumanistischen Cyborg-Ingenieurs Kevin Warwick soll der russisch-ukrainische Chatbot Eugene Goostman den Test am 7. Juni 2014 bestanden haben, dem 60. Geburtstag von Turings Tod. Eugene Goostman stellt einen dreizehnjährigen ukrainischen Jungen aus Odessa dar. Dieser Umstand sollte das begrenzte Wissen und vereinzelt auftretende grammatikalische Fehler erklären. 33 Prozent aller menschlichen Richter gingen an besagtem Datum davon aus, sich mit einem Menschen zu unterhalten.

Es ist wichtig, darauf hinzuweisen, dass es sich hierbei noch immer um eine lediglich schwache KI handelt, da der Austausch mittels digitaler Textübermittlung stattfand. Dass Algorithmen den Turing-Test bestehen, wird in den Medien immer wieder erwähnt. Im Sommer 2022 ist es zu außerordentlichen Konversationen mit dem Google-KI-Chatbot LaMDA gekommen. Dass hier ein selbstbewusster und empfindungsfähiger Algorithmus entstanden ist, wie dies von einem mittlerweile entlassenen Google-Ingenieur in den Raum gestellt wurde, darf jedoch bezweifelt werden, da diese Eigenschaften ein Gehirn und ein Nervensystem vorauszusetzen scheinen. Weiterhin kennen wir bislang kein Wesen, das ein Gehirn und ein Nervensystem besitzt, jedoch nicht lebt und keine Kohlenstoffbasis hat. Vielleicht ist eine Kohlenstoffbasis eine notwendige Voraussetzung dafür, um am Leben zu sein. Damit bleibt jedoch die weiterführende Frage noch unbeantwortet, ob Leben eine Voraussetzung für Selbstbewusstsein und Empfindungsfähigkeit ist. Auch das Verhältnis von Empfindungsfähigkeit und Bewusstsein muss sicherlich noch analytisch schärfer konzipiert werden. Können Wesen die Empfindung des Leids verspüren, ohne eine Art von Bewusstsein zu besitzen? In diesem Zusammenhang werden wir mit fundamentalen philosophischen Fragen konfrontiert.

Philosophisch interessant ist in diesem Zusammenhang, dass grundsätzlich aus unbelebter Materie belebte entstehen kann. Denn genau dies ist vor etwa 3,5 Milliarden Jahren auf der Erde passiert, als hier die ersten Lebensformen entstanden sind – auch wenn die Details dieses Prozesses noch ein Rätsel sind. Deshalb ist es grundsätzlich möglich, dass sich auf Siliziumbasis auch Leben sowie Bewusstsein und Empfindungsfähigkeit entwickeln können. Jedoch haben wir kein starkes Indiz, das dafür spricht, dass bei LaMDA genau dies bereits geschehen ist.

Beim erweiterten Turing-Test sollen übrigens auch visuelle und auditive Elemente mit einbezogen werden. Es ist vorstellbar, dass künftig Wettbewerbe, bei denen der erweiterte Turing-Test durchgeführt wird, im Metaversum stattfinden werden. Das Metaversum ist ein dreidimensionaler virtueller Raum, in dem Avatare, also virtuelle Kunstfiguren des Cyberspace, miteinander interagieren können. Mark Zuckerberg will, wie er bereits im Juli 2021 ankündigte, entscheidend an der Entwicklung des Metaversums beteiligt sein.

Seit 2013 steht in China ein chinesisch sprechender Chatbot mit der hellen weiblichen Stimme einer Teenagerin zur Verfügung, mit der sich registrierte Nutzer unterhalten können. Die App Xiaoice kann nur mit einer chinesischen Mobilfunknummer genutzt werden. Sie hat mittlerweile bereits über 40 Millionen Nutzer in China und Japan. Viele Nutzer bekundeten anfangs, dass sie lange Zeit nicht bemerkten, dass sie sich nicht mit einem Menschen unterhielten. Das Beispiel verdeutlicht die mit solchen Chatbots einhergehende Faszination, auch wenn Chatbots kein Innenleben, keine Gefühle und kein Bewusstsein besitzen.

Der Philosoph John Searle hat in seinem 1980 veröffentlichten Aufsatz »Minds, Brains, and Programs« das Gedankenexperiment des chinesischen Zimmers entwickelt, das nahelegt, dass das Vorhandensein eines entsprechend komplexen Programms nicht hinreichend für die Entstehung von Bewusstsein ist. Eine wirkliche starke KI würde jedoch ein solches Bewusstsein benötigen, da nur dann tatsächlich von Verständnis und dem Erfassen von Bedeutung gesprochen werden könne. Das Gedankenexperiment umfasst einen chinesisch sprechenden Teilnehmer, der geschriebene Sätze in ein geschlossenes Zimmer hineinschiebt. Darin befindet sich eine andere Person, die mithilfe eines komplexen Regelwerks auf die jeweiligen Aussagen reagiert. Die betreffende Person mag zwar passende Antworten übermitteln, würde jedoch nicht Chinesisch verstehen. Aus diesem Grund kann auch angezweifelt werden, ob der Turing-Text eine angemessene

Überprüfung von künstlicher Intelligenz darstellt. Müsste KI nicht auch die Bedeutungsebene mit umfassen?

Noch einfacher als die Kommunikation ist die automatische Übersetzung mittels maschinellen Lernens. Anfangs wurde hierbei Wort für Wort übersetzt. Dies war auch lange Zeit beim Google-Übersetzer der Fall. In der jüngeren Vergangenheit wurden automatische Übersetzungen mittels *Deep Learning* verfeinert. Besonders erfolgreich war und ist hierbei das in Köln ansässige Unternehmen DeepL, das Übersetzungen mittels künstlicher neuronaler Netze realisiert. DeepL hat ursprünglich verschiedene Standardübersetzungen von Phrasen, das heißt syntaktischen Einheiten, genutzt, um die unterschiedlichen Bedeutungen und Nuancen von Aussagen berücksichtigen zu können. So konnten die Übersetzungen von DeepL stets den Kontext in Betracht ziehen. Weiterhin wurde darauf geachtet, bei welcher Aussage welche Wörter angemessen sein können. Bei jeder weiteren Nutzung von DeepL lernt das System hinzu, sodass es sich ständig weiter verbessert. Blindstudien sollen bestätigt haben, dass DeepL bei seinem Start verlässlicher war als seine Konkurrenz.

Aber auch hier besteht die vom chinesischen Zimmer angesprochene Herausforderung weiter: die Relevanz von Bewusstsein für das Verständnis von Nuancen. Was Bewusstsein überhaupt ist, bleibt eine der ganz großen philosophischen Herausforderungen. Nicht weniger kompliziert ist die Frage nach den notwendigen Bedingungen für die Entstehung von Bewusstsein. Möglicherweise kann Bewusstsein entstehen, wenn eine genügend große Komplexität eines künstlichen neuronalen Netzes gegeben ist. Bislang sind uns nur Erscheinungsformen von Bewusstsein bekannt, die an organische Kohlenstoffverbindungen und insbesondere an Neuronen gekoppelt sind, weshalb unklar ist, ob ein siliziumbasiertes Bewusstsein überhaupt möglich ist.

Zwar hat der Zellwissenschaftler Jonas Frisén 2015 festgestellt, dass der Mensch nach zehn Jahren einen fast neuen Körper hat, aber auf das »fast« kommt es hier in der Tat an.[70] Die verschiedenen Körperzellen erneuern sich unterschiedlich schnell. Es gibt jedoch auch zahlreiche Körperzellen, auf die diese Einschätzung nicht zutrifft. Reife Nervenzellen teilen und vermehren sich nicht. Jüngere Forschungsprojekte haben ergeben, dass es so etwas wie die adulte Neurogenese gibt, was bedeutet, dass auch bei erwachsenen Menschen Neuronen nachproduziert werden können. Bei Säugern wurde gezeigt, dass dieser Prozess von geistiger und auch körperlicher Aktivität abhängig ist. Es scheint naheliegend, dass auch beim Menschen analoge Prozesse am Werk sind. Aufschlussreich ist, dass auch diese neu gebildeten Neuronen auf irgendeine Weise in unsere Bewusstseinsstruktur integriert, zumindest von unserem Bewusstsein mitgenutzt werden. Abgesehen von kurzen Unterbrechungen beim Schlafen, bleibt unser Bewusstsein kontinuierlich bestehen. Wird unser Bewusstsein wie eine Software auf die neu gebildeten Neuronen übertragen? Handelt es sich beim Bewusstsein nur um eine Funktion unseres Gehirns?

Es gibt weiterführende Überlegungen, die das Verhältnis von Kognition und Bewusstsein noch genauer hinterfragen. Bezeichnend ist hierbei auch die erweiterte Geist-Theorie von Andy Clark und David Chalmers, die davon ausgehen, dass sich die kognitiven Fähigkeiten unseres Geistes externalisieren lassen und sie unabhängig von unserem Bewusstsein sind. Handelt es sich etwa beim Cochlea-Implantat um den externen Geist einer Person? Wenn dies der Fall sein sollte, dann ließe sich Kognition vom Bewusstsein abkoppeln. Ob dies eine zutreffende Einschätzung ist, muss noch genauer analysiert werden.

Wenn sich die Kognition vom Bewusstsein abtrennen lässt, dann könnte dies Konsequenzen für die moralische Bewertung von Robotern haben. Roboter, auch verkörperlichte Roboter, also Roboter mit Sensoren, sind Sachen und nach dem Sachrecht zu bewerten. Möglicherweise könnte es jedoch auch plausibel sein, dass manche zur Kognition fähigen Roboter zu leiden imstande sind. Sollte leidenden Entitäten nicht auch ein moralischer Status zukommen? Besteht denn die Möglichkeit, dass die Leidensfähigkeit an die Kognitionsfähigkeit gekoppelt sein kann und nicht notwendigerweise an das Vorhandensein von Bewusstsein? Wie Leiden hier zu konzipieren ist, muss zunächst noch klarer herausgearbeitet werden. Es gibt zweifelsohne unterschiedliche Arten des Leidens. Wenn ich mir mit Papier in den Finger schneide, dann leide ich anders, als wenn ich erniedrigt werde. Im ersten Fall handelt es sich um einen intensiven physischen oder physiologischen Schmerz. Im zweiten Fall kann ein physischer Schmerz zwar vorhanden sein, er ist aber nicht notwendig. Im Falle der Erniedrigung ist eine kognitive Erkenntnis vorausgesetzt, nämlich die Einsicht, dass mich der andere nicht so sehr schätzt, wie ich denke, dass ich geschätzt werden sollte. Aus der Spannung zwischen der erwarteten Wertschätzung und der, die tatsächlich (nicht) entgegengebracht wird, ergibt sich die Erniedrigung. Hierbei handelt es sich um eine Form von Leid, die primär mit einer kognitiven Einsicht verbunden ist, nämlich der Einsicht, nicht so geschätzt zu werden, wie man dies erwartet. Das Gefühl des physischen Leidens ist sekundär und nicht notwendig an die Erniedrigung geknüpft.

Wenn diese Analyse des kognitiven Leids eine plausible ist, dann könnte kognitives Leid irgendwann einmal auch bei verkörperlichten Robotern gegeben sein. Gegenwärtige Roboter mögen zu solchen kognitiven Einsichten nicht in der Lage sein, aber ein weiterentwickelter Roboter mag, wenn er gefragt wird und ihm nicht geglaubt wird, durchaus zu der Einsicht gelangen, dass er nicht so behandelt wird, wie er behandelt werden sollte. Diese kognitive Einsicht mag mit der

Wahrnehmung von Erniedrigung und kognitivem Schmerz einhergehen. Wenn dies der Fall sein sollte, dann müsste die Frage, ob Robotern auch ohne Bewusstsein ein moralischer Status zukommen sollte, neu analysiert werden.

Es gibt durchaus noch weitere Gründe, die dafür sprechen, dass Kognition und Bewusstsein nicht notwendigerweise aneinandergekoppelt sein müssen. Ein besonders anschauliches Beispiel war ein Video, das für den »Invisible Gorilla Test« entwickelt wurde. Es geht auf das Buch *The Invisible Gorilla* von Christopher Chabris und Daniel Simons aus dem Jahr 2010 zurück, deren Forschungen ergaben, dass Personen, die auf eine Sache fokussiert sind, andere bedeutende Ereignisse übersehen können. Bevor man sich das Video ansieht, wird man aufgefordert, die Anzahl der Pässe zwischen den Spielern einer Mannschaft zu zählen. Das ist die zentrale Aufgabe. Immer dann, wenn Spieler mit dem Trikot einer bestimmten Mannschaft den Ball an einen Spieler derselben Mannschaft abgeben, zählt dies als Pass. Hierauf ist der Betrachter konzentriert. Währenddessen geht eine als Gorilla verkleidete Person durch das Spielfeld und winkt dem Betrachter zu, der wiederum darauf fokussiert ist, die Pässe zu zählen. Im Anschluss wird der Betrachter gefragt, ob ihm etwas aufgefallen sei. In der Regel hat der Betrachter den Gorilla nicht bemerkt, obwohl er sich klar im kognitiven Feld des Betrachters befand. Dies ist ein Indiz dafür, dass sich Kognition vom Bewusstsein abkoppeln lässt. Was im kognitiven Feld ist, muss nicht bewusst wahrgenommen werden. Verkörperlichte Roboter haben aufgrund ihrer Sensoren kognitive Felder, jedoch noch kein Bewusstsein. Trotzdem sind sie zur Kognition in der Lage. Sie können keinen sinnlichen oder emotionalen Schmerz empfinden, da diese Schmerzarten an das Vorhandensein eines Bewusstseins gekoppelt sind. Vielleicht reicht jedoch ein kognitiver Schmerz als eine moralisch relevante Fähigkeit aus, um als Person zu gelten.

Dieser Gedanke wird weiter bekräftigt durch die Existenz von weltweit etwa dreißig Menschen, die eine Mutation am SCN11A-Gen haben, die zur völligen Schmerzfreiheit führt. Sie müssen erst mühsam lernen, Gefahren für ihr Leben zu erkennen und entsprechend zu handeln. Wenn die Empfindungsfähigkeit notwendig ist, um moralisch respektiert zu werden, dann würde dieser Gedanke implizieren, dass diese Menschen nicht den Personenstatus verdienten, sondern als Sachen anzusehen seien. Diese Überlegung wäre jedoch nur plausibel, wenn das Leiden allein auf körperliches und emotionales Leid zurückzuführen wäre. Es gibt jedoch auch kognitives Leiden. Anhand des weiter oben angeführten Beispiels der Erniedrigung wurde dies bereits verdeutlicht. Auch diese schmerzfreien Menschen handeln im Leben so, als würde ihnen Feuer Schmerz verursachen, obwohl dies nicht der Fall ist. Sie erkennen, dass Feuer ihrer Haut und ihrem Körper nicht guttut, auch wenn sie keinen körperlichen Schmerz empfinden. Es ist also ein kognitiver Prozess, der mit der Einsicht des kognitiven Leids einhergeht, analog zum Fall der Erniedrigung. Auch kognitives Leid ist eine Art des Leidens. Wenn dem so ist und wenn Kognition unabhängig vom Bewusstsein sein kann, dann sind kognitiv leidende verkörperlichte Roboter durchaus konzipierbar, auch wenn sie gegenwärtig wohl noch nicht existieren. Wenn dies jedoch der Fall ist, dann müsste es prinzipiell möglich sein, dass Roboter auch Personen sein können, nämlich dann, wenn sie zum kognitiven Leid in der Lage sind, auch wenn sie kein Bewusstsein haben sollten.

Das Wort »Robot« taucht erstmals 1920 in dem Theaterstück »R.U.R. – Rossum's Universal Robots« des tschechischen Schriftstellers Karel Čapek auf, als Urheber gilt sein Bruder Josef Čapek. Das tschechische Wort *robota* bedeutet so viel wie Arbeiter, auch Zwangsarbeiter. Der Roboter ist klar zu unterscheiden vom Cyborg. Dieses Wort wurde von Manfred Clynes und Nathan S. Kline geprägt, im 1960 erschienenen Artikel »Cyborgs and Space« in der Zeitschrift *Astronautics.* Während der Roboter eine technische Apparatur ist, sind Cyborgs gesteuerte Organismen, kybernetische Organismen. Der Begriff κυβερνήτης, *kybernetes,* stammt aus dem Altgriechischen und bedeutet Steuermann. Alle gesteuerten Organismen sind also Cyborgs. Auf die Bedeutung von Cyborgs wird noch separat eingegangen.

Zahlreiche Roboter mit schwacher KI sind uns bereits bekannt, zum Beispiel Schachroboter. Das Spektrum von schwacher KI reicht von Siri und Alexa über Chatbots und Suchmaschinen bis hin zu selbstfahrenden Autos. Da immer noch unklar ist, was künstliche Intelligenz genau ist, wissen wir auch nicht exakt, was eine starke KI zu leisten imstande sein muss. Starke KIs sollen in der Lage sein, eine Vielzahl von Funktionen zu realisieren, nämlich alle Fähigkeiten, zu denen Menschen in der Lage sind, nur besser als diese. Eine starke KI wird noch übertroffen von der künstlichen Superintelligenz, die nämlich nicht nur all das kann, wozu Menschen in der Lage sind, und die menschlichen Fähigkeiten bei Weitem übertrifft, sondern die weiterhin auch noch über Fähigkeiten verfügt, die Menschen nicht besitzen, etwa Ultraschallwellen und Infrarotstrahlen wahrnehmen zu können. Was bedeutet dies ganz konkret? Wird für die Existenz einer starken KI Bewusstsein benötigt oder nicht? Dies ist eine der zentralen Fragen. Möglicherweise kann von einer starken KI erst dann gesprochen werden, wenn wir ein digitales Bewusstsein realisiert haben. Alle gegenwärtig bewussten Entitäten sind auch lebende. Gegenwärtig kennen wir zumindest noch keine leblosen bewussten Entitäten. Bedeutet dies, dass nur organische Lebewesen Bewusstsein besitzen können? Wie steht es dann um digitale Lebewesen?

Stephen Hawking ging davon aus, dass es bereits digitale Lebensformen gibt. Er denkt hierbei an Computerviren, die in der Lage sind, sich selbst zu replizieren.[71] Selbstredend war er sich auch der unmittelbaren Einwände gegen diese Einschätzung bewusst. Viren benötigen lebende Zellen als Wirtszellen, da sie keinen eigenen Metabolismus zur Energiegewinnung haben. Lebewesen können eigenständig eine chemische Umwandlung von Stoffen durchführen, um Energie zu gewinnen und auf diese Weise Ordnung zu schaffen. Viren sind hierzu nicht fähig. Dies trifft sowohl auf biologische Viren als auch auf digitale zu. Biologische Viren bestehen aus einem Molekül oder mehreren, in denen DNA und RNA enthalten sind, also genetische Informationen, nach denen sie ihre Replikation in einer Wirtszelle steuern. Lebewesen bestehen aus Genen und einem Metabolismus, weshalb weithin davon ausgegangen wird, dass Viren zwar dem Leben nahestehen, aber noch keine eigenständige Lebensform sind. Hawking teilte diese Einschätzung nicht. Computerviren, wie auch biologische Viren, benötigen einen Wirt. Digitales Leben mit einer eigenständigen Möglichkeit der Energiegewinnung ist bislang noch nicht vorhanden. Ist dies jedoch notwendig, um ein digitales Bewusstsein realisieren zu können? Wäre eine digitale Lebensform, die eigenständig Energie gewinnen kann, eine starke KI?

Einige Transhumanisten sprechen darüber hinaus von einer digitalen Superintelligenz. Diese Eigenschaft geht noch weit über die Fähigkeiten der starken KI hinaus. Kim Peek war das Vorbild der autistischen Figur Raymond Babbitt im Film »Rain Man«. Wohl aufgrund der Tatsache, dass bei ihm beide Gehirnhälften nicht miteinander verbunden waren, und auch wegen der außerordentlichen Größe seines Gehirns hatte er Fähigkeiten eines Super-Savants, wobei seine Erinnerungsfähigkeit besonders herausstach. Er kannte den Inhalt von 12000 Büchern Wort für Wort auswendig, um nur eine bemerkenswerte Fähigkeit zu nennen. Eine starke KI müsste wohl die Fähigkeiten zahlreicher Savants vereinen.

Eine Superintelligenz umfasst noch weitere Fähigkeiten, nämlich solche, über die Menschen nicht verfügen. Der britische Mathematiker und Kryptologe Irving John »Jack« Good hat bereits 1965 von Superintelligenzen und einer Intelligenzexplosion gesprochen sowie davon, dass diese Erfindung die letzte sein müsste, die der Mensch zu realisieren habe. Die unterschiedlichen Stimmen, die in der jüngsten Vergangenheit von Superintelligenzen sprachen, greifen diesen über fünfzig Jahre alten Gedanken wieder auf und entwickeln ihn vor dem Hintergrund aktueller technischer Erkenntnisse weiter.

Wie könnte es nun zu einer solchen Intelligenzexplosion und der Entstehung einer digitalen Superintelligenz kommen? Zahlreiche Szenarien werden diesbezüglich erörtert. Ein selbstlernender verkörperlichter Algorithmus könnte so programmiert sein, dass er sich eigenständig weiterentwickelt. *Deep Learning* kennen wir bereits vom Go-Algorithmus, der über viele Monate gegen sich selbst spielte und auf diese Weise die eigenen Fähigkeiten verbessern konnte, bis er von Menschen nicht mehr besiegt werden konnte. Brillante Go-Spieler können von ihm aber nichts lernen, da die Fähigkeit der Vorausschau bei diesem Algorithmus so komplex ist, dass Menschen hierzu nicht in der Lage sind. Analog könnte sich ein verkörperlichter Superintelligenz-Algorithmus entwickeln. Im Gegensatz zum Go-Algorithmus müsste er jedoch eine Vielzahl von Fähigkeiten umfassen. Welche Fähigkeiten das sein müssten, ist unklar. Menschen können zum Beispiel Tennis spielen und sich in andere Menschen einfühlen. Sind dies Fähigkeiten, die eine Superintelligenz ebenso beherrschen müsste? Außerdem gibt es, wie erwähnt, wohl auch eine sportliche, eine musikalische und eine emotionale Intelligenz. Müsste eine Superintelligenz diese Arten von Intelligenz nicht ebenso besitzen?

Eine Superintelligenz könnte mittels einer speziellen algorithmischen Entwicklung entstehen. Möglicherweise kann sie zustande kommen, wenn eine Vernetzung von Computern gegeben ist, die der Vernetzung der Neuronen im menschlichen Gehirn entspricht. Eine weitere Variante, die diskutiert wird, ist der Brain Scan. Hierbei wird die Struktur des Gehirns gescannt, dabei wird dieses digital rekonstruiert. Über diese Simulation soll letztendlich auch das Ich mit allen Erinnerungen und Fähigkeiten von einem Medium, dem biologischen, kohlenstoffbasierten Gehirn, in ein anderes, das heißt einen siliziumbasierten Computerchip, übertragen werden. Wie das selbstbewusste Ich dabei übertragen werden könnte, bleibt jedoch ein Rätsel. Verbindet sich das gescannte Gehirn mit dem simulierten, sodass dieses quasi zum erweiterten eigenen Geist wird?

Vielversprechender sind vielleicht die Möglichkeiten, die mit einem Gehirnchip einhergehen könnten. Mit der tiefen Hirnstimulation kann Parkinson erfolgreich behandelt werden. Mit Cochlea-Implantaten hat man Taube hören lassen. Mit einer Gehirn-Computer-Schnittstelle könnte das Gehirn mit herausragenden Fähigkeiten ausgestattet werden, etwa indem die invasive Hirnprothese sich mit einer mit künstlicher Intelligenz ausgestatteten Cloud verbindet. Auf diese Weise könnte einerseits das Gehirn mit besonderen Fähigkeiten ausgestattet werden, andererseits hätten die Cloud-Betreiber aber auch die Möglichkeit des Zugriffs auf persönliche Inhalte des Gehirns.

Dass die menschliche Persönlichkeit nicht an bestimmte Zellen gekoppelt sein muss, zeigt sich daran, dass unser Bewusstsein auch die im Erwachsenenalter neu gebildeten Neuronen nutzen kann. Wissenschaftler haben inzwischen gezeigt, dass sich Erinnerungen einer Schnecke per Transplantation in eine andere Schnecke übertragen lassen.[72] Warum sollten jedoch Erinnerungen und andere Gehirninhalte ausschließlich an das kohlenstoffbasierte Gehirn gebunden sein? Auch Facebook hat einige Zeit lang an einer Technologie zum Gedankenlesen geforscht, sodass die Texteingabe allein über Gedanken erfolgen würde.[73]

Es sind diese Entwicklungen, die nahelegen, dass auch das gesamte Gehirn, die gesamte Persönlichkeit einmal digitalisiert werden kann, sodass über eine Gehirn-Computer-Schnittstelle vielleicht einmal das Mind-Uploading realisiert werden könnte. Auch hier stellt sich die Frage nach dem Ort des Ich-Bewusstseins. Würde das Ich weiterhin im biologischen Gehirn bleiben, sodass die digitalen Erweiterungen nur eine Art erweitertes Gehirn darstellen? Besteht die Möglichkeit, das Ich zu kopieren, sodass aus einem Albert Einstein, dann Albert Einstein 1, 2 und 3 entstehen könnten? Eine andere Alternative könnte sein, dass mit der Übertragung einer bestimmten Gehirnstruktur auf ein Implantat damit auch das Ich-Bewusstsein übertragen wird. Auch eine ganz grundsätzliche Frage stellt sich in diesem Zusammenhang: Sind unsere Gehirninhalte diskret oder kontinuierlich strukturiert? Digitale Daten bestehen bekanntlich aus Nullen und Einsen. Sind die Daten unseres Gehirns ebenso strukturiert? Wenn sie kontinuierlich sein sollten, dann würden im Rahmen der Datenübertragung Informationen verloren gehen, und es würde sich nicht um ein Mind-Uploading handeln, sondern eher um eine Reduktion des Gehirns.

Diese Überlegungen zum Mind-Uploading verdeutlichen, dass unterschiedliche Varianten der Übertragung der menschlichen Persönlichkeit auf ein digitales Medium möglich sind. Jede Variante beinhaltet jedoch intellektuell höchst problematische, um nicht zu sagen unplausible Schritte. Wenn eine solche Superintelligenz jedoch entstehen sollte, dann könnte es sich um die letzte menschliche Erfindung handeln, wie Irving John Good bereits herausstellte, der im Übrigen nicht nur das Konzept der Superintelligenz, sondern auch das der Intelligenzexplosion entwickelte. Good hat außerdem Stanley Kubrick bei dessen Film »2001 – A Space Odyssee« beraten, einem der Filme, der das Thema Superintelligenz ganz hervorragend thematisiert. Auch im Film »Transcendence« mit Johnny Depp, in dem auch Elon Musk als er selbst auftritt und Film und Wirklichkeit ineinander übergehen, wird das Thema auf anschauliche Weise behandelt. Musk ist bekannt dafür, regelmäßig in der Öffentlichkeit das Simulationsargument zu erörtern. Diesbezüglich sollte nicht unerwähnt bleiben, dass bereits Konrad Zuse, der auch den ersten funktionsfähigen Computer der Welt entwickelte, in den Jahren 1945/1946 die Hypothese einer grundsätzlich digitalisierten Wirklichkeit konzipierte

Eine Prämisse des von Musk vorgestellten Arguments ist, dass die Digitalisierung unserer Persönlichkeit möglich ist und wohl bald realisiert werden wird. Musks Überlegungen zum Simulationsargument beginnen mit einer Analyse von Computerspielen. Vor fünfzig Jahren gab es ein Computerspiel namens »Pong«. Es ist quasi eine Simulation von Pingpong, Tischtennis. Ein Punkt steht für den Ball, und zwei gerade Linien repräsentieren die Tischtennisschläger. Diese einfache Grafik entsprach der üblichen Qualität von Computerspielen vor fünfzig Jahren. Zwischenzeitlich hat sich die Situation signifikant verändert. Heutzutage haben wir Oculus Rift und andere VR-(Virtual Reality-)Headsets, mit deren Hilfe wir uns in einer dreidimensionalen virtuellen Umgebung bewegen können, deren Qualität bereits als fotorealistisch bezeichnet werden kann. Trotzdem ist sie noch weit entfernt von unserer lebensweltlichen Alltagswahrnehmung. Es besteht noch nicht die Gefahr, dass wir eine simulierte Realität für die wahre halten. Wenn die Entwicklung jedoch nur annähernd so schnell voranschreitet wie bisher, dann dürften wir in fünfzig Jahren Computersimulationen haben, die sich qualitativ von unserer Alltagswahrnehmung nicht mehr unterscheiden würden. Dies bedeutet selbstredend auch, dass wir die Simulation nicht mehr einfach nur durch das Absetzen einer VR-Brille verlassen könnten. Wenn Computersimulationen ununterscheidbar von der grundlegenden Wirklichkeit sein sollten, dann bedeutet dies auch, dass wir Teil der Computersimulation sein müssten, das heißt unsere Persönlichkeit müsste digitalisiert worden sein und sich mit Selbstbewusstsein und Fähigkeiten wie Tennis spielen und Hass empfinden als digitale Entität auf einer Festplatte befinden. Dies ist ein gewagter Gedanke, insbesondere vor dem Hintergrund, dass wir gegenwärtig noch nicht einmal eine lebende digitale Entität kennen.

Musks Überlegungen sind aber hiermit noch nicht abgeschlossen. Vielmehr hält er es für wahrscheinlich, dass wir uns gegenwärtig bereits in einer Computersimulation befinden. Wie kommt er denn auf diesen Gedanken? Der zugrunde liegende Gedanke beruht auf einer Wahrscheinlichkeitsüberlegung. Warum erschaffen wir Computersimulationen? Um spezielle Prozesse wie die Evolution besser zu verstehen, die Klimaveränderung nachvollziehen zu können oder auch Bevölkerungsentwicklungen vorhersagen zu können. Es gibt zahlreiche Gründe, um eine Computersimulation zu starten. Wir nutzen sie aus diesen und weiteren Gründen auch in der Gegenwart. Wenn das Leistungsvermögen von Computern jedoch in der Tat so groß sein wird, wie von Musk angenommen, dann wird damit auch die Wahrscheinlichkeit, verlässliche Aussagen aufgrund von Simulationen treffen zu können, erhöht sein. Außerdem werden solche Hochleistungscomputer simulierte Welten erschaffen, die von unserer grundlegenden Wirklichkeit nicht zu unterscheiden sind.

Aus diesem Grund wird es künftig sicherlich Milliarden solcher Computersimulationen geben. In jeder dieser Simulationen werde auch ich wieder in Rom vor meinem PC sitzen und über Computersimulationen schreiben. Wenn diese Computersimulationen in der Tat so gut sein werden, wie von Musk beschrieben, dann ergibt sich daraus jedoch die folgende Frage: Woher weiß ich, dass ich mich gegenwärtig nicht bereits in einer Computersimulation befinde? Wenn es Milliarden von Computersimulationen geben wird und jede einzelne von der grundlegenden Wirklichkeit nicht zu unterscheiden ist, dann sollte man Wahrscheinlichkeitsüberlegungen mitberücksichtigen, um diese Frage zu beantworten. Jede dieser, so nehmen wir einmal an, eine Milliarde Computersimulationen beinhaltet, dass ich mich in Rom vor dem PC befinde und meine Überlegungen zu Computersimulationen verfasse. Qualitativ sind die einzelnen Computersimulationen nicht voneinander zu unterscheiden. Warum sollte ich also davon ausgehen, dass ich mich in der zugrunde liegenden Wirklichkeit befinde? Hiervon gibt es schließlich nur eine einzige, der hingegen insgesamt eine Milliarde Computersimulationen gegenüberstehen, die sich qualitativ von der der einen zugrunde liegenden Wirklichkeit nicht unterscheiden. Wenn diese Beschreibung eine plausible und zutreffende ist, dann ist die Wahrscheinlichkeit, dass ich mich gegenwärtig in der zugrunde liegenden Wirklichkeit befinde, nur eins zu einer Milliarde. Die Wahrscheinlichkeit wäre also extrem hoch, dass ich mich bereits jetzt in einer Computersimulation befinde.

So lässt sich der Gedankengang Musks nachvollziehen. Ob seine Überlegungen plausibel sind oder nicht, hängt primär von dem Umstand ab, ob sich Selbstbewusstsein und Leben digitalisieren lassen. Gegenwärtig ist beides noch nicht möglich. Warum sollten wir also prinzipiell davon ausgehen, dass dies möglich sein sollte? Unser Ich mit Selbstbewusstsein von unserem organischen Körper in einen verkörperlichten Roboter zu übertragen ist kein kleiner Schritt. Müsste Musk denn nicht Gründe dafür nennen, dass die Übertragung des Ich-Selbstbewusstseins von einem Körper auf eine Festplatte möglich ist, um die Plausibilität dieser Überlegung aufzuzeigen? Ohne Gründe hierfür aufzeigen zu können, scheint er nur zu verdeutlichen, dass die Grafikqualität in fünfzig Jahren signifikant besser sein wird, als dies gegenwärtig der Fall ist. Dass die Grafik damit aber auch Leben und Selbstbewusstsein erhalten wird, ist ein kategorial anderer Entwicklungsschritt, für den er keinen plausiblen Grund nennt. Wenn die Digitalisierung der Persönlichkeit jedoch trotzdem möglich sein sollte, dann wäre damit auch ein Schritt hin zur technologischen Singularität (dazu mehr im Kapitel über Singularität) gegeben. Bis dahin sind jedoch noch viele Hürden zu überwinden.

Explizit mit dem Konzept der technologischen Singularität auseinandergesetzt haben sich etwa Vernor Vinge und Ray Kurzweil. Vinge hat in seinem 1993 erschienenen Artikel »Technological Singularity« explizit herausgestellt, dass innerhalb von dreißig Jahren eine übermenschliche digitale Intelligenz geschaffen werden wird, mit der die menschliche Ära beendet werde. Kurzweil, nach Bill Gates »die beste Person, die ich kenne, wenn es darum geht, die Zukunft der Künstlichen Intelligenz vorherzusagen«[74], geht wie weiter oben erwähnt davon aus, dass die Singularität bereits nahe sei, was er in seinem gleichnamigen Buch *The Singularity is Near* aus dem Jahr 2005 erläutert. Darin schildert er auch die Geschichte des Konzepts, das sich in Ansätzen bereits bei dem Mathematiker und Informatiker John von Neumann finden ließe.

Selbst wenn die technologische Singularität, das Mind-Uploading oder eine Superintelligenz möglich sein sollten, dann haben wir damit bei Weitem noch keine Unsterblichkeit erreicht, da wir uns schließlich noch immer in unserem begrenzten expandierenden Universum befinden und auch dessen Entwicklungen berücksichtigt werden müssen. Worin wird denn die Zukunft des Universums bestehen? Vielleicht wird sich der Expansionsprozess irgendwann einmal verlangsamen, bis er zum Stillstand kommt und das Universum den damit einhergehenden Kältetod erleidet. Vielleicht wird sich der Expansionsprozess aber auch einmal umkehren, und es findet eine Kontraktion des Universums statt, die schließlich in der kosmischen Singularität enden wird, einem Punkt unglaublich hoher Dichte.

In beiden Fällen wären wir Menschen bis dahin schon längst tot. Unsterblichkeit umfasst jedoch nicht nur lächerliche sechs, dreißig oder hundert Milliarden Jahre, sondern dauert viel länger, nämlich unendlich lange. Der Begriff der Unsterblichkeit kann selbstredend ganz unterschiedliche Implikationen haben. Er kann bedeuten, dass jemand nicht sterben kann. Er kann jedoch auch bedeuten, dass jemand nicht sterben muss, aber bei gegebenen Umständen durchaus sterben kann. Unabhängig davon, von welchem Unsterblichkeitsbegriff wir ausgehen, ist klar, dass weder die technologische Singularität noch das Mind-Uploading noch das Entstehen einer Superintelligenz eine Möglichkeit darstellen, unsterblich zu werden. Hiermit soll nur verdeutlicht werden, dass der häufig in diesem Kontext verwendete Begriff der Unsterblichkeit ein höchst missverständlicher, wenn nicht sogar irreführender ist.

Die KI verändert in der Tat alle Bereiche unserer Lebenswelt, aber dass wir durch sie unsterblich werden, ist sicherlich eine unplausible Einschätzung. Sie untergräbt weiterhin die Plausibilität aller anderen Überlegungen, deren Relevanz, Brisanz und Bedeutung hingegen kaum zu überschätzen sind. Aus diesem Grund sollte man von der von einigen Transhumanisten angestrebten digitalen Unsterblichkeit lieber schweigen, während die Implikationen von KI und der damit einhergehenden noch rasanter verlaufenden Digitalisierung weiterer Lebensbereiche zweifelsohne enorm ernst zu nehmen sind.

Dass die Entwicklungen im Bereich der KI enorm beeindruckend sind, wird anhand des zurzeit für Furore sorgenden

Chatbots ChatGPT besonders deutlich. Doch fragen wir den Bot selbst, wofür der Begriff steht. Antwort von ChatGPT:

»ChatGPT ist eine Abkürzung für Chat Generative Pretrained Transformer. Es bezieht sich auf eine spezielle Art von künstlicher Intelligenz (KI), die für den Einsatz in Chatbots und anderen textbasierten Anwendungen entwickelt wurde. ChatGPT wurde von OpenAI trainiert, einem Forschungsinstitut für künstliche Intelligenz, indem es eine riesige Menge an Texten aus dem Internet verarbeitet hat. Durch den Prozess des Trainings hat ChatGPT gelernt, Texte, wie sie auch von Menschen produziert werden, zu erzeugen, die auf bestimmte Fragen und Aufforderungen reagieren. Diese Technologie wird oft verwendet, um natürliche Sprachprozesse in Chatbots, virtuellen Assistenten und anderen Anwendungen zu ermöglichen.«

Die Leistungsfähigkeit dieses Bots ist in der Tat beeindruckend, doch bei bayerischen Abiturprüfungen in unterschiedlichen Fächern wurden große Leistungsunterschiede deutlich, wobei die Qualität der Antworten nie herausragend war.[75] Den finalen MBA-Test an der University of Pennsylvania hätte der Bot bestanden.[76] Dies lässt die Frage aufkommen, welche Themen er mir für das Verfassen dieses Kapitels empfohlen hätte? Antwort von Chat GPT:

1. Die Möglichkeit der Verbesserung der menschlichen Fähigkeiten durch Technologie
2. Die Überwindung menschlicher Grenzen wie Krankheit, Alter und Tod
3. Die Möglichkeit, menschliches Wissen und Verständnis zu erweitern
4. Die Fähigkeit von KI, menschliche Arbeit zu automatisieren und so mehr Freizeit zu schaffen
5. Die Möglichkeit, bessere Entscheidungen durch die Verwendung von KI-basierten Systemen zu treffen

6. Die Fähigkeit von KI, Umweltprobleme wie den Klimawandel zu bekämpfen
7. Die Verwendung von KI in der Wissenschaft und Forschung, um neue Entdeckungen und Technologien zu fördern
8. Die Verwendung von KI in der Medizin, um bessere Diagnosen und Behandlungen zu ermöglichen
9. Die Möglichkeit, virtuelle Realitäten zu schaffen, die menschliche Bedürfnisse und Wünsche erfüllen
10. Die Möglichkeit, menschliche Interaktionen und Beziehungen zu verbessern
11. Die Fähigkeit von KI, Krieg und Konflikte zu vermeiden oder zu lösen
12. Die Möglichkeit, ungleichheit und Armut durch KI-basierte Systeme zu reduzieren
13. Die Möglichkeit, kreative und künstlerische Fähigkeiten durch die Verwendung von KI zu verbessern
14. Die Verwendung von KI in der Bildung, um eine personalisierte Lernumgebung zu schaffen
15. Die Möglichkeit, menschliche Überlegungen und ethische Entscheidungen durch KI-basierte Systeme zu unterstützen
16. Die Verwendung von KI in der Regierung und Politik, um bessere Entscheidungen zu treffen
17. Die Möglichkeit, menschliche Erfahrungen durch die Verwendung von KI-basierten Systemen zu verbessern
18. Die Verwendung von KI in der Wirtschaft, um Wachstum und Wohlstand zu fördern
19. Die Möglichkeit, menschliche Freiheit und Selbstbestimmung durch KI-basierte Systeme zu erhöhen
20. Die Möglichkeit, eine posthumane Gesellschaft zu schaffen, in der Technologie und Menschheit miteinander verbunden sind

Dies ist eine durchaus aufschlussreiche Liste, die in der Tat eine passende Inspiration für ein Buch zum Thema künstliche Intelligenz und Transhumanismus darstellen könnte. Was mich überrascht hat, war Antwort 12, in der »ungleichheit« kleingeschrieben wurde. Was hat ChatGPT denn dazu zu sagen?

> Das war ein Schreibfehler. Das Wort »Ungleichheit« sollte korrekt als Substantiv mit Großbuchstabe geschrieben werden. Entschuldigung für diesen Fehler.

Es sind nicht nur grammatische Fehler, die bei den Antworten von ChatGPT auftauchen, sondern es kann auch vorkommen, dass vom Bot erwähnte Studien gar nicht existieren, sondern erfunden wurden. Häufig ist die Erfindung so professionell gemacht, dass es schwer ist, sie zu enttarnen, was gerade Lehrende mit enormen Schwierigkeiten konfrontieren wird. Auch wenn der Bot noch viele Fehler macht, sind seine Leistungen höchst beeindruckend. Aus diesem Grund frage ich den Bot nach je fünf möglichen Beispielen für Leistungen von künstlichen Intelligenzen in fünf, dreißig und hundert Jahren. Antwort von ChatGPT:

> Fünf Jahre:
> 1. Automatisierte Kundenservice-Chatbots
> 2. Vorausschauende Wartung von Anlagen und Maschinen
> 3. Fortgeschrittene Spracherkennungs- und Übersetzungstechnologie
> 4. Verwendung von KI in der Finanzbranche für Risikoanalyse und Portfoliooptimierung
> 5. Verwendung von KI in der Medizin für Diagnostik und Behandlung von Krankheiten

Dreißig Jahre:

1. Verwendung von KI in der Raumfahrt für Missionen zu anderen Planeten
2. Fortgeschrittene Technologie zur Überwachung und Verbesserung der Umwelt
3. Verwendung von KI in der Architektur und Stadtplanung für optimierte Gebäude- und Städtedesigns
4. Verwendung von KI in der Bildung, um personalisierten und adaptivem Lernen zu ermöglichen
5. Verwendung von KI im Recht, um faire Entscheidungen und Interpretationen von Gesetzen und Regelungen zu unterstützen

Hundert Jahre:

1. Verwendung von KI in der Wissenschaft, um neue Entdeckungen und Technologien zu fördern
2. Verwendung von KI in der Sozialwissenschaft, um menschliches Verhalten und Gesellschaft besser zu verstehen
3. Verwendung von KI im Bereich der Kunst und Kultur, um neue Formen von Kunstwerken zu schaffen
4. Verwendung von KI in der Regierung, um bessere Entscheidungen auf globaler Ebene zu treffen
5. Verwendung von KI zur Schaffung einer posthumanen Gesellschaft, in der Technologie und Menschheit miteinander verbunden sind.

Dass beim Bot immer wieder grammatikalische Fehler auftreten, zeigt auch die Aussage »um personalisierten und adaptivem Lernen zu ermöglichen«. Inwiefern den hier aufgeführten Vorhersagen zu trauen ist, wird die Zeit zeigen. Ich persönlich halte Voraussagen, wie die Welt in fünf, dreißig und hundert Jahren sein wird, jedenfalls nicht für eine wissenschaftlich seriöse Tätigkeit. Sie gehört vielmehr in den Bereich der

Future Studies oder der Futurologie, die mit ernsthafter Wissenschaft nichts zu tun haben. Unser kleines Experiment mit der schwachen KI, ChatGPT, hat gezeigt, dass der Bot sogar, was die Grammatik angeht, noch hin und wieder Fehler macht. Er ist jedoch zweifelsohne bereits zu erstaunlichen Leistungen in der Lage, weshalb bereits in unmittelbarer Zukunft viele Tätigkeitsbereiche nicht mehr ohne den Einsatz dieses Bots auskommen werden. Insbesondere als Quelle der Inspiration ist dieser Chatbot von kaum zu überschätzender Relevanz.

Nachdem ich den vorangegangenen Abschnitt noch einmal gelesen habe, muss ich feststellen, dass ich ein wenig unzufrieden damit bin, wie ich ihn formuliert habe. Könnte ChatGPT ihn stilistisch verbessern? Antwort von ChatGPT:

> Die Zukunft wird zeigen, wie zuverlässig diese Vorhersagen sind. Persönlich halte ich die Prognose, wie die Welt in fünf, dreißig und hundert Jahren aussehen wird, nicht für eine wissenschaftlich fundierte Tätigkeit. Sie ist eher Teil der Future Studies oder der Futurologie, die nicht mit ernster Wissenschaft in Verbindung steht. Unser Experiment mit dem KI-Chatbot ChatGPT hat gezeigt, dass auch er noch hin und wieder grammatikalische Fehler macht. Dennoch ist er bereits erstaunlich leistungsfähig und wird in vielen Bereichen künftig nicht mehr wegzudenken sein. Als Inspirationsquelle ist dieser Chatbot von unschätzbarem Wert.

Anhand dieses Beispiels bleibt es jedem selbst überlassen, darüber nachzudenken, welches Potenzial mit der künstlichen Intelligenz verbunden ist!

Massenaussterben, Klimawandel, Kolonisierung des Weltraums – Die Erde ist nicht genug

Stefan Lorenz Sorgner

Das Rollenspiel »Transhuman Space« veranschaulicht auf vielfältige Weise, wie der Transhumanismus mit der Frage der Expansion in den Weltraum sowie der Möglichkeit, sich dort niederzulassen, verbunden ist. »Transhuman Space« stammt aus dem Jahr 2002, spielt jedoch im Jahr 2100. In dieser Zeit erfolgt die Kolonialisierung des Weltraums. Gentechnisch geförderte Reproduktion, Mind-Uploading und Nanotechnologien werden in diesem Spiel thematisiert. Diese Techniken sind dafür verantwortlich, dass die Lebensqualität sich signifikant verbessert hat. Die USA und China haben bis dahin die Kolonisierung des Mars, des Mondes, der Lagrange-Punkte, der inneren Planeten, von Asteroiden und einiger Saturn-Monde realisiert. Die Breite der angesprochenen Techniken und die Beschreibung der politischen Hintergründe sind faszinierend. Die Weltraumkolonisierung ist das öffentlich vielleicht am wenigsten thematisierte transhumanistische Anliegen. Mit der erfolgreichen Etablierung der Raumfahrtunternehmen Virgin Galactic durch Richard Branson, Blue Origin durch Jeff Bezos und SpaceX durch Elon Musk gewinnt die Frage nach den Möglichkeiten einer Besiedelung des Weltraums immer mehr öffentliche Aufmerksamkeit.

Relevant wird das Thema der Kolonisierung des Weltraums auch dadurch, weil damit für Transhumanisten die Frage nach der Wahrscheinlichkeit des Aussterbens von Homo sapiens auf der Erde eng verknüpft ist. Auch in der Vergangenheit ist es bereits mehrere Male zum Massenaussterben von Leben gekommen. Diese Ereignisse fanden zu einer Zeit statt, als es noch kein menschliches Leben auf Erden gab. Dies bedeutet jedoch nicht, dass Menschen niemals mit einem solchen Ereignis konfrontiert sein werden.

Vor 444 Millionen Jahren fand das Ordovizische Massenaussterben statt. Rund 85 Prozent aller Arten starben damals aus. Es wurde wohl durch die Bewegung eines Großkontinents verursacht, womit eine Vereisung und eine globale Abkühlung einhergingen. Beim Kellwasser-Ereignis vor etwa 370 Millionen Jahren am Ende des Devons starben bis zu 75 Prozent aller Arten aus. Möglicherweise hat Megavulkanismus damals das Klima und die Beschaffenheit von Ozeanen signifikant verändert. Vulkanische Aktivitäten waren wohl auch der Grund für ein vor 252 Millionen stattfindendes Massenaussterben an der Perm-Trias-Grenze und ein ebensolches vor rund 201 Millionen Jahren an der Trias-Jura-Grenze. Die Dinosaurier starben vor etwa 66 Millionen Jahren an der Kreide-Paläogen-Grenze aus. Verantwortlich dafür war wohl der Einschlag eines Asteroiden von gut 10 Kilometer Durchmesser im Gebiet des heutigen Mexiko. Die darauffolgende kurzfristige Erhitzung der globalen Lufttemperatur auf rund 250 Grad sowie der anschließende »Asteroidenwinter« mit einer globalen Durchschnittstemperatur unter dem Gefrierpunkt führten zum Aussterben von etwa drei Viertel der Arten. Dem Menschen ist an all diesen Ereignissen von Massenaussterben jedoch keine Schuld zu geben, da sie erst über 60 Millionen Jahre später entstanden sind.

Mit der Entstehung der Menschheit ist jedoch noch ein weiterer potenzieller Verursacher für Massenaussterben auf den Plan getreten. Schließlich können nicht nur Asteroiden, Bakterien, Viren oder Vulkanausbrüche Leben auslöschen, sondern auch menschengemachte Faktoren wie vom Menschen verursachter Klimawandel oder ökologischer Kollaps, eine nukleare Auseinandersetzung oder der Einsatz biologischer Waffen. Auch Biotechniken, selbstreplizierende Nanoroboter oder die künstliche Intelligenz werden häufig genannt, wenn es um die Frage nach möglichen Auslösern für ein Massenaussterben geht. Auch Forscher aus dem Umfeld des Transhumanismus halten es für wahrscheinlich, dass die menschliche Zivilisation bald kollabiert. Martin Rees, Toby Ord und Nick Bostrom sind hierfür die wohl bekanntesten Beispiele. Deren Einschätzungen sind durchaus ein weiterer Grund, sich für die Kolonisierung des Weltraums zu interessieren.

Häufig wird in den gegenwärtigen Debatten die Klimaveränderung genannt, die für das Aussterben der menschlichen Spezies, aber auch vieler anderer Lebensformen verantwortlich sein könnte. In der Tat ist die Zunahme des durch den Menschen verursachten Kohlendioxids in Verbindung mit dem Treibhauseffekt für entscheidende klimatische Veränderungen verantwortlich. Die entscheidende Frage ist, wie auf angemessene Weise hierauf reagiert werden sollte. Jeder Mensch auf der Erde produziert Kohlendioxid und trägt damit zu einer Steigerung des Kohlendioxidausstoßes bei. Es muss also dringend gehandelt werden. Man könnte aufklären und dafür werben, sich nicht länger fortzupflanzen. Das dürfte jedoch kaum erfolgreich sein, da sich sicherlich genügend Personen nicht an solche Anregungen halten würden. Man könnte auch die Reproduktion steuerlich höchst unattraktiv machen, sie verbieten oder eine Ein-Kind-Politik etablieren, wie sie für einige Jahrzehnte in China verordnet wurde. Solche Regelungen weltweit zu etablieren – und wirkmächtig werden sie nur, wenn sie global durchgesetzt werden –, ist weder realistisch noch wünschenswert. Die politischen und gesellschaftlichen Folgen wären paternalistische beziehungsweise totalitäre Herrschaftsformen, die wir nicht wollen können. Steuerliche Eingriffe wären außerdem sozial ungerecht. Damit sind die offensichtlichsten Ansätze allesamt nicht besonders vielversprechend. Also ist es notwendig, nach anderen Lösungsansätzen zu suchen. Der Transhumanismus bietet solche und sieht technische Innovationen, die so erfolgreich sind, dass sie global umgesetzt werden können, als den vielversprechendsten Weg, mit diesen Herausforderungen umzugehen.

Die Forschungsarbeiten des Oxforder Wirtschaftswissenschaftlers Max Roser haben klar gezeigt, dass die Reproduktionsrate sinkt, wenn es ein entwickeltes Bildungssystem, Zugang zu Medikamenten, eine gute medizinische Versorgung, sauberes Wasser und eine funktionierende Infrastruktur gibt. Durch entsprechende Maßnahmen in den erwähnten Bereichen würde die Reproduktionsrate sinken, sodass die Überbevölkerung nie zu einem gravierenden Problem und die Weltbevölkerung die Anzahl von zwölf Milliarden Menschen nie übersteigen wird. Zu diesem Schluss kommt zumindest eine Studie der Vereinten Nationen.[77] Diese Konsequenzen sind zu erwarten, wenn mittels technischer Entwicklungen die Lebensqualität in vielen Teilen der Erde weiterhin so gefördert wird, wie dies gegenwärtig der Fall ist.

Vor zweihundert Jahren lag die absolute Armutsrate weltweit bei über 90 Prozent und selbst in entwickelten Ländern wie Großbritannien bei über 80 Prozent. Hierbei ist hervorzuheben, dass es sich bei diesen Angaben um die *absolute* Armutsquote handelt, also die Quote derjenigen, die um das Existenzminimum ringen, und nicht um die *relative*, die sich im Verhältnis zu den im Umfeld vorherrschenden Bedingungen bemisst. Mittlerweile ist die absolute Armutsquote sogar auf weltweit 10 Prozent gefallen. Auch 10 Prozent sind zweifelsohne noch eine enorme Zahl, aber an dieser Entwicklung wird deutlich, was wir dem Einsatz von Techniken zu verdanken haben. Diese Zahlen verdeutlichen das Potenzial, das für den Transhumanismus mit dem Einsatz von Technik verbunden ist.

Diese Einsichten bedeuten jedoch nicht, dass hinsichtlich anderer für den Klimawandel relevanter Faktoren nichts getan werden muss. In China werden gegenwärtig Hunderte neue Kohlekraftwerke gebaut, die den Kohlendioxidausstoß weltweit signifikant erhöhen werden, selbst wenn wir in Deutschland noch heute alle Kohlekraftwerke abschalten würden. Dass China sich Deutschland diesbezüglich zum Vorbild nehmen wird, ist wohl keine plausible Vorstellung. Im Transhumanismus wird deshalb intensiv nach neuen technischen Ansätzen gesucht, mit denen die vorhandenen Energiequellen effizienter genutzt und alternative Energiequellen auf nachhaltige und sichere Weise erschlossen werden können.

Ähnliches gilt im Übrigen auch für den Fleischverzehr. Fleisch essen zu können, ist in vielen Teilen der Welt ein Zeichen von sozialem Aufstieg und Reichtum. Wenn in einem großen Schwellenland wie China, das ungefähr ein Sechstel der Weltbevölkerung umfasst, der individuelle Wohlstand ständig steigt, dann geht dort damit ein signifikant erhöhter Fleischkonsum einher. Gerade die Rinderhaltung verursacht einen enormen Ausstoß von Kohlendioxid. Massentierhaltung verseucht aber auch das Grundwasser. Ganz abgesehen vom Leid der Tiere: Bei der Massentierhaltung werden Tiere leichter krank, weshalb zur Vorbeugung Antibiotika gegeben werden müssen, die dann auch die Menschen über den Fleischverzehr einnehmen. Hierdurch steigt das Risiko der Entstehung von antibiotikaresistenten Keimen. Rotes Fleisch ist für Menschen auch eine Gefahr hinsichtlich der Entstehung von Darmkrebs. Die Massentierhaltung stellt also im

Hinblick sowohl auf das Tierwohl und die menschliche Gesundheit als auch auf die Frage der Klimaerwärmung eine gewaltige Herausforderung dar. Trotzdem wollen Menschen Fleisch essen, nicht nur des Geschmacks wegen, sondern auch aus Gründen der sozialen Distinktion.

Ein weltweites Verbot des Fleischverzehrs würde jedoch politische Strukturen implizieren, die weder wünschenswert noch realistisch sind. Hinzu kommt, dass ein fleischfreier Montag in Deutschland hinsichtlich der Klimaerwärmung keine bedeutende Relevanz hätte, weil der Reichtum und damit auch der Fleischverzehr in Schwellenländern kontinuierlich zunehmen. Aber es gibt dafür auch eine technische Lösung. Für den Transhumanismus stehen immer realistische, technische Lösungsansätze im Vordergrund, wenn es um globale Herausforderungen wie den Klimawandel geht. In Singapur ist bereits ein In-vitro-Fleisch-Burger auf dem Markt. Der Ausgangsstoff für In-vitro-Fleisch wird zunächst aus tierischen Stammzellen gewonnen. In einer pflanzlichen Nährlösung reift dann echtes Fleisch heran, für das keine Tiere getötet werden müssen.[78] In-vitro-Fleisch macht also Massentierhaltung überflüssig. Dies hat Konsequenzen auch für den Ausstoß von Kohlendioxid, die Verseuchung des Grundwassers, das Tierwohl und auf die Entstehung von antibiotikaresistenten Zellen. Ein pragmatischer, realistischer Ansatz, um auf die Klimaveränderung zu reagieren, muss aus transhumanistischer Perspektive ein technischer sein. Dies betrifft sowohl die Energieversorgung, als auch die Reduzierung des menschengemachten Kohlendioxidausstoßes.

Natürlich stellen die gerade aufgeführten Beispiele keine umfassende Liste transhumanistischer Lösungsansätze dar. Viele Überlegungen zu technischen Lösungen lassen sich nicht so ohne Weiteres realisieren, oder ihre Umsetzung würde tiefgreifende soziale Herausforderungen mit sich bringen. Ein Ansatz beim Geoengineering ist zum Beispiel die unterirdische Speicherung von Kohlendioxid (CCS: Carbon Capture and Storage), statt nur auf die Verringerung des Kohlendioxidausstoßes zu setzen. Auch das Binden von Kohlendioxid durch Algen ist ein vielversprechender Ansatz.[79] Die Erderwärmung kann selbstverständlich auch mittels der Reduzierung von Sonneneinstrahlung reduziert werden. Dies könnte etwa mittels der Platzierung von Spiegeln im Weltall oder der Freisetzung von Schwebeteilen in der Atmosphäre geschehen. Beide Eingriffe dürften wirkmächtig sein, hätten allerdings weitreichende andere Folgen, die schwer abzuschätzen sind. Möglicherweise könnten diese Optionen zur Steuerung des Klimas jedoch einmal relevant werden, falls einmal schnelle Lösungen nötig sein sollten.

Noch langfristigere transhumanistische Strategien setzen darauf, nicht die externen Bedingungen zu verändern, sondern die menschliche Konstitution. Wenn die Intensität der Sonnenstrahlen zu hoch wird und sich die Gefahr der Entstehung von Hautkrebs signifikant erhöht, dann könnte es notwendig werden, die menschliche Haut so zu verändern, dass sie besser an die neuen Umweltbedingungen angepasst ist. Wenn die Produktion von Lebensmitteln den Kohlendioxidausstoß auf problematische Weise erhöht oder für Reisen zum Mars alternative Nahrungsquellen benötigt werden, dann könnte der Mensch zum Beispiel so verändert werden, dass er sich mittels Photosynthese ernähren kann. Holländische Forscher haben es bereits geschafft, Zebrafische genetisch so zu verändern, dass sie bis zu 20 Prozent ihrer Ernährung mittels Photosynthese generieren können. Infolge dieses Prozesses haben sich die Fische grün verfärbt. Genetisch unterscheiden sich Menschen und Fische nicht sehr stark. Prinzipiell dürfte sich diese Technik auch auf Menschen übertragen lassen. Sind die kleinen grünen Menschen vom Mars also doch eine realistische, wünschenswerte oder vielleicht sogar notwendige Zukunftsvision?

Trotz all dieser noch fantastisch anmutenden, im Transhumanismus hochgehaltenen Lösungsansätze wird die Erde irgendwann einmal für den Menschen nicht mehr bewohnbar sein. Dies wird spätestens in fünf Milliarden Jahren der Fall sein, wenn sich unsere Sonne zusehends aufblähen und die Erde verschlingen wird. Aus diesem Grund wird die Frage nach dem Verlassen der Erde und der Kolonialisierung des Weltraums irgendwann einmal virulent sein. Zwar ist nicht davon auszugehen, dass dies umgehend geschehen muss, doch jedes große Projekt muss rechtzeitig angegangen werden, um die einzelnen Entwicklungsschritte kontinuierlich realisieren zu können. Die Kolonialisierung des Weltraums, wie sie von zahlreichen Transhumanisten propagiert wird, dürfte dabei in mehreren Schritten erfolgen. Zunächst einmal steht eine Kolonialisierung des erdnahen Raums an. Die Raumstation ISS stellt hierfür bereits einen ersten Entwicklungsschritt dar. Eine interessante Idee ist auch die Bernal-Sphäre, eine riesige Raumstation, die ihren 20 000 bis 30 000 Bewohnern langfristig einen Lebensraum bieten soll. Benannt ist sie nach dem Physiker John Desmond Bernal, der dieses Konzept bereits im Jahr 1929 vorstellte und der allgemein als ein wichtiger Ahnherr transhumanistischer Ideen angesehen wird. Er ist jedoch bei Weitem nicht der Einzige, der das Konzept einer solchen Raumstation entwickelte. Auch die O'Neill-Zylinder und der Stanford-Torus sind verwandte Konzepte. Als Nächstes könnten die Kolonialisierung des inneren Sonnensystems, die Kolonialisierung des äußeren Sonnensystems und die Etablierung von extrasolaren Kolonien realisiert werden.

In der Serie, den Kinofilmen, den Romanen und den Comics, die zum Science-Fiction-Franchise »Star Trek« zählen, werden unzählige für den Transhumanismus relevante Fragestellungen auf philosophisch anspruchsvolle Weise aufgeworfen und erörtert. Die Entstehung einer neuen Spezies, die

Möglichkeit des Missbrauchs neuer Technologien, die Bedeutung der Erhaltung der Umwelt, der moralische Status von Androiden und die Grenzen des Nutzens von Gentechniken sind zentrale philosophische Themen, die in diesem fiktiven Universum immer wieder verhandelt werden. Auch spezielle für die Weltraumethik relevante philosophische Herausforderungen werden hier thematisiert. Wie kann man Eigentümer eines neuen Planeten werden? Ist eine Weltraummission zu rechtfertigen, bei der keine Möglichkeit der Rückkehr auf die Erde besteht? Welche Bedeutung haben wissenschaftliche, biotechnische und medizinische Experimente im Weltraum? Vielleicht ist keine Serie besser geeignet, um sich mit weltraumspezifischen transhumanistischen Fragen und Problemen auseinanderzusetzen.

Obwohl die vielen Aspekte der Weltraumethik und -philosophie wohl in den nächsten Jahrzehnten noch keine praktische Relevanz haben werden, sieht man bereits heute an der Entwicklung von Firmen wie Virgin Galactic, Blue Origin und SpaceX, wie weltraumethische und -philosophische Themen langsam immer mehr an Bedeutung gewinnen. Die Ziele, Anliegen und Hoffnungen dieser Unternehmen sind jedoch mit durchaus realistischen Anliegen verbunden und beabsichtigen nicht gleich die Besiedelung des gesamten Universums.

Das von Richard Branson gegründete Unternehmen Virgin Galactic hat sich zum Ziel gesetzt, suborbitale Raumflüge durchzuführen, um damit den Weltraumtourismus zu etablieren. Wer es sich leisten kann, wird künftig nicht mehr von exotischen Reisen ans Ende der Welt erzählen, sondern von Erfahrungen in der Schwerelosigkeit. Die Landung der Rakete soll jeweils dort stattfinden, wo die Reise auch startet. Anfänglich kostete ein Flug, bei dem man fünf Minuten Schwerelosigkeit erlebt, nur 200 000 US-Dollar. Schließlich war zu diesem Zeitpunkt noch nicht klar, wie erfolgreich das Projekt sein würde. Am 22. Mai 2021 hob das Raumfahrzeug »VSS

Unity« von Richard Bransons Firma Virgin Galactic zu einem Testflug vom Spaceport America – dem ersten kommerziellen Weltraumhafen der Welt – im US-Bundesstaat New Mexico ab und gelangte auf eine Höhe von etwa 90 Kilometern. Nach diesem erfolgreichen Einstand hat sich das Unternehmen im August 2021 entschlossen, künftig solche Flüge für 450 000 US-Dollar pro Sitz anzubieten.

Eine ähnliche Ausrichtung hat Jeff Bezos Blue Origin. Auch dieses Unternehmen entschied sich dazu, zunächst suborbitale Flüge zu realisieren, bei denen die Flugsysteme jeweils wiederverwendbar sein sollten. Im Anschluss sollten auch Mondlandegeräte entwickelt werden. Der erste bemannte Flug seiner Firma fand kurz nach dem ersten Flug von Virgin Galactic statt, am 20. Juli 2021. Jeff Bezos selbst nahm teil, zusammen mit seinem Bruder Mark, der 82-jährigen Mary Wallace Funk, einer bekannten US-amerikanischen Pilotin, die in den 1960er-Jahren nicht Astronautin werden konnte, obwohl sie alle entsprechenden Tests bestanden hatte, und dem achtzehnjährigen zahlenden Weltraumtouristen Oliver Daemen, der auch eine Pilotenlizenz besitzt. Bei dem zehnminütigen Flug wurde sogar eine Höhe von 106 Kilometern erreicht.

Das Unternehmen SpaceX von Elon Musk unterscheidet sich von Bransons und Bezos Projekten. SpaceX betreibt ein Satellitennetzwerk namens Starlink, das weltweit auch in entlegenen Regionen Internetzugang bereitstellen soll. Gegenwärtig befinden sich bereits weit über 2000 Starlink-Satelliten im Erdorbit, was die Firma bereits heute zum weltweit größten Satellitenbetreiber macht.[80] Bis 2027 soll sich die Zahl auf weit über 10 000 Satelliten erhöhen. Pro Woche stellt das Unternehmen gegenwärtig etwa 5000 Satellitenantennen[81] und bis zu 45 Satelliten[82] her. Es ist zu erwarten, dass Musk hiermit die Optionen, sowohl auf das Internet zuzugreifen als auch digitale Daten zu sammeln, auf radikale Weise revolutionieren wird. Inwieweit wir dies alles wollen, in welchen Grenzen dies geschehen soll und inwiefern hier eingegriffen werden kann, bedarf dringend eines gesellschaftlichen Diskussionsprozesses, bevor in diesem Bereich bereits zu viele Fakten geschaffen worden sind.

Indem Starlink immer mehr Satelliten in den Erdorbit sendet, nehmen diese immer mehr Raum ein. Es geht hier zu wie bei der Besiedlung neu entdeckter Kontinente: Unbesiedelter Raum wird besetzt und bearbeitet, und auf diese Weise wird neues Eigentum generiert. Der erdnahe Raum ist enorm begrenzt und begehrt, da von ihm aus etwa das Internet auf der Erde verfügbar gemacht werden kann, was Starlink auf eindrucksvolle Weise in der Ukraine bewiesen hat. In China werden diese Entwicklungen sehr ernst genommen. Auch die Volksrepublik hat bereits in der Vergangenheit demonstriert, dass sie in der Lage ist, gezielt Satelliten zu zerstören. Aus diesem Grund hat China bereits explizit damit gedroht, Starlink-Satelliten zu zerstören, sobald diese als Bedrohung der inneren Sicherheit Chinas aufgefasst werden sollten.[83] War dies etwa der Grund, weshalb Musk jüngst der Ukraine verboten hat, Starlink zu militärischen Zwecken zu nutzen? Hatte er Angst davor, dass seine Satelliten zerstört werden? Befürchtete er, seine Vorherrschaft im Weltraum zu verlieren?

Erdnahe Satelliten sind jedoch nicht nur für militärische Auseinandersetzungen relevant, sondern haben auch eine weit darüber hinausgehende politische Bedeutung. Wenn Starlink-Satelliten effizient und kostengünstig zur Bereitstellung des Internets genutzt werden sollten, dann werden viele Nutzer auf diese Option zurückgreifen. Es wird dann kein nationaler Internetprovider mehr benötigt, sondern Starlink ermöglicht es Nutzern, mit dem gleichen Tarif in verschiedenen Ländern und auch in Flugzeugen auf das Internet zuzugreifen. Dies bedeutet jedoch ebenso, dass die gesamten Daten über das Starlink-System fließen würden, die dann von Starlink abgegriffen und analysiert werden könnten. Wenn

Daten das neue Öl sind, dann hätte diese Vorgehensweise enorme militärische, politische und auch ökonomische Konsequenzen. Musk würde auf diese Weise nicht nur seinen eigenen Reichtum weiter steigern können, sondern auch die Möglichkeiten seiner politischen Einflussnahme. Wenn Musk einmal ein hohes politisches Amt übernehmen wollte, hätte er die Möglichkeit der unmittelbaren Einflussnahme über personalisierte Werbung. Die Bedeutung des Projekts Starlink kann also kaum überschätzt werden.

Es ist übrigens nicht nur China, das sich vor transhumanistischen Projekten fürchtet. Auch führende russische Intellektuelle äußern sich besorgt über den Transhumanismus. Der wichtigste Vordenker der eurasischen Orthodoxie, Alexander G. Dugin, von dessen aggressiver Ideologie auch Wladimir Putin stark beeinflusst ist, bezeichnete den Transhumanismus explizit als »Idee des Teufels«[84]. Auch der Patriarch der russisch-orthodoxen Kirche, Cyrill I., hat sich häufig auf ähnliche Weise zum Transhumanismus geäußert. Ihnen geht es selbstverständlich primär um den mit dem Transhumanismus einhergehenden Pluralismus. Entscheidend ist jedoch, wie ernst der Transhumanismus hier von mächtigen Führungsfiguren genommen wird.

Gerade die Eroberung des Weltraums macht das enorme Potenzial deutlich, das in transhumanistischen Projekten liegt. Mithilfe neuester Techniken kann enormer politischer Einfluss geschaffen und großer Reichtum generiert, neue Lebensräume können besiedelt und gestaltet werden. Diese Entwicklungen müssen auch kulturell ernst genommen werden. Die Projekte von Bezos und Branson sind vielversprechend, und Musks Projekte gehen weit über sozialen Distinktionsgewinn hinaus und sind von kaum zu überschätzender Bedeutung für künftige militärische, politische und wirtschaftliche Unternehmungen.

Dialog: Massenaussterben, Klimawandel, Kolonisierung des Weltraums – Die Erde ist nicht genug

SLS: Die unterschiedlichsten Unternehmer und Transhumanisten nehmen ja inzwischen das Weltall ins Visier. Leute wie Richard Branson mit Virgin Galactic, Jeff Bezos mit Blue Origin und vor allem Elon Musk mit SpaceX haben große Projekte gestartet. Bezos und Branson sind hauptsächlich daran interessiert, Reisen in den Weltraum zu realisieren. SpaceX und insbesondere das Projekt Starlink stellen die Nutzung von Satelliten in den Vordergrund. Und weiterhin gibt es noch Pläne, ganze Kolonien im Weltall zu etablieren. Was findest du denn davon am relevantesten?

BKG: Zunächst einmal glaube ich, dass das Weltall als neues touristisches Ziel tatsächlich eine Zukunft hat. Es gibt genügend Superreiche auf der Erde, die schon überall waren. Für die wird dann ein Flug ins All nicht nur ein neues Abenteuer, sondern auch ein Prestigeobjekt. Dafür geben die dann auch gern mal sechsstellige Summen aus. Wo ich Bedenken habe, ist die Frage, ob wir tatsächlich auch ganze Kolonien außerhalb der Erde ansiedeln können. Letztlich muss man ja festhalten, dass in unserem Sonnensystem nur der Mond und der Mars dafür infrage kämen. Alles, was darüber hinaus an bewohnbaren Planeten existiert, liegt außerhalb unseres Sonnensystems. Das ist Lichtjahre entfernt. Was bedeutet, dass wir selbst bei mit Lichtgeschwindigkeit fliegenden Raumschiffen über Jahre hinweg dorthin unterwegs wären. Das halte ich auch in ferner Zukunft für eine Unmöglichkeit. Da wird uns auch der technische Fortschritt nicht weiterhelfen. Der schreitet zwar voran, Lichtgeschwindigkeit ist aber eine Konstante, die sich nicht ändert.

SLS: Jetzt wirst du wahrscheinlich wieder behaupten, dass die gesellschaftliche Spaltung weiter vorangetrieben wird, weil die Superreichen als Erste die Möglichkeit haben, sich auf dem Mars anzusiedeln. Aber da muss man ja auch bedenken: Die müssen dann eben auch bereit sein, die entsprechenden Risiken einzugehen. In gewisser Weise ist das ja auch eine Avantgarde, die den Weg ebnet für all diejenigen, die dann nachkommen.

BKG: Die Superreichen sehe ich aber in keiner Weise als die ersten Bewohner einer Marskolonie. Die Superreichen haben sicherlich ein gewisses Interesse am Weltraumtourismus. Das bedeutet dann aber vor allem, dass sie ein paar Tage dort im Orbit unterwegs sind und dann auch wieder zur Erde zurückkommen, wo sie dann ihr Luxusleben wieder fortsetzen können. Die ersten Kolonien auf dem Mars – wenn sie denn kommen – werden sicherlich kein luxuriöses Leben erlauben. Eher im Gegenteil. Und entsprechend werden auch die ersten Kolonialisten dort ein ganz anderer Typ Mensch sein.

Das kann man übrigens auch aus der Geschichte ableiten. Als Südamerika damals von den Spaniern kolonialisiert wurde, waren es ja nicht unbedingt die Adeligen, die dort hingingen. Das waren eher die Habenichtse aus der Extremadura, die dort als Glücksritter hinzogen, weil sie zu Hause nichts zu verlieren hatten. Australien ist anfangs einige Jahrzehnte lang im Wesentlichen von englischen Strafgefangenen besiedelt worden, die auf die andere Erdseite verschifft wurden. Und ich denke: Der Abenteuerfaktor auf dem Mars wird sich schnell verbrauchen. Dann fängt der öde Alltag mit dem Kampf ums Überleben an. Selbst wenn ich superreich wäre, würde ich bestimmt nicht auf dem Mars leben wollen, solange es dort kein Opernhaus und keine guten Restaurants gibt. Und mit dem Urlaub am Meer wird es da in absehbarer Zukunft auch nichts. Also – da soll hinfliegen, wem das Spaß macht. Ich bleibe definitiv lieber hier.

Im Übrigen mag es möglich sein, auf dem Mars oder dem Mond eine kleine Kolonie zu gründen, die dann auch mit viel technischem Aufwand überlebt. Aber du kannst halt nicht acht Milliarden Menschen auf einen anderen Planeten evakuieren. Das Projekt, die Menschheit umzusiedeln für den Fall, dass wir den Klimawandel nicht in den Griff bekommen oder die Erde aus anderen Gründen untergeht, halte ich für völlig absurd.

SLS: Das sind ja auch keine Dinge, die in den nächsten fünfzig Jahren realisiert werden sollen, sondern in der noch weiter entfernten Zukunft. Wenn wir einmal zurückblicken und sehen, was sich allein in den letzten 1000 Jahren verändert hat, dann finde ich es vorausblickend kein Ding der Unmöglichkeit, dass wir tatsächlich auch unsere Einflusssphäre in den Weltraum verlagern und eventuell andere Planeten so verändern, dass dort menschliches Leben möglich ist. Unter dem Stichwort »Geo-Engineering« gibt es da ja schon recht konkrete Überlegungen. Und die Ideen, die dort erarbeitet werden, lassen sich eventuell auch nutzen, um das Klima auf unserer Erde positiv zu beeinflussen. Das sind sicher schon Projekte für die nächsten hundert Jahre, die gehören nicht in den Bereich der Science-Fiction.

BKG: Ich denke, dass Prognosen, die so weit in die Zukunft reichen, dann doch im Bereich der reinen Spekulation liegen. Das interessiert mich dann auch nicht mehr wirklich, weil es einfach zu weit weg ist. Aber was ich sehr spannend finde, ist das Projekt Raumfahrt 2.0, das wir derzeit erleben. Ich habe ja als Zehnjähriger vor dem Fernseher live miterlebt, wie der erste Mensch auf dem Mond gelandet ist. Das hat damals viele Fantasien freigesetzt. Einige Jahre später war dann aber die Luft raus. Ziemlich schnell hatte man erkannt, dass die Mondlandung zwar ein Prestige-Unternehmen war, dass da aber kommerziell nicht allzu viel zu holen war. Jetzt wird plötzlich das Weltall zu einem neuen und hochinteressanten Geschäftsfeld. Und wieder einmal zeigt sich, dass private Unternehmen da offensichtlich staatlichen Institutionen bei Weitem überlegen sind. Eine der wesentlichen Grundlagen sowohl für den Weltraumtourismus als auch für die Satellitentechnologie sind ja wiederverwendbare Trägerraketen. Die hat die NASA lange Zeit für unmöglich gehalten. Elon Musk hat dort investiert und sich durchgesetzt.

SLS: Und er beherrscht inzwischen ja schon mehr als ein Drittel des Satellitenmarktes. Das ist ja das eigentliche Kerngeschäft von SpaceX. Satelliten werden es ermöglichen, dass in der ganzen Welt schnelles Internet verfügbar ist, auch in Bereichen, die derzeit noch nicht mit Internet erreichbar sind. Es ist absehbar, dass schon bald alle digitalen Daten über dieses System von weltweiten Satelliten fließen werden. Im Ukraine-Krieg hat man ja zum Beispiel gesehen, wie Elon Musk den Zugang zum Internet in kürzester Zeit über seine Satelliten realisiert hat.

BKG: So ist es. Die anderen Mächte in diesem Zukunftsmarkt sind China und Russland. Europa hinkt da wieder einmal ziemlich hinterher. Da werden natürlich auch neue Abhängigkeiten geschaffen, die derzeit nur wenige im Blick haben. Im Moment reden ja alle davon, wie sehr wir von fossilen Energien wie Gas oder Öl abhängig sind. Und wir erleben dann, wie diese Abhängigkeit von autokratischen Systemen als politische Waffe missbraucht wird. Die Abhängigkeiten der Zukunft jedoch werden digitale Daten sein, die dann exklusiv von Satelliten geliefert werden. Damit haben die Betreiber der Satelliten natürlich ein neues Druckmittel in der Hand. Den Streit um die besten Kolonien auf erdfernen Planeten sehe ich noch nicht. Aber einen Streit um Einflusssphären im erdnahen Orbit, um dort Satelliten zu positionieren, den gibt es bereits jetzt.

SLS: Da kommt noch ein weiterer Faktor hinzu. Noch immer ist ja der Weltraum ein weitgehend rechtsfreier Raum. Wer da als Erstes seine Satelliten hinschickt, dem gehört auch dieser Bereich. Und da ist es eben nicht so, dass es sich dabei um »unendliche Weiten« handelt. Der erdnahe Orbit ist begrenzt. Da stoßen jetzt schon die entsprechenden Betreiber aufeinander. Das führt zu Konflikten, die nicht nur politisch beziehungsweise am Verhandlungstisch eine Rolle spielen. China hat schon 2007 einen eigenen Satelliten abgeschossen, nur um Amerika zu zeigen: Wenn wir wollen, haben wir die technischen Mittel, um eine neue Ordnung im Weltraum zu schaffen. China hat erst kürzlich explizit herausgestellt, Starlink-Satelliten abzuschießen, wenn diese die nationale Sicherheit gefährden sollten. Da haben wir also definitiv neue Konfliktfelder. Wenn man sieht, wie sich Großmächte und Privatfirmen jetzt schon einen erbitterten Streit um erdnahe Umlaufbahnen liefern, dann steht zu befürchten, dass »Star Wars« irgendwann mal von Science-Fiction zu Science-Fact wird.

Exkurs:
Geburt von Techno-Künsten

Kunst und Medien – Transhumanismus auf allen Kanälen

Stefan Lorenz Sorgner

Die Verbform des Wortes »Transhumanismus« findet sich bereits in einem der bedeutendsten literarischen Werke des Spätmittelalters, nämlich in den folgenden Zeilen des Ersten Gesangs von »Paradiso«, dem dritten Teil von Dantes *Göttlicher Komödie*:

> Trasumanar significar per verba
> non si poria; però l'essemplo basti
> a cui esperienza grazia serba.
>
> (»Die Menschheit überschreiten« ist durch Worte
> Nicht auszudrücken, drum genüge jedem,
> Dem Gnad' Erfahrung vorbehält, das Beispiel.)[85]

Der Kontext macht deutlich, dass die Überwindung der Grenzen des Menschen bei Dante im Jenseits stattfinden soll. Bei heutigen Transhumanisten ist eine solche Zielsetzung jedoch im irdischen Diesseits verankert. Dante war sicherlich kein Transhumanist. Von einem Transhumanismus zu sprechen, bevor es den Begriff überhaupt gab, wäre anachronistisch. Trotzdem lässt sich konstatieren, dass er das Wort »trasumanar« geprägt hat.

Dante ist jedoch nicht der einzige Schriftsteller, der im Kontext der literarischen Vorgeschichte des Transhumanismus zu nennen ist. Auch in Goethes literarischem Schaffen sind bereits transhumanistische Interferenzen festzustellen:

> Hier sitz' ich, forme Menschen
> Nach meinem Bilde,
> Ein Geschlecht, das mir gleich sei,
> Zu leiden, zu weinen,
> Zu genießen und zu freuen sich,
> Und dein nicht zu achten,
> Wie ich!

Dieser abschließende Gedanke aus Goethes Gedicht »Prometheus« fasst das Wesen des Transhumanismus zusammen. Menschen übernehmen eine göttliche Aufgabe. Menschen erschaffen andere Menschen. Es ist dieser Aspekt von Prometheus, der diesen griechischen Mythos zu einer zentralen transhumanistischen Inspirationsquelle werden lässt. Ein anderer Aspekt des Mythos besagt, dass Prometheus von Zeus das Feuer stiehlt und es den Menschen bringt. Auch hierin findet sich ein Element transhumanistischen Denkens. Das Feuer ist quasi der göttliche Funken, der sich bei Zeus, also in der göttlichen, der immateriellen Welt befand. Durch den Raub von Prometheus ist das Feuer jedoch in die irdische, sinnliche Welt der Menschen überführt worden. Unsere immaterielle Vernunft, unsere Gottebenbildlichkeit und unser freier Wille können mit dem göttlichen Funken identifiziert werden.

Lange Zeit in der westlichen Kulturgeschichte wurde die Vernunft für etwas Göttliches gehalten. Spätestens seit Darwin und Nietzsche verändert sich dieses Verständnis von Vernunft. Sie wird von etwas Immateriellem zu etwas Materiellem. Sie wurde durch Prometheus erfolgreich von den Göttern gestohlen und den Menschen gebracht. Transhumanisten, Naturalisten und nicht dualistische Denker haben somit ein prometheisches Streben in sich. Der chilenische Neurowissenschaftler Francisco J. Varela, der kanadische Philosoph Evan Thompson und die US-amerikanische Psychologin Eleanor Rosch sprechen vom »embodied mind«, vom verkörperlichten Geist. Dieser Geist ist etwas evolutionär Entstandenes, und damit auch etwas Nicht-Unveränderliches, Nicht-Jenseitiges und nicht den Sinnen Unzugängliches. Die beiden kategorial unterschiedlichen Welten der Götter und der Menschen wurden auf diese Weise vereinigt. Der Geist ist nun etwas empirisch Zugänglich, etwas Entstandenes und Teil unserer sich ständig verwandelnden Psychophysiologie. Mit Prometheus wird der Mensch zum Menschen-Macher, dem nun ein eigenes Feuer eigen ist.

Die genannten Elemente lassen sich auch in dem 1818 von Mary Shelley veröffentlichten Roman *Frankenstein. Or the Modern Prometheus* finden. Viktor Frankenstein ist ein junger Wissenschaftler, der das Geheimnis des Lebensprinzips entdeckt hat und dem es mittels eines besonderen Experiments gelingt, ein lebendiges Monster zu erschaffen. Die 1797 geborene Autorin war gerade erst mal 20 Jahre alt, als das Buch in London erschien. Mit diesem Roman hat sie das Genre der Science-Fiction-Literatur geprägt und dabei einen Prozess geschildert, der immer mehr Wirklichkeit werden sollte. Inspiriert wurde ihr Beitrag durch einen von Lord Byron angeregten Wettbewerb, als dieser 1816 in der am Genfer See gelegenen Villa Diodati alle Anwesenden zu einem Gruselgeschichtenwettbewerb aufforderte. So initiierte er mittels der Inspiration für Frankenstein viele Entwicklungen im Bereich der Gentechnik. In anderer Hinsicht hatte sein Leben Auswirkungen auf den Bereich der Digitalisierung. Lord Byrons Tochter Ada Lovelace war schließlich die weltweit erste Programmiererin. Craig Venter, dessen Firma Celera um die Jahrtausendwende parallel zum »Human Genome Project« das menschliche Erbgut sequenzierte, bemüht sich heute darum, Mary Shelleys Überlegungen in die Wirklichkeit umzusetzen. Er hat 2010 ein künstlich erzeugtes Genom in ein Bakterium eingepflanzt und damit die erste artifizielle Zelle geschaffen. Dabei handelte es sich zwar noch nicht um eine vollkommen synthetische Zelle, trotzdem lassen sich ihr Frankenstein-artige Wirkungen nicht absprechen.

Dass Romane in die Wirklichkeit wirken und auch sonst ein philosophisch-komplexes Geflecht zur nicht fiktiven Welt besteht, wird auch am 1932 erschienenen Roman *Schöne neue Welt* von Aldous Huxley deutlich. Der Begründer der Populationsgenetik John Burdon Sanderson Haldane und Aldous Huxley waren befreundet. In Haldanes Schrift *Daedalus or Science and the Future* konzipierte er eine künstliche Gebärmutter, die Huxley dann in seinen Roman Brave New World (*Schöne neue Welt*) integrierte. Mittlerweile gibt es in der Tat Biobags, in denen bereits erfolgreich ein Lamm ausgetragen wurde. Auch Forscher in den Niederlanden gehen davon aus, dass die künstliche Gebärmutter für Menschen in den nächsten Jahren realisiert werden wird, und beteiligen sich intensiv an der praktischen Umsetzung dieses Unterfangens. Hier haben wir es erneut mit einem interessanten Geflecht von Science-Fiction und Science-Fact zu tun, wo sich Literatur und Naturwissenschaften gegenseitig inspirieren. Aldous Huxleys Roman *Schöne neue Welt* stellt eher eine Warnung vor einer speziellen politischen Umsetzung von transhumanistischen Ideen dar. Sein späterer Roman *Island* (*Eiland*) hingegen ist wesentlich weniger kritisch den neuesten Techniken gegenüber.

Ein anderer Gesichtspunkt des Transhumanismus wird in dem 1949 erschienenen Roman *1984* von George Orwell behandelt, der die paternalistischen Herausforderungen eines totalitären Überwachungsstaates herausstellt. Es geht hier um den Kampf für die eigene Privatsphäre in einem totalitären Überwachungsstaat. So wie *Schöne neue Welt* die politischen Herausforderungen thematisiert, die mit Gentechniken einhergehen, so werden in *1984* die Gefahren der umfassenden digitalen Überwachung hervorgehoben, die gegenwärtig immer wichtiger werden.

Auch wenn diese beiden Romane immer wieder als die beiden bedeutendsten dieses Genres bezeichnet werden, so darf der Roman *Wir* des russischen Autors Jewgeni Iwanowitsch Samjatin nicht unberücksichtigt bleiben. Die russische Originalfassung erschien 1920, die englische Übersetzung 1924. Zweifelsohne zählt *Wir* zu den wichtigsten Science-Fiction-Romanen des 20. Jahrhunderts. Die Menschen in *Wir* sind nur Zahlen, soziale Normen und Regeln werden im Einheitsstaat allein durch Vernunft und Logik geregelt. Da alle Wände aus Glas bestehen, handelt es sich quasi um eine totalitäre Panopticon-Struktur, an deren Implikationen sich zentrale Herausforderungen für parallel strukturierte gegenwärtige Systeme abzeichnen. Kein Wunder, dass Samjatins Buch in der gerade neu entstehenden Sowjetunion nur in zensierter Form erschien und schon bald für lange Zeit komplett verboten wurde.

Überhaupt kann der russische Kosmismus als entscheidende Inspirationsquelle des transhumanistischen Denkens angesehen werden. Schon lange bevor der Begriff »Transhumanismus« im Jahr 1951 geprägt wurde, war der russische Kosmismus eine wichtige kulturelle Strömung. Der 1903 gestorbene Philosoph Nikolai Fjodorowitsch Fjodorow hat bereits die Möglichkeiten der technisch induzierten Auferstehung von Toten und der wissenschaftlich generierten Verlängerung der Lebensspanne thematisiert. Zum Dunstkreis des Kosmismus gehören auch die Science-Fiction-Romane von Alexander Beljajew, von denen *Der Amphibienmensch* und *Professor Dowells Testament* besonders hervorzuheben sind. *Der Amphibienmensch* dreht sich um einen technisch veränderten Menschen, der aufgrund von biotechnologischen Entwicklungen seines Vaters in der Lage ist, sowohl unter als auch außerhalb des Wassers zu atmen. 1962 wurde der Roman verfilmt. Der Film ist ein Klassiker, und er zählt auch zu Quentin Tarantinos russischen Lieblingsfilmen. Mir geht es ebenso.

Arthur C. Clarke, Magie und Technologie

Arthur C. Clarke ist ein anderer bemerkenswerter Science-Fiction-Autor, der im Übrigen auch Theorien über neue Technologien erörtert hat. Von ihm stammen übrigens die berühmten drei Gesetze zu technischen und naturwissenschaftlichen Entwicklungen:

> Wenn ein angesehener, aber älterer Wissenschaftler sagt, dass etwas möglich ist, hat er mit großer Wahrscheinlichkeit recht. Wenn er sagt, dass etwas unmöglich ist, liegt er sehr wahrscheinlich falsch.
>
> Die einzige Möglichkeit, die Grenzen des Möglichen zu entdecken, besteht darin, sich ein Stück weit über sie hinaus ins Unmögliche zu wagen.
>
> Jede ausreichend fortgeschrittene Technologie ist von Magie nicht zu unterscheiden.[86]

Insbesondere sein drittes Gesetz ist aufschlussreich. Es scheint in der Tat so zu sein, dass die Ziele, die man in der Vergangenheit mit Magie zu erreichen versucht hat, nun mithilfe der allerneuesten Techniken realisiert werden sollen. Diese Einsicht mag zu einer spannenden Re-Lektüre der Geschichte der Magie führen, auf deren Grundlage man sich vielleicht zu bahnbrechenden technischen Innovationen inspirieren lassen kann.

Ein aufschlussreiches Beispiel ist die Relevanz von Blut für die Verjüngung und auch für ein gelungenes Leben im Allgemeinen. In Buch sieben von Ovids *Metamorphosen* wird die Möglichkeit der Verjüngung mithilfe von Blut hervorgehoben. Nachdem Medea Altäre für die Göttin der Magie, Hekate, und die Göttin der Jugend, Hebe, errichtet hatte, begann sie, sich um Jasons Vater Aison zu kümmern. Sie ersetzte sein Blut mit einer Kräuterlösung und ermöglichte ihm auf diese Weise, die Kräfte der Jugend wiederzugewinnen. Dass mit Blut unsere Lebensqualität gefördert werden kann, wird auch anhand der christlichen Messe deutlich. Nach römisch-katholischem Glauben verwandelt sich das Brot bei der Eucharistiefeier in den Leib Christi und der Wein in sein Blut. Indem wir sein Blut trinken, vereinigen wir uns mit dem Göttlichen.

Das Trinken von Blut zur Verjüngung wird bei den Hexen wieder aufgegriffen. Der Renaissancephilosoph Marsilio Ficino stellte klar heraus, dass Hexen das Blut von Kindern tranken, um so ihre Jugendlichkeit wiedergewinnen zu können. Besonders bekannt ist die ungarische Gräfin Elisabeth Báthory, um deren Leben sich einige Legenden gebildet haben. So soll sie etwa junge Mädchen nackt gefoltert haben, nachdem sie sie auf ihre Burg gelockt hatte. In dem Blut der Mädchen soll sie schließlich zu Zwecken der Verjüngung gebadet haben. Diese Geschichten hat Leopold von Sacher-Masoch, von dem sich der Begriff »Masochismus« ableitet, dann auch in seiner Erzählung *Ewige Jugend* verarbeitet.

Im Jahr 1732 wurde in einem in England erschienenen journalistischen Artikel wohl der Begriff »Vampir« geprägt, der im Unterschied zu Hexen eine bereits verstorbene Person repräsentiert. Um ihre eigene Verwesung anzuhalten und weiterhin zwischen den Grenzen von Leben und Tod existieren zu können, tranken auch sie das Blut von Lebenden. In Zentral- und Südamerika gibt es in der Tat Vampirfledermäuse, die durch das Trinken von Blut überleben können. Auf sie wurde in dem Bram-Stoker-Roman *Dracula* aus dem Jahr 1897 explizit verwiesen. Auch Dracula selbst verwandelt sich hin und wieder in eine Fledermaus.

Dies ist der kulturelle Hintergrund, vor dem sich auch die zeitgenössische Forschung zur Möglichkeit der Verjüngung mittels Bluts abspielt. Der bereits erwähnte transhumanistische Milliardär Peter Thiel soll ein Interesse an dieser Technologie bekundet haben, auch wenn er selbst explizit betont, dass er kein Vampir sei. Zahlreiche Medien berichteten jedenfalls, dass Peter Thiel zusammen mit Elon Musk und weiteren illustren Gästen im Jahr 2022 Halloween auf dem sogenannten Dracula-Schloss, dem Schloss Bran in Transsilvanien, gefeiert haben soll.

Unabhängig vom Wahrheitsgehalt dieser Berichte stellten chinesische Forscher 2022 fest, dass alte Mäuse durch die Gabe von Plasma, das aus dem Blut von jungen Mäusen gewonnen wurde, wieder aktiver wurden und länger lebten. Im Unterschied zu vorangegangenen Studien, die nur das Phänomen beschrieben, ist es den chinesischen Forschern nun gelungen, die wirkmächtigen Mechanismen detaillierter zu beschreiben. Auch am Leibniz-Institut für Alternsforschung in Jena und an der Stanford University wird an solchen Verjüngungstechniken gearbeitet. Der jahrtausendealte Mythos der Verjüngung mittels Bluts scheint also in der Tat einen Funken Wahrheit zu enthalten. Ein Prozess, der einst in den Kontext der Magie eingebettet war, soll nun mittels neuester

Techniken tatsächlich medizinisch umgesetzt werden. Arthur C. Clarke hat mit seinem 3. Gesetz also auch in dieser Hinsicht recht behalten.

1968 erschien der von Arthur C. Clarke verfasste Roman *2001. A Space Odyssey*. Im gleichen Jahr wurde auch der gleichnamige Film unter der Regie von Stanley Kubrick gedreht. Hierbei handelt es sich wohl um einen der wichtigsten transhumanistischen Filme überhaupt, da sich darin auf spannende, visuell anregende und intellektuell vielfältige Weise der Gedanke der Evolution entfaltet. Unterstrichen wird die Handlung an zentralen Stellen durch die sinfonische Dichtung »Also sprach Zarathustra« von Richard Strauss, die wiederum durch Nietzsches gleichlautende Abhandlung inspiriert wurde. Hierin spricht Nietzsche vom Menschen als Brücke zwischen Tier und Übermensch, und er greift so den Gedanken der Evolution auf und entwickelt ihn im Rahmen seines eigenen philosophischen Zugangs weiter. Im Unterscheid zu Darwin geht Nietzsche davon aus, dass es Menschen um Macht geht und nicht nur um das Leben um des Überlebens willen. Wenn Nietzsche von Macht spricht, dann denkt er im Übrigen nicht primär an die politische Macht, sondern vielmehr an die philosophische, da er davon ausgeht, dass ein mächtiger Denker das Handeln von Generationen prägen kann. Das Christentum sei Platonismus für das Volk. Auf diese Weise habe Platon das weltweite Handeln über zahlreiche Jahrhunderte geprägt.

Musik und Oper

Übrigens lassen sich auch in den Musikdramen Richard Wagners transhumanistische Elemente finden. Wagner wie Nietzsche nahmen Darwins Evolutionslehre ernst. Wagner empfahl explizit, dass sein Sohn Siegfried mit Darwins Schriften unterrichtet werden soll. Im ersten Teil der Tetralogie »Der Ring des Nibelungen«, in der Oper »Rheingold«, wird deutlich, dass Wagners Götter wohl eher Posthumane sind als traditionelle Götter. Schließlich benötigen sie Freyas goldene Äpfel, um jung und stark zu bleiben. Die goldenen Äpfel sind eindeutig als eine biotechnologische Verbesserungstechnologie anzusehen.

Heutzutage thematisieren zahlreiche Komponisten in ihren Opern aktuelle Technologien, berühmte Wissenschaftler und gegenwärtige Herausforderungen, etwa Katastrophen. Bei Philip Glass sind die Opern »Einstein on the Beach« und »Kepler« bemerkenswert, in Sven Helbigs Musikdrama »Vom Lärm der Welt« wird das Thema der Geburt thematisiert: Eine Frau ringt mit sich darum, ein Kind in eine Welt zu setzen, die geprägt ist von Umweltkatastrophen, Terrorismus und radikalen technischen Innovationen. Für transhumanistische Fragestellungen ist besonders die Oper »Facing Goya« von Michael Nyman hervorzuheben. Hier wird der lange verlorene Schädel von Goya gefunden, und es wird erörtert, Goya zu klonen, sein Talent patentieren zu lassen und hieraus einen finanziellen Gewinn zu generieren. Es sind eugenische Fragestellungen, die hier aufgeworfen werden. Auch wenn transhumanistische Themen behandelt werden, so wäre es falsch, das Werk als eine transhumanistische Oper zu bezeichnen. Eher wird darin auf die mit dem Transhumanismus möglicherweise verbundenen Herausforderungen eingegangen, als dass transhumanistische Visionen glorifiziert werden. Die allgemeine Grundhaltung dem Transhumanismus gegenüber ist eine kritische, so wie dies auch bei anderen Werken Nymans der Fall ist. Spannend ist diesbezüglich noch die Oper »The Man Who Mistook His Wife for a Hat«, die auf dem gleichnamigen Roman von Oliver Sachs beruht.

Ebenso hat Nyman die Filmmusik zu dem bereits erwähnten Film »Gattaca« komponiert. Als wichtigste Bewerbungsunterlage wird in der im Film beschriebenen Gesellschaft eine Genanalyse benötigt. Ohne eine gentechnisch geförderte Veranlagung hat man dort keine Chance mehr auf eine sozial exponierte Tätigkeit. Dieser Umstand hat auch Auswirkungen auf Musiker. So kommt im Film ein Klavierstück vor, das nur von einem mit zwölf Fingern ausgestatteten Pianisten zu spielen ist. Daran zeigt sich, dass mit der technischen Entwicklung auch eine ästhetische realisiert werden könnte. Wenn uns gegenwärtig von Fahrstuhlmusik langweilig wird, wir jedoch von Schönbergs »Pierrot Lunaire« herausgefordert werden, so mag es bei einem Menschen mit weiter entwickelten kognitiven Fähigkeiten künftig der Fall sein, dass er von »Pierrot Lunaire« so gelangweilt werden würde, wie dies bei uns durch Fahrstuhlmusik der Fall ist.

Transhumanismus als explizites Thema

Während es eine ganze Reihe von Kunstwerken gibt, die sich zwar mit transhumanistischen Themen auseinandersetzen, diesen jedoch kritisch gegenüberstehen, sind dezidiert transhumanistische Kunstwerke eher selten zu finden. Ein klares Beispiel hierfür ist der Roman *The Transhumanist Wager* von Zoltan Istvan, in dem der ehemalige US-Präsidentschaftskandidat auch seine eigene transhumanistische Philosophie in Ansätzen darstellt. Die Relevanz der Erweiterung der Lebensspanne und die Bedeutung von *Seasteading* wird hier auf anschauliche Weise verdeutlicht. Bei *Seasteading* handelt es sich um die Schaffung von Lebensraum auf dem Meer, der sich in der Regel außerhalb der Hoheitsgebiete von Nationalstaaten befindet. Hier kann nämlich Forschung betrieben werden, die innerhalb von Nationalstaaten verboten ist. Damit ergeben sich neue spannende Möglichkeiten, aber auch neue politische Herausforderungen. Mit Istvans transhumanistischem Ansatz ist eine besonders libertäre politische Vision verbunden, die von zahlreichen anderen Transhumanisten sehr kritisch beäugt wird. In der breiten Öffentlichkeit mögen Transhumanisten häufig mit blutsaugenden Unternehmern des Silicon Valley identifiziert werden. Dabei handelt es sich jedoch im besten Fall um eine einseitige Beschreibung der transhumanistischen Bewegung. Die im Institute for Ethics and Emerging Technologies versammelten Transhumanisten bejahen sozial-liberale Demokratien und stehen libertären Vorstellungen eher kritisch gegenüber. Die der breiten Öffentlichkeit bekannten Unternehmer, die sich als Transhumanisten verstehen, sind hingegen eher libertär ausgerichtet. Die akademisch verorteten Transhumanisten haben eher sozial-liberale politische Präferenzen. Insofern darf Istvans politische Vision des *Transhumanist Wager* nicht als eine Blaupause für transhumanistische Politik im Allgemeinen missverstanden werden.

Auch in einem anderen Roman wird der Transhumanismus explizit thematisiert. Dan Browns *Inferno* ist wohl der erste weltweite Bestseller, in dem der Transhumanismus auf faire und informierte Weise dargestellt wird. Mit großer Vorfreude erwartete ich die Verfilmung, wurde jedoch enttäuscht, da zahlreiche Nuancen des Buchs nicht in den Film übernommen wurden. Wahrscheinlich war man davon ausgegangen, dass das Publikum damit intellektuell überfordert werden würde. So ist jedoch aus einem auch intellektuell spannenden Buch ein Film geworden, der wohl primär an ein Popcorn-Publikum adressiert war. Die Handlung dreht sich um die Bedrohung durch ein gentechnisch realisiertes, in der Luft übertragbares Virus. Es wurde durch einen transhumanistischen Wissenschaftler geschaffen, dessen Hauptanliegen es ist, die Menschheit vor der existenziellen Gefahr der Überbevölkerung zu schützen, da er davon ausgeht, dass diese zur Auslöschung der Menschheit führen wird.

Die intellektuelle Auseinandersetzung mit dem Risiko der Auslöschung von Leben ist in der Tat ein zentrales Anliegen von vielen Transhumanisten. Das Virus vermag sich schnell in der gesamten Welt auszubreiten und bei allen betroffenen Menschen Genmodifikationen auszulösen. Dadurch würde ein Drittel aller Menschen unfruchtbar, und die Weltbevölkerung könnte damit stabil gehalten werden. Der Wissenschaftler droht im Roman mit der Freisetzung dieses Virus. Dies ist eine in der Tat herausfordernde transhumanistische Fragestellung, obwohl herauszustellen ist, dass kein ernstzunehmender Transhumanist sich dafür einsetzen würde, dass das menschliche Genom gegen den Willen von Betroffenen verändert werden sollte. Der Transhumanismus basiert auf einer liberalen Grundhaltung, kein ernsthafter Transhumanist setzt sich für totalitäre politische Strukturen ein. Im Film wird jedoch aus dem Virus, das ein Drittel der Bevölkerung steril werden lässt, ein Killervirus, das einen Teil der Menschheit töten wird. Das ist ganz gewiss keine transhumanistische Zielsetzung mehr. Der Roman hingegen ist spannend geschrieben, erwähnt tatsächliche transhumanistische Institutionen und vermittelt einige Grundzüge des Transhumanismus einer breiten Öffentlichkeit. Insofern ist das Buch für Italien- und Transhumanismus-Interessierte in der Tat zu empfehlen.

Science-Fiction als Inspiration, Utopie und Warnung

Bei anderen Filmen, die sich mit transhumanistischen Themen auseinandersetzen, ist besonders die Zusammenarbeit von Künstlern aus unterschiedlichen Disziplinen hervorzuheben. Visuell aufregend ist die Kooperation des Schweizer Bildenden Künstlers Hans Rudolf Giger mit Ridley Scott beim Film »Alien«. Auch wie Scott den dystopischen Roman *Do Androids Dream of Electric Sheep*? von Philip K. Dick (deutsch:

Träumen Androiden von elektrischen Schafen) im Film »Blade Runner« verarbeitet hat, ist in der Tat gelungen.

Nicht zu unterschätzen ist die Relevanz von Science-Fiction-Romanen als Anregung für den Erfinder- und Pioniergeist vieler Unternehmer. Zahlreiche Unternehmer haben sich bereits durch Innovationen aus Science-Fiction-Romanen inspirieren lassen, um sie als tatsächliche Erfindungen zu realisieren. So geht etwa die Entwicklung des U-Boots auf den Roman *Zwanzigtausend Meilen unter dem Meer* von Jules Verne zurück. Auch werden in Science-Fiction-Romanen häufig Begriffe geprägt, die später in der Lebenswelt übernommen werden. Eines der interessantesten Beispiele aus jüngster Zeit ist wohl der Begriff »Metaversum« (»Metaverse«), der aus dem 1992 erschienenen Roman »Snow Crash« von Neal Stephenson stammt.

Bestimmte philosophische Fragestellungen werden in Kunstwerken so anschaulich dargestellt, dass sie dort viel klarer vermittelt werden als in philosophischen Abhandlungen. Die Episode »Wem gehört Data?« (»The Measure of Man«) aus der Serie »Raumschiff Enterprise. The Next Generation« ist ideal dafür geeignet, um intellektuell das Thema des moralischen Status von Robotern zu behandeln. Verdienen Roboter Respekt? Sollte Androiden ein moralischer Status zukommen? Welche Eigenschaften müssten vorhanden sein, um Roboter moralisch wertzuschätzen, und warum sollte eine Wertschätzung gerade mit diesen Eigenschaften verbunden sein? Die entscheidende Frage ist, ob es sich bei Data um Eigentum der Sternenflotte handelt oder um einen Mitarbeiter, der seinen Dienst quittieren kann. Nicht thematisiert wird, ob es sich um einen Mitarbeiter, eine Mitarbeiterin oder um ein Mitarbeitendes handelt. Hat dieser Android ein Geschlecht? Was könnte Geschlecht bei einem Roboter bedeuten? Die zentrale Herausforderung der Episode ergibt sich aus einer Forderung der Verwaltung, Data auseinanderzunehmen und genau analysieren zu lassen, um so hinter das Geheimnis seiner beeindruckenden Fähigkeiten zu kommen, verbunden mit der Hoffnung, sie dann reproduzieren zu können.

Mit der genauen Analyse geht jedoch das Risiko der Zerstörung von Data einher, da es nicht sicher ist, dass man Data wieder so zusammenbekommt, wie er vorher war. Da Data dieses Risiko nicht eingehen will, beabsichtigt er seinen Dienst zu quittieren. Ihm wird erwidert, dass er das nicht könne, schließlich sei er keine Person, sondern das Eigentum der Sternenflotte, und über Eigentum könne frei verfügt werden. Aus diesem Grund kommt es zu einer Gerichtsverhandlung, bei der unter Berücksichtigung philosophischer Argumente darüber entschieden wird, ob Data das Recht hat, seine Arbeit aufzugeben.

Das ist eine Herausforderung, die sich mit der technischen Weiterentwicklung verstärkt stellt. Kann Robotern, Algorithmen und künstlichen Intelligenzen unter bestimmten Bedingungen der Personenstatus zukommen? In der Geschichte des westlichen Humanismus waren primär Menschen aufgrund ihres göttlichen Funkens Personen. Mit der gleichen Begründung kam auch Gott und Engeln in der Regel das Person-Sein zu. De facto war es jedoch so, dass viele Menschen ihren Personenstatus erst vehement erkämpfen mussten. Handelt es sich jedoch auch dabei, dass sich alle Menschen als Personen identifizieren, nicht um einen diskriminierenden Anthropozentrismus und einen »Speziesismus«? Sollten Entitäten nicht Respekt aufgrund ihrer moralisch relevanten Fähigkeiten zukommen, statt aufgrund ihrer Zugehörigkeit zur Gattung *Homo sapiens*. Können nicht organische Wesen grundsätzlich moralisch relevante Fähigkeiten besitzen? Welche Fähigkeiten sollten eine Entität zu einer Person werden lassen?

Eng mit dieser Fragestellung verwandt ist eine weitere philosophische Herausforderung, die etwa im Film »Ex Machina«

von Alex Garland thematisiert wird, in dem ein Programmierer im Haus des exzentrischen Eigentümers einer Internetfirma auf einen weiblichen Roboter mit künstlicher Intelligenz trifft. Diese manipuliert ihn, um so eigenständig leben zu können. Die Frage nach der Möglichkeit von Autonomie und den hierfür notwendigen Fähigkeiten wird in dem Film auf unterhaltsame Weise erörtert.

Im Film »Her« von Spike Jonze hingegen kommt es zu einer Begegnung zwischen einem geschiedenen Mann und einer weiterentwickelten Version von Siri, also einem Betriebssystem, mit dem man sich unterhalten kann und das auch eine erotische Begleitung sein kann. Je länger man sich kennenlernt, desto besser stellt sich das Betriebssystem auf die Vorlieben des Kunden ein. Auf verführerische Weise wird hier beschrieben, wie sich eine erotische, emotionale und vielschichtige Beziehung zwischen einem Mann und einem Betriebssystem aufbaut. Gleichzeitig wird deutlich, dass auf diese Weise eine neue Form von Beziehung entsteht, schließlich kann ein Chatbot mit mehreren Kunden gleichzeitig intime Gespräche führen. In China gibt es mittlerweile einen solchen Chatbot, der Xiaoice heißt und mit mehreren Hundertmillionen Kunden interagiert.

Noch einen Schritt weiter geht der Film »Transcendence« mit Johnny Depp, in dem das Mind-Uploading thematisiert wird. Auf spannende Weise verschmelzen hier Realität und Fiktion. Als der von Paul Bettany gespielte Protagonist als Wissenschaftler von der »Transcendence« spricht, sitzt Elon Musk als Elon Musk im Publikum und hört diesen Ausführungen zu. Auch wenn der Film den Zuschauer nicht ganz so stark emotional involvieren mag, wie dies bei »Her« der Fall ist, so handelt es sich doch um eine faszinierende Umsetzung des Themas Mind-Uploading, das in philosophischen Abhandlungen weit weniger anschaulich vermittelt werden kann, als es in diesem Film geschieht.

KI-Kunstwerke, Body-Art, Robot-Art, Performance-Art

Bereits jetzt ist möglich, dass mittels Deep Learning Kunstwerke geschaffen werden. Schon 2016 hat eine KI namens Flow Machine das Lied »Daddy's Car« komponiert, das ein Lied der Beatles sein könnte.[87] 2018 wurde bei Christies das Gemälde *Edmond de Belamie*, das eigenständig von einem Computer erschaffen wurde, für über 400 000 US-Dollar versteigert.[88] 2021 wurde per KI ein neuer Song der schon längst nicht mehr existierenden Grunge-Band »Nirvana« generiert und mittels Deep-Fake-Algorithmus durch eine synthetisch generierte Stimme des bereits 1994 verstorbenen Nirvana-Sänger Kurt Cobain eingesungen.[89] Die Qualität dieser Werke ist beachtlich – ob es sich hierbei um Kunstwerke handelt und wer als Urheber von ihnen gelten sollte, ist noch unklar. Beachtenswert ist, was künstliche Intelligenzen bereits zu leisten imstande sind. Das von der Öffentlichkeit genutzte Internet besteht noch nicht einmal seit 35 Jahren, was bedeutet, dass sich die Digitalisierung noch nicht einmal im Embryonalstadium befindet. Sie hat unsere Leben bereits so erheblich verändert, dass wir das Potenzial der Digitalisierung in den nächsten Jahrzehnten noch nicht einmal auf plausible Weise erahnen können.

Im Unterschied hierzu sind die technischen Veränderungsoptionen im Bereich des Körpers bereits weiter vorangeschritten. Bahnbrechend für diesen Bereich waren sicherlich Arbeiten der Transhumanistin Natasha Vita-More, wie etwa das Design der Ganzkörperprothese »Primo Posthuman«. Als Performance-Kunst wurden Körperveränderungen etwa durch die französische Künstlerin Orlan umgesetzt. Besonders bekannt ist auch das Ohr, das sich Stelarc an seinem linken Unterarm hat formen lassen. In allen diesen Fällen wird hier der menschliche Körper selbst zum Material. Bei Natasha Vita-More zielen die Veränderungen auf Steigerungen der Funktionsfähigkeit, bei Orlan eher auf die Möglichkeiten permanenter Modifikationen. Beide Anliegen können mit dem Transhumanismus in Verbindung gebracht werden. Sie sagen etwas über die impliziten Konzeptionen eines guten Lebens aus. Gibt es ein zu erstrebendes Ideal oder eine enorme Vielfalt von zu erstrebenden Optionen?

An dieser Stelle soll auch herausgestellt werden, dass die eigenständige Namensgebung bei Natasha Vita-More bereits als künstlerischer Akt angesehen werden kann. Diese Vorgehensweise ist im Transhumanismus im Übrigen weit verbreitet, so auch bei Max More oder FM-2030. Dabei soll auf zwei Umstände hingewiesen werden: 1. die Kontingenz der eigenen Namensgebung; 2. Im Prozess der eigenständigen Selbstbenennung soll eine Einsicht hervorgehoben werden, die für die betreffende Person von besonderer Bedeutung ist. Bei FM-2030 war es das Jahr, in dem er seinen 100. Geburtstag feiern könnte – die Bedeutung einer verlängerten Gesundheitsspanne. Max More ging es um die Relevanz der beständigen Selbstüberwindung – beständig »mehr« zu wollen und die eigenen Begrenzungen immer wieder aufheben zu können. Bei Natasha Vita-More steht das Verlangen nach der Fülle des Lebens im Mittelpunkt, was auch bei der ästhetischen Auseinandersetzung mit ihrer Ganzkörperprothese nicht unberücksichtigt bleiben sollte. Diese Vorgehensweisen können als Ästhetisierung der Lebenswelt verstanden werden.

Weitere spannende philosophische Fragestellungen ergeben sich aus ganz anderen Mensch-Maschine-Kunstwerken im transhumanistischen Kontext. Hier sticht eine Performance von Stelarc besonders hervor, die den Titel »Second Life« trägt. In ihr interagiert er als Avatar mit anderen Avataren im Spiel »Second Life«. Die anderen Avatare werden von Teilnehmern aus unterschiedlichen Kontinenten bedient.

Stelarcs Avatar ist mit seinem Körper verbunden. Über ihn hat er jedoch nur zur Hälfte bewusste Kontrolle, die Bewegungen der anderen Körperhälfte werden von elektrischen Stößen hervorgerufen, die per computergesteuertem Zufallsgenerator in seinen Körper übertragen werden. Dieses Kunstwerk stellt die Frage nach dem verantwortlichen Urheber des Handelns, dem Ort der Interaktion und auch den Grenzen des Körperlichen. Ist der mit dem organischen Körper verbundene PC, der für die elektrischen Impulse verantwortlich ist, Teil des Körpers? Sind digitale Avatare Teil des menschlichen Körpers? Kann der Körper nicht-organische Bestandteile umfassen?

Andere Gesichtspunkte dieses Ansatzes stellen die Performances des Eyeborgs Neil Harbisson dar. Der farbenblinde Künstler hat gemeinsam mit einem Ingenieur eine Apparatur erarbeitet, die es ihm ermöglicht, Farben zu hören, und damit den eigenen Körper erweitert. Synästhesie wird hier mittels einer technischen Modifikation des Körpers ermöglicht. »Ein Cyborg zu werden ist nicht nur eine Lebensentscheidung«, erläutert er explizit. »Es ist ein künstlerisches Statement – ich behandle meinen eigenen Körper und mein Gehirn wie eine Skulptur.«[90]

Harbissons Partnerin Moon Ribas hat sich wiederum Sensoren in die Fußsohlen implantieren lassen, die sie in die Lage versetzen, Erdbeben zu fühlen. Wann immer auf der Erde Erdbeben geschehen, spürt sie diese dank der Sensoren entsprechend ihrer Intensität und nutzt diese Empfindungen für ihre Tanzperformances: »Es ist ein bisschen wie ein Duett zwischen der Erde und mir. Die Erde ist eigentlich die Choreografin des Stücks, und ich imitiere nur die Daten, die sie mir gibt.«[91]

Wenn es während einer Aufführung keine Erdbeben gibt, dann unterlässt sie auch das Tanzen. Auch in der Popmusik setzt man sich schon länger mit dem Thema des Cyborgs und den digitalen Möglichkeiten der musikalischen Innovation auseinander. So hat die isländische Sängerin Björk etwa neu entwickelte Musikinstrumente, wie das Reactable, bei Live-Konzerten eingesetzt. Als Pionier auf dem Gebiet der elektronischen und digitalen Popmusik gilt die Düsseldorfer Band Kraftwerk, die mit ihren techno-musikalischen Inszenierungen die Musikgeschichte der vergangenen fünfzig Jahre entscheidend mitbestimmt hat. Besonders hervorzuheben seien hier deren siebtes Studioalbum, das den bezeichnenden Titel »Die Mensch-Maschine« trägt, sowie ihre Bühnenauftritte etwa bei »Wir sind die Roboter«, wo die Musiker quasi als menschliche Roboter mit technoid verzerrten Stimmen in Cyberborg-Jumpsuits unbeweglich hinter ihren Maschinen stehen.

Transhumanistische Themen und Motive finden sich jedoch nicht nur in der Body-Art, Musik und Performance-Kunst, sondern auch in der Bildhauerei und skulpturalen Kunst. Besonders anschaulich sind hier die Werke der australischen Künstlerin Patrici Piccinini. In ihrer Skulptur »Stillleben mit Stammzellen« zeigt sie ein kleines Mädchen, das mit Stammzellen spielt und aus ihnen Leben formt. Hier wird das anfangs erwähnte Motiv des Prometheus aufgegriffen: der spielende Mensch, der *Homo ludens*, der hier kreativ schöpferisch andere Menschen erschafft. Der Mensch ahmt hier den schöpferischen Akt nach, der früher Gott vorbehalten war. Zusammen mit Ingenieuren hat sie auch »Graham«, eine lebensgroße, interaktive Skulptur eines Lebewesens, realisiert, die so geformt ist, dass bei ihr eine hohe Wahrscheinlichkeit gegeben ist, einen Autounfall zu überleben.

Mit der voranschreitenden Automatisierung erhöht sich die gesellschaftliche Bedeutung von Robotern. In der Robot-Art werden solche Entwicklungen ebenso thematisiert. Das Roboter-Kunstwerk »Can't help myself« von Sun Yuan and Peng Yu aus dem Jahr 2015 verdeutlicht Herausforderungen einer Lebenswelt, in der immer mehr Prozesse durch industrielle Roboter automatisiert werden.

Drei Arten transhumanistischer Ästhetik

Transhumanistische Motive bestimmen nicht nur die Inhalte von Kunstwerken, sondern auch ihre Form und Materie. Besonders stechen hier die Superheldinnen und Superhelden der Comic-Ästhetik hervor, wofür etwa Jeff Koons Skulptur »Hulk Elvis« ein Beispiel ist. Es ist die Comic-Ästhetik, die hier auf Themen verweist, die im transhumanistischen Kontext relevant sind. Comics können nun auch vor einem ästhetischen Gesichtspunkt ernst genommen werden. Auf diese Weise wird die Comic-Ästhetik für Kunstwerke relevant.

Es ist im Übrigen kein Zufall, dass die Protagonisten aus der Serie »The Big Bang Theory« alle Comic-Liebhaber sind. In dieser fantastischen Serie werden immer wieder ganz unterschiedliche transhumanistische Gedanken thematisiert. Elon Musk hatte einen Gastauftritt, Eduardo Kacs fluoreszierender Hase Alba wurde dort thematisiert, und auch Comics spielen dort eine zentrale Rolle. Die meisten Protagonisten der Serie sammeln Comics, tauschen sich intensiv darüber aus, analysieren sie wissenschaftlich, verkleiden sich wie ihre Helden und besuchen regelmäßig Comic-Messen. Junge männliche Nerds, die zu lange vor dem Computer gesessen haben, Probleme in sozialen Kontexten haben und sich ständig über wissenschaftliche Themen austauschen, sind in der Öffentlichkeit die stereotypischen Transhumanisten. Auch wenn die Wirklichkeit sicherlich vielfältiger ist, bedeutet das nicht, dass diese Stereotype völlig aus der Luft gegriffen sind.

Hajime Soraymas Skulpturen »Sexy Robots« repräsentieren einen anderen formalen Aspekt der transhumanistischen Ästhetik. Es ist die fehlerlose glatte Oberfläche, die ein Merkmal transhumanistischer Schönheit wurde und die auch ein weit verbreitetes Phänomen in unserer Lebenswelt ist. Die makellose glatte Oberfläche findet sich im Design von Apple-Produkten ebenso wie in der menschlichen Körpergestaltung. Das »Full Brazilian Waxing«, bei dem Körperbehaarung auch an den Schamlippen und am Gesäß entfernt wird, ist heutzutage bereits unter Teenagern weit verbreitet. Glattheit ist kein sexueller Fetisch einer Minderheit mehr, sondern ein weit verbreitetes kulturelles Phänomen. Auch die Skulptur »Broken but put together« von Michael Benisty repräsentiert vortrefflich diese Ästhetik der Glattheit. Sie wurde 2019 auf dem »Burning Man Festival«« in Nevada ausgestellt, was wiederum die enge Verbindung zwischen der transhumanistischen Elite des Silicon Valley und der Ästhetik der Glattheit verdeutlicht

Schließlich darf auch die *Kawaii*-Ästhetik nicht unerwähnt bleiben, die insbesondere die Werke zahlreicher Künstler der Superflat-Bewegung charakterisiert. Der Sweet-Gemälde-Zyklus des japanischen Künstlers »Mr.« verkörpert die unschuldige Verspieltheit dieser Kawaii-Ästhetik auf anschauliche Weise, was sich lebensweltlich wiederum in der Instagram-Welt wiederfindet und die auch für Anime und Manga von zentraler Bedeutung sind. Mit Kawaii-Filtern werden die eigenen Fotos bearbeitet und geteilt, um sich vor den Followern so zu inszenieren, wie man gern von ihnen gesehen werden möchte.

Diese Verlagerung der Freundschaftspflege aus der Lebenswelt in die digitale Welt der eigenen sozialen Netzwerke bringt auch neue Kleiderstile mit sich. Mittlerweile geben wir Geld nicht nur für Kleidung aus, um damit in der analogen Öffentlichkeit besonders aufzufallen. Seit mit Beginn der Pandemie zwischenmenschliche Begegnungen weithin online stattgefunden haben, wollen wir auch dort vor unseren Freunden gut gekleidet sein. Also begeben wir uns in Online-Shops wie https://dressx.com/ und kaufen digitale, lediglich virtuell existierende Kleidung ein, um uns dann auf besonders reizvolle Weise vor unseren Freunden bei Instagram präsentieren zu können. Wenn wir besonders hervorstechen wollen, dann legen wir uns ein besonderes NFT-Designerstück (NFT: Non-Fungible Token) zu. Das macht nicht nur optisch etwas her, sondern wir teilen damit unseren Freunden auch mit, dass wir ein einzigartiges NFT-Einzelstück besitzen, das uns in der Blockchain klar zugeordnet werden kann. Die Ermöglichung der sozialen Distinktion kann bei digitaler Designerkleidung sogar höher sein als bei traditioneller – schließlich wird bei NFTs der Beweis der Originalität gleich mitgeliefert.

Materielle Innovation durch Bio-Art und Crypto-Art

Nach der Schilderung von Kunstwerken, bei denen ein inhaltlicher Bezug zum Transhumanismus besteht, und einem kurzen Überblick über drei ästhetische Formen (Superheldinnen und Superhelden, Glattheit, Kawaii), die im transhumanistischen Kontext eine wichtige Rolle spielen, soll nun auf den Aspekt der materiellen Innovation bei transhumanistischen Kunstwerken eingegangen werden. Beim Transhumanismus sind die beiden wichtigsten Bereiche der menschlichen Entwicklung die genetische und die digitale Evolution. Parallel dazu haben sich auch zwei neue Kunstformen entwickelt: Bio-Art und Crypto-Art.

Eduardo Kac hat den Begriff »Bio-Art« 1997 geprägt. Zahlreiche seiner Bio-Art-Kunstwerke zählen mittlerweile zu den Ikonen transhumanistischer Kunstwerke. Das Bekannteste ist zweifelsohne »Alba«, der fluoreszierende Hase – eine Skulptur, die aus einem genetisch modifizierten lebenden Hasen besteht. Er hat im Dunkeln grün geleuchtet. War er nur ein Kunstwerk, während er am Leben war? Gehört der Verwesungsprozess nach seinem Tod zu diesem Kunstwerk? Die ästhetischen Herausforderungen, die sich mit diesem neuen Genre ergeben, sind vielfältig. Es kann in vielen Fällen durchaus eine offene Frage sein, welche Kunstwerke als Bio-Art gelten sollten. Auch die berühmte Skulptur von Damien Hirst namens »The Physical Impossibility of Death in the Mind of Someone Living« könnte ein Bio-Art-Kunstwerk sein, da hier schließlich ein echter Hai technisch verarbeitet wurde. Hier wird man mit dem Körper eines toten Hais konfrontiert. Sind die oben erwähnten Skulpturen von Patricia Piccinini Bio-Art-Werke? Hier wird das Motiv der genetischen Veränderung unter anderem als ein Kinderspiel dargestellt. Zwar sind keine lebenden Organismen involviert, aber die der Bio-Art zugrunde liegenden ethischen Herausforderungen werden explizit thematisiert. Faszinierend ist auch das Kunstwerk »Edunia«, eine genetisch veränderte Petunie, in die auch genetisches Material des Künstlers Eduardo Kac eingearbeitet wurde. »Edunia« setzt sich aus Eduardo, dem Vornamen Kacs, und dem Wort »Petunie« zusammen. Ungeachtet der Tatsache, dass der Begriff »Bio-Art« noch einer weiteren Klärung bedarf, steht diese neue Kunstgattung sicherlich paradigmatisch für den kohlenstoffbasierten Transhumanismus, also den Transhumanismus, der große Hoffnung auf die organische evolutionäre Weiterentwicklung setzt.

Im Unterschied zur Bio-Art, die für den kohlenstoffbasierten Transhumanismus steht, repräsentiert die Crypto-Art paradigmatisch den siliziumbasierten Transhumanismus, also den Transhumanismus, der in der digitalen Evolution die zentralen Entwicklungsschritte sieht. Entstanden ist diese Kunstgattung parallel zur Entwicklung des Internets. Beim um 1990 entstandenen Web 1.0 waren alle Nutzer nur Konsumenten. Ab 2003 entstand das Web 2.0, in dem die Nutzer bereits zu »Prosumenten« wurden. Aufgrund des Cloud-Computing konnten sie nämlich zusätzlich zum Konsum auch

Inhalte produzieren. Das Web 3.0 steht nun für eine neue Form des Internets auf Blockchain-Basis. Auch das bereits erwähnte Metaversum, das eine Weiterentwicklung von Second Life darstellt, fällt in den Kontext des Web 3.0. Die Lebenswelt wird auf strukturanaloge Weise in der digitalen Welt nachgeahmt. Mittels der Blockchain-Technologie ist es nun auch möglich, digitale Kunstwerke zu einzigartigen Werken zu machen und sie klar einem Eigentümer zuzuordnen. Mit dem Eigentum an einem NFT-Kunstwerk geht jedoch nur einher, dass der Eigentümer diesen speziellen NFT besitzt. Er hat jedoch nicht automatisch das Recht auf das Copyright des NFT, sofern dies nicht explizit im Kaufvertrag mit enthalten ist. Auf diese Weise kann der Künstler zahlreiche NFTs gleichen Inhalts, aber unterschiedlicher Größe jeweils mit der Auflage von nur einem Stück erschaffen. Aber nicht nur die jüngste Avantgarde arbeitet mit NFTs, sondern auch Disney stellt mittlerweile extrem teure NFTs her.

Aus ästhetischer Perspektive sind NFTs faszinierend, da mit ihnen quasi eine Rückkehr der Aura geschieht, die einzigartigen Werken eigen ist. Ein NFT ist einzigartig und direkt einem speziellen Eigentümer innerhalb einer Blockchain zuzuordnen. Gleichzeitig kann das gegebene Motiv beliebig oft kopiert werden, ohne dass die Kopien sich hinsichtlich der phänomenalen Eigenschaften in irgendeiner Form vom Original unterscheiden. Die beliebige Reproduzierbarkeit und die Einzigartigkeit schaffen auf diese Weise eine ganz neue Aura, eine transhumanistische Aura, die den Original-NFTs zukommt.

Serien[92]

Jedes Jahr kennen mehr meiner Studierenden den Transhumanismus. Und falls sie noch nichts explizit vom Transhumanismus gehört haben sollten, dann haben sie zumindest die eine oder andere Serie gesehen, in der transhumanistische Gedanken, Ideen und Visionen verarbeitet werden. Ständig kommen neue Filme, Serien oder Comics hinzu, die transhumanistische Themen aufgreifen und sie in Geschichten verarbeiten. Die wohl gelungenste Serie ist »Black Mirror«. Sie wurde zwischen 2011 und 2014 von Channel 4 und von 2016 bis 2019 von Netflix produziert. Sie besteht aus 22 Episoden, in der ganz unterschiedliche Herausforderungen im Zusammenhang mit Medien und Technik erörtert werden. Jede Episode ist unabhängig von allen anderen. Drei Mal in Folge gewann die Serie den Primetime Emmy Award für »Outstanding Television Movie« – sicherlich zu Recht. Es gibt zahlreiche Episoden, die philosophisch als besonders bemerkenswert herausstechen. Dazu zählt sicherlich die Folge »Nosedive«, in der eine Welt dargestellt wird, in der wir uns gegenseitig digital bewerten. Diese fiktive »Black Mirror«-Welt aus dem Jahr 2016 wird inzwischen in der Wirklichkeit durch das chinesische Sozialkreditsystem, dessen Grundzüge bereits seit 2014 realisiert werden, noch übertroffen.

Im Jahr 2018 wurde als Teil des »Black Mirror«-Projekts auch ein interaktiver Film mit dem Titel »Black Mirror. Bandersnatch« realisiert. Die Länge des Films ist auf etwa 90 Minuten begrenzt, insgesamt sind jedoch fünf Stunden an Filmmaterial vorhanden. Es hängt ganz allein von den Entscheidungen des jeweiligen Betrachters ab, welches Filmmaterial er zu sehen bekommt. Konzeptionell handelt es sich bei »Bandersnatch« um einen Hybrid aus Film und Computerspiel. Infolgedessen gibt es auch zahlreiche Varianten davon, wie der Film endet. Auch welche Filmmusik abgespielt wird, hängt von den aktiven Entscheidungen des Betrachters ab.

Anhand der unterschiedlichen »Black Mirror«-Episoden können die wichtigsten Facetten des Transhumanismus vermittelt werden. Sowohl erzähltechnisch als auch medial und visuell ist die Serie »Black Mirror« von überragender Qualität. Selbstredend gibt es aber noch zahlreiche weitere Serien, die auf höchst gelungene Weise Aspekte des Transhumanismus thematisieren. Dazu gehört etwa die seit 2016 ausgestrahlte US-amerikanische Serie »Westworld«. In ihr wird die Interaktion zwischen Androiden und Menschen thematisiert, die in zukünftigen Themenparks stattfindet. Auch vor ethisch brisanten Themen, wie der Möglichkeit der fiktiven Vergewaltigung eines Roboters, wird nicht zurückgeschreckt. Wie soll eine solche Handlung moralisch und auch rechtlich bewertet werden? Ein Roboter ist ein Ding, ohne Gefühle und Empfindungen. Wie ist also eine solche *Make-Believe*-Vergewaltigung einzuschätzen? Es gibt bereits Roboterbordelle in Spanien und Italien, bei denen männliche wie weibliche Roboter gebucht werden können. Auch das Programm einer solchen Fantasievergewaltigung kann bei Sexrobotern eine Option sein.

Auf den visionären Geschichten von Philip K. Dick beruhen nicht nur zahlreiche Filme, sondern auch die Serie »Electric Dreams«, die 2017 in Großbritannien ihre Premiere erlebte. Dick haben wir bereits als Autor des dystopischen Romans *Träumen Androiden von elektrischen Schafen?* kennengelernt, der wiederum Ridley Scott zu seinem Film »Blade Runner« inspiriert hat. Auch der bekannte Film »Minority Report« beruht auf Dicks Fiktionen. Das Leben mit Humanoiden, Erlebnisse beim Raumfahrttourismus und Menschen, die telepathische Fähigkeiten entwickelt haben, sind nur einige der Themen dieser Serie.

Humanoide und ihre unterschiedlichen Facetten werden

auch in zahlreichen Serien thematisiert. Humanoide Roboter im Haushalt, die hier »Synths« genannt werden, sind in der britischen Channel-4-Serie »Humans« (2015–2018), einem Remake der schwedischen Serie »Real Humans« (2012), die Protagonisten. Für das Drehbuch erhielten die Autoren den renommierten britischen BAFTA Award. Künstliche Intelligenz, Roboter mit Bewusstsein, Mensch-Roboter-Interaktion und auch das immer wieder gern herausgestellte Mind-Uploading werden hier in den unterschiedlichen Handlungssträngen verhandelt. Der Erfolg der Serie war so groß, dass 2018 sogar eine chinesische Adaption erfolgte.

Auch die auf dem gleichnamigen Roman von Richard K. Morgan beruhende Cyberpunk-Serie »Altered Carbon« auf Netflix wurde mit Filmpreisen ausgezeichnet (2018). Von ihr wurden trotz ihres großen Erfolgs nur zwei Staffeln realisiert. Zahlreiche Episoden der ersten Staffel spielen im Jahr 2384 in der futuristischen Metropole Bay City. In dieser fiktiven Welt befinden sich Erinnerungen und Bewusstsein auf einer Festplatte im Nacken und die Persönlichkeit kann nach dem Tod in einen neuen Körper transferieren. Die Möglichkeit des Todes bleibt jedoch bestehen. Die reichsten Bewohner werden Meths genannt, eine Reverenz an den biblischen Methusalem. Ihr Bewusstsein ist in Satelliten gespeichert, was den Transfer von einem Körper zu einem anderen signifikant erleichtert. Solche Überlegungen werden von einigen Transhumanisten durchaus als plausible Zukunftsvision angesehen werden.

Auch Mind-Uploading wird in Sci-Fi-Serien thematisiert. »Upload« kam 2020 in den USA heraus. Grundgedanke der Serie ist, dass Menschen im Jahr 2033 die Wahl haben, sich in eine virtuelle Nachwelt hochladen zu können, woraus sich zahlreiche spannende Verstrickungen sowie Fragen zum Recht auf Privatheit und zu digitaler Nachkommenschaft ergeben. Im Mai 2022 wurde eine dritte Staffel der Serie in Angriff genommen.

Neben der Digitalisierung der Persönlichkeit erfreut sich in Filmserien auch das transhumanistische Thema »Auslöschung der Menschheit« großer Beliebtheit. Seit 2019 gibt es auf Netflix die animierte Serie »Love, Death & Robots«, deren Kreativität und Animationsstil besonders bemerkenswert sind. Die Serie besteht aus eigenständigen Episoden von höchstens 22 Minuten Dauer. In einer wird die Geschichte von drei Robotern erzählt, die sich in einer postapokalyptischen Stadt bewegen, wobei sie einiges über ihren eigenen Ursprung erfahren. In diesem Kontext wird auch das Aussterben von Menschen relevant. Dieses Thema wird auch in der im Jahr 2020 bei HBO erschienenen Serie »Raised by Wolves« verhandelt, bei der Ridley Scott Regie führte, der bereits Regisseur der Filme »Alien« und »Blade Runner« war. Nachdem die Erde durch einen Krieg zerstört wurde, sollen sich zwei Androiden um die Erziehung von menschlichen Kindern kümmern.

Die kontinuierlich voranschreitende Digitalisierung schärft auch das Bewusstsein für andere philosophische Herausforderungen der Digitalisierung. Die Frage der virtuellen Realität wird in der britischen Science-Fiction-Serie »Kiss me First« thematisiert, die im Jahr 2018 erschienen ist. Leila liebt es, sich in ein Online-Multiplayer-Rollenspiel zu begeben. Es sind die engen Verstrickungen zwischen den Erlebnissen in der virtuellen und denjenigen in der grundlegenden Realität, aus denen die Serie ihren – auch philosophischen – Reiz bezieht. Sind unsere Avatare eine Erweiterung unserer Persönlichkeit?

Beim amerikanischen Videoprovider HBO hatte 2021 die Serie »Made for Love« Premiere. Hier hat ein Milliardär seine Ehefrau mit einem Tracking Device ausgestattet, das er in ihr Gehirn implantieren ließ. Dieser Chip ermöglicht ihm zu erkennen, wo sie sich befindet, aber auch, was sie fühlt. Währenddessen ist sie darum bemüht, sich von ihrem Ehemann zu befreien, was zu schrecklichen Herausforderungen führt.

2020 wurde bei FX Networks auf der Streaming-Plattform Hulu die Sci-Fi-Serie »Devs« veröffentlicht, in der die Möglichkeiten von Quantencomputern im Hinblick auf die Vorhersage von zukünftigen Ereignissen durchgespielt werden. Philosophische Themen wie freier Wille und Determinismus werden hier in einem spannenden Kontext erörtert.

Auch in nicht englischsprachigen Ländern gibt es Serien mit transhumanistischen Themen und Inhalten, so auch in Deutschland. Die von Netflix seit 2020 produzierte Serie »Biohackers« sticht hier besonders hervor. Darin werden die Grenzen und Möglichkeiten von Gentechniken thematisiert. Bereits im Jahr 2019 erschien die französische Netflix-Serie »Osmosis«. Hier soll erfüllte Liebe mittels eines durch eine Pille zu etablierenden Gehirnimplantats realisiert werden. Wenn beide Partner ein solches Implantat haben, können sie sich im virtuellen Raum verbinden und die perfekte Osmose vollziehen. In Brasilien wurde 2020 eine ähnlich ausgerichtete Netflix-Serie namens »Omniscient« produziert, die sich mit den gesellschaftlichen Herausforderungen eines allwissenden Sicherheitssystems auseinandersetzt. Meiner Meinung nach ist dies das wichtigste Thema, wenn es um Digitalisierung geht. Aus Russland hingegen stammt die Serie »Better Than Us«, die erstmals 2019 bei Netflix erschien. Dort wird das Verhältnis von Menschen zu Robotern erörtert, wobei ein Roboter einen Menschen tötet, der den Roboter als Sexroboter gebrauchen will. Daraus wird deutlich, dass dieser weit entwickelte Roboter namens Arisa sich nicht an Asimovs Robotergesetze hält. In Südkorea wurde 2020 auf Netflix die Serie »My Holo Love« veröffentlicht, in der die Grenzen von künstlicher Intelligenz problematisiert werden. Bei Holo handelt es sich hier um ein KI-Hologramm, das im Mittelpunkt der Handlung steht.

Spielfilme

Besonders prädestiniert für die Verarbeitung transhumanistischer Motive ist und bleibt die Filmindustrie. Ständig kommen neue Spielfilme auf den Markt, in denen transhumanistische Themen verarbeitet werden. Der Film »Avengers: Endgame« ist ein von den Marvel-Studios produzierter Sci-Fi-Animationsfilm, der 2019 der im Hinblick auf die Einspielergebnisse erfolgreichste Film der Welt wurde. Nachdem der Bösewicht Thanos die Hälfte allen Lebens im Universum ausgelöscht hat, sind die Avengers, ein Superheldenteam, darum bemüht, diese Tat mittels Zeitreisen rückgängig zu machen. Superkräfte erlangten diese Helden mittels technischer Veränderungen. Hulk war Gammastrahlen ausgesetzt. Dr. Henry »Hank« Pym kann mittels einer chemischen Substanz seine Größe verändern. Ein schwer gepanzertes Exoskelett verleiht Iron Man ganz besondere Kampfkraft.

Transhumanistische Elemente und Themen werden nicht nur in Hollywood-Filmen immer wieder gern aufgegriffen, sondern auch in Netflix-Filmen. In dem 2019 erschienenen Film »I am Mother« soll der Roboter Mother in einer postapokalyptischen Welt die Erde neu bevölkern. Die Gefahr der technisch induzierten Auslöschung menschlichen Lebens spielt im Transhumanismus, wie bereits erwähnt, eine enorm wichtige Rolle. Die Verhinderung einer globalen Katastrophe ist auch im US-amerikanischen Sci-Fi-Film »Outside the Wire« aus dem Jahr 2021 das zentrale Thema. Hier wird ein androider Offizier gemeinsam mit einem Drohnenpiloten mit dieser schwierigen Aufgabe betraut.

Auch und gerade im ostasiatischen Raum sind Filme mit transhumanistischen Motiven weit verbreitet. Der koreanische Film »Trans« aus dem Jahr 2021 thematisiert den Traum eines jungen Mädchens, mittels einer elektrischen Stimulation des Gehirns zu einem transhumanen Wesen zu werden, um sich dann an ihren ehemaligen Peinigern rächen zu können. Die tiefe Hirnstimulation könnte ein erster Schritt sein, solche Vorstellungen in die Praxis umzusetzen. Der koreanische Film »AI, Her« aus dem Jahr 2020 stellt eine Welt dar, in der solche Gehirn-Computer-Schnittstellen die Norm sind. Menschen können sich mittels dieses Arrangements Erfahrungen kaufen, sind aber auch zu Sklaven von KI-Daten geworden. Hier werden die Horrorszenarien bildlich dargestellt, vor denen einige KI-Forscher in der Tat warnen. Auch der koreanische Film »Making Memory« aus dem Jahr 2021 handelt von Gehirn-Computer-Schnittstellen. Hier ermöglicht eine Maschine, Erinnerungen als Video abzuspielen, woraus sich zahlreiche soziale Herausforderungen ergeben.

Im japanischen Film »Junk Head« aus dem Jahr 2017 ermöglichen Gentechniken den Menschen, zwar länger zu leben, jedoch können sie sich infolgedessen nicht mehr auf natürliche Weise fortpflanzen, woraus sich zahlreiche neue Probleme ergeben. Die Abkopplung der Sexualität von der Reproduktion ist eine Entwicklung, die seit einiger Zeit im Gange ist und der im Transhumanismus eine wichtige Bedeutung zukommt. Gerade im Bereich der Sexualität würde die Umsetzung von einigen der von Transhumanisten entwickelten Visionen in der Tat mit einer sexuellen Revolution 2.0 einhergehen, womit wir auch in einigen Filmen konfrontiert werden.

Auch in Südamerika werden Filme produziert, die transhumanistische Themen zum Inhalt haben. In Chile wurde 2021 der Film »Apps« mit fünf Horrorgeschichten realisiert, in der jeweils eine App eine zentrale Rolle spielt. In jeder Geschichte wird eine Horrorvision vor Augen geführt. Im gleichen Jahr erschien auch der chilenische Kurzfilm »Teo«, in dem ein Paar mittels Genome-Editing die Lebensqualität des eigenen Nachwuchses fördern möchte.

Mangas, Romane, Computerspiele

Aber nicht nur in Serien und Filmen werden transhumanistische Motive aufgegriffen. Im zehnbändigen japanischen Manga *Ikigami – der Todesbote* erhält jedes tausendste Kind eine Nanokapsel, die es nach spätestens 24 Jahren töten wird. Auf diese Weise soll Menschen der Wert des Lebens verdeutlicht werden. Die mit Multiplayer-Online-Rollenspielen einhergehenden philosophischen Herausforderungen werden in dem japanischen Roman *Sword Art Online* thematisiert. Sowohl eine Anime-Serie als auch ein Anime-Film beruhen auf dieser Geschichte. Aus transhumanistischer Perspektive ist die Serie besonders spannend, da in ihr die Online-Welten genauso realistisch wie die analoge Wirklichkeit sind. Elon Musk geht davon aus, dass die digitalen Welten in einigen Jahren in der Tat so weit entwickelt sein werden.

Mittlerweile kommen transhumanistische Sujets immer öfter in den Werken berühmte Schriftsteller zur Sprache. Der Roman *Klara und die Sonne* des Nobelpreisträgers Kazuo Ishiguro spielt in einer entfernten Zukunft, in der genetisch veränderte Kinder mit künstlichen Freunden groß werden. Die Protagonistin ist eine solche künstliche Intelligenz, die sich darum bemüht, die menschliche Welt verständlich zu machen.

Nicht zu unterschätzen ist auch der Bereich der Computerspiele. Die werden nicht nur in Serien und Romanen thematisiert, sondern sie sind mittlerweile selber intellektuell ernst zu nehmen. Aus wirtschaftlicher Sicht ist die Gaming-Industrie mittlerweile mindestens genauso wichtig wie die Filmindustrie. In zahlreichen Computerspielen werden transhumanistische Motive erörtert. Besonders faszinierend ist das Spiel »Deus Ex«, das seinen Namen von der antiken Bühnenmaschinerie »Deus ex machina« erhielt, eine Übersetzung des altgriechischen *ἀπὸ μηχανῆς Θεός, apo mēchanḗs theós,* »Gott aus der Maschine«. Mit einer tatsächlich vorhandenen Bühnenmaschinerie konnte damit in antiken Dramen ein Gott auftauchen, der dann entscheidend in die Handlung eingriff und eine Konfliktlösung realisieren konnte. In dem faszinierenden und enorm komplexen Spiel »Deus ex« sollen nanotechnisch optimierte Agenten verhindern, dass eine Untergrundorganisation die Weltherrschaft erlangt. »Deus ex« ist ein Meilenstein der Computerspielgeschichte, die der Handlung und den Charakteren zugrunde liegenden wissenschaftlichen Erkenntnisse werden hier exzellent einbezogen und beschrieben. Die Vielfalt technischer Zukunftsvisionen in unterschiedlichen Teilen der Welt hat auch zur Ausprägung eigener regionaler kultureller Strömungen in Bezug auf den Transhumanismus geführt.

Sinofuturismus, Afrofuturismus, Euro-Transhumanismus

Eine fantastische chinesische Filmreihe, in der die Möglichkeiten künstlicher Intelligenz thematisiert werden, startete 2016 mit dem Film »Sinofuturism« von Lawrence Lek. Der zweite Teil aus dem Jahr 2017 trug den Titel »Geomancer«, und 2019 erschien »Aidol«.

Als kulturelle Bewegung ist dem Sinofuturismus der Afrofuturismus vorausgegangen. Dieser 1993 von Mark Dery geprägte Begriff steht für die kulturelle Ästhetik unterschiedlicher Länder Afrikas, in der Sci-Fi-Elemente und techno-kulturelle Herausforderungen miteinander verschmelzen. Beim Afrofuturismus handelt es sich um eine breite kulturelle Strömung, in dessen Kontext herausragende Werke ganz unterschiedlicher Kunstgattungen geschaffen wurden. Die Science-Fiction-Autorin Octavia E. Butler hat sicherlich ganz entscheidend zur Entwicklung der Bewegung beigetragen, insbesondere ihr Roman *Parable of the Sower* aus dem Jahr 1993. In der visuellen Kunst sticht das Schaffen von Jean-Michel Basquiat besonders heraus, der die afrofuturistische Kunst des 21. Jahrhundert vorweggenommen hat. Im Bereich der Musik sind im Zusammenhang mit Afrofuturismus der Jazzkomponist und -musiker Sun Ra zu nennen sowie das Funk-Musik-Kollektiv Parliament-Funkadelic (P-Funk) unter der Leitung von George Clinton sowie mit zahlreichen herausragenden Musikern wie etwa Bootsy Collins und Albumtiteln wie »Mothership Connection« oder »The Clones of Dr. Funkenstein«. Und die futuristischen Skulpturen des jungen, aus Kenia stammenden Künstlers, Cyrus Kabiru, repräsentieren paradigmatisch wichtige Facetten der Ästhetik des Afrofuturismus.

Auch wenn Sinofuturismus und Afrofuturismus transhumanistische Elemente aufweisen, hat der Transhumanismus doch klar einen westlichen, angloamerikanischen Ursprung und ist eng mit der Tradition der Evolutionslehre verbunden. Dass die Familie Huxley so eng mit dem Transhumanismus verbunden ist, dürfte mittlerweile mehr als deutlich geworden sein. Mit dem Sino- und dem Afrofuturismus hat eine »Glokalisierung« des Transhumanismus stattgefunden. Einerseits sind diese kulturellen Strömungen eindeutig ostasiatisch beziehungsweise afrikanisch verortet, wobei es sich von selbst versteht, dass es weder eine einheitliche ostasiatische noch eine einzige afrikanische Kultur gibt, andererseits sind diese beiden kulturellen Bewegungen stark beeinflusst von den globalisierten weltweiten technischen Entwicklungen vor allem in der angloamerikanischen Kultur.

Auch in Kontinentaleuropa hat sich in der jüngeren Vergangenheit eine transhumanistisch orientierte Kunstszene etabliert. Hierbei sind sowohl in ästhetischer als auch in intellektueller Perspektive Merkmale festzustellen, die charakteristisch für das hiesige kulturelle Umfeld sind. Dabei stechen insbesondere die folgenden Künstlerinnen hervor: Moon Ribas, Theresa Schubert, Joanna Grochowska, Tatyana von Leys. Die Tanzperformances von Moon Ribas wurden bereits am Anfang dieses Kapitels erwähnt. Theresa Schuberts Arbeiten im Bereich Bio-Art sind besonders hervorzuheben, Joanna Grochowska erschafft transhumanistische Skulpturen, und Tatyana von Leys ist für ihre Ölgemälde besonders bekannt. Alle Werke dieser Künstlerinnen weisen Merkmale auf, die vor allem charakteristisch für Kontinentaleuropa sind. Vielleicht sind zahlreiche Elemente des gegenwärtigen transhumanistischen kulturellen, intellektuellen und künstlerischen Schaffens auf dem europäischen Kontinent auch als kontinentaleuropäische Variante des Transhumanismus zu verstehen oder als ein Euro-Transhumanismus. Es bleibt spannend. Wie wirkmächtig die unterschiedlichen transhumanistischen künstlerischen Strömungen sein werden, bleibt abzuwarten.

Dass der Transhumanismus eine der bedeutenden gegenwärtigen kulturellen Strömungen darstellt, ist unbestritten. Man kann sich mit ihm auch bereits akademisch auseinandersetzen. Seit 2017 gibt es bei der Penn State University Press eine wissenschaftliche Zeitschrift, die explizit dem Posthumanen gewidmet ist, das *Journal of Posthuman Studies*. Mittlerweile wird an der Ewha Womans University in Seoul sogar ein MA- und ein Promotionsstudiengang zum Thema »Posthuman Studies« angeboten. Der intellektuellen Auseinandersetzung mit dem künstlerischen Schaffen im Rahmen von Konzepten des Posthumanen kommt in all diesen Projekten eine besondere Bedeutung zu.

Dialog: Kunst und Medien – Transhumanismus auf allen Kanälen

BKG: Wenn wir über Transhumanismus in der Kunst diskutieren, muss man meiner Ansicht nach zwei Bereiche auseinanderhalten: Da ist zum einen der Bereich, wo Transhumanismus in der Kunst zum Thema wird. Zum anderen gilt es zu erörtern – und das ist wahrscheinlich die spannendere Frage –, ob Transhumanismus auch eine eigenständige Kunstform hervorbringt.

Fangen wir mal mit dem ersten Bereich an. Zum Thema wird der Transhumanismus ja vor allem im Bereich der Science-Fiction-Literatur beziehungsweise in entsprechenden Filmen. Da finde ich es ganz spannend zu beobachten, wie die Inspiration offensichtlich hin und her geht. Schon vor mehr als fünfzig Jahren hat die Boomer-Generation vor dem Fernseher gesessen und sich »Star Trek« (»Raumschiff Enterprise«) angeschaut. Nachweisbar hat das viele, die inzwischen im technologischen Bereich tätig sind, stark beeinflusst. Eindrucksvoll war zum Beispiel, dass die Serienhelden über Telefone sprachen, an denen sich keine Schnur befand. Das war damals tatsächlich noch Science-Fiction. Heutige Jugendliche schauen sich Schnurtelefone wahrscheinlich nur noch im Museum an. Aber es gibt auch aktuellere Beispiele. Eines ist die transhumanistische Idee des Mind-Uploading. Die wurde zur Handlung eines Hollywood-Films namens »Transcendence«, in dem dann Elon Musk als Elon Musk unter den Zuschauern eines Vortrags sitzt und der ihn vielleicht zu neuen Projekten bei Neuralink inspiriert hat. Das ist schon eine bemerkenswerte gegenseitige Befruchtung.

SLS: Den Bereich Science-Fiction darf man sicherlich nicht unterschätzen. Die meisten Transhumanisten, die derzeit aktiv sind, sind absolute Science-Fiction-Fans und lassen sich dadurch inspirieren. Bei anderen Genres ist die Relevanz des Transhumanismus bei Weitem nicht so stark gegeben. Es gibt sogar einen Roman, den ein bekennender Transhumanist geschrieben hat, nämlich Zoltan Istvan mit *The Transhumanist Wager*. Da werden tatsächlich wichtige transhumanistische Themen besprochen. Aus fachlicher Sicht ist das sicherlich spannend. Ob es sich dabei um ein literarisches Kunstwerk handelt, sei einmal dahingestellt.

BKG: Ich denke aber, dass es nicht nur die Genreliteratur ist, in der transhumanistische Themen auftauchen. Die finden sich auch in anderen Bereichen. Ganz oben auf der Liste meiner Lieblingsschriftsteller steht ja Michel Houellebecq, das Enfant terrible der französischen Literatur. Gleichzeitig ist er aber auch höchst erfolgreich, weil er ein geradezu seismografisches Gespür für Zeitgeistthemen hat. In Houellebecqs Romanen tauchen immer wieder transhumanistische Ideen auf. Schon bei *Elementarteilchen* ist der Hauptdarsteller ein Genetiker, der transhumane Wesen erschafft. In *Die Möglichkeit einer Insel* geht es ebenfalls schwerpunktmäßig um die künstliche Replikation von Menschen. Es gibt also inzwischen durchaus hochkarätige Mainstream-Autoren, die sich mit transhumanistischen Themen auseinandersetzen.

SLS: Das sehen wir auch in Asien. Gerade der letzte Roman des japanischen Nobelpreisträgers Kazuo Ishiguro, *Klara und die Sonne*, thematisiert ebenfalls transhumanistische Ideen. Da geht es um künstliche Intelligenz und um eine dystopische Zukunft, in der Kinder genetisch verändert werden. Deren Gefährten sind mit KI ausgestattete Androiden. Beide Autoren setzen sich also dezidiert mit dem Transhumanismus auseinander, ohne den Begriff explizit zu erwähnen.

BKG: Kommen wir zur Bildenden Kunst. Da ist es ja auch so, dass inzwischen ganz neue Techniken genutzt werden. Ich nenne jetzt einfach mal die digitale Kunst. Um diese neuen Techniken herum entstehen dann wieder ganz neue Vermarktungsansätze wie NFT (Non-Fungible Token). Das war in den letzten Jahren ein großes Thema in der Kunstwelt und auf dem Kunstmarkt. Aktuell muss man aber feststellen, dass das Ganze schon wieder weitgehend in sich zusammenbricht. Werke, die vor zwei Jahren noch hoch gehandelt wurden, haben inzwischen bis zu 90 Prozent ihres Preises eingebüßt. Da fragt man sich dann natürlich: Ist das tatsächlich künstlerischer Fortschritt oder eher ein inszenierter Hype?

SLS: Die primäre Relevanz von NFTs bezieht sich nicht auf die Ästhetik eines Kunstwerks. Ein NFT ist einfach eine Möglichkeit, angesichts der unbegrenzten Reproduzierbarkeit digitaler Kunst etwas zu kreieren, von dem der Käufer dann sagen kann: Ich kaufe hier tatsächlich ein Original, etwas Einzigartiges. Diese Aura, die das Original umgibt, die besteht auf diese Weise weiterhin fort, auch im Zeitalter der technischen Reproduzierbarkeit von Kunstwerken. Es gibt inzwischen weltweit viele Künstler, die mit NFTs arbeiten. Wenn der Markt dann einmal kurzfristig einbricht, dann mag das auch daran liegen, dass Leute die mit Kryptowährungen Multimillionäre geworden sind und nicht wissen, was sie mit dem Geld machen sollen, dieses zur Spekulation mit Crypto-Art nutzen. Da kann es dann genauso wie an der Börse einen Crash geben.

BKG: Ich gebe dir recht, dass es sich bei NFT nicht um eine neue Kunstform handelt, sondern eher um eine Möglichkeit, um rechtlich digitale Kunst schützen zu können. Über die Qualität der Kunst sagt das natürlich erst einmal überhaupt nichts aus. Wie überall gibt es im Bereich der digitalen Kunst wenige Meisterwerke und viel Durchschnittliches. Vielleicht sehen wir da auch gerade eine Bewegung, wo sich die Spreu vom Weizen trennt. Das eine ist aber die Tatsache, dass wir Computertechnologie nutzen, um Kunst zu machen. Das andere ist ein zunehmender Trend, dass Computer eigenständig Kunst produzieren. Du hast ja in deinem Artikel schon beschrieben, dass da zum Beispiel Beatles-Songs nachkomponiert werden oder die 10. Symphonie von Beethoven entsteht. Findest du, dass das eine wichtige neue Entwicklung ist?

SLS: Was ich spannend finde, ist zumindest die Tatsache, dass bei einem Wettbewerb für Kurzgeschichten in Japan eine Geschichte, die von einem Algorithmus verfasst wurde, unter die besten fünf gewählt wurde. Anscheinend war da also die ästhetische Qualität hinreichend, um Literaturkenner zu beeindrucken. Ich habe mir ja auch das von der KI geschaffene Cover der Beatles angehört. »Daddy's Car« ist vielleicht noch kein Nr.-1-Hit, aber definitiv kein schlechtes Lied. Und wir befinden uns gerade erst am Anfang dieser Methode, Musik zu kreieren. Wenn man sich vorstellt, was da noch möglich ist, dann bin ich schon extrem gespannt, was mithilfe von Deep Learning noch realisiert werden kann.

BKG: Ohne Zweifel ist es erstaunlich, wie nahe solche Werke teilweise an das Original heranreichen. Trotzdem bleibt die Frage, ob das auf Dauer wirklich spannend ist. Denn was Kunst letztendlich faszinierend macht, ist doch das Neue, das Kreative, das bis dahin noch nie Dagewesene. Da kann ich mir jetzt nicht vorstellen, dass ein Algorithmus zum Beispiel das Vorspiel zu Wagners »Lohengrin« komponiert, einen Roman wie James Joyce' *Ulysses* schreibt oder Vergleichbares wie Pablo Picassos »Demoiselles d'Avignon« auf die Leinwand bringt. Das sind ja alles Beispiele für Neuerungen, Brüche, kreative Schübe, welche die Kunst geprägt haben. Ein Algorithmus hat diese Kreativität einfach nicht. Der schafft allenfalls perfekte Nachahmungen. Jean Cocteau hat einmal den schönen Satz gesagt: »Der Erste, der schrieb: ›Ihre Wange war wie ein Rosenblatt‹, war ein Genie, der zweite war ein Idiot.« Insofern machen Computer doch immer nur Idiotenkunst.

SLS: Da wäre ich mir nicht so sicher. Wenn Computer durch Deep Learning dahin kommen, dass sie nicht nur bestimmte Stile nachahmen, sondern diese zum Beispiel auch miteinander vermischen, dann kann ja da durchaus etwas Neues entstehen. Ein bisschen Strawinsky, ein bisschen Beatles, ein bisschen Philip Glass – solche Stile könnte eine KI ja auch miteinander verbinden. Und was dabei herauskommt, kann man dann als algorithmische Inspiration bezeichnen. Außerdem sollte berücksichtigt werden, dass in den Künsten die ganz großen Neuerungen eher die Ausnahme darstellen als die Regel. Diese Einschätzung mag hinsichtlich eines genialen »Deep-Learning-Künstlers« ebenso zutreffen.

BKG: Das ist sicherlich richtig. Aber es sind eben diese großen Ausnahmen, die die Kunstgeschichte prägen und die Kunst auch voranbringen. Ob das jemals ein Algorithmus schafft, da habe ich auch weiterhin meine Zweifel. Aber gehen wir noch einen Schritt weiter. Wenn wir von einer genuinen transhumanistischen Kunst reden, dann kommt vielleicht die Performance-Art dem am nächsten. Die morphologische Freiheit ist ja im Transhumanismus ein großes Thema. Und da gibt es jetzt Künstler, die zum Beispiel ihren Körper gezielt verändern, um daraus ein Kunstwerk zu machen. Ist das vielleicht der Bereich, wo transhumanistische Kunst wirklich es ganz Neues schafft?

SLS: Das ist es mit Sicherheit, allein wenn ich an Künstler wie Stelarc und Orlan denke, die in diesem Kontext immer wieder genannt werden. Für die wird der Körper zu einem großen Thema. Nicht unbedingt in dem Sinne von »höher, schöner, weiter«. Vielmehr wird der Körper da zu einem Material, das sich im Prozess der ständigen Veränderung befindet. Sie nutzen dann auch gezielt Techniken, um Geformtes beständig weiter zu verändern. Also Körperkunst, Performance-Art und Robot-Art das sind sicherlich Bereiche, bei denen vieles in den transhumanistischen Kontext gehört. Jedes Kunstwerk wird zum Ereignis. Es erhält etwas Performatives. Das performative Element mag auch bezüglich der Schaffung von neuen Lebensformen gegeben sein. Es gibt zum Beispiel eine lebendige Skulptur von Eduardo Kac, »Alba«, den fluoreszierenden Hasen. Mittels einer genetischen Modifikation hat er ein lebendiges Wesen als Kunstwerk geschaffen. Hierbei handelt es sich in vielfacher Hinsicht um ein ganz bemerkenswertes Kunstwerk.

BKG: Ob das so ganz neu ist, darüber lässt sich natürlich auch streiten. Morphologische Transformationen haben Menschen an sich ja schon immer vorgenommen. Selbst bei Ethnien, die man früher als »Naturvölker« bezeichnete, finden wir diesen Hang zu ausgedehnten körperlichen Veränderungen. Da werden Schmucknarben geritzt, Lippenpflöcke oder -scheiben eingesetzt oder Ohrläppchen extrem gepierct. Dahinter steckt sicherlich dieses spezifisch menschliche Bewusstsein: Ich bin nicht nur ein Geschöpf, ich bin mein eigener Schöpfer.

Und körperliche Veränderungen nimmt natürlich auch jeder vor, der sich ein Tattoo stechen lässt. Da gehen ja manche inzwischen so weit, dass sie ihren Körper in ein lebendes Gesamtkunstwerk verwandeln, auf dem kaum noch ein Stück natürlicher Haut sichtbar ist. Das ist sicherlich eher Trash-Art als Hochkunst. Aber morphologische Veränderungen werden natürlich auch hier vorgenommen. Und das geht dann teilweise auch sehr weit. In den sozialen Medien sind inzwischen Leute unterwegs, die wirklich krasse Transformationen an sich durchführen. Es gibt da zum Beispiel einen Franzosen namens Anthony Loffredo, der sich öffentlich in einen »Black Alien« verwandelt. Dazu lässt er sich dann die Nase und die Ohren amputieren, seine Hand in eine Klaue verwandeln etc. Da stellt sich dann schon die Frage: Wird hier einfach das Recht auf morphologische Freiheit praktiziert, ist das sogar Kunst – oder ist es einfach nur eine Freak-Show?

SLS: Das ist, auch wenn man Einzelfälle betrachtet, häufig schwer zu beantworten. Aber morphologische Freiheit besteht ja auch darin, das Recht zu haben, seinen Körper auf jegliche Art verändern zu dürfen – auch in Richtungen, welche die breite Öffentlichkeit vielleicht nicht unbedingt als schön bezeichnet. Was uns gleich ein neues Stichwort gibt: Diejenigen, die am häufigsten körperliche Veränderungen vornehmen, sind natürlich nicht die Künstler, sondern eher Schönheitschirurgen, die das ja seit Jahrzehnten perfektionieren. Da stellt sich dann die Frage: Ist nicht der Schönheitschirurg die bestmögliche Repräsentation eines transhumanistischen Künstlers?

BKG: [lacht] Das werden meine Kollegen aus der plastischen Chirurgie sicherlich gern hören. Viele von denen sehen sich ja tatsächlich eher als Künstler denn als Handwerker. Wenn die dann ihre Operationssäle noch als »transhumanistische Ateliers« bezeichnen, dann wird das in der Branche sicherlich große Euphorie auslösen.

Anmerkungen

1 Julian Huxley: »Transhumanism«, in: *Religion without revelation*, London 1927. Neubearbeitung in: Ders.: *New Bottles for New Wine*, Chatto & Windus, London 1957, S. 13–17.

2 John D. Bernal: *The World, the Flesh & the Devil: An Enquiry into the Future of the Three Enemies of the Rational Soul*, Jonathan Cape 1929.

3 Giovanni Pico della Mirandola: *Oratio de hominis dignitate / Rede über die Würde des Menschen*, Reclam 1997.

4 Nicht zu vergessen: https://de.wikipedia.org/wiki/Julien_Offray_de_La_Mettrie

5 Robert Ettinger: *The Prospect of Immortality*, 1962; https://cryonics.org/cryonics-library/the-prospect-of-immortality/

6 Hans Moravec: *Mind Children. The Future of Robot and Human Intelligence*, Harvard University Press, Neudruck 1990.

7 Eric Drexler: *Engines of Creation, Challenges and Choices of the last Technological Revolution*, Anchor Books 1986.

8 FM-2030: *Are You a Transhuman? Monitoring and Stimulating Your Personal Rate of Growth in a Rapidly Changing World*, Grand Central Publishing, 1989.

9 Max More: »Transhumanism: Towards a Futurist Philosophy«, in: *The Transhumanist Reader*, Wiley-Blackwell 2013.

10 https://en.wikipedia.org/wiki/Morphological_freedom

11 Nir Barzilai, Jill P. Crandall, et al.: »Metformin as a Tool to Target Aging«, in: *Cell Metab*, 23 (6), 2016, S. 1060–1065.

12 Bernd Kleine-Gunk u. Markus Metka: *Auf der Suche nach Unsterblichkeit – Die Geschichte der Anti-Aging-Medizin von der Antike bis heute*, Brandstätter, 2010.

13 Ray Kurzweil, Terry Grossman: *Fantastic Voyage: Live Long Enough to Live Forever*, Rodale Books, 2004.

14 Ray Kurzweil, Terry Grossman: *Transcend: Nine Steps to Living Well Forever*, Rodale Books, 2009.
15 Aubrey de Grey, Michael Rae: *Ending Aging*, St. Martin's Press, 2007.
16 William Martin u. Michael J. Russell: »On the origin of cells: a hypothesis for the evolutionary transitions from abiotic geochemistry to chemoautotropic prokaryotes, and from prokaryotes to nucleated cells«, in: *Philos Trans R Soc Lond B Biol Sci* 358 (1429), S. 59–85.
17 Megan Scudellari: »To stay young, kill zombie cells«, in: *Nature* 550 (2017), S. 448–450.
18 Joanna Poulton, Marcos R. Chiaratti, et al.: »Transmission of Mitochondrial DNA Diseases and Ways to Prevent Them«, in: *PLOS Genetics*, 12. 8. 2010, doi.org/10.1271/journal.pgen.1001066
19 Aubrey de Grey: »A Strategy for postponing aging indefinitely«, in: *Stud Health Technol Inform* 118 (2005), S. 209–219.
20 Kui Lin, Cynthia Kenyon, et al.: »daf-16: An HNF-3/forkhead Family Member That Can Function to Double the Life-Span of *Caenorhabditis elegans*«, in: *Science* 278 (1997), S. 1319 ff.
21 Eric Drexler: *Engines of Creation: The Coming Era of Nanotechnology*, Anchor Library of Science, 1987.
22 Ralph Merkle: »The Molecular Repair of the Brain«, http://www.merkle.com/cryo/techFeas.html
23 Blaise Pascal: *Gedanken – Pensées* (vollständige Ausgabe in Neuübersetzung), marix Verlag, 2017.
24 Ray H. Baughman: »Playing Nature's Game with Artificial Muscles«, in: *Science* 308, Nr. 5718 (2005), S. 63–65.
25 Sandeep Kumar Singh, Saurabh Srivastav, et al.: »Neuroprotective and Antioxidant Effect of Ginkgo biloba Extract Against AD and Other Neurological Disorder«, in: *Neurotherapeutics*, Nr. 16 (2019), S. 666–674.
26 Werner Pieper; *Nazis on Speed – Drogen im 3. Reich*, Bd. 1 und 2 in einem Band, The Grüne Kraft, 2016. Es ist immer wieder interessant zu sehen, wie sehr transhumanistische Ideen bereits Dichter und Denker beeinflussten, bevor der Begriff überhaupt in der Welt war. So schreibt etwa der expressionistische Lyriker und Essayist Gottfried Benn, der als Arzt an solchen Dingen besonders interessiert war, in seinem Aufsatz »Provoziertes Leben« von 1943: »Pervitin® könnte, statt es Bomberpiloten und Bunkerpionieren einzupumpen, zielbewusst für Zerebraloszillationen in höheren

Schulen eingesetzt werden. Das klingt wahrscheinlich manchem abwegig, ist aber nur die natürliche Fortführung einer Menschlichkeitsidee.« Um dann im typischen Benn-Sound mit dem markigen Satz abzuschließen: »Potente Gehirne aber stärken sich nicht durch Milch, sondern durch Alkaloide.«

27 Christian J. Teter, Sean Esteban McCabe, et al.: »Illicit Use of Specific Prescription Stimulants Among College Students: Prevalence, Motive, and Routes of Administration«, in: *Pharmacotherapie*, 26 (10), 2006, S. 1501–1510.

28 Danielle C. Turner, Trevor W. Robbins, et al.: »Cognitive enhancing effects of modafinil in healthy volunteers«, in: *Psychopharmacology* 165 (3), 2003, S. 260–269.

29 Catherine J. Harmer, Ronald S. Duman, et al.: »How do antidepressants work? New perspectives for refining future treatment approaches«, in: *Lancet Psychiatry* 4 (5), 2017, S. 409–418.

30 www.gehirn-und-geist.de/memorandum

31 Brendan Maher: »Poll results: look who's doping«, in: *Nature* 452 (2008), S. 674 f.

32 Ursula Voss, Romain Holzmann, et al.: »Induction of self awareness in dreams through frontal low current stimulation of gamma activity«, in: *Nature Neuroscience* 17 (2014), S. 810–812.

33 https://www.youtube.com/watch?v=sr8hzF3j2fo

34 Richard Feynman: »There's Plenty of Room at the Bottom«, in: *Engineering and Science* 23 (5), S. 22–36, https://web.pa.msu.edu/people/yang/RFeynman_plentySpace.pdf

35 K. Eric Drexler: *Engines of Creation. The Coming Era of Nanotechnology*, Anchor Books, New York 1986.

36 Robert A. Freitas Jr.: *Nanomedicine*, Band 1: *Basic Capabilities*, Landes Bioscience, Austin 1999; ders.: *Nanomedicine*, Band IIA: *Biocompatibility*, Landes Bioscience, Austin 2003.

37 Robert A. Freitas Jr.: »Clottocytes: Artificial Mechanical Platelets«, in: *Foresight Update*, Nr. 41, 30. 6. 2000, S. 9–11, vgl. https://www.kurzweilai.net/clottocytes-artificial-mechanical-platelets

38 Robert A. Freitas Jr.: »Microbivores: Artificial Mechanical Phagocytes using the Digest and Discharge Protocol«, 2001, siehe http://www.rfreitas.com/Nano/Microbivores.htm, http://www.zyvex.com/Publications/papers/Microbivores.html

39 Gordon E. Moore: »The Future of Integrated Electronics«, in: *Electronics*, Band 38, 1965.

40 Alexander A. Bolonkin: »Femtotechnology: Nuclear AB Matter with Fantastic Properties«, in: *American Journal of Engineering and Applied Sciences* (2009), S. 501–514; Brian Wang: »Femtotechnology: AB-Needles Fantastic properties and applications«, http://nextbigfuture.com/2011/10/femtotechnology-ab-needles-fantastic.html; Alexander A. Bolonkin: »Femtotechnology: Stability of AB-needles. Fantastic Properties and Application«, http://vixra.org/pdf/1111.0064v1.pdf

41 Ben Goertzel: »There's Plenty More Room at the Bottom: Beyond Nanotech to Femtotech«, http://hplusmagazine.com/2011/01/10/theres-plenty-more-room-bottom-beyond-nanotech-femtotech/

42 Martin Jinek, Jennifer A. Doudna, Emmanuelle Charpentier: »A programmable dual-RNA-guided DNA endonuclease in adaptive bacterial immunity«, in: *Science* 337 (6096), 2012, S. 816–821.

43 Julian D. Gillmore, Ed Gane, et al.: »CRISPR-Cas9 In Vivi Gene Editing for Transthyretin Amyloidosis«, in: *N Engl J Med.* 385 (6), 2021, S. 493–502.

44 Giulia Pavani, Anna Fabiano, et al.: »Correction of ß-thalassemia by CRISPR/Cas9 editing of the α-globin locus in human hematopoietic stem cells«, in: *Blood Advances*, Bd. 5, Nr. 5 (2021).

45 Peter Sloterdijk: *Regeln für den Menschenpark: Ein Antwortschreiben zu Heideggers Brief über den Humanismus*, Suhrkamp, 1999.

46 Gabi Schobers, Rebekka Koeck, et al.: »Liquid biopsy: state of reproductive medicine and beyond«, in: *Human Reproduction* 36, Nr. 11 (2021), S. 2824–2839.

47 Xinzhu Wei, Rasmus Nielsen: »CCR5-Δ32 is deleterious in the homozygous state in humans«, in: *Nature Medicine* 25 (2019), S. 909–919.

48 Allan G Bromley: »Difference and Analytical Engines«, in: William Aspray (Hrsg.): *Computing Before Computers*, Iowa State University Press, 1990.

49 Friedrich Naumann: »Konrad Zuse (geb. 1910), Schöpfer des ersten funktionsfähigen Computers«, in: Gisela Buchheim, Rolf Sonnemann (Hgg.): *Lebensbilder von Ingenieurwissenschaftlern: eine Sammlung von Biographien aus zwei Jahrhunderten*, Birkhäuser, Berlin 1989, S. 203–214.

50 Andrew Hodges, Alan Turing: *The Enigma*, Princeton University Press, 2014, S. 416.

51 Ronald Kline: »Cybernetics, Automata Studies, and the Darth-

mouth Conference on Artificial Intelligence«, in: *EEE Annals of the History of Computing*, Bd. 33, Nr. 4, April 2011.

52 Ray Kurzweil: *The Age of Intelligent Machines*, MIT Press, 1990.

53 Nick Bostrom: *Superintelligenz: Szenarien einer kommenden Revolution*, Suhrkamp, 2016.

54 Steven Pinker, *The Blank Slate: The Modern Denial of Human Nature*, Penguin Books, 2002.

55 https://www.forschung-und-wissen.de/nachrichten/biologie/gene-der-unsterblichen-qualle-entschluesselt-13376608, Zugriff: 28. 8. 2023.

56 https://www.vox.com/future-perfect/2019/2/12/18215534/bill-gates-global-poverty-chart, Zugriff: 28. 2. 2023.

57 https://www.forbes.com/sites/qai/2022/12/07/elon-musks-neuralink-brain-implant-could-begin-human-trials-in-2023/?sh=490d6739147c (Zugriff: 28. 2. 2023).

58 Sloterdijk, Peter (2001): »Regeln für den Menschenpark«, in: Ders.: *Nicht gerettet. Versuche nach Heidegger*, Suhrkamp, Frankfurt a. M., S. 312.

59 Habermas, Jürgen: *Die Zukunft der menschlichen Natur*, Suhrkamp, Frankfurt a. M., S. 43.

60 https://natalist.com/blogs/learn/the-ivf-funnel-understanding-your-chances-of-success (Zugriff: 18. 2. 2023).

61 https://www.deutschlandfunk.de/der-vatikan-und-der-beginn-des-lebens-beseelt-von-anfang-an-100.html (Zugriff: 18. 2. 2023).

62 https://www.zmescience.com/science/can-animals-recognize-themselves-mirror-924245234/ (Zugriff: 10. 3. 2023).

63 https://www.aerzteblatt.de/nachrichten/128042/Weniger-Forschungsprojekte-mit-menschlichen-Stammzellen (Zugriff: 10. 3. 2023).

64 https://www.focus.de/politik/deutschland/inzest-erlaubt-geschwister-tiere-prostituierte-diese-sex-gesetze-gibt-es-in-europa_id_4161004.html (Zugriff: 28. 2. 2023).

65 https://www.sueddeutsche.de/wissen/embryo-kuenstliche-befruchtung-blastozysten-blastoide-1.5238556 (Zugriff: 18. 2. 2023).

66 https://www.vox.com/science-and-health/2018/11/30/18119589/crispr-gene-editing-he-jiankui (Zugriff: 18. 2. 2023).

67 https://www.spiegel.de/wissenschaft/natur/gentechnik-maeuse-aus-maennlichen-stammzellen-gezuechtet-a-0a55c1cf-ac6d-4a78-a57a-04d5f28faa16 (Zugriff: 10. 3. 2023).

68 https://www.spiegel.de/wissenschaft/medizin/kuenstliche-intelligenz-entwirft-bauplan-fuer-chemische-kampfstoffe-a-624e8eff-9e26-4ac7-a447-cd89451fe85d (Zugriff: 18. 2.2023).

69 https://policyadvice.net/insurance/insights/self-driving-car-statistics/, 28.2.2023

70 https://www.nytimes.com/2005/08/02/science/your-body-is-younger-than-you-think.html (Zugriff: 10. 3. 2023).

71 https://www.hawking.org.uk/in-words/lectures/life-in-the-universe, 12.2.2023

72 https://www.bbc.com/news/science-environment-44111476, 12 .2. 2023

73 https://www.theguardian.com/technology/2019/oct/24/mind-reading-tech-private-companies-access-brains, 12.2.2023

74 https://www.theguardian.com/technology/2014/feb/22/robots-google-ray-kurzweil-terminator-singularity-artificial-intelligence, 12.2.2023

75 https://www.br.de/nachrichten/netzwelt/chatgpt-schafft-die-ki-das-bayerische-abitur,TVBjrXE (Zugriff: 12. 2. 2023).

76 https://mackinstitute.wharton.upenn.edu/wp-content/uploads/2023/01/Christian-Terwiesch-Chat-GTP.pdf (Zugriff: 12. 2. 2023).

77 https://hir.harvard.edu/public-health-and-overpopulation/ (Zugriff: 7. 2. 2023).

78 https://www.petazwei.de/veganer-lifestyle/in-vitro-fleisch/ (Zugriff: 7. 2. 2023).

79 https://www.nationalgeographic.de/umwelt/2023/01/ungewoehnliche-co2-speicher-mit-algenschleim-gegen-den-klimawandel (Zugriff: 12. 2. 2023).

80 https://history-computer.com/how-many-satellites-does-musks-starlink-have-in-orbit/#:~:text=Musk's%20Starlink%20program%20has%20launched,mark%20by%20the%202026%20goal (Zugriff: 10. 3. 2023).

81 https://spacenews.com/spacex-to-increase-starlink-antenna-production-rate/ (Zugriff: 10. 3. 2023).

82 https://techcrunch.com/2022/03/03/spacex-successfully-launches-47-starlink-satellites/ (Zugriff: 10. 3. 2023).

83 https://www.livescience.com/china-plans-ways-destroy-starlink (Zugriff: 12. 2. 2023).

84 https://www.edition-hagia-sophia.de/p/prof-wassilij-a-schipkow-nach-dem-menschen-ideologie-und-propaganda-des-trans humanismus (Zugriff: 28. 2. 2023).

85 Dante Alighieri: *Die göttliche Komödie*, Berlin: Askanischer Verlag [1916], S. 288. Übersetzung von Karl Witte.

86 Arthur C. Clarke: *Profiles of the Future. An Inquiry into the Limits of the Possible*. Indigo, London 1988/2000, 1–2 (eigene Übersetzung – SLS).

87 https://www.theverge.com/2016/9/26/13055938/ai-pop-song-daddys-car-sony, (Zugriff: 7. 2. 2023).

88 https://www.mpg.de/15453902/0929-bild-134137-kuenstliche-intelligenz-in-der-kunst-einfaches-werkzeug-oder-kreatives-genie (Zugriff: 7. 2. 2023).

89 https://www.rollingstone.com/music/music-features/nirvana-kurt-cobain-ai-song-1146444/ (Zugriff: 7. 2. 2023).

90 Stuart Jeffries: »Neil Harbisson: The World's First Cyborg Artist«, in: *The Guardian*, 6. 5. 2014, https://www.theguardian.com/artanddesign/2014/may/06/neil-harbisson-worlds-first-cyborg-artist (Zugriff: 7. 2. 2023).

91 »Moon Ribas: The Cyborg Dancer Who Can Detect Earthquakes«, in: *CNN Style*. 23. 10. 2018, https://edition.cnn.com/style/article/moon-ribas-cyborg-smart-creativity/index.html (Zugriff: 7. 2. 2023).

92 Ich danke Yurim Ko für einige wichtige Hinweise.

Literatur

Vorurteile über den Transhumanismus

Nick Bostrom u. Milan M. Ćirković (Hgg.): *Global Catastrophic Risks.* Oxford University Press, 2001.

Francis Fukuyama: »Transhumanism«, in: *Foreign Policy* 144 (2004), S. 42 f.

Benedikt Göcke u. Frank Meier-Hamidi (Hgg.): *Designobjekt Mensch. Die Agenda des Transhumanismus auf dem Prüfstand,* Herder, 2018.

Jürgen Habermas: *Die Zukunft der menschlichen Natur: Auf dem Weg zu einer liberalen Eugenik?,* Suhrkamp, 2018.

Jürgen Habermas, Hubert Christian Ehalt, Ulrich H. J. Körtner u. Peter Kampits (Hgg.): *Biologie und Biotechnologie: Diskurse über eine Optimierung des Menschen.* Picus Verlag, 2014.

Oliver Krüger: *Virtual Immortality-God, Evolution, and the Singularity in Post-and Transhumanism,* Bd. 41, transcript Verlag, 2021.

Max More u. Natasha Vita-More, Natasha (Hgg.): *The Transhumanist Reader: Classical and Contemporary Essays on the Science, Technology, and Philosophy of the Human Future,* John Wiley & Sons, 2013.

Peter Sloterdijk, Peter: *Nicht gerettet: Versuche nach Heidegger,* Suhrkamp, 2001.

Stefan Lorenz Sorgner: *Übermensch: Plädoyer für einen Nietzscheanischen Transhumanismus,* Bd. 59, Schwabe Verlag, Basel 2019.

Stefan Lorenz Sorgner: *On Transhumanism,* Penn State Press, 2020.

Gentechniken – Das Buch des Lebens lässt sich umschreiben

Jürgen Habermas: *Die Zukunft der menschlichen Natur: Auf dem Weg zu einer liberalen Eugenik?,* Suhrkamp, 2018.

Julian Savulescu u. Nick Bostrom (Hgg.): *Human enhancement.* Oxford University Press, 2009.

Julian Savulescu: »Procreative beneficence: why we should select the best children«, in: *Bioethics* 15 (5–6), 2001, S. 413–426.
Julian Savulescu u. Guy Kahane: »The moral obligation to create children with the best chance of the best life«, in: *Bioethics*, 23 (5), 2009, S. 274–290.
Michael J. Sandel: »The case against perfection«, in: *The Case against Perfection*, Harvard University Press, 2009.
Stefan Lorenz Sorgner: *We Have Always Been Cyborgs: Digital Data, Gene Technologies, and an Ethics of Transhumanism*, Bristol University Press, 2022.
Peter Sloterdijk: *Nicht gerettet: Versuche nach Heidegger*, Suhrkamp, 2001.

Mensch-Maschine – Auf dem Weg zum Cyborg

Jeremy Bentham: *The Panopticon Writings*, Verso Books, 2011.
Andy Clark u. David Chalmers; »The Extended Mind«, in: *analysis* 58 (1), 1998, S. 7–19.
Michel Foucault: *Überwachen und Strafen. Die Geburt des Gefängnisses*, Suhrkamp, 1977, S. 333–343.
Ron Sender, Shai Fuchs u. Ron Milo: »Revised Estimates for the Number of Human and Bacteria Cells in the Body«, in: *PLoS biology*, 14 (8), 2016, e1002533.
Stefan Lorenz Sorgner: *Schöner neuer Mensch*, Nicolai Publishing & Intelligence GmbH, 2018.
Stelarc: »Rewired/Remixed: Event for Dismembered Body«, in: *Journal of Posthuman Studies*, 1 (1), 2017, S. 44–60.
Francisco J. Varela, Evan Thompson und Eleanor Rosch: *The Embodied Mind. Cognitive Science and Human Experience. Revised Edition*, MIT Press, 2017.
Kevin Warwick: *I, Cyborg*, University of Illinois Press, 2004.
Shoshana Zuboff: *The Age of Surveillance Capitalism: The Fight for a Human Future at the New Frontier of Power*, Profile Books, 2019.

Künstliche Intelligenz – Die Alternative zur natürlichen Dummheit

Olaf Bergmann, Sofia Zdunek, Jonas Frisén, et al.: »Dynamics of Cell Generation and Turnover in the Human Heart«, in: *Cell* 161 (7), 2015, S. 1566–1575.

Nick Bostrom: *Superintelligenz: Szenarien einer kommenden Revolution*, Suhrkamp, 2014.
Nick Bostrom: »Are we living in a computer simulation?«, in: *The Philosophical Quarterly*, 53(211), 2003, S. 243–255.
Karel Čapek: *RUR (Rossum's universal robots)*, Penguin, 2004.
Christopher Chabris u. Daniel Simons: *The Invisible Gorilla: How Our Intuitions Deceive Us*, Harmony, 2001.
Manfred E. Clynes u. Nathan S. Kline: »Cyborgs and space«, in: *Astronautics* 14 (9), 1960, S. 26 f.
Luciano Floridi: *Information: A Very Short Introduction*, Oxford University Press, 2010.
James R. Flynn: *What Is Intelligence?: Beyond the Flynn Effect*, Cambridge University Press, 2007.
N. Katherine Hayles: *Unthought*, University of Chicago Press, 2017.
John R. Searle: Minds, Brains, and Programs, in: *Behavioral and Brain Sciences* 3 (3), 1980, S. 417–424.
Susan Schneider: *Artificial You*, Princeton University Press, 2019.
Stefan Lorenz Sorgner: *We Have Always Been Cyborgs: Digital Data, Gene Technologies, and an Ethics of Transhumanism*, Bristol University Press, 2022.
Max Tegmark: *Life 3.0: Being Human in the Age of Artificial Intelligence*, Vintage, 2018.
Alan M. Turing: *Computing Machinery and Intelligence*, Springer Dordrecht, 2009, S. 23–65.
Vernor Vinge: »Technological singularity«, in: *VISION-21– Symposium sponsored by NASA Lewis Research Center and the Ohio Aerospace Institute* 1993, S. 30 f.
Kevin Warwick: *Artificial Intelligence: The Basics*, Routledge, 2013.

Massenaussterben, Klimawandel, Kolonisierung des Weltraums – Die Erde ist nicht genug

Nick Bostrom u. Milan M. Ćirković (Hgg.): *Global Catastrophic Risks*, Oxford University Press, 2011.
Jason T. Eberl, Kevin S. Decker u. William Irwin (Hgg.): *The Ultimate Star Trek and Philosophy: The Search for Socrates*, John Wiley & Sons, 2016.
F. M. Esfandiary: *Up-Wingers*, John Day Company, London 1973.
FM-2030: *Are You a Transhuman? Monitoring and Stimulating Your Personal Rate of Growth in a Rapidly Changing World*, Warner, 1989.

Roberto Manzocco: *Transhumanism. Engineering the Human Condition*, Springer, 2019.

Toby Ord: *The Precipice: Existential Risk and the Future of Humanity*, Hachette Books, 2020.

Martine Rothblatt: »Intersectionality of Migration and Metahumanism, with a Special Focus on Lagrangian Space Settlements«, in: *Journal of Posthuman Studies* 3 (2), 2019, S. 114–119.

Evi D. Sampanikou u. Jan Stasienko (Hgg.): *Posthuman Studies Reader: Core Readings on Transhumanism, Posthumanism and Metahumanism*, Schwabe Verlag, 2021.

Susan Schneider (Hg.): *Science Fiction and Philosophy: From Time Travel to Superintelligence*, John Wiley & Sons, 2016.

Kunst und Medien – Transhumanismus auf allen Kanälen

Eduardo Kac, E.: *Telepresence & Bio Art: Networking Humans, Rabbits, & Robots*, University of Michigan Press, 2005.

Andy Miah (Hg.): *Human Futures: Art in an Age of Uncertainty*, Liverpool University Press, 2008.

Robert Ranisch u. Stefan Lorenz Sorgner: *Post- and Transhumanism: An Introduction*, Peter Lang, 2014.

Ingeborg Reichle, I.: *Art in the Age of Technoscience. Genetic Engineering, Robotics, and Artificial Life in Contemporary Art*, Springer, 2009, S. 193–211.

Evi D. Sampanikou u. Jan Stasienko (Hgg.): *Posthuman Studies Reader: Core Readings on Transhumanism, Posthumanism and Metahumanism*, Schwabe Verlag, 2021.

Stefan Lorenz Sorgner: *Philosophy of Posthuman Art*, Schwabe Verlag, 2022.

Mads Rosendahl Thomsen u. Jacob Wamberg (Hgg.): *The Bloomsbury Handbook of Posthumanism*, Bloomsbury Academic, 2020.

Wolfgang Welsch: *Blickwechsel: Neue Wege der Ästhetik*, Reclam, 2012.

Wolfgang Welsch: *Ästhetische Welterfahrung: Zeitgenössische Kunst zwischen Natur und Kultur*, Brill Fink, 2016.

Register

Bildnachweis

Bildteil nach Reihenfolge:

Julian Huxley: Getty Images / Baron / Hulton Archive

FM-2030: Ms. Flora Schnall, New York, New York Original remastering by Antonu / http://fm2030.com/index2.cfm

Aubrey de Grey: Laif images: Adrie Mouthaan/De Beeldunie

Max More: Natasha Vita-More

Natasha Vita-More: Tina Celle

Martine Rothblatt: Getty Images / Ron Levine

Ray Kurzweil: Getty Images / Katrina Barber

Peter Thiel: Laif images / Bruno LEVY / CHALLENGES-REA

Elon Musk: picture alliance/ EPA | GEORGE NIKITIN

Stelarc: Ear on Arm, Stelarc – London, Los Angeles, Melbourne 2006 – Photographer Nina Sellars

Patricia Piccinini:

Patricia Piccinini, The Bond 2016 / Silicone, fibreglass, human hair, clothing / 162 x 56 x 50cm / Courtesy the artist, Tolarno Galleries, Melbourne; Roslyn Oxley9 Gallery, Sydney; and Hosfelt Gallery, San Francisco; Photography by Peter Hennessey

Eduardo Kac: picture alliance / AP Images | Armando Franca/Eduardo Kac. *GFP Bunny*, 2000, transgenic artwork. Alba, the fluorescent rabbit

Prometheus: Bridgeman Images / Museumslandschaft Hessen Kassel / Ute Brunzel

Humanity+: Humanity + 2023

Istvan Zoltan: Istvan Zoltan

Space-X: picture alliance/ Florida Today-USA TODAY NETWORK | Craig Bailey

Kryonic: picture alliance / dpa | DB Alcor Life Extension Foundation

Transkranielle Stimulation: Adobe Stock/Gorodenkoff

DNA Genschere: Adobe Stock/elenabsl

Nanobots: Adobe Stock / Andrea Danti

Mind-Uploading: Getty Images / AFP / MICHAEL BUHOLZER

Time Magazine: Time Magazine, 2013

Dan Brown: Inferno: www.luebbe.de

GATTACA: picture alliance / Everett Collection | ©Columbia Pictures / Courtesy Everett Collection